Droemer
Knaur®

NAN ROBERTSON

Die Anonymen Alkoholiker

Der erfolgreiche Weg aus der Sucht

Ein Insiderbericht

Aus dem Amerikanischen von
Dr. Holger Fließbach

Droemer Knaur

CIP-Titelaufnahme der Deutschen Bibliothek

Robertson, Nan:
Die Anonymen Alkoholiker: der erfolgreiche Weg aus der Sucht;
ein Insiderbericht / Nan Robertson.
Aus d. Amerikan. von Holger Fliessbach. -
München: Droemer Knaur, 1989
Einheitssacht.: Getting better < dt.>
ISBN 3-426-26410-2

Umschlaggestaltung: Atelier ZERO, München
Satzarbeiten: MPM, Wasserburg
Druck und Bindearbeiten: Freiburger Graphische Betriebe
Printed in Germany
ISBN 3-426-26410-2

2 4 5 3 1

DEN ANONYMEN ALKOHOLIKERN,
DIE MIR DAS LEBEN GERETTET HABEN

HINWEIS DER VERFASSERIN

Dieses Buch ist kein autorisiertes Buch über die Anonymen Alkoholiker. Traditionsgemäß nehmen weder die AA noch Al-Anon zu Debatten, Streitfragen oder Büchern Stellung, weder positiv noch negativ. Sie publizieren ihre eigene Literatur. Ich möchte aber den Hunderten von anonymen Personen danken, die an vielen Orten und mit nie versagender Großzügigkeit an diesem Projekt mitgewirkt haben. Ihre Anonymität ist auf diesen Seiten gewahrt. Um absolute Privatheit zu garantieren, habe ich die Vornamen und gewisse identifizierende Merkmale von vielen derzeitigen Mitgliedern verändert; ihre Aussagen und die persönlichen Geschichten, die bezeichnend für ihr Leben sind, blieben unangetastet.

INHALT

TEIL I

TEIL II

ANHANG

TEIL I

KAPITEL 1

Die Reise

Im Winter 1987 besuchte ich noch einmal den eleganten »drunk tank« in Manhattan, wo ich endgültig trocken geworden war. Diesmal kam ich als Besucherin und Beobachterin, und was ich sah, war die Frau, die ich elf Jahre zuvor gewesen war. Ich sah, ungeschminkt und zum ersten Mal, was der Alkohol aus mir gemacht hatte. Ich sah, was ich mit mir gemacht hatte. Ich sah die Patienten, die mir mit dem, was sie sagten und taten und wie sie aussahen, den Spiegel vorhielten. Ich erinnerte mich an Nan, die Nan vom November 1975.

Als ich damals kam, war der äußerliche Glanz noch nicht ganz verblaßt. Innerlich war ich leer; eine sich in die Tasche lügende, verängstigte, charmante, erfolgreiche, rührende Blenderin. An diesem Ort — dem Rehabilitation Unit des Smithers Alcoholism Center — machte ich mich auf die Suche nach jener Nan, die, so hoffte ich, noch immer da sein werde, irgendwo in der Leere und auf der Suche nach etwas Besserem. Ich brauchte Jahre, mich zu finden. Und ich werde die Zeit dafür brauchen, die mir noch bleibt. Aber in der Smithers-Klinik begann der Prozeß, und die Anonymen Alkoholiker setzten ihn fort und setzen ihn fort bis auf den heutigen Tag.

In der Klinik begann ich, meiner Mutter die Wahrheit zu sagen. Ansatzweise. Ich möchte davon erzählen.

Das Erntedankfest 1975 sollte ich, wie schon so oft, bei ihr zu Hause in Illinois verbringen. Die vierwöchige Behandlung in der Klinik würde aber erst Anfang Dezember beendet sein. Ursprünglich wollte ich meine Mutter belügen, ihr erzählen, ich müsse an dem betreffenden Wochenende beruflich verreisen. Solche frommen Lügen sind leicht, wenn man Reporterin bei einer Zeitung ist. Aber meine therapeutische Gruppe und mein Berater in der Klinik waren eisern. Endlich bist du soweit, zu dir und anderen ehrlich zu sein, sagten sie. Jetzt kannst du nicht deine Mutter anlügen.

»Aber sie ist dreiundachtzig!« jammerte ich. »Sie stammt noch aus der Viktorianischen Zeit. Sie wird das niemals begreifen. Ich kann ihr nicht sagen, daß ich Alkoholikerin bin. Das bringt sie um!«

»Blödsinn«, rief ein Hafenarbeiter aus der Gruppe. »Brauchst ihr ja nicht sagen, daß du Alkoholikerin bist! Sag ihr, du bist Problemtrinkerin.«

Der Angstschweiß lief mir herunter, als ich zum Patiententelefon ging und Mutter anrief. Ich sagte ihr, daß ich am Erntedankfest nicht kommen könne. Ich verströmte meinen ganzen erkünstelten Charme und fuhr fort: »Weißt du, Mutter, das ist ein ganz *zauberhaftes* Haus hier, und die Leute sind alle so *zauberhaft!* Da gibt es Börsenmakler von Yale, und Mütter auf Sozialhilfe, und Buchhalter wie du und ...«

Wie aus der Pistole geschossen kam ihre Frage: »Ist das ein Heim für Alkoholiker?«

»Ähmmm, na ja«, sagte ich, »das ist richtig, wir haben ein paar Problemtrinker hier, und ...«

»Ach, Nan, Liebling«, sagte meine Mutter, »du machst mich richtig glücklich! Schon seit Jahren habe ich mir Sorgen über deine Trinkerei gemacht.«

Mir traten Tränen in die Augen. Nie habe ich meine Mutter mehr geliebt als in diesem Augenblick.

Die Zeit verging. Das Leben verging. Es wurde besser mit mir, einen Tag um den anderen, zuerst in der Klinik, dann bei den Anonymen Alkoholikern. Manchmal wurde es schlimmer. Ich ging weiter zu den AA-Meetings. Ich sah Wracks, aus denen wieder

Menschen wurden, und freute mich mit ihnen über ihre, und meine, Genesung.
Und dann, 1983, nach acht Jahren bei den AA und mehr als tausend Meetings an zahllosen Orten der USA und im Ausland, machte ich mich eines Tages auf, um Lois Wilson zu besuchen.
Lois, damals Anfang neunzig, war das lebende Bindeglied zum Mitbegründer der Anonymen Alkoholiker, ihrem Mann Bill Wilson. Sie hatte die AA wachsen sehen: von zwei Männern im Jahre 1935 auf fast zwei Millionen Männer und Frauen in aller Welt in den achtziger Jahren. Sie selbst war Mitbegründerin der Al-Anon-Bewegung für die Angehörigen von Alkoholikern; die Bewegung hatte als geschlossene Gesellschaft begonnen — als Stütze für Frauen, deren Männer trocken waren und die AA aufsuchten — und war zu einer internationalen Organisation von einer halben Million Mitgliedern geworden.
Lois saß auf einem mit Chintz bezogenen Sofa im sonnendurchfluteten Salon ihres Heims im hügelig wogenden, waldreichen Bedford Hills (New York), ein verhutzeltes Weiblein mit stechenden braunen Augen und der Aureole eines feinen weißen Haargespinsts um den Kopf. In ihrer Nähe, neben dem riesigen steinernen Kamin, hing ein Porträt ihres Mannes, nach einer Fotografie in Öl gemalt. Darunter ein Tisch mit einer Kerze und einer schlanken Vase mit roten Nelken. Aus dem zerbrechlichen Körper drang eine überraschend tiefe und kraftvolle Stimme. Sie begrüßte mich, und ich begann, ihr zu erzählen, weswegen ich gekommen war.
»Ich möchte ein Buch schreiben, das die Anonymen Alkoholiker von innen zeigt«, platzte ich heraus. »Ich möchte sie entmystifizieren.« Ich hätte die ganze AA-Literatur gelesen, aber nichts Vergleichbares gefunden. Ich wolle alles zusammentragen, nicht nur über das Leben von Bill und Dr. Bob — Dr. Robert Holbrook Smith, dem anderen Gründer — und die frühen Jahre der AA, sondern auch über die AA heute, mit ihrer enormen Verbreitung und Vielschichtigkeit und den Wandel der Mitgliederschaft, und wolle beschreiben, wie die AA funktionieren

und vielleicht auch, warum sie funktionieren, falls mir das gelänge. »Niemand hat Außenstehenden bisher erklärt, welche Rolle die Religion bei den AA spielt oder nicht spielt, und hier liegt meines Erachtens die größte Fehlvorstellung, die die Leute über uns haben — manche halten uns für einen Haufen religiöser Spinner.«

Mittlerweile nickte Lois mit dem Kopf. Ich sagte, ich wolle die Leser mitnehmen in die AA-Meetings, um ihnen zu zeigen, was dort vorgeht, ich wolle versuchen, nicht nur die Dramatik, sondern auch den Galgenhumor zu schildern, der die Mitglieder verbindet. »Das ist eine gute Idee«, sagte Lois. »Niemand versteht anscheinend den Spaß, den wir haben. Die Leute glauben, Alkoholiker ohne Alkohol müßten Griesgrame sein. — Und weiter?«

Und weiter, fuhr ich fort, müsse es ein Kapitel über Al-Anon und die Angehörigen von Alkoholikern geben, und vielleicht eins über die Krankheit Alkoholismus, und möglicherweise eins über die Rehabilitationszentren für schwer Alkoholkranke, weil so viele neue Mitglieder von dort zu den AA kämen. Allmählich ging mir der Dampf aus.

Lois fixierte mich scharf. »Werden Sie dieses Buch unter Ihrem vollen Namen schreiben?«

Ich sagte ja.

»Werden Sie sagen, daß Sie Mitglied der AA sind?« fragte sie. »Denken Sie dran: das ist ein anonymes Programm!«

Ich wurde rot und sagte: »Ich weiß nicht. Ich bin auch Reporterin, nicht nur Alkoholikerin; ich glaube, ich darf den Leser nicht beschwindeln, indem ich nicht vollständig ehrlich zu ihm bin.« Nach meiner Meinung werde das Buch viel authentischer und glaubwürdiger ausfallen, wenn ich offenbarte, daß ich bei den AA sei. Jeder andere bei den AA, über den ich schriebe, werde gedeckt sein. Ich setzte hinzu: »Ich glaube, die Enthüllung meiner Zugehörigkeit sollte etwas sein, was nur mich und mein Gewissen betrifft.«

Lois runzelte die Stirn. Sie erinnerte mich daran, daß die 11. Tra-

dition der AA davor warnt, die persönliche Anonymität auf öffentlicher Ebene, gegenüber Presse, Rundfunk, Film und Fernsehen, aufzugeben. Kein Wunder, daß sie sich erinnerte. Ihr Mann hatte es schließlich geschrieben.
Wir verfielen in ein unbehagliches Schweigen. Dann lächelte Lois und sagte: »Es ist höchste Zeit für ein solches Buch.«
Mit diesem Gespräch begann meine Reise.
In den folgenden dreieinhalb Jahren fuhr ich kreuz und quer durch die USA, wo die Hälfte aller Mitglieder der AA leben. Ein Abstecher führte mich nach Mexiko, wo es das größte AA-Kontingent außerhalb der USA gibt. Ich ging zurück zu den Wurzeln der AA in Akron (Ohio), wo Bill Wilson jenen Dr. Bob kennengelernt hatte. Ich sprach mit AA-Veteranen, die sich noch erinnern konnten, wie es in den dreißiger Jahren gewesen war, als die AA eine heimliche, kleine Schar von mühsam trocken gewordenen Trinkern war, die für ihren neuen Verein nicht einmal einen Namen besaßen und die vor Gott und ihrer Machtlosigkeit dem Alkohol gegenüber kapituliert hatten.
Ich sah die AA von heute: die 3000 genesenen Alkoholiker, die, festlich gekleidet, dem jährlichen Bill-W.-Bankett im New Yorker »Hilton« beiwohnen, tanzen und ausgelassen sind und dabei nichts Stärkeres trinken als Coca-Cola, Kaffee oder Mineralwasser. Ich sah die 44 000 Mitglieder, die im Juli 1985 aus allen Teilen der Welt nach Montreal strömten, um den fünfzigsten Geburtstag der Anonymen Alkoholiker zu feiern. Es war die größte Versammlung, die die Stadt je erlebt hatte, und die gesittetste, und die Montrealer waren sprachlos über die Tonnen von Eiskrem, die diese Leute verdrückten.
Ich bereiste die endlose Leere des amerikanischen Westens, wo die Mitglieder sich damit abfinden müssen, daß die nächste Stadt und das nächste AA-Meeting zwei Autostunden entfernt sind. Einmal saß ich um vier Uhr morgens in einem einsamen Bauernhaus, wo eine Frau sich Bänder vorspielte, aufgenommen bei Meetings an weit entfernten Orten, auf denen Alkoholiker ihre Geschichte erzählten. »Das ist mein Trost, wenn ich

nicht schlafen kann«, sagte sie. Sie war auf einen privaten »Tape-Service« abonniert, der sich darauf spezialisiert hatte, AA-Meetings im ganzen Lande mitzuschneiden: Mitglieder leihen einander ihre Lieblingsbänder (»Warte mal ab, bis du das hier gehört hast!«), mit der Kennermiene von Kindern, die Comic-Hefte tauschen. Wir hörten den Iren Dan O., einen Starredner von der South Bronx, heute Richter, wie er sein erstes Bier beschrieb, getrunken mit vierzehn Jahren: »Mir gefiel, wie es aussah. Mir gefiel der Geruch und der Geschmack. Mir gefiel die Bar und die Prügeleien und dieser ganze Scheiß.« Wir hörten Jim, einen kalifornischen Arzt: »Meine Frau und ich, wir wohnten in Anaheim und sind zu den Meetings nach Laguna Beach runtergefahren, siebzig Kilometer weit. Wir mußten dort runterfahren, weil wir niemandem begegnen wollten, den wir kannten. Wir sind hingefahren, bei den Meetings hängengeblieben und dann so oft wiedergekommen, bis ich jedem begegnet bin, der nach Laguna Beach fährt, weil er niemandem begegnen will, den er kennt.« Er erzählte, wie er sich zuerst gegen die Meetings gesträubt habe: »Ich habe listenweise Gründe aufgeschrieben, warum ich ganz, ganz, *ganz* bestimmt *kein* Alkoholiker war. Und ich hatte listenweise Dinge, die du getan hattest, aber ich nicht und weswegen ich verschieden von dir war. Und dann hob so ein Typ die Hand und sagte: ›Ich habe mich nach meinen Absichten beurteilt, und die Welt hat mich nach meinen Taten beurteilt.‹ Es tat mir leid, daß er das gesagt hatte.« Lachen drang von den Bändern, das Lachen von Menschen, die jeden Selbstbetrug und jede Ausrede kennen. Es ist ein Klang, von dem die AA widerhallen — das verständnisvolle Lachen.

Schnappschüsse von der Reise:
Nocona (Texas). 2992 Einwohner. Am nördlichen Rand des Bundesstaates. Hitze und Staub. Ewig könnte man über diese grenzenlosen Prärien schauen. In Nocona war es das Lieblingsvergnügen der indiskreteren Bewohner, montags abends an der Kirche vorbeizufahren, um festzustellen, wessen Autos vor dem

AA-Meeting geparkt waren. Hier lebte »Young Bob«, der einzige Sohn von Dr. Robert Holbrook Smith, dem Mitbegründer der Anonymen Alkoholiker. Young Bob war in den Sechzigern, ein freundlicher Hüne, Ölproduzent im Ruhestand. Er war siebzehn Jahre alt an jenem Sonntag im Mai 1935, als er mit seinem Vater und seiner Mutter Anne zu Henrietta Seiberling fuhr, die in dem kleinen Pförtnerhaus des Seiberlingschen Gutes in Akron (Ohio) wohnte. Young Bob ist einer von zwei noch lebenden Menschen, die an diesem Tag dabei waren, an dem Dr. Bob Bill Wilson kennenlernte, nach eigenen Worten ein »Saufbruder« aus New York, der eine Methode gefunden hatte, nüchtern zu bleiben. Ihr sechsstündiges Gespräch unter vier Augen in Mrs. Seiberlings Bibliothek führte zur Gründung der Anonymen Alkoholiker und zu einer Freundschaft zwischen beiden Männern, die immer enger wurde und bis zu Dr. Bobs Tod im Jahre 1950 währte.

Young Bob erinnerte sich noch an die ersten Zusammenkünfte von Alkoholikern in Akron, im Hause der Smiths in der Ardmore Avenue, zur Zeit der großen Wirtschaftskrise. Alle waren so arm, daß das Hauptgericht für die alkoholkranken Männer und ihre leidgeprüften Frauen oft nur aus Kartoffelsalat oder Brot und Milch bestand. Anne Smith, die erste AA-Mutter, eine beleibte, scheue Frau, nahm Gäste mit offenen Armen auf, sorgte dafür, daß sie sich bei ihr wie zu Hause fühlten, setzte ihnen endlose Kannen »Frühstückskaffee« vor, holte ihre eigenen Kinder aus den Betten und legte die Betrunkenen hinein, las mit ihnen morgens die Bibel und wurde einmal von einem messerschwingenden Gast, der wieder rückfällig geworden war, durch die ganze Küche gejagt. »Und meine Adoptivschwester Sue und ich waren die ersten Alateens«, sagte Young Bob, »die ersten Kinder von Alkoholikern bei den AA; dabei gab es Alateen noch gar nicht.«

Heute hängen Bilder von Young Bobs quadratschädeligem Vater und von Bill Wilson zu Abertausenden in AA-Meeting-Räumen der ganzen Welt. Manche verehren diese beiden Männer als

Heilige. Das ist nicht verwunderlich, wenn man all die Leben bedenkt, die sie direkt oder indirekt gerettet haben.
Akron (Ohio). Die Reifenmetropole der Welt. Zwei große amerikanische Vermögen wurden in dieser Stadt angehäuft, das der Firestones und das der Seiberlings. Auf mich wirkte die Stadt wie ein Bild des Gestern, der einstigen Automobilprosperität, die nun versunken ist. Wenn die Anonymen Alkoholiker eine »Heilige Stätte« hätten, dann wäre es hier.
Ich besuchte sämtliche Heiligtümer, die nur dem AA-Initianden bekannt sind: das Hotel »Mayflower«, wo Bill Wilson, mit sich selber ringend, um das heftige Verlangen nach Alkohol in sich niederzukämpfen, an einem Maiwochenende des Jahres 1935 Henrietta Seiberling anrief; das Pförtnerhäuschen im Tudorstil mit dem Giebeldach, dem Seiberlingschen Gut vorgelagert, wo Henrietta Bill Wilson mit Dr. Bob Smith bekannt machte und die beiden Gründer der AA ihr erstes, historisches Gespräch miteinander hatten; das Haus der Smiths mit seiner geräumigen Veranda in der Ardmore Avenue 855, wo Dr. Bob seine Schnapsvorräte im Kohlenkasten versteckte und später nächtelang mit seinem neuen Freund Bill in der Küche saß, Zigaretten rauchend, Kaffee trinkend und hin und her überlegend, wie man andere Trinker nüchtern machen könnte; das Städtische Krankenhaus, wo Dr. Bob tobende Alkoholiker in Privatzimmer schmuggelte. (Damals nahm kein allgemeines Krankenhaus der USA Alkoholiker auf, und das, woran sie litten und starben, wurde nicht als Krankheit diagnostiziert, sondern als Schwäche und Schande gebrandmarkt.)
Da war das Haus, das einst Clarace und T. Henry Williams, zwei der ersten nichtalkoholkranken Freunde der AA, gehörte, in dem die ersten Meetings in Akron stattfanden. Die Frauen warteten unten, während die Männer (damals und noch auf Jahre hinaus gab es nur Männer bei den AA) das neue Mitglied umstanden, das im Schlafzimmer kniete, und sich seine Litanei trunkenheitsbedingter Sünden und sein Flehen um Rettung anhörten. Der rote Ziegelbau der King School, das erste öffentli-

che Gebäude, das ein AA-Meeting beherbergte, stand noch. Und ich fand das Grab. Der einfache Granitstein über den sterblichen Überresten von Robert Holbrook Smith und Anne Robinson Ripley Smith auf dem Mount Peace Cemetery trug nur ihre Namen und die Geburts- und Sterbedaten.

In dem Juni, als ich zum jährlichen »Founders' Day (Tag der Gründer)«-Wochenende nach Akron kam, besuchten Tausende von Touristen aus den USA und dem Ausland das Grab der Smiths und wurden in ehrfürchtigen Busladungen an den anderen AA-Heiligtümern vorbeikutschiert. Auf dem Gelände der Universität wurden praktisch pausenlos Meetings abgehalten, und das Geschäft mit Meetingmitschnitten und AA-Souvenirs blühte. AA-Parolen — Ein Tag auf einmal; Mach es einfach — zierten Autostoßstangen und Fenster von Studentenwohnheimen. Bei einem Großmeeting in einer Turnhalle gab es stehende Ovationen des Publikums für die berühmteste AA-Familie in Ohio: fünf Brüder und der Vater, die alle bei den AA nüchtern geworden waren. Erst waren, einer nach dem anderen, die Brüder gekommen. Als letzter war der Vater dazugestoßen.

Die lokale Geschäftsstelle bringt eine Broschüre heraus, in der die Höhepunkte einer Rundreise durch die AA-Historie aufgezählt werden. Sie enthält auch die Fotografie einer Art Ikone, eines herzerwärmenden, tröstlichen Gegenstandes; unter dem Foto ist eine Bildunterschrift: »Anne Smiths Kaffeekanne.«

Flatiron Building, Fifth Avenue, New York. Ein keilförmiger, uralter Wolkenkratzer, eine architektonische Kuriosität, nach Norden, zum Madison Square und zur 23. Straße, weisend. In Zimmer 219 befindet sich das Büro der New York Intergroup. Es ist das AA-Zentrum für den Großraum New York, geöffnet werktags und samstags von 9 Uhr früh bis 10 Uhr abends, am Sonntag ab 12 Uhr. Die genesenen Alkoholiker an den Telefonen stehen bereit, einen Anrufer an das nächstgelegene AA-Meeting zu verweisen oder unverzüglich ein anderes AA-Mitglied ausfindig zu machen, das sich um einen in Not befindlichen Al-

koholiker kümmert oder ihn anruft. Für viele ist Intergroup der erste Kontakt mit den AA. Intergroups, schlicht unter »Alcoholics Anonymous« eingetragen, findet man in den Telefonbüchern jeder größeren Stadt der USA und Kanadas und in vielen Großstädten des übrigen Auslands.
An dem Tag, als ich in der Intergroup arbeitete, hatte Chuck die Leitung des Büros. Es war ein länglicher, schmaler, etwas verwahrloster Raum, im üblichen Einheitsocker gestrichen, mit Fenstern an zwei Wänden und der unvermeidlichen Kaffeemaschine in einer Ecke. Ein Mann war am Empfang postiert und zuständig für schwerkranke Alkoholiker, die in ein Krankenhaus zur Entgiftung mußten, dem ärztlich überwachten Alkoholentzug. An den Wänden im Hintergrund hingen große Pläne mit den fünf New Yorker Stadtbezirken und Karten aller angrenzenden Landkreise; Hunderte kleiner Papierfähnchen an Stecknadeln mit dem Namen von AA-Gruppen staken an der entsprechenden Stelle überall auf den Karten. Die meisten Meetings hatte Manhattan — jede Woche fast tausend.
Chuck instruierte mich und Lenny, den anderen Neuling in der Intergroup an diesem Tag, kurz über einige mögliche Situationen: Rief ein Mann wegen seiner Mutter an, sollten wir ihm raten, sich an die Al-Anon zu wenden, die für die Angehörigen von Alkoholikern zuständig sind, da der Anrufer selbst kein Alkoholiker, sondern Familienangehöriger war. Rein rechtlich könnten wir für die Alkoholikerin selbst, die Mutter des Mannes, nichts tun, solange sie nicht von sich aus darum bat. Chuck erzählte, daß viele Frauen anriefen und Hilfe für ihren alkoholkranken Mann erbaten — auch sie mußten an Al-Anon verwiesen werden —, während nur wenige Männer wegen ihrer alkoholkranken Frauen anriefen. »Männer finden es unter ihrer Würde, andere um Hilfe zu bitten«, meinte er achselzuckend. Am vergangenen Samstag hätten acht Anrufer hintereinander nicht einmal ihren Vornamen oder ihre Telefonnummer genannt, so daß ein Zwölf-Schrittler weder zurückrufen noch nachfassen konnte. (Zwölf-Schrittler sind AA-Mitglieder, die

auf den akuten Hilferuf eines aktiven Alkoholikers reagieren und den Betreffenden so schnell wie möglich zum nächstgelegenen Meeting bringen.) Wir blätterten in dicken Büchern mit aktuellen Informationen, welche Meetings wann und wo stattfanden, und mit den Namen und Telefonnummern aller Angestellten und Mitglieder in jeder Gruppe, die bereit waren, Alkoholiker in Notfällen zu beraten.

Mir klopfte das Herz, und ich zitterte leicht, als Chuck von all den unflätigen, ungehaltenen Betrunkenen sprach, die Intergroup anrufen. Es beruhigte meine Nervosität, daß er sagte, wir sollten uns keine Vorwürfe machen, falls es uns einmal nicht gelänge, einem Alkoholiker einen Telefonkontakt zu vermitteln oder ihn in ein Meeting zu lotsen. »Seid nicht verzweifelt«, sagte er, »und nehmt es nicht mit nach Hause.«

Der erste Anruf für mich. Sie hieß Claire. Ein stämmiger Mann an einem anderen Tisch hatte das Gespräch zu mir gelegt, weil ich an diesem Tag die einzige Frau im Büro war. Ich meldete mich, wie man es mir beigebracht hatte: »Anonyme Alkoholiker — guten Abend! Kann ich dir helfen?« Claire sprach mit schwerer Zunge. Sie sagte, sie sei jetzt zwölf oder vierzehn Monate bei den AA — genau wußte sie es nicht mehr —, und rief, wie ich verstand, vom Untergrundbahnhof in der Westlichen 126. Straße an. Am Abend zuvor habe sie einen Liter getrunken, und heute morgen noch mal einen Liter.

»Claire, ich kann nicht mit dir reden, solange du betrunken bist und an der Zugstation stehst«, erklärte ich ihr. »Geh nach Hause, schlaf dich aus und ruf morgen wieder an, wenn du nüchtern bist.«

»Scheiße, jemand muß kommen!« rief sie. »Schickt mir sofort jemand rüber, mit dem ich quatschen kann!«

Ich sagte ihr, daß das jetzt keinen Zweck hätte, daß ich nicht zu ihr, sondern bloß zur Flasche reden würde. Der Mann am anderen Tisch nickte beifällig. Ein weiteres Geldstück in Claires Münztelefon fiel.

»Scheiße, ich bin an keiner *Zug*station!« schrie sie. »Ich bin in der *Entzugs*station an der Westlichen 126.! Ich bin im Krankenhaus! Holt mich hier raus!« Ein Mann kam an den Apparat. Es war Fred, von der Central Harlem Sobering Up Station. »Hör doch mal zu, Claire«, sagte er begütigend zu ihr, »hier habe ich die Nummer von den AA. Gleich morgen rufst du an, wenn du klarer im Kopf bist und besser reden kannst.« Ich dankte Fred und legte auf, schweißgebadet.

Dies war der Scheitelpunkt der Verzweiflung.

Mexico City. Weihnachtszeit. Feuerräder, Kerzen und der Schriftzug FELIZ NAVIDAD! flammten rot, blau, grün und gelb von den Arkaden der alten Gebäude und tauchten die Nacht in ihr grelles Licht. Ein Strom von Autos umbrauste den Zócalo, den riesigen Platz in der Stadtmitte. Sein nördliches Ende nahm der Dom ein, über und über besetzt mit in Jahrhunderten angesammelten Verzierungen. Bettler und Kleinhändler belästigten Passanten.

Im Dom eine feierliche Trauungsmesse. Eine junge Braut und ihr Bräutigam knieten am Altar; im zugigen Saal war der lange Tüllschleier der Frau wie Schnee auf seine Schultern gefallen. Man hatte mir gesagt, daß hier jeden Mittwochabend AA-Meeting sei. Ich probierte es an allen Seitentüren, vergeblich Ausschau haltend nach einem AA-Zeichen an Türklinke oder Wänden. Ich ging wieder nach draußen und um den rückwärtigen Teil des Domes herum, stolperte über unebenes Pflaster in Dunkelheit, da der festliche Glanz des Zócalo nicht bis hierher durchdrang. Über mir war nur ein einziges erleuchtetes Fenster, dessen Schein auf ein winziges, handgemaltes Schild fiel: »AA.« Durch die unverschlossene Tür darunter kam man in den Umkleideraum der Priester, vollgestopft mit Chorhemden und schimmernden heiligen Gefäßen. Durch eine offene Tür rechts konnte man den Hochaltar erblicken. Die Messe nahm ihren Fortgang.

Vor mir war eine weitere offene Tür, und dahinter traf sich die Domgruppe der AA. Ich war früh dran, und nur Francisco war schon da und begrüßte mich. Ich antwortete in meinem primitiven Spanisch und sagte, ich sei Alkoholikerin aus New York. Bilder von Bill Wilson und Dr. Bob hingen an den Wänden. Es gab AA-Parolen auf spanisch und ein weiteres Willkommenszeichen:

HIER LIEBEN WIR EINANDER,
GLAUBEN ANEINANDER,
HOFFEN FÜREINANDER.

Menschen schlenderten herein, sagten »Hola!« unter Umarmungen und Rückengeklopfe. Es ging geräuschvoll und fröhlich zu, wie in einer Bar. »Mi nombre es Nan, soy de Nueva York, y soy alcohólica«, sagte ich, und sie umarmten mich und nahmen meine Hände in die ihren. Ein junger Mann füllte Kunststoffbecher mit Kaffee und reichte sie zusammen mit Bonbons auf einem Tablett herum. Schwach drang Orgelklang herein, und Weihrauchduft. Man hörte das Klingeln eines Glöckchens, als der Priester, nur wenige Meter von uns entfernt, die Hostie hochhob.

Das Meeting begann. Ich merkte, daß ich die einzige Frau war in einem Raum voller dunkelhäutiger, vitaler Männer mit schwieligen Händen — sichtbarer Beweis für den statistischen Befund, daß die Alcohólicos Anónimos in Mexiko mit ihren 250000 Mitgliedern fast ausschließlich Männer und Arbeiter sind. Jeder Mann trat ans Chorpult und erzählte seine Geschichte. Jeder erzählte die schrecklichen Dinge, die er in seiner Zeit als Trinker seiner Frau angetan hatte, seiner vergötterten Mutter, seinen Töchtern. Jeder sprach von der Schönheit des Heute. Jeder blickte, während er sprach, auf mich. Ich kam mir vor wie die Heilige Muttergottes von Guadalupe.

Rancho Mirage (Kalifornien). Fahrt hinauf zu einer zerklüfteten Bergkette, purpurn im Morgenlicht. Unten lagen Palm Springs, Palm Desert, Rancho Mirage: Brunnen, bunte Blumen, Rasen groß wie Golfplätze — viel Grün inmitten feindlicher Wüste. Den Bob Hope Drive kreuzen Straßen, die nach Frank Sinatra und Dinah Shore benannt sind. AA-Gruppen überflügelten die Golfclubs im Verhältnis zwei zu eins: fünfzig von ihnen gibt es, mit wöchentlichem Meeting. Sie nannten sich Early Birds, Candlelight Beginners, There Is a Solution. Eine bekannte Frauengruppe, Dolls of the Valley, traf sich jeden Mittwoch im Gemeindesaal der lutherischen Hope Church.

Ich befand mich mit Betty Ford, der Frau des 38. Präsidenten der USA, einer auf dem Wege der Genesung befindlichen Tabletten- und Alkoholabhängigen, in dem in beruhigenden Beige- und Rosatönen gehaltenen, nach ihr benannten Intensiv-Rehabilitationszentrum. Sie ist ein vitaler Bestandteil dieses Zentrums, erfüllt und ermutigt die Patienten mit dem Beispiel ihrer eigenen Standhaftigkeit und Ehrlichkeit. »Einmal war ich in einer Art von Euphorie«, erzählte sie, »und habe funktioniert, ohne ganz da zu sein.«

Kurz vor ihrem 60. Geburtstag, im April 1978, wurde sie von ihren Kindern und ihrem Ehemann Gerald Ford — der erst vierzehn Monate zuvor das Weiße Haus verlassen hatte — zur Rede gestellt. Zugegen war auch Dr. Joseph Pursch, der damalige Leiter des Alkohol- und Drogen-Rehabilitations-Dienstes des Marinehospitals Long Beach. Er hatte die Familie sorgfältig präpariert, und alle ihre Mitglieder waren mit einer schriftlichen Liste bewaffnet, auf der sie spezifische Beispiele für das Drogen- und Trunkenheitsverhalten von Mrs. Ford aufzählten, die sie miterlebt hatten.

Der Präsident erinnerte an Gelegenheiten, wo sie im Stuhl eingenickt war, an ihre schwere Zunge, an ihre Gedächtnislücken. Ihr Sohn Mike und seine Frau erklärten ihr, warum sie kein Kind hatten haben wollen — sie wollten nicht, daß es eine Großmutter hätte, die für das Baby nicht da war. Ein anderer Sohn, Steve, berichtete, wie er eine neue Freundin mit nach Hause gebracht und für seine Mutter Essen gekocht hatte, die benebelt vor dem Fernseher saß und einen Drink nach dem anderen nahm. »Du verletzt mich«, sagte Steve.

Mrs. Ford brach zusammen, fassungslos weinend und schokkiert. Aber wie sie mir sagte, war sie noch so weit bei Verstand, um zu erkennen, daß ihre Angehörigen ihr das antaten, weil sie sie liebten und ihr helfen wollten. Sie begab sich ins Marinehospital in Behandlung und gab vor der verblüfften Nation eine Erklärung ab. Sie bekannte, sich selbst »mit zu vielen Medikamenten« behandelt zu haben: »Es ist eine heimtückische Sache, und ich habe die Absicht, mich von ihren schädlichen Folgen zu befreien.« Jedoch wies sie kategorisch jede Andeutung von sich, daß auch der Schnaps ein Hauptproblem war. Dr. Pursch hielt sie an, den grundlegenden Text zu lesen, den Bill Wilson für die AA geschrieben hat und der inoffiziell als »Big Book« (»Großes Buch«, auch »Blaues Buch«) bekannt ist. Setzen Sie einfach »chemisch abhängig« statt »alkoholkrank«, sagte er zu ihr. Mrs. Ford tröstete sich mit dem Gedanken, daß sie nie einen Schluck am Morgen brauchte, um das Zittern loszuwerden. Leute, die schon vor dem Mittagessen harte Sachen kippten, fand sie »bedauernswert«. Die Tabletten konnte sie zugeben — die waren ihr gegen ihre Arthritis, gegen einen eingeklemmten Nerv, gegen Verspannungen im Nacken verschrieben worden. Letzten Endes hatten die Ärzte ihr das eingebrockt. Ihrem Alkoholismus konnte sie nicht ins Gesicht sehen — denn das bedeutete, daß sie sich das selbst eingebrockt hatte.

Schließlich gab sie, nach fortgesetzter Behandlung und der Versicherung ihres Mannes, es mache ihm nichts aus, eine weitere Erklärung ab: »Ich habe festgestellt, daß ich nicht nur von den Medikamenten abhängig bin, dic ich gegen meine Arthritis genommen habe, sondern auch vom Alkohol. Ich erwarte, daß diese Behandlung in der Gemeinschaft die Lösung meines Problems sein wird, und ich unterziehe mich ihr nicht nur um meinetwillen, sondern auch um all der anderen willen, die hier sind, um Anteil zu nehmen.« Ich sagte zu Mrs. Ford, daß es schon gewöhnlichen Leuten schwer genug falle, zuzugeben, daß sie Trinker seien, und dann zu beginnen, ihr Leben neu aufzubauen. »Das zu tun war meine mutigste Tat«, erklärte ich ihr. »Aber wie muß das für eine Präsidentengattin gewesen sein?«

Sie erwiderte: »Zugegeben, ich hatte den Vorteil, die Frau eines früheren Präsidenten zu sein, was mir in den Augen anderer eine Sonderstellung gab. Aber ich hätte nie gesund werden können, wenn ich mir selber eine Sonderstellung zugebilligt hätte. Ich bin einfach eine Frau wie andere auf dem Wege der Besserung.«

Kent (Connecticut). Silvester. Ein verblaßter Wegweiser zeigte einen steilen Bergweg hoch; es war vier Kilometer außerhalb von Kent, einem Neuengland-Dorf am Westrand von Connecticut. HIGH WATCH stand auf dem Wegweiser. Ein schlichtes Bauernhaus aus dem 18. Jahrhundert, weiß gestrichen, umgeben von zahlreichen Nebengebäuden, mit roten Schindeln gedeckt. Früher, so erzählte Tom S., der Leiter, ein genesener Alkoholiker wie alle anderen Mitglieder seines Stabes, »haben sie die Betrunkenen, wenn sie den Tatterich hatten, im Schubkarren bis zu dem Schuppen geschafft, der am weitesten weg war. Wir haben es die Leprakolonie getauft.«

Dies war die High Watch Farm, das älteste Refugium und Erholungsheim auf der Basis der AA-Prinzipien. High Watch war einen Kontinent und eine Welt weit entfernt vom glamourösen Rancho Mirage mit seinen Presseverlautbarungen, dem »Gelassenheitsraum« samt künstlichem Wasserfall, den Alkoholiker und Süchtige von dem mit rotem Teppichboden ausgelegten Amphitheater aus betrachten können, den allerneuesten Heilungsprogrammen und dem geheizten Schwimmbad. In High Watch konnte man nur in wenigen Sportarten aktiv werden: im Winter in Schneeschaufeln und im Sommer in Krocket und Hufeisenwerfen.

Hier mußten Alkoholiker, gleichgültig, ob sie 72 Stunden oder 25 Jahre von ihrem letzten Schluck trennten, Tag für Tag zum AA-Meeting und um 11 Uhr zur Andacht gehen, eine »geistliche, aber nicht religiöse« halbe Stunde in einem der gemütlichen Räume mit den niedrigen Balken verbringen. Das waren die einzigen Regeln. Jeder half mit: beim Staubsaugen der bestickten Teppiche, beim Tischabräumen und Tischdecken, beim Abwaschen, beim Aufstuhlen.

High Watch wurde 1939 gegründet, in dem Jahr, als Bill Wilson das Blaue Buch schrieb und die Anonymen Alkoholiker ihren Namen bekamen. Es war auch das Jahr von Bills erstem Besuch hier. Damals hieß es noch »Joy Farm«. Eine reiche Frau, Mrs. Ethelred Helling, betrieb hier eine Unterkunft für obdachlose Männer; abends wurde eine Laterne angezündet, um Vorüberkommenden den Weg hierher zu weisen. Frühe AA-Mitglieder fanden sich hier ein. Sie betrachteten es als eine Art Zwischenstation, einen Ort, wo sie sich auskurieren und mit Menschen ihresgleichen reden konnten, bevor sie sich wieder in die Welt hinauswagten und der Versuchung aussetzten, die an jeder Bar lockte. Mrs. Helling war an Religion und am Übersinnlichen interessiert. Sie entsagte ihrem Geld und ihrem Namen und suchte das Leben des heiligen Franz von Assisi nachzuahmen, indem sie alles, was sie besaß, den Armen schenkte. Sie nannte sich Schwester Francis.

»Bill Wilson kam mit Marty Mann«, erzählte Tom, der Leiter, und meinte die erste Frau, die bei den AA für immer trocken geworden war, »und sie setzten sich 1939 mit Schwester Francis zusammen und stellten fest, daß sie manches gemeinsam hatten. Schwester Francis konnte den Gedanken akzeptieren, daß Alkoholismus eine Krankheit ist. Ihre Großeltern hätten sich im Grabe umgedreht bei der Vorstellung, ihren Hof einem Haufen Alkoholiker zu überlassen! Für sie und für die meisten Leute, auch noch 1939, war Trunkenheit Sünde.«

Bill und Marty überredeten Schwester Francis, ihren Hof in ein gemeinnütziges Unternehmen zu verwandeln, die »Ministry of High Watch« (Amt der Hohen Warte). Es gehört nicht den AA; denn die AA besitzen keine Liegenschaften, betreiben keine Unternehmen, nehmen kein Geld von Dritten entgegen und schlagen alle großen Geschenke und Vermächtnisse aus, selbst die von Mitgliedern.

»Bill ist oft hiergewesen«, sagte Tom. »Hat über die AA geredet. Da, auf dem Stuhl hat er gesessen. Es läuft mir kalt den Rücken runter.«

Ich verbrachte den Silvesterabend, den Neujahrstag und den zweiten Tag des Jahres 1987 auf High Watch, unter meinesgleichen: Alkoholiker wir alle. Es schien der beste Ort, um still zu sein, zurückzudenken an eine lange Reise und Gott zu danken für mein Leben, wie ich es jeden Tag tue.

KAPITEL 2

Zwei Männer

»Hier, in unserem Haus, ist der Funke übergesprungen, der zu den AA geführt hat.«

Dorothy Seiberling, Tochter der Frau, die die beiden AA-Gründer miteinander bekanntmachte

Tausende von Malen hat Bill Wilson die Geschichte seiner Trunkenheit und seiner Rettung anderen Alkoholikern erzählt, wobei er seine Zuhörer stets zu den Schlüsselmomenten in Akron (Ohio) führte, die sein Leben für immer veränderten. Es war ein Samstag im Mai 1935. Er lechzte nach einem Drink. Ruhelos wanderte er in der Empfangshalle des Hotels »Mayflower« in Akron auf und ab, von Sehnsucht verzehrt nach seinem Heim und seiner Frau in New York, einsam und verlassen, einen weiteren geschäftlichen Fehlschlag hinter sich. Wilson war Börsenmakler an der Wall Street, ein Wertpapierhändler mit großen Träumen, der in jedem Beruf gescheitert war, den er gehabt hatte. Er war neununddreißig Jahre alt. Er war ein kürzlich abstinent gewordener Trinker. Noch wenige Monate zuvor hatte er Leute auf der Straße angehauen, Geld aus dem Portemonnaie seiner Frau gestohlen, war Treppen hinuntergestürzt, hatte in seinem eigenen Erbrochenen gelegen und Fremde in der New Yorker U-Bahn belästigt, um ihnen klarzumachen, daß Religion »frommer Scheiß« sei. Seine Frau Lois, durch siebzehn Ehejahre hindurch die unermüdliche Verdienerin, war am Ende ihrer Geduld angelangt, als er zum vierten Male in das Alkoholikerkrankenhaus in Manhattan eingeliefert wurde. Im Dezember

1934 war er entlassen worden. Fünf Monate lang hatte er es geschafft, nüchtern zu bleiben, indem er anderen Trinkern half und Meetings der Oxford-Gruppe besuchte, einer internationalen Bewegung, die die Rückkehr zu dem einfachen Glauben der Urchristen predigte.

Für einen Fremden gab es an einem Samstag in Akron kaum etwas anderes, als ins Kino zu gehen; im nahegelegenen »Rialto« waren Ginger Rogers und Fred Astaire in *Roberta* zu sehen, aber mit Zelluloidfreunden allein im Dunkeln zu sitzen, war nicht das, was Wilson sich unter Vergnügen vorstellte. Er erzählte, wie er Gelächter und Stimmengewirr von der Bar am anderen Ende der Halle hörte. Er dachte sich: Warum setze ich mich nicht mit einer Flasche Ginger Ale dazu? Er war seit Monaten trocken. Oder vielleicht konnte er sich drei Drinks genehmigen — mehr nicht. Dann dachte er: »Mein Gott, ich bin dabei, mich zu betrinken!« Zum ersten Mal als nüchterner Mensch geriet er in Panik.

Bills Schilderung dieser Szene und aller Ereignisse in den folgenden, entscheidenden Wochen gehören zur mündlich überlieferten Historie und zum gemeinsamen Legendenschatz der Anonymen Alkoholiker. Es ist wie die Weihnachtsgeschichte der AA: etwas Altvertrautes und Liebgewonnenes, das nie verblaßt, sooft man es auch hört. Wie Bill, hat jeder von uns bei den AA seine Geschichte im Laufe der Jahre wiederholt erzählt, bei Meetings und für jene draußen, denen wir helfen und die wir trösten wollen. Zwei Menschen sind noch am Leben, die direkt gesehen und gehört oder von ihren Eltern — den Protagonisten des Dramas — erfahren haben, was an jenem Wochenende in Akron geschah. Ihre detailgenauen Erinnerungen, in langen Interviews mit der Autorin wieder geweckt, bestätigen und erweitern Bills Erzählung.

Wilson wußte, daß es im Amerika der dreißiger Jahre für einen Trinker, dessen Familie sich nicht um ihn kümmerte und der sich keine »Trinkkur« in einem schicken Sanatorium leisten konnte, nur zwei Möglichkeiten gab — die Ausnüchterungszelle im Ge-

fängnis oder die Irrenanstalt. Wer damals, und noch auf Jahre hinaus, als Alkoholiker in der Klapsmühle landete, wurde mit kriminellen Psychopathen, Syphilitikern im Endstadium und Altersschwachsinnigen zusammengesperrt. Niemand wußte, was man sonst mit ihm machen sollte. Außerdem glaubten die Leute, daß diese willensschwachen Schluckspechte an ihrem Unglück selber schuld seien. Viele Angehörige der Geistlichkeit — bis auf jene, die in den Oxford-Gruppen arbeiteten — hielten Trunkenheit für eine Sünde. Wilson aber war von dem Arzt, der jene Klinik leitete, in der er endlich trocken geworden war (die Krankenhausrechnung hatte sein Schwager bezahlt), dahingehend aufgeklärt worden, daß Alkoholismus eine »Allergie« sei, eine Krankheit, über die der Alkoholiker keine Macht habe.
Im Krankenhaus widerfuhr Wilson eines Tages eine überwältigende religiöse Erfahrung; sie mag das Ergebnis von Halluzinationen gewesen sein, hervorgerufen durch den Alkoholentzug. Jedenfalls glaubte er danach zum ersten Mal in seinem Leben an Gott und dachte, daß es für ihn in seiner Lage doch noch Hoffnung gäbe. Bald war er von dem Gedanken besessen, anderen Trinkern zu helfen. Die Arbeit mit ihnen in den Monaten nach seinem letzten Krankenhausaufenthalt überzeugte ihn davon, daß er, um sich selbst vom Trinken abzuhalten, mit einem anderen Trinker reden mußte. Jetzt, als Fremder in Akron, floh er das Gelächter, das von der Hotelbar herüberscholl, und suchte im Telefonbuch, das am anderen Ende der Halle auslag, einen Priester, der vielleicht zur Oxford-Gruppe gehörte. Er nahm den Hörer ab und rief auf gut Glück die erste Nummer an — einen Geistlichen der Episkopalkirche, dessen Name ihm Spaß machte: Walter Tunks (ungefähr = »Kaffeekränzchen«). Tunks, so stellte sich heraus, gehörte selbst nicht zur Oxford-Gruppe. Aber er hatte viele Kollegen, die Mitglied waren. Er gab Bill Namen und Telefonnummer von ungefähr zehn Bekannten. Doch als er diese der Reihe nach anrief, hatten sie alle bereits irgend etwas vor. Wilson geriet in Verzweiflung. Der letzte Mann erklärte Wilson, daß er am Abend fortfahren wolle, riet ihm

aber, Henrietta Seiberling anzurufen. Bills erste Worte zu ihr waren: »Ich bin von der Oxford-Gruppe, ich bin ein Trinker aus New York.«
Henrietta Seiberling war keine Alkoholikerin, aber ein begeistertes Mitglied der örtlichen Oxford-Gruppe, die schon vielen Alkoholikern Stärke und Hoffnung gegeben hatte. Sie stammte aus guter Kentucky-Familie, hatte am Frauen-College Vassar graduiert und war in spirituellen Dingen eine lebenslange Sucherin. Sie hatte einen Sohn Frank A. Seiberlings geheiratet, des Begründers und ersten Unternehmensleiters der Reifenfirma Goodyear, doch hatte ihr Mann sie mit drei heranwachsenden Kindern sitzenlassen. Sie war 47 Jahre alt. Geschnitten und geschurigelt von ihren reichen und sozial angesehenen Verwandten, hatte sie Tröstung in den Oxford-Meetings gefunden; sie lieferten ihr ein Ventil für ihre spirituellen Sehnsüchte und den Wunsch, anderen zu dienen, und gaben ihr eine neue Orientierung, weg von ihren ehelichen und finanziellen Problemen. Bei einem Meeting zwei Jahre zuvor hatte sie Dr. Robert Holbrook Smith und seine Frau Anne kennengelernt und beide mit der Zeit in ihr Herz geschlossen. Doch grämte sie sich zu Tode über Dr. Smiths Trunksucht, seine immer kleiner werdende Arztpraxis und das Gekicher hinter seinem Rücken. Er war Proktologe und Facharzt für Rektalchirurgie, und seine Kollegen am Städtischen Krankenhaus lästerten: »Jetzt kriecht Dr. Smith *wirklich* jedem hinten rein, der noch zu ihm kommt!«
Henrietta war entschlossen, den trunksüchtigen Doktor und Freund zu retten. Da sie aber selbst nie trank, verstand sie seinen Trinkzwang nicht. Der Doktor hatte sein Trinkproblem bereits vor der Oxford-Gruppe gestanden und mit der mitleidigen »Henri« lange private Gespräche darüber geführt. Aber nichts — weder der Rat und die Hilfe, die ihm bei Oxford-Meetings in Privathäusern zuteil wurden, noch der Besuch der Kirche, weder die Lektüre der Bibel noch der eigene Wunsch, aufzuhören, noch eine Reihe von »Kuren« in Sanatorien —, nichts hatte ihm geholfen. Als also Henrietta am Samstag, dem 11. Mai 1935,

den Anruf des Mannes aus New York entgegennahm, der sagte, er müsse mit einem anderen Trinker sprechen, um sich seine eigene wacklige Nüchternheit zu erhalten, dachte sie: »Das ist wie himmlisches Manna!« Einer spontanen Eingebung folgend, lud sie den Fremden ein, sogleich zu ihr zu kommen. Ihr zweiter Gedanke war, Bill Wilson und Bob Smith zusammenzubringen.
Henrietta war eine gutaussehende Frau von einnehmendem Wesen; tapfer verstand sie es, sich gegen alle Widerstände durchzuschlagen und drei Kinder großzuziehen. Sie hatte auch etwas von einem Snob. Trotz der Entfremdung von ihrem Mann hatte die Familie Seiberling ihr gestattet, in dem Pförtnerhäuschen des großen Seiberlingschen Gutes Stan Hywet wohnen zu bleiben. Das kleine Fachwerkhaus im Tudorstil mit den Butzenscheibenfenstern, unter das mit unechtem Stroh gedeckte, steile Dach geduckt, sieht bis auf den heutigen Tag so aus, als sei es unter einem Pilz hervorgesprungen. Als der große, unbeholfene Wilson an jenem Samstag über ihre Türschwelle schlurfte und sich nur allzu rasch bei ihr heimisch fühlte, war Henrietta entsetzt. Sie fand ihn vulgär und kriecherisch, mit einem zudringlichen Grinsen; er war laut und geschwätzig. Er war ihr auf den ersten Blick unsympathisch. Jahre später beschrieb sie den Wilson von damals: »Bill stand schief und krumm da und trug schlechtsitzende Sachen, die nicht zueinander paßten. Er lachte zu laut und zeigte auch beim Sprechen zu viele Zähne. Er hatte die Manie, sich ständig die Hände zu reiben und affektiert zu lachen — ein Tartuffe, wie er im Buche stand!«
Ihr jüngstes Kind, die damals dreizehnjährige Dorothy, war dabei. »Ich weiß noch, wie er anrief und wie Mutter vor Freude außer sich war«, sagte Dorothy. »Bill kam am späteren Nachmittag und blieb bis nach dem Abendessen. Er war so ein großer, langer, schlaksiger Kerl mit enormen Füßen. Ich weiß noch, wie er sich auf einem Stuhl ausgestreckt hat, dieses Riesenmannsbild.«
Trotzdem sah Henrietta in diesem Rüpel den Retter von Dr. Smith. Kein vernünftiger Mensch hätte geglaubt, daß diese bei-

den Männer sich so ausgezeichnet verstehen würden. Dr. Smith war ein einschüchternder Mann, von gebieterisch aufrechter Haltung, der auf neue Bekannte schroff, steif und schweigsam wirkte. Er war damals fünfundfünfzig Jahre alt, sechzehn Jahre älter als Wilson. »Zunächst einmal: Er hatte einen sehr strengen Blick«, sagte sein Sohn Bob. »Er hatte eisblaue Augen, die einfach durch einen hindurchsehen konnten.« Des Doktors Tochter, heute Suzanne Smith Windows, verglich die Augen ihres Vaters, wenn er sich ärgerte, mit »einem Paar Eiswürfeln«.

Aber Henrietta war ein Mensch mit starkem Willen. Sie hatte eine starke Vorliebe für die Mystik und einen Glauben, der in den von Dorothy Seiberling aufbewahrten Tagebüchern und mit Randbemerkungen versehenen Meditationsbüchern kraftvoll hervorbricht. Trotz ihrer anfänglichen Abneigung gegen Wilson ließ Henrietta sich nicht in der Überzeugung beirren, daß die göttliche Vorsehung diesen Fremden gesandt habe, um ihrem Freund Bob zu helfen. Noch am selben Nachmittag hängte sie sich ans Telefon und lud die Smiths zum Abendessen ein, damit sie ihn kennenlernten. »Es war der Tag vor Muttertag, und ich war besoffen nach Hause gekommen mit einer großen Topfpflanze, die ich auf den Tisch stellte«, schrieb der Doktor später. »Ich war sofort nach oben gegangen, wo ich die Besinnung verlor.«[1] Anne entschuldigte sich bei ihrer Freundin; die Sache war ihr äußerst peinlich.

Am nächsten Tag, dem Sonntag, rief Henrietta die Smiths wieder an und erneuerte die Einladung zum Essen. Dr. Smith hatte einen fürchterlichen Kater und keine Lust, auszugehen. »Obwohl ich mich sehr schlecht fühlte«, erinnerte sich Dr. Smith, »versuchte ich, höflich zu sein. ›Na gut, gehen wir hin‹, sagte ich.« Vorher ließ er sich noch von seiner Frau das Versprechen geben, »daß wir nicht länger als eine Viertelstunde bleiben würden«. Zusammen mit ihrem Sohn Bob, der damals siebzehn war, fuhren sie in ihrem alten Cadillac zum Seiberlingschen

[1] *Anonyme Alkoholiker,* 1986, S. 204

Pförtnerhäuschen hinüber. Als sie ankamen, war es fünf Uhr nachmittags.

Wenn er später seine Begegnung mit Dr. Smith schilderte, erzählte Wilson, daß Smith »böse zitterte« und offensichtlich verlegen war. Auch Wilson war nervös. Was konnte er diesem Mediziner über das Trinken oder Nichttrinken sagen? »Obwohl es ihm unangenehm war, hellte sich seine Miene etwas auf, als ich sagte, ich hätte den Eindruck, er brauche einen Drink«, erinnerte sich Wilson. Nach dem Abendessen, in dem der Doktor nur herumstocherte, brachte Henrietta die beiden Männer zu einem kleinen Schwatz in ihr Bibliothekszimmer. Dort sprachen Wilson und Smith bis 23.15 Uhr. Sie hatten sechs Stunden miteinander verbracht, die meiste Zeit davon allein. Niemals wird man genau wissen, was sie zueinander sagten. Aber beide haben später, in zahllosen Gesprächen mit anderen Alkoholikern, das Wesentliche davon erzählt. Klar ist, daß das Zwiegespräch der beiden Männer, die die Begründer der Anonymen Alkoholiker wurden, ein Beispiel setzte, dem seither Millionen von Trinkern in der ganzen Welt gefolgt sind, die verzweifelt gesund werden wollen.

Es hätte niemals nur *einen* Gründer der AA geben können. Es mußten zwei sein, weil das Wesen des Prozesses darin besteht, daß ein Mensch einem anderen so ehrlich wie möglich seine Geschichte erzählt. Bob Smith war zwar niemals der große Redner und Autor, der Bill Wilson war, aber er scheint es doch gewesen zu sein, der das Meeting am besten verstand. Jahre später schrieb er:

»An dieser Stelle drängt sich die Frage auf: ›Was sagte oder tat der Mann, das so verschieden war von dem, was andere gesagt oder getan hatten?‹ Man muß sich vor Augen führen, daß ich viel über Alkoholismus gelesen hatte und mich mit jedem, der darüber wußte oder meinte, er wüßte etwas darüber, unterhalten hatte. Hier war jedoch ein Mann, der viele Jahre furchtbar getrunken hatte und der alle Erfahrungen als Säufer gemacht hatte, die man überhaupt machen kann. Genesen ist er jedoch auf dem gleichen Weg, den ich auch versucht hatte einzuschlagen, nämlich auf dem seelischen Weg. Er gab mir aber die Informationen über das Thema Alkoholismus, die mir zweifellos geholfen haben.«

Die folgenden Sätze hob der Doktor hervor: *»Von weit größerer Wichtigkeit war die Tatsache, daß er das erste menschliche Wesen war, mit dem ich je gesprochen hatte, der aus eigener Erfahrung wußte, worüber er sprach in bezug auf Alkoholismus. Mit anderen Worten, er redete in meiner Sprache.«* Und Dr. Smith fuhr fort: »Er wußte alle Antworten, und gewiß hatte er sie nicht aus Büchern.«[2]

Trotz ihrer unterschiedlichen Persönlichkeit hatten die beiden Männer doch manches gemeinsam. Beide waren knochig und gut 1,85 m groß, beide waren in ihrer Jugend attraktiv gewesen und waren nun, in mittleren Jahren, immer noch beeindruckend. Sie waren angelsächsische Protestanten, bürgerlich bis in die Fingerspitzen, in ihren politischen und wirtschaftlichen Anschauungen konservativ. Wilson schrieb wütende Briefe an den Mann im Weißen Haus, den er verabscheute: Franklin Delano Roosevelt; wenn er nüchtern war, hielt er diese Haßtiraden zurück, aber er blieb überzeugt, daß Roosevelt eine Gefahr war, und Dr. Smith pflichtete ihm bei. Beide waren mitleidige Seelen und teilten großzügig, was sie hatten, mit anderen. Aber das besondere Band zwischen ihnen war ihr identisches, nicht vergessenes Leiden. Zudem hatte Wilson dem Doktor an jenem Tag im Mai 1935 das Leben gerettet. Männer, die im Krieg waren — ja eigentlich jeder Mensch, der gemeinsam mit anderen eine besonders intensive und grauenerregende Erfahrung durchlebt hat —, können dieses Band aus Erinnerung und Dankbarkeit verstehen. Bei den AA wird es immerwährend erhalten.

Bill Wilson und Bob Smith waren aber auch in vieler Hinsicht verschieden. Wilson war ein »name-dropper«, der sich seine Freunde unter den Reichen und Supertüchtigen suchte und fas-

[2] *Anonyme Alkoholiker,* S. 205

ziniert war von Erfolg, Geld und Macht — eine rechte Ironie für den Gründer einer Organisation, die mit allen diesen Dingen nichts im Sinn hat. Ein Träumer mit intellektuellen Ambitionen, der seine formale Bildung niemals zum Abschluß hatte bringen können, schwelgte er in Übertreibungen und Phantastereien. Ihm war bei der ungeschminkten Wahrheit unbehaglich zumute, und er fühlte sich genötigt, sie auszuschmücken. Er wurde bei den Anonymen Alkoholikern der Mann mit den Ideen. Als jemand, der gern redete, war er in Gesprächen dominant. Seine Stimmungen konnten zwischen übertriebenem Optimismus und Verzweiflung gewaltig hin und her schwanken. Seit er siebzehn war, litt er unter verheerenden Anfällen von Depression, deren letzter und längster einsetzte, nachdem er bereits zehn Jahre trocken war, und elf Jahre dauerte.

Wilsons Ehe mit Lois Burnham, 1918 geschlossen, dauerte bis 1971, als er im Alter von fünfundsiebzig starb. Doch Bill Wilson war, zumal in seinen trockenen Jahrzehnten bei den AA, in den vierziger, fünfziger und sechziger Jahren, ein unverbesserlicher Schürzenjäger. Seine Amouren und sein ehebrecherisches Verhalten erfüllten ihn mit Schuldgefühlen, wie Leute, die ihm nahestanden, zu berichten wissen; doch hörte er nicht auf, über die Stränge zu schlagen. Seine letzte und ernsteste Affäre — mit einer Frau aus der AA-Zentrale in New York — begann, als er über sechzig war. Die Frau war bis zum Ende seines Lebens wichtig für ihn und wurde auch in einer finanziellen Vereinbarung mit den AA berücksichtigt. Diese Affäre sowie Experimente mit Spiritualismus, LSD und Vitaminstoßkuren erregten bei AA-Verantwortlichen und anderen Veteranen im Stammbüro großen Anstoß. Manche hatten den Eindruck, daß Wilson die hohen Ideale der Organisation nicht hochhalte, die Einheitlichkeit des Ziels gefährde und einer Mitgliederschaft, die ihn verehrte, verschrobene Ideen anzudrehen suche. Von seinen positiven Eigenschaften waren seine Großzügigkeit, seine Offenheit für Veränderungen und seine Demut besonders liebenswert. »Ich habe ihn niemals über irgend jemand lästern hören«, sagte ein Mann, der sich den AA in den vierziger Jahren angeschlossen hatte, und zwar als eines der ersten homosexuellen Mitglieder. »Von ihm aus hätte ich auch Menschenfresser sein können. Ausgefallene Sachen fand er herrlich. Seine Einstellung war: ›Guckt mal, was für ein Kamel sich in unser Zelt verirrt hat! Sind die Menschen nicht prächtig?‹«

Ein anderer sagte: »Als menschlicher Versager hätte ich es nicht ausgehalten, wenn Bill nicht auch versagt hätte. Einem perfekten Vorbild war ich nicht gewachsen.«

An Dr. Bob — wie er von AA-Mitgliedern stets genannt wird — haben die meisten eine verschwommenere Erinnerung als an Bill Wilson, nicht zuletzt deshalb, weil er bereits 1950 starb, als die AA erst fünfzehn Jahre alt waren. Betont zurückhaltend und unerschütterlich, ein Mann der wenigen Worte, mied er das Rampenlicht; es heißt von ihm, er habe niemals ein AA-Meeting geleitet — das heißt als Sprecher und Leiter der Gruppe fungiert. Er war ein würdevoller Mann und galant zu Frauen, von denen er allerdings bevorzugt in Redensarten sprach. Er sagte »das schwache Geschlecht« oder »Frauenzimmer« oder, wenn er eine wirklich gern hatte, »Weib«. In Gesellschaft von Männern hatte er Spaß an unanständigen Witzen. Er war die feste Hand, welche die Schnur von Bill Wilsons hoch in den Wolken umherfliegendem Drachen hielt. War Bill impulsiv, so war Dr. Bob überlegt und vorsichtig. Er war der personifizierte gesunde Menschenverstand. Als Absolvent des Dartmouth College und des Rush Medical College in Chicago war er jahrelang der Mann mit der besten Ausbildung und der einzige Arzt bei den AA. Bill liebte ihn, stand aber zeitweilig auch in seiner Furcht. Konventionell und mitunter dogmatisch denkend, war Dr. Bob gegen die Zulassung von Frauen zu den zunächst rein männlichen AA. Damals hatten »nette« Frauen eben keine Trinkerinnen zu sein. Vielleicht aufgrund seines Berufes, seiner dominierenden Präsenz und seiner festen Überzeugungen war er im privaten Gespräch mit aktiven Alkoholikern viel effektiver als Bill. Er behandelte fast 5000 Alkoholiker ohne Honorar, die meisten davon im St. Thomas's Hospital in Akron. Hunderte von jenen, mit denen er gearbeitet hatte, kamen zu den AA.

Dr. Bob sprach selten in der Öffentlichkeit, zuletzt 1950 bei der Ersten Internationalen AA-Convention in Cleveland. 3000 Mitglieder waren zugegen; damals gab es schätzungsweise rund 100 000 im ganzen Land. Er litt bereits an einer tödlichen Krebserkrankung und entschuldigte sich für seine Kürze. Was er den Delegierten sagte, war typisch für das Denken und den Stil dieses Mannes. »Es gibt zwei oder drei Dinge, von denen ich mir dachte, es könnte gut sein, sie ein wenig hervorzuheben«, sagte er. »Eines ist die *Schlichtheit* unseres Programms. Laßt uns nicht alles verderben mit Freudschen Komplexen und Dingen, die für das wissenschaftliche Denken interessant sein mögen, jedoch wenig mit unserer tatsächlichen AA-Arbeit zu tun haben[3]. Unsere Zwölf Schritte gehen, wenn man sie immer weiter konzentriert, zuletzt auf in den Worten ›Liebe‹ und ›Dienen‹.«

Als er am 16. November 1950 im Alter von 71 Jahren starb, würdigte ihn der Nachruf in der *New York Times*, der angesehensten Zeitung des Landes, als Mitbegründer der Anonymen Alkoholiker, aber der Artikel war nur fünfzehn Zentimeter lang, ohne Bild und auf einer Innenseite. Zwanzig Jahre und zwei Monate später stand Bill Wilsons Nachruf mit großem Foto dreispaltig auf der Titelseite der *Times* und ging im Inneren des Blattes über drei Spalten weiter.

In den Augen der Welt und der AA-Mitglieder war Wilson der wichtigere von beiden, nicht nur, weil er zwanzig Jahre länger gelebt hatte als Dr. Bob oder weil die AA zum Zeitpunkt seines Todes fünfmal soviel Mitglieder hatten wie 1950 — 475 000 Männer und Frauen in den USA und 88 anderen Ländern; sondern auch deshalb, weil dieser Mann, ein instinktsicherer Trommler für die AA und für sich selbst, der Bewegung das Gedankengut und die Philosophie, die Worte und die Handlungsanweisungen

[3] Dieser letzte Satz zitiert nach *Bill und Bob. Lebensdaten und letzte Reden*, 1987, S. 8

gegeben hatte, von denen sie lebt. Anders als Dr. Bob, dessen persönlicher Einfluß nachhaltig fortwirkt, sich aber auf den Raum Cleveland und Akron beschränkte, wo er lebte und Mitglieder warb, kam Bill weit herum und hielt viele Reden, nicht nur vor AA-Gruppen, sondern auch vor den verschiedensten interessierten Gruppen außerhalb der AA: von Ärzten, Geistlichen und Professoren über Philanthropen bis zu Kongreßabgeordneten. Bill schrieb die Zwölf Schritte und die Zwölf Traditionen, dieses einmalig wirkende System der Heilung vom Alkoholismus und der Neuanfang eines Lebens in Würde. Seine vier Bücher, angefangen bei *Anonyme Alkoholiker* von 1939, das der Bewegung ihren Namen gab und von den Mitgliedern »Big Book« (in Deutschland »Blaues Buch«) genannt wird, bewahrten seine Gedanken und die Erfahrungen, die viele Alkoholiker mit ihm teilten. Sie werden durch das AA-eigene Verlagsimperium in Millionenauflage verbreitet. Außerdem schrieb er Hunderte von Artikeln, die meisten davon für die Monatsschrift *A. A. Grapevine.*

Die einzige Welt, in der es Wilson zu Erfolgen brachte, war die Welt der Anonymen Alkoholiker. Das war mehr als genug. Clever und närrisch zugleich, phantasievoll, ja visionär, war er die treibende Kraft hinter der einzigen Massenbewegung, die jemals Hunderttausenden von Menschen einen Weg gezeigt hat, die Krankheit des Alkoholismus für immer zu stoppen und ihr Leben neu aufzubauen. Die Bewegung ist nach seinem Tode mit immer größerer Rasanz weitergewachsen, und die Mitglieder sind seinen Lehren gefolgt, trotz der großen Unterschiedlichkeit ihres sozialen Umfeldes. Es hat in der Geschichte viele andere Versuche gegeben, auf Gruppenbasis mit dem Alkohol, einem der verführerischsten Freunde und unbeugsamsten Feinde der Menschheit, fertigzuwerden. Keiner hat so lange Bestand gehabt und so viele Menschen erfaßt wie die Anonymen Alkoholiker.

William Griffith Wilson, der Mann, der die AA schuf, kam am 26. November 1895 in East Dorset zur Welt, einer kleinen Stadt im südwestlichen Teil des US-Bundesstaates Vermont. Sein Vater Gilman Wilson war ein unbeschwerter, liebenswürdiger Mann, der als Vorarbeiter in einem nahegelegenen Marmorsteinbruch beschäftigt war. Bill hatte ihn, Lois Wilson zufolge, als »unwiderstehlichen Geschichtenerzähler« und Sänger im Kreise seiner Familie in Erinnerung. Außerdem war er ein schwerer Trinker. Bills Mutter, Emily Griffith, war eine kluge und entschlossene Frau. Bill hatte eine jüngere Schwester namens Dorothy.

Als Bill ungefähr neun war, ließen seine Eltern sich scheiden; nach Bills Überzeugung war daran die Trunksucht seines Vaters schuld. »Gilly« zog aus Vermont fort und ließ sich schließlich im Westen Kanadas nieder, wo er zum zweiten Mal heiratete. Emily ging nach Boston, um sich zur Chiropraktikerin ausbilden zu lassen, und überließ Bill und Dorothy ganz der Obhut ihrer eigenen Eltern in East Dorset. Die Großeltern Griffith, bei denen die Kinder nun aufwuchsen, waren wohlhabend, liebevoll und warmherzig. Bill galt als privilegiert, besaß er doch ein Motorrad, einen Rundfunkempfänger und ein Reitpferd, dazu eine Geige, auf der er sich selbst das Spielen beibrachte. Er spielte schlecht, doch blieb Musik bis zuletzt die Trösterin in seinem Leben.

Als er knapp vierzehn war, kam er ins Burr and Burton Seminary, ein Jungeninternat in Manchester (Vermont). Ein Junge namens Ebby, Sohn einer prominenten Familie in Albany, der später eine entscheidende Rolle in Bills Leben spielen sollte, war dort kurze Zeit sein Klassenkamerad. Bills Internatsjahre waren glücklich und erfolgreich. Mit sechzehn verliebte er sich in ein schönes, allgemein beliebtes Mädchen, die Tochter eines Geistlichen der Episkopalkirche. Sie starb 1912, kurz vor Bills siebzehntem Geburtstag. Dieser Verlust löste eine dreijährige Depression aus — die erste von vielen. Alle, die Bill nahestanden, kannten seine Schwankungen zwischen fast manischer Hochstimmung und schwärzesten Stimmungstiefs.

Bill besuchte nun die Norwich University, eine Militärakademie in Vermont. Die Phantasiewelt, in der der Studienanfänger lebte, begann sich fast völlig von der Realität zu lösen. Nach seiner eigenen Schilderung ein »Niemand«, der es »weder in Sport noch in Musik noch gar an Beliebtheit mit irgend jemandem aufnehmen konnte«, bekam er von keiner einzigen der vier Studentenverbindungen das Angebot, Mitglied zu werden. Trotzdem schrieb er an seine Mutter, er habe drei Angebote erhalten, sie jedoch abgelehnt; im übrigen könne er sich »vor Popularität kaum retten«.

Mitte 1914, mit achtzehn Jahren, begann Bill, um Lois Burnham zu werben, die Tochter eines angesehenen Arztes aus Brooklyn, deren Familie die Sommerferien in Vermont verbrachte. Lois war zweiundzwanzig, das älteste von sechs Kindern und bereits eine junge Dame, die am Packer Collegiate Institute in Brooklyn zur Schule gegangen war und im YWCA (Christlicher Verein Junger Frauen) arbeitete. Schien der Altersabstand von vier Jahren damals nebensächlich zu sein, so sollte Bill ihn viel später gegenüber guten Freunden und Freundinnen oft beklagen. »Es war ihm zuwider, von ihr bemuttert zu werden«, sagte eine von ihnen. »Er kam zu uns in die Wohnung und redete während des ganzen Essens immer nur von ihrem ›Gluckentrieb‹; er wollte mir klar machen, daß es völlig in Ordnung war, wenn er sie wegen einer anderen verließ. Ich habe zu ihm gesagt: ›Ich kann mit dir nicht darüber streiten, wie die Bewegung reagieren wird, aber das kann ich dir sagen: Wenn wir als einzelne nicht so leben, wie man es von uns erwartet, dann wirst du irgend jemandem sehr wehtun.‹ Ich glaube, das gehörte alles zu seinen Stimmungsschwankungen damals.« Als Lois 1971 mit dem Leichnam Bills nach Hause zurückflog, brach sie in heftiges Weinen aus und sagte schluchzend zu einer Vertrauten: »Ich hab ihn immer gegängelt — *immer, immer, immer!*«

1915 war die Verlobung. Lois war vom Zeitpunkt ihrer Eheschließung 1918 an, in der Zeit von Bills katastrophalem Trinken Ende der zwanziger und Anfang der dreißiger Jahre und später in den Jahren seiner Trockenheit die Vertraute und die Krankenschwester ihres Mannes, traf Entscheidungen für ihn und gab ihm finanziellen Rückhalt. Falls sie von Bills ehelicher Untreue wußte, schien es ihre Hingabe nicht zu beeinträchtigen. »Sie hat niemals seine Liebeleien erwähnt«, sagte eine von Lois' ältesten Freundinnen. »Über solche Dinge sprach sie mit niemandem. Das hätte ihren Sinn für Würde, für das Schickliche, für das, was sich gehörte, beleidigt.« Sie fügte hinzu: »Ich glaube, er hätte sie nie verlassen. Er war ihr dankbar. Und er fügte sich in ihre Temperamentsausbrüche und ihre Launen.«

Den ersten Schluck Alkohol seines Lebens trank Bill 1917, im Alter von 21, als frischgebackener Leutnant des Fort Rodman in New Bedford (Massachusetts). Amerika war kurz zuvor in den Ersten Weltkrieg eingetreten. Familien der »Society« gaben häufig Gesellschaften für Offiziere. Bis zu diesem Zeitpunkt hatte er sich vor dem Schnaps gefürchtet. Lois schrieb in ihren Erinnerungen: »Von klein auf war Bill eingeschärft worden, keinen Alkohol anzurühren. Seine Mutter habe sich von seinem Vater hauptsächlich wegen der Trinkerei getrennt, meinte er.«

Er war von Anfang an ein exzessiver Trinker. Meistens vertrug er nicht viel — anders als viele Alkoholiker, die jahrelang maßvolle Geselligkeitstrinker sein können und ihr Quantum unmerklich erhöhen, bevor sie die unsichtbare Grenze zum Problemtrinken überschreiten. Sie heirateten, kurz bevor Bill mit seiner Einheit nach Europa verlegt wurde, weit weg von der Front. Als er 1919 zu seiner Frau nach New York zurückkam, ohne Collegeabschluß und ohne irgendeine Berufsausbildung, hatte er Mühe, Arbeit zu finden. Er versuchte es in einem Büro und als Hafenarbeiter, gab diese Stelle jedoch lieber wieder auf, als daß er der Gewerkschaft beigetreten wäre, zog mit Lois auf eine Tour durch Vermont, belegte in Brooklyn einen Abendkurs in Rechtswissenschaft. 1922 wurde Lois schwanger. Es war die erste von drei ektopischen Schwangerschaften, bei denen sich die Leibesfrucht außerhalb der Gebärmutter entwickelte. Den Wilsons wurde klar, daß sie niemals Kinder bekommen würden, was sie sich so sehnlich gewünscht hatten. Versuche, Kinder zu adoptieren, schlugen fehl. Die Wilsons waren immer

überzeugt, daß hieran die sich häufenden Besäufnisse Bills und sein unerfreuliches Verhalten in der Öffentlichkeit schuld waren.
Bill hatte sich während des schwindelnden Aufschwungs des Aktienmarktes auch mit dem Wirtschaftsleben befaßt. »Ich war in den Sog der Wallstreet geraten«, sagte er später.[4] Er gelangte zu der Erkenntnis, daß Investoren ihre Kaufentscheidung am Aktienmarkt überlegter treffen konnten, wenn sie mehr über die betreffenden Unternehmen und ihre Führung wußten — für 1925 eine neuartige Überlegung. Und so fuhren der neue »Effektenprüfer«, knapp dreißig Jahre alt, und seine vierunddreißigjährige Frau auf ihrer Harley-Davidson ein Jahr lang durch die USA, um Solidität und Zukunftsperspektiven von Wirtschaftsunternehmen zwischen New York und Florida zu untersuchen. Motorrad und Beiwagen waren voll bepackt mit Kleidung, einem zusammenlegbaren Zelt, Kochgeschirr und einigen Nachschlagewerken über den Finanzmarkt. Beide liebten das Zelten, aber Lois hatte noch ein weiteres, heimliches Motiv. »Ich machte mir solche Sorgen über Bills Trinkerei«, sagte sie, »daß ich ihn von New York und den Bars weghaben wollte.« Der Ehemann von Lois' bester Freundin, ein millionenschwerer Wallstreet-Spekulant, begann zunächst, Bill hübsche Summen für seine Berichte vor Ort zu zahlen, und stellte ihn dann ein.
Nach diesem Jahr, das nur von ein paar bösen Besäufnissen überschattet war, wurde Bill Effektenhändler an der Wallstreet. Seinen Erfolg beschreibt er in der leicht überhitzten Prosa, die immer sein Stil gewesen ist:
»In den nächsten paar Jahren flogen mir Geld und Beifall nur so zu. Ich hatte es geschafft. Das Rascheln der Geldscheine brachte viele dazu, meinem Beispiel zu folgen. Der Aufschwung der späten zwanziger Jahre nahm überschäumende Formen an. Alkohol bildete einen wichtigen Bestandteil meines Lebens. In den Jazzlokalen der Stadt wurde hitzig debattiert. Jeder warf

[4] *Anonyme Alkoholiker,* S. 2

mit Tausendern nur so um sich und phantasierte von Millionen. Sollten die Spötter ruhig spotten, mir war's gleich.«[5]
In dieser Zeit umgab er sich mit einer Unzahl von »Schönwetterfreunden«, wie er sagt. Sein Trinken nahm immer schlimmere Formen an; er trank den ganzen Tag und fast jeden Abend. »Die Vorhaltungen meiner Freunde führten zu Streit und machten mich zum Einzelgänger«, schreibt er über jene Zeit.[6] Zu Hause gab es häßliche Szenen mit Lois. Er gab seiner Frau schriftliche Versprechen wie dieses: »1927 ist Schluß mit dem Saufen.« Ende 1927 war er durch sein eigenes Verhalten so bedrückt, daß er zu ihr sagte: »Ich bin auf dem halben Weg zur Hölle und dabei mächtig in Fahrt.«
Zwei Jahre später krachte der Aktienmarkt zusammen. »Ganz unerwartet brach im Oktober 1929 an der New Yorker Börse die Hölle los«, erinnerte sich Bill. »Nach einem dieser verteufelten Tage schwankte ich aus einer Hotelbar in ein Maklerbüro. Es war abends acht Uhr, fünf Stunden nachdem die Börse geschlossen hatte. Der automatische Kursanzeiger tickte immer noch. Ich starrte auf einen Papierstreifen mit der Notierung XYZ 32. Am Morgen waren es noch 52 gewesen. Wie so viele meiner Freunde war auch ich ruiniert. Die Zeitungen berichteten, daß Menschen von den hohen Dächern der Finanzburgen in den Tod gesprungen waren. Das widerte mich an. Ich würde nicht springen. Ich ging in die Bar zurück. Seit 10 Uhr morgens hatten meine Freunde mehrere Millionen verloren — na und? Morgen war ein neuer Tag. Beim Trinken kehrte meine alte, verbissene Entschlossenheit zu gewinnen zurück.«[7]
In nüchternem Zustand höflich und nett, wurde Bill arrogant und laut, wenn er getrunken hatte. Während die Nation in die Wirtschaftskrise stürzte, zogen Bill und seine Frau nach Brooklyn Heights in die Clinton Street, zu Lois' Vater Dr. Clark Burn-

[5] *Anonyme Alkoholiker,* S. 3f.
[6] *a. a. O.,* S. 4
[7] *a. a. O.,* S. 4f.

ham. (Bill war zu betrunken gewesen, um 1930 an der Beisetzung seiner Schwiegermutter teilnehmen zu können.) Lois wurde Verkäuferin bei Macy's, für neunzehn Dollar die Woche. Bill lag im Bett und trank, oder er drehte eine Runde durch die Maklerbüros, um den Anschein von Tätigkeit zu erwecken.

Katzenjammer und Halluzinationen wurden häufiger. Er bettelte Leute auf der Straße an und stahl Geld aus dem Portemonnaie seiner Frau. Einmal fuhr er, eine Flasche schwarz gebrannten Gin in der Hand, stundenlang U-Bahn und erschreckte die Fahrgäste mit seinen wirren Reden. Er warf mit einer Nähmaschine nach Lois und trat in ihrem Heim in Brooklyn alle Türfüllungen ein. Lois nannte ihn einen »besoffenen Schlauch«. Tage- und wochenlang trank er nicht, dann folgten wieder bodenlose Saufgelage. Er aß kaum noch. Er hatte 40 Pfund Untergewicht. Auf trübselige, verschlossene Phasen folgten Anfälle von Größenwahn. Einmal erklärte er Lois, daß »geniale Männer« ihre besten Einfälle im Suff hätten.[8] Einmal waren sie bei seiner Schwester Dorothy und deren Mann Leonard Strong zum Abendessen eingeladen, aber Bob kam nicht. Die Strongs spielten mit Lois Bridge zu dritt; dann gingen sie zu Bett. Lois konnte nicht schlafen. Um vier Uhr morgens klingelte es an der Tür. Draußen stand ihr Mann, unterkühlt und zitternd, ohne Schuhe und ohne Hose.

Nur die Strongs hielten zu Bill. Strong war, wie Bills Mutter, Chiropraktiker. Als er Ende 1933 erkannte, daß Bill ein körperliches und seelisches Wrack war, sorgte Dr. Strong für die erstmalige Einweisung seines Schwagers in das Charles B. Towns Hospital am Central Park West in Manhattan und bezahlte auch die Krankenhausrechnung. Die Prohibition stand kurz vor ihrer Aufhebung. Das vierzehn Jahre währende »noble Experiment«, die Trunksucht zu steuern, indem man den Schnaps verbot, war in zahllosen »Flüsterkneipen« im ganzen Lande unterlaufen worden; brave Bürger hatten sich ihren Gin in der Badewanne

[8] *Anonyme Alkoholiker*, S. 2

gebraut; Gangster hatten mit Schwarzbrennen und Schnapsschmuggel Vermögen angehäuft. In vielen Kreisen fand man es schick, zu trinken, sich zu besaufen und der Polizei ein Schnippchen zu schlagen. Trotzdem galt chronischer Alkoholismus als moralische Schwäche oder als Sünde. Für scheinbar hoffnungslose Alkoholiker wie Bill Wilson brachte man wenig Verständnis oder Mitleid auf. Das Towns Hospital war in den zwanziger Jahren eine elegant eingerichtete und teure Klinik für Alkoholiker gewesen. Im wesentlichen ließ man die Patienten »kacken und kotzen«, wie es jemand formuliert hat, der die Klinik von früher kannte: Die Behandlung bestand im häufigen Verabreichen starker Betäubungs- und Abführmittel wie Belladonna und Rizinusöl. Der Neurologe, der seit 1930 die Klinik leitete, war Dr. William Duncan Silkworth, ein freundlicher Mann, nach dessen Überzeugung Alkoholismus nicht auf einen moralischen Defekt oder mangelnde Willenskraft zurückging, sondern auf eine körperliche Schnaps-»Allergie« und einen übermächtigen Zwang zum Trinken. Bill war erleichtert, daß Silkworth den Alkoholismus entschieden als Krankheit betrachtete — ein Konzept, das vielen Tausenden von Alkoholikern helfen sollte, ihre Scham zu überwinden; doch kaum hatte Bill das Krankenhaus verlassen, begannen die Besäufnisse aufs neue. Er ging jetzt fast nur noch aus dem Haus, um seinen Schnapsvorrat aufzufüllen. Es gab Phasen mit Blackouts, Wutanfälle im Suff, die sich gegen Lois richteten, Stürze und Kopfverletzungen. Er wurde noch zweimal im Towns Hospital behandelt, beide Male ohne bleibenden Erfolg.
Eines Tages im Spätherbst 1934 kam Lois nach Hause und fand Ebby, Bills Klassenkameraden aus dem Internat, im ernsten Gespräch mit ihrem Mann in der Küche sitzen. Die beiden hatten oft einen draufgemacht und waren zusammen saufen gegangen. Bill erzählte ihr, daß sein alter Freund diesmal einen Drink abgelehnt hätte. »Komm, was soll das alles?« hatte ihn Bill gefragt, worauf Ebby ihn lächelnd angeschaut hatte: »Ich habe meinen Glauben gefunden.« Bill war wirklich bestürzt — »Im vergan-

genen Sommer ein alkoholischer Spinner und jetzt ein spinnerter Glaubensbruder!« Ebby hatte, wie Bill berichtete, »diesen verklärten Blick«. Dann sagte sich Bill: »Laß ihn schwätzen, meinen Segen hat er! Außerdem würde mein Gin länger halten als sein Predigen.«[9] Doch wider Willen hatte Bill sich fesseln lassen von dem, was Ebby ihm über die Oxford-Gruppe und ihr schlichtes Programm für ein besseres und spirituelleres Leben zu sagen hatte.

Am 11. Dezember 1934 begab sich Bill freiwillig zum viertenmal ins Towns Hospital. Dr. Silkworth gab ihm Sedative und begann mit der Belladonnabehandlung. Ebby besuchte ihn. Er wiederholte das Rezept der Oxford-Gruppe, das ihn vom Trinken befreit hatte: Zuerst, so sagte er, hatte er sein Leben Gott ausgeliefert, nachdem er sich eingestanden hatte, daß er selbst damit nicht zu Rande kam. Dann versuchte er, ehrlich mit sich selbst zu sein und nach Möglichkeit bei Menschen, die er verletzt hatte, den Schaden wiedergutzumachen. Er versuchte, für andere da zu sein, ohne eine Gegenleistung zu erwarten. Und schließlich hatte er zu seinem Erstaunen festgestellt, daß Beten half, obwohl er früher nicht an die Kraft des Gebets geglaubt hatte. Ebby munterte Bill auf. Doch bald, nachdem er fort war, wurde Bill wieder aufsässig, deprimiert und verzweifelt. Endlich begann er, Gott um Hilfe zu bitten.

Wenn Bill beschrieb, was dann geschah — erst erzählte er es Dr. Silkworth, dann seiner Frau und endlich jahrzehntelang jedem Alkoholiker, der seine Geschichte hören wollte —, berichtete er, daß er den Gedanken gehabt habe: »Ich werde alles tun, alles, um von dieser Sucht loszukommen.«[10]

Das hatte »eine elektrisierende Wirkung«, schreibt er im »Blauen Buch«. »Da war in mir Siegesgefühl, dem Frieden und Gelassenheit folgten, wie ich es vorher nie gekannt hatte. Das gab mir unendliches Vertrauen. Ich fühlte mich emporgehoben,

[9] *Anonyme Alkoholiker,* S. 11
[10] *Wie Bill es sieht,* 1986, Nr. 2

wie von einem starken, frischen Bergwind durchweht. Gott offenbart sich den meisten Menschen zögernd. Aber auf mich war sein Wirken schlagartig und tiefgreifend.«[11] Er rief aus: »Wenn es einen Gott gibt, so soll Er sich zeigen!«[12] Er erzählte Lois, wie der Raum auf einmal in Licht schwamm und wie ihn selbst eine »unbeschreibliche Freude« erfüllte.

Bill war stark beunruhigt und fragte Dr. Silkworth, ob er noch bei Verstand sei. »Mit dir ist etwas geschehen, was ich nicht verstehe«, sagte der Arzt. »Aber bleib nur dabei. Besser so als vorher.«[13]

Wilson, der niemals einer Kirche beitrat, sich jedoch in den vierziger Jahren mit dem römisch-katholischen Glauben beschäftigte und gute Freunde im Klerus hatte, war auch in den folgenden Jahren immer auf der Suche nach einer dramatischen spirituellen Verwandlung. Seine umstrittensten Experimente drehten sich um spiritistische Sitzungen und das Halluzinogen LSD. In jüngster Zeit haben Mediziner und Pharmakologen die Drogen analysiert, die im Towns Hospital bei der Behandlung Alkoholkranker verwendet wurden, und die Theorie aufgestellt, daß die visuellen und akustischen Wahrnehmungen Wilsons in jenem Krankenhauszimmer im Jahre 1934 ein Delirium waren, ausgelöst durch eine toxische Psychose. In seinem späteren Leben pflegte Bill in bezug auf diese Episode ironisch von seinem »Geistesblitz« zu sprechen. Aber was es auch gewesen sein mag, dieser Tag brachte die Entscheidung. Nach seiner Entlassung aus der Klinik am 18. Dezember 1934 hat Bill Wilson nie wieder einen Tropfen Alkohol angerührt.

Lois und Bill begannen, die Meetings der Oxford-Gruppe zu besuchen, und fühlten sich angezogen von der Wärme, die ihnen dort entgegengebracht wurde. Die Atmosphäre erinnerte Lois an Quäker-Meetings, bei denen die Mitglieder schweigend bei-

[11] *Anonyme Alkoholiker,* S. 16f.
[12] *Wie Bill es sieht,* Nr. 2
[13] *Anonyme Alkoholiker,* S. 16

sammen saßen und auf die »Führung Gottes« für jeden einzelnen lauschten. Zu den Geboten der Unterwerfung unter Gott, des Bekenntnisses der eigenen Schuld, der Wiedergutmachung begangenen Unrechts, des Gebetes und der Hilfe für andere kam noch hinzu, was die Gruppe die »Vier Absoluta« nannte — absolute Ehrlichkeit, absolute Reinheit, absolute Selbstlosigkeit und absolute Liebe.

Bill steckte voller Pläne, jeden Alkoholiker in Reichweite zu retten. Lois meinte, seine Einstellung sei gewesen: »Wenn ihm und Ebby ein Wunder begegnet war, warum konnte es nicht allen Trinkern in der Welt begegnen? Ich schloß mich dieser Idee begeistert an.«

Im Winter 1934/35 fand er keine Arbeit in der Wallstreet, und Lois mußte sie beide weiterhin mit ihrer Stelle in dem Brooklyner Warenhaus über Wasser halten. »Damals ging es mir nicht besonders gut, Wellen von Selbstmitleid und Groll überschwemmten mich«, schrieb Bill später. »Das trieb mich manchmal fast zum Glas zurück. Bald fand ich heraus: Wenn alle anderen Mittel versagten, konnte ich den Tag retten, indem ich mich um einen anderen Alkoholiker kümmerte.«[14] Oft, so erzählt er, habe er verzweifelt versucht, Alkoholkranke im Towns Hospital zu bekehren. »Wenn ich mich dort mit jemandem unterhielt, war ich verblüfft, wie schnell ich wieder aufgerichtet und auf die Füße gestellt war. Das ist ein Lebensrezept, das in schwieriger Zeit hilft.«[15] Das Problem war nur, daß er niemanden überzeugen konnte. Dr. Silkworth riet, das ganze religiöse Zeug wegzulassen und diesen verzweifelten Seelen lieber zu erklären, daß sie krank seien — daß sie in Wahnsinn verfallen oder sterben würden, wenn sie das Trinken nicht völlig aufgäben und versuchten, ihr Leben neu aufzubauen.

Hatten Bills vehemente Bekehrungsversuche auch bei anderen Trinkern nichts gefruchtet, so stellte er doch fest, daß seine Be-

[14] *Anonyme Alkoholiker,* S. 17
[15] *a. a. O.,* S. 18

mühungen um diese Kranken ihm die längste Periode der Nüchternheit in achtzehn Jahren beschert hatten. Er konnte sogar wieder daran denken, sich eine Arbeit zu suchen, wenn auch von seiner einst so glanzvollen Karriere nichts mehr geblieben war. Im April 1935 erfuhr er dann von einem Kampf verschiedener Aktionärsgruppen um die Übernahme einer kleinen Werkzeugmaschinenfirma in Akron (Ohio). Er verbrachte mehrere Wochen mit einigen Partnern vor Ort und versuchte, verärgerte Aktionäre der National Rubber Machinery Company zur Unterstützung der von ihm vertretenen Gruppe zu bewegen. Er träumte bereits davon, wie er den Sieg davontragen, seine ruinierte Karriere wieder aufbauen und seinen guten Namen in der Wallstreet wieder herstellen würde. Wie damals, nach seiner Rückkehr aus dem Weltkrieg, schwärmte er seiner Frau vor, wie er es zum Chef »riesiger Unternehmungen« bringen werde, was er »absolut zuversichtlich bewältigen« wollte. Doch bald erschien der Kampf als sinnlos. Wilsons Partner fuhren nach New York zurück.

An einem Freitag verabschiedeten sie sich. Tief enttäuscht und verbittert, machte Bill sich auf ein einsames Wochenende in Akron gefaßt. Am Samstag, dem 11. Mai 1935, stand er im Foyer des Hotels »Mayflower« und kämpfte mit dem schier übermächtigen Verlangen nach einem einzigen Glas. Statt dessen führte er das Telefongespräch, das ihn mit Dr. Bob Smith in Kontakt brachtc.

Robert Holbrook Smith wurde am 8. August 1879 in St. Johnsbury (Vermont) geboren, rund 160 Kilometer nordöstlich von Bill Wilsons Geburtsort East Dorset. Sein Vater war Richter am Kreisnachlaßgericht, ehemaliger Staatsanwalt des Bundesstaates Vermont, Mitglied des Parlaments von Vermont, Präsident örtlicher Banken und Leiter mehrerer Schulen. In St. Johnsbury hielt er vierzig Jahre lang Sonntagsschule. Bobs Mutter war in den sozialen und religiösen Belangen der kleinen Stadt ebenfalls sehr aktiv. Die Smiths hatten auch eine Pflegetochter, die aber so viel älter war als Bob, daß dieser praktisch als Einzelkind aufwuchs. In mancher Hinsicht war seine Kindheit sehr idyllisch; er verbrachte seine Freizeit mit Jagen, Angeln, Schwimmen und Picknicks. Sein Vater war hinter seiner ziemlich strengen Art verständnisvoll, ja nachgiebig. Doch gab es etwas in Bobs Leben, was er immer mehr verabscheute. »Von der Kindheit bis zum Ende der Oberschule«, berichtet er, »wurde ich mehr oder weniger zum Kirchgang gezwungen: Kindergottesdienst, Abendandacht, montags ›aktives Christentum‹ und manchmal mittwochs Gebetsgottesdienst. Deshalb stand damals mein Entschluß fest: ›Wenn ich der elterlichen Aufsicht entronnen bin, werde ich nie mehr eine Kirche betreten.‹ An diesem Entschluß habe ich stur vierzig Jahre festgehalten. Eine Ausnahme machte ich nur dann, wenn es unbedingt sein mußte.« [16]

1894, mit fünfzehn Jahren, bezog er die St. Johnsbury Academy, eine Anstalt »zur geistigen, sittlichen und religiösen Ertüchtigung von Knaben und Mädchen in Nordost-Vermont«. Einer ihrer Zöglinge war Calvin Coolidge, der 30. Präsident der USA (1923—1929). Seine zukünftige Frau Anne Robinson Ripley aus Oak Park (Illinois), damals Stipendiatin des Wellesley College, lernte Bob 1898 beim Tanzen kennen. Er war neunzehn. Sie war achtzehn Monate jünger, ein einfaches, scheues Ding.

Am Dartmouth College in Hanover (New Hampshire) sprach Bob dem Alkohol in heldenmütigem Ausmaß zu. Das College trug damals den Spitznamen »saufendste aller Eliteschulen«; die Studenten hießen bei den Stadtbewohnern nur »die Tiere von Dartmouth«. »Neben den im Lehrplan angegebenen Vorlesungen schien das Trinken die wichtigste Freizeitaktivität zu sein«, schreibt Bob. »Fast jeder schien mitzumachen. Und auch ich beteiligte mich mehr und mehr und hatte viel Spaß dabei . . . Es schien mir, daß ich am nächsten Morgen schneller auf die Beine kam als die meisten meiner mittrinkenden Freunde, die bestraft (oder vielleicht gesegnet?) waren mit morgend-

[16] *Anonym*

licher Übelkeit ... In den Augen meiner Saufkumpane hatte ich mit Auszeichnung bestanden, aber nicht in den Augen des Rektors.«[17]

Er war groß, schlaksig und gutaussehend, mit breiten Schultern, einem prüfenden Blick und offener, unprätentiöser Art. Sein Leben lang behielt er die näselnde, tiefe Sprechweise Vermonts, obwohl er vierzig Jahre in Ohio lebte. Er schlug nur selten ein Buch auf, erhielt aber passable Noten. Zeitlebens spielte er leidenschaftlich gern Karten: Bridge, Gin Rummy, Poker. Er konnte eine Flasche Bier in einem Zug leeren, ohne daß sich auch nur sein Adamsapfel bewegte.

1902 machte er in Dartmouth seinen Abschluß. Es folgten drei Jahre des ziellosen Herumtreibens; er verkaufte Eisenwaren in Boston, Chicago und Montreal. 1905, mit sechsundzwanzig Jahren, bezog er die University of Michigan, um sich auf das Medizinstudium vorzubereiten. Er schloß sich einer trinkenden Verbindung an und begann mit Sauftouren, flog von der Universität, kehrte zurück, wurde aufgefordert, sie endgültig zu verlassen und erhielt nach einigen Nachholprüfungen schließlich die Erlaubnis, ans Rush Medical College in Chicago überzuwechseln. Seine Trinkerei wurde schlimmer. Er bekam das Zittern. Bei den Abschlußprüfungen gab er dreimal völlig leere Blätter ab. Der Studienberater erklärte ihm, wenn er Wert auf einen akademischen Abschluß lege, müsse er noch zwei Semester weiterstudieren und dabei völlig trocken bleiben. Dies tat er. 1910, mit einunddreißig Jahren, graduierte er am Rush Medical College und bekam ein zweijähriges Praktikum am Städtischen Krankenhaus von Akron (Ohio).

Smith heiratete seine Ann 1915 in Chicago. Beide waren Mitte dreißig; ihre Verlobungszeit hatte siebzehn Jahre gedauert. Über die Gründe für ihr langes Warten gibt es nur Spekulationen. Man verweist unter anderem auf Bobs frühzeitige schwere Trunksucht und darauf, wie lange er trotz seiner offenkundigen

[17] *Anonyme Alkoholiker,* S. 196f.

Intelligenz gebraucht hatte, um sein Medizinstudium zu beenden. Er führte seine Frau in das komfortable Fachwerkhaus in Akron, Ardmore Avenue 855, das er für 4000 Dollar gekauft hatte und in dem die beiden für den Rest ihrer Tage lebten. Ihr Sohn, genannt Young Bob, wurde 1918 geboren. 1923 erfuhr Anne, daß sie keine Kinder mehr bekommen könne — sie war damals zweiundvierzig —, und so adoptierten die Smiths ein fünfjähriges Mädchen namens Suzanne, das nur ein paar Monate jünger war als ihr neuer Bruder.

Es war mitten in der Zeit der Prohibition, doch wurden den Ärzten offiziell praktisch unbegrenzte Mengen Äthylalkohol zu medizinischen Zwecken bewilligt. In diesen trockenen Jahren pflegte Dr. Bob nicht selten aufs Geratewohl einen Namen aus dem Telefonbuch herauszusuchen und dann ein Rezept auszustellen, auf das er sich Alkohol beschaffte. Zwei krankhafte Ängste bildeten sich bei ihm heraus: nicht schlafen zu können und nicht genug Alkohol zu haben.

»Da ich kein wohlhabender Mann war, mußte ich nüchtern genug bleiben, um Geld zu verdienen, sonst würde mir der Alkohol ausgehen«, schreibt er. »Meistens versagte ich mir deshalb den Morgentrunk, den ich so dringend brauchte. Statt dessen füllte ich mich bis oben voll mit Beruhigungsmitteln, um das Zittern zu unterdrücken, das mir furchtbar zusetzte. Gelegentlich gab ich dem morgendlichen Verlangen nach, doch wenn ich das tat, dann dauerte es nur ein paar Stunden, bis ich absolut unfähig zur Arbeit war . . . Während der folgenden fünfzehn Jahre war ich klug genug, nicht ins Krankenhaus zu gehen, und sehr selten Patienten zu behandeln, wenn ich getrunken hatte.«[18] Mitunter versäumte er auch seinen Dienst in der Innenstadt; dann rief Anne seine Krankenschwestern an und erzählte ihnen, er sei »krank«.

Bezeichnenderweise war der ziemlich gehemmte Dr. Bob niemals ein so unangenehmer oder aufdringlicher Trinker wie Bill

[18] *Anonyme Alkoholiker,* S. 200

Wilson. Er trank heimlich und versteckte den Alkohol. »Wenn meine Frau vorhatte, nachmittags wegzugehen«, erinnerte er sich später, »besorgte ich mir einen gewissen Vorrat an Schnaps, schmuggelte ihn nach Hause, um ihn im Kohlenkasten, dem Kleiderschrank, über dem Türpfosten, über dem Kellergebälk oder unter losen Platten im Kellerboden zu verstecken. Außerdem benutzte ich alte Koffer und Kasten, den alten Vorratsschrank und sogar den Ascheneimer. Den Spülkasten der Toilette benützte ich nie als Versteck, denn das sah mir zu einfach aus. Später fand ich heraus, daß ihn meine Frau regelmäßig untersuchte. Gewöhnlich steckte ich kleine, leere Flaschen in pelzgefütterte Handschuhe und warf sie auf die rückwärtige Veranda, wenn es im Winter dafür dunkel genug war: Mein Schmuggler hatte Alkohol auf der Hintertreppe versteckt, wo ich leicht drankam.«[19]

Manchmal brachte er den Alkohol einfach in den Taschen seiner Kleidung mit, »doch diese wurden (von der mißtrauischen Anne) inspiziert, und es wurde zu riskant«. Er rächte sich mit der typischen Schläue aller Trinker, indem er den Schnaps in kleine Fläschchen füllte, die er oben in seine Strümpfe steckte. »Das ging so lange gut«, erinnerte er sich, »bis meine Frau und ich uns Wallace Beery in ›*Tugboat Annie*‹ ansahen.« In diesem Film gebraucht der Held dieselbe Kriegslist. »Danach waren das Hosenbein- und Sockenversteck gestorben!« erinnerte sich Bob.[20]

Oft ließ er sich im City Club von Akron vollaufen, oder er ging, wenn er sich privatim betrinken wollte, in ein Hotel, und zwar unter falschem Namen. (»Wer hätte mir ›Robert Smith‹ abgenommen?« fragte er später zum Entzücken von Alkoholikern, die dieser Geschichte amüsiert lauschten.) »Die Jungs von der Tankstelle« mußten ihn häufig nach Hause fahren. Als Smitty, wie Young Bob damals genannt wurde, und seine Schwester Sue

[19] *a. a. O.*, S. 201
[20] *a. a. O.*, S. 201

ins Oberschulalter kamen, wurde ihnen das Problem ihres Vaters bewußt. »Ich konnte die Spannung irgendwie spüren«, erinnerte sich Sue. »Mutter hat das sehr mitgenommen. Ich sah, daß sie geweint hatte, aber dann sagte sie natürlich, daß nichts wäre.«

Die Kinder sahen natürlich alles. Wenn der Doktor halb bewußtlos nach Hause getorkelt kam, schleiften Smitty, Sue und die Mutter den großen, schweren Mann die Treppe hoch und ins Bett, wo er einschlief. Wie Bill Wilson versprach auch Dr. Bob seiner Frau, die nicht trank, wiederholt, keinen Tropfen mehr zu trinken. Vor den beiden Kindern, vor Freunden schwor er dem Suff ab. Es waren Versprechen, die, wie er schreibt, »mich selten auch nur einen Tag lang nüchtern hielten, obwohl es mir sehr ernst war, wenn ich sie machte«.[21] Die Bekannten der Smiths begannen, sie zu schneiden. Sie wurden nur noch selten eingeladen, und wenn es doch einmal vorkam, nahm Anne die Einladung ungern an, weil sie nicht wußte, was ihr Mann anstellen würde.

Viele Jahre lang verlief Dr. Bobs Leben in einem surrealistischen Zirkel: »Geld verdienen, Schnaps beschaffen, ihn nach Hause schmuggeln, mich betrinken, das morgendliche Zittern, das Einnehmen großer Mengen von Beruhigungsmitteln, um es mir zu ermöglichen, mehr Geld zu verdienen, und so weiter — zum Kotzen.«[22] Seine Tochter Sue erzählte: »Ich weiß noch, wie er mich einmal bat, ihm eine Flasche zu besorgen. Ich sagte nein, und er bot mir Geld dafür. Zuletzt war er bei zehn Dollar angelangt, aber ich habe es trotzdem nicht gemacht. Aber damals habe ich gemerkt, wie stark der Wunsch nach der Flasche bei ihm war.«

1933 wurde die Prohibition aufgehoben. Dr. Bob beschloß, es mit dem »Bier-Experiment« zu versuchen. Jeder, der einmal versucht hat, von harten Sachen auf Bier oder Wein umzusteigen,

[21] *a. a. O.,* S. 202
[22] *a. a. O.,* S. 202

kennt diese Geschichte. »Es schien harmlos; keiner — so meinte ich — konnte jemals von Bier betrunken werden. Also füllte ich mit der Zustimmung meiner guten Frau den Keller voll. Es dauerte nicht lang, und ich trank mindestens anderthalb Kisten pro Tag.« Binnen zwei Monaten hatte der gestandene Mann fünfzehn Kilo zugenommen, »sah aus wie ein Schwein« und begann, an Atemnot zu leiden. »Folgendes fiel mir ein: Wenn jemand nach Bier riecht, ist nicht festzustellen, was er sonst noch getrunken hat. Also begann ich mein Bier mit reinem Alkohol zu verstärken.«[23]

Etwa zur selben Zeit überredete Anne ihren Mann dazu, zusammen mit ihr Meetings der Oxford-Gruppe in Akron zu besuchen. Hier hatten sich zwei Gruppen gebildet, und zwar auf Betreiben des Reifentycoons Harvey Firestone sen., dessen Sohn Russell auch einmal schwere Probleme mit dem Trinken gehabt hatte. Mit Hilfe von Oxford-Gruppen in England war es ihm gelungen, trocken zu werden. Firestone senior versammelte bei sich sechzig Leiter und Mitglieder von Oxford-Gruppen in Akron zu einer zehntägigen »Hausgesellschaft«, ähnlich den religiösen und spirituellen Einkehrtagen von heute. Die Veranstaltung gipfelte in einem Festessen für 400 prominente Bürger der Stadt und der Gründung lokaler Gruppen. Henrietta Seiberling gehörte zu den frühesten und eifrigsten Mitarbeiterinnen.

Die Oxford-Gruppe kam zustande, als Henriettas Ehe mit J. Frederick Seiberling gerade in die Brüche ging. »Die Gruppe hat ihr eine neue Ausrichtung gegeben«, sagte ihre Tochter Dorothy. »Sie hat ihr die Augen dafür geöffnet, daß es in ihrem Leben noch mehr gab als nur ihre Eheprobleme.« Auch Bob und Anne Smith waren von den Leuten der Oxford-Gruppe angetan, »wegen ihrer sichtbaren Ausgeglichenheit, Gesundheit und Fröhlichkeit«, wie der Doktor schreibt. »Sie sprachen frei und ohne Scheu, was ich nie konnte, und sie schienen bei allen Gelegenheiten ausgeglichen und gesund. Darüber hinaus schienen

[23] *a. a. O.*, S. 202

sie glücklich zu sein. Ich war befangen und meistens unruhig, meine Gesundheit war kurz vor dem Zusammenbruch, mir ging es absolut miserabel. Ich spürte, daß sie etwas hatten, was ich nicht hatte und von dem ich profitieren könnte. Ich erfuhr, daß es irgendwie mit Religion zu tun hatte. Es sagte mir zwar nicht sehr zu, aber ich dachte mir, es könne auch nicht schaden. In den nächsten zweieinhalb Jahren widmete ich der Sache viel Zeit und Aufmerksamkeit und war trotzdem jeden Abend betrunken.«[24]

Ihm mißfiel ihre Gewohnheit, daß alle füreinander die Weisung Gottes bei ihren Problemen erflehten. Was ihm aber gefiel, war, daß sie sich nicht in einer Kirche versammelten, sondern im Hotel »Mayflower« und reihum in Privatwohnungen. Lange sah er keinen Zusammenhang zwischen dem, was bei ihren Mittwoch-Meetings geschah, und seinem eigenen Trinkproblem. Er wußte nur, daß er unglücklich war und daß ihm die Kontrolle über sein Leben zu entgleiten drohte. Trotzdem blieben die Smiths in den Jahren vor Bill Wilsons schicksalhafter Reise nach Akron treue Besucher der Gruppenmeetings.

Bob las alles, was die Mitglieder empfahlen. Er brach sein Jugendgelübde, niemals mehr den Fuß über die Schwelle einer Kirche zu setzen, und schloß sich den Presbyterianern an. Er las wieder in der Bibel. Manchmal betete er sogar, obwohl das für ihn das Schwerste war. Das Geld begann ihm auszugehen. Seine Familie ernährte sich von Kartoffelsuppe, Brot und Milch. Er kam nicht drauf, woran es haperte. Seine Frau, die Kinder und die Schwestern im Städtische Krankenhaus bemerkten seine blutunterlaufenen Augen, die zitternden Hände. Das Krankenhaus verwarnte ihn und war drauf und dran, ihn zu entlassen. Die chirurgische Praxis schrumpfte; er ging dazu über, nicht nur proktologische, sondern auch allgemeine Fälle anzunehmen, um seine Einkünfte aufzubessern. Aber er war ein geschickter Arzt, wohlgelitten bei seinen Kollegen und den Schwestern, die

[24] *a. a. O.*, S. 203

ihn deckten. Immerhin pflegte (und pflegt) man unter Medizinern stillschweigend zu bestreiten, daß Alkoholismus auch für Ärzte ein ernstes Problem ist.
Unterdessen freundete sich Henrietta Seiberling enger mit den Smiths an. Sie und Anne telefonierten täglich miteinander und sprachen endlos über ihre Sorgen und über den Trost, den ihnen die Oxford-Gruppe gewährte. Sue erinnerte sich, daß es, wenn sie einmal die Aufmerksamkeit der Mutter erregen wollte, häufig hieß: »Moment, ich rede gerade mit Henrietta.« Zentrales Gesprächsthema war Bobs haltloses Leben.
»Alle wußten, daß er ein Trinkproblem hatte«, sagte Dorothy Seiberling. »Man flüsterte darüber, manchmal redete man auch ganz offen davon. Schließlich plante Mutter, Bob bei einem Meeting der Oxford-Gruppe zu einem Bekenntnis zu bringen. Wir waren alle beteiligt. Mutter nahm mich, meine Schwester Mary und meinen Bruder John zu allen Meetings mit. Die Gruppe war der Mittelpunkt ihres Lebens, und sie glaubte, wir Kinder könnten etwas von der Gruppe lernen.« Im Frühjahr 1935 war, wie sich Dorothy erinnerte, »Mutter an der Reihe, ein Meeting zu leiten. Ich war dabei. Die Smiths waren nicht da. Mutter sagte: ›Es gibt nur eine Möglichkeit, wie wir Bob dazu bringen können, zu bekennen, oder wie wir ihm helfen können: wir müssen alle unsere Seelen entblößen — wir müssen alle etwas erzählen, was uns kostbar ist.‹« Erst dann, so meinte Henrietta, werde der Doktor den Eindruck haben, »teilen« zu müssen.
Der Plan funktionierte. Wenig später gestand Dr. Bob vor der Oxford-Gruppe mit schamrotem Gesicht jenes »Geheimnis«, das viele in Akron schon kannten. Henrietta hatte das Geständnis mit den Worten ausgelöst: »Heute abend werden wir etwas Kostbares teilen.« Bob beendete seine Beichte mit den Worten: »Ich möchte, daß ihr für mich betet.«
»Von da an«, erzählte Dorothy, »war es ein Hauptproblem, wie man ihm helfen sollte. Keiner wußte etwas über das Problem.« Henrietta — der Doktor nannte sie »Hen« oder »Henri« — be-

tete inbrünstig um Weisung. Eines Tages rief sie Bob an und sagte: »Ich habe Weisungen für dich.« Sie meinte natürlich göttliche Weisungen. Bob fragte, worin ihre Lösung bestehe. »Du darfst keinen Tropfen mehr anrühren«, sagte Henrietta. Der Doktor war wie vernichtet. So einfach sei das nicht, sagte er. Aber der Umstand, daß Henrietta Bescheid wußte und zutiefst Anteil nahm, festigte das Band ihrer Freundschaft.

Das war die Lage, als Bill Wilson, der »Säufer aus New York«, Mrs. Seiberling anrief und, wie ihre Tochter es ausdrückte, »den Funken auslöste, aus dem die AA entsprangen«.

Henrietta fand eine vorübergehende Bleibe für Bill. Anfang Juni 1935 zog er für den Sommer zu den Smiths. Später erzählte er, der Grund hierfür sei gewesen, daß Anne Smith jemanden um sich haben wollte, der über die neuerrungene Nüchternheit ihres Mannes wachte. Die Einladung kam zu einem glücklichen Zeitpunkt: Bill war fast pleite. Er schrieb an Lois in New York, er »arbeite an der Änderung« eines Freundes und lebe bei dessen Familie, damit beide Männer ein Auge aufeinander haben könnten. Dann zog Dr. Bob zu seiner letzten, langen Sauftour los — anläßlich des Kongresses der American Medical Association in Atlantic City.

»Alles, was es an Scotch Whisky im Zug gab, trank ich aus und kaufte noch ein paar Liter auf meinem Weg zum Hotel. Das war am Sonntag. Am Abend betrank ich mich, blieb Montag bis nach dem Abendessen nüchtern und fing dann wieder an, mich vollaufen zu lassen. Ich trank, soviel ich konnte, an der Bar und ging dann auf mein Zimmer und gab mir dort den Rest. Am Dienstag fing ich morgens an . . . Da ich meinen Ruf nicht ruinieren wollte, bezahlte ich die Hotelrechnung und ging. Auf dem Weg zum Bahnhof kaufte ich noch weiteren Schnaps. Ich mußte einige Zeit auf den Zug warten. Von da an erinnere ich mich an nichts, bis ich im Hause eines Freundes in einer Stadt unweit von zu Hause aufwachte.«[25]

[25] *Anonyme Alkoholiker,* S. 204

Er wachte im Haus einer seiner Krankenschwestern auf, die er in Akron vom Bahnhof aus angerufen hatte. Seine Kinder erinnern sich, daß seine Ausnüchterung drei Tage dauerte. Zufällig war er an diesem dritten Tag für eine Operation eingeteilt. Bill füllte ihm die damalige klassische Volksmedizin gegen Kater ein — Sauerkraut und Tomatensaft wegen der Vitamine und Maissirup als Energiespender. Außerdem gab er ihm einige Glas Bier als Nervenberuhigung und »zum Abgewöhnen«. Am Morgen der Operation, es war der 10. Juni 1935, hatte Dr. Bob auf dem Weg ins Städtische Krankenhaus noch immer das Zittern. Bill gab ihm noch eine Flasche Bier. Die Anonymen Alkoholiker datieren ihre Entstehung von diesem Tag, dem Tag, an dem Dr. Bob sein letztes Glas trank.

Beide Männer brannten darauf, andere Trinker »zurechtzubiegen«, wie sie das damals nannten. Eddie R., der im selben Häuserblock wie die Smiths wohnte, kam auf Empfehlung des Geistlichen der Smiths. Young Bob beschrieb ihn als einen Alkoholiker, der zugleich »psychisch ein Grenzfall und ein Depressiver« war. Im Laufe des Sommers 1935 unternahm Eddie einen Selbstmordversuch, ging aber auch auf Anne Smith mit einem Fleischermesser aus ihrer eigenen Küche los. Keine seiner »Heilungen« war von Dauer. Doch wie Young Bob sagte: »Mein Vater und Bill waren entschlossen, irgend jemanden zu bekehren.«

»Im Städtischen Krankenhaus haben sie immer einen Schwung Alkoholiker liegen«, sagte Dr. Bob zu Bill. Er rief die Aufnahmeschwester an und erklärte ihr, er habe einen Mann aus New York kennengelernt, der eine neue Heilmethode gegen den Alkoholismus gefunden habe. »Ach wirklich, Herr Doktor?« entgegnete sie spitz. »Wollen Sie mir erzählen, daß Sie sie ausprobiert haben?«

Verlegen gab er zu, er habe sie sehr wohl ausprobiert. Daraufhin steckte die Schwester zurück und teilte Dr. Bob mit, daß sie einen Patienten hatte, einen Anwalt, der in den vorangegangenen vier Monaten sechsmal in der Klinik gewesen war. Wenn er getrunken hatte, war er wie von Sinnen; er hatte schon zwei Schwestern tätlich angegriffen, so daß man ihn in seinem Bett hatte festbinden müssen. Bob versprach der Frau dieses Mannes, die wie Mrs. Seiberling Henrietta hieß, die Behandlung kostenlos zu übernehmen, falls sie die fünfzig Dollar aufbrächte, um ihren Mann auf die Privatstation zu verlegen. Um die Bestimmungen zu umgehen, wonach Trinker in Fürsorgeanstalten abgeschoben wurden, war der Mann wegen einer »Viruserkrankung« aufgenommen worden.

Fast eine Woche lang besuchten Dr. Bob und Bill den Mann täglich in seinem Krankenhauszimmer. Henrietta hatte ihrem Mann erklärt, daß die Behandlung — durch den Krankenhausarzt und dessen Freund, die beide Trinker gewesen seien — ihn keinen Cent kosten werde. Er zweifelte zwar daran, hörte aber doch gerne zu, wenn jeder von beiden erzählte, wie es als Trinker gewesen war. Er erzählte auch gerne seine eigene Geschichte, wie sich Henrietta erinnerte. »Er mußte erst fünf Tage dort liegen, bevor sie ihn so weit hatten, daß er zugab, daß er sein Trinken nicht in der Gewalt hatte . . . Sie schafften es, daß er sich neben das Bett kniete . . . und betete und versprach, sein Leben Gott anheimzustellen.«

Bill Wilson und Dr. Bob hatten endlich einen dritten Alkoholiker gerettet. Es war Bill D., bei den AA bekannt als »der Mann im Bett«, weil er im Krankenhaus zu seiner Nüchternheit gefunden hatte. Drei Trinker hatten einen Verein gestartet, eine Gesellschaft, die in den folgenden vier Jahren nicht mehr als hundert Mitglieder anzog. Selbst einen Namen bekam sie erst 1939.

KAPITEL 3

Die Urchristen

»Wir tappten im dunkeln.«
Dr. Bob Smith

In ihren Anfängen stolperte die winzige Schar von AA-Pionieren einfach nur so vorwärts, mühsam Tag um Tag, einem Leben ohne Alkohol entgegen. Sie hatten nur einander und die Winke der Oxford-Gruppe, um sich zu orientieren. Dr. Bob schreibt, daß »wir in den damaligen Tagen im dunkeln tappten . . . Ich, ein Arzt, wußte darüber (über Alkoholismus) nichts Nennenswertes. Ich las zwar davon, aber keines der Lehrbücher enthielt etwas Lesenswertes. Für gewöhnlich bezog sich die Information auf irgendeine sonderbare Behandlung des Delirium tremens, wenn ein Patient es so weit gebracht hatte. Wenn nicht, verschrieb man ein paar Beruhigungsmittel und hielt dem Burschen eine Gardinenpredigt.«[1]

Die Gründungsmitglieder der AA wußten nichts von der Vergangenheit. Sie hatten keine Ahnung davon, daß die Auffassung vom Alkoholismus als einer Krankheit auf die Anfänge der amerikanischen Republik zurückging. Die Vereinigten Staaten waren »naß« geboren worden, und Ende des 18. Jahrhunderts läuteten ihre Bürger mit ihrem Süffeln und Picheln das Zeitalter des stärksten Alkoholkonsums in der amerikanischen Geschichte ein. Alkohol, so glaubte man damals, sei gesünder als Wasser. Dann trat Dr. Benjamin Rush auf den Plan, ein Mit-

[1] *Bill und Bob,* S. 16

unterzeichner der Unabhängigkeitserklärung, aus Philadelphia stammend und der angesehenste Arzt seiner Zeit. Rush war der erste Amerikaner, der die chronische Trunksucht als eigene, progressive Krankheit verstand. In seiner maßgeblichen Abhandlung *An Inquiry into the Effects of Ardent Spirits on the Human Mind and Body*, die 1784 herauskam, bezeichnete er den Alkohol als Suchtmittel und vertrat die Ansicht, sobald der »Appetit« oder das »Verlangen« nach Alkohol sich in einem Menschen festgesetzt habe, verliere das Opfer jegliche Kontrolle über sein Trinken. Seine These, daß Trunksucht nur in den Anfangsphasen der Erkrankung, bevor der Alkohol das Regiment übernahm, die Schuld des Trinkers sei, bedeutete eine radikale Abkehr vom bisherigen Denken. Sie wurde zum Standardargument in der Literatur der Temperenzler.

Bill Wilson und Dr. Bob wußten nichts von Dr. Rush. Von den Abstinenzbewegungen, die das amerikanische Volk im 19. und frühen 20. Jahrhundert überschwemmt hatten, hatten sie nur eine undeutliche Vorstellung. Sie hatten nie etwas von den Washingtonians gehört, einer Gruppe des 19. Jahrhunderts, mit der die AA später am meisten Ähnlichkeit hatten; sie wuchs von sechs Trinkern, die sich 1840 in Baltimore zusammentaten, binnen zehn Jahren auf 150000 an. Dann ging sie wieder ein, angefeindet von den Kirchen und anderen Mäßigkeitsvereinen. Als einzige unter den Abstinenzlergruppen jener Zeit befaßten sich die Washingtonians nicht mit organisierter Religion, Politik oder sozialen Reformen. Ihr Ziel war bemerkenswert einheitlich, wie bei den AA — nüchtern gewordene Alkoholiker retteten andere Alkoholiker, die noch tranken, und lehrten sie zugleich, den Versuchungen zu widerstehen, die zum Trinken führten. Abraham Lincoln sagte 1842 von den Washingtonians: »Die Leute, die sie zu überreden und zu überzeugen trachten, sind ihre alten Freunde und Gefährten. Sie wissen, daß es keine Teufel sind, und nicht einmal die schlechtesten Menschen.«

Bill und Dr. Bob waren sich nur bewußt, daß die Kreuzritter der Abstinenz den Höhepunkt ihrer Wirksamkeit mit der Verabschiedung der nationalen Prohibition erreicht hatten, die ein Fehlschlag wurde. Das Gesetz war von Anfang 1920 bis Ende 1933 in Kraft; justament in diesen Jahren versackten beide Männer im Sumpf sinnlosen, heillosen Saufens. Dann war Bill 1935 nach Akron gekommen, angefeuert von Dr. William Duncan Silkworths »neuer« Theorie, daß Alkoholismus weder ein sittlicher Defekt noch ein Mangel an Willenskraft war, sondern eine legitime Krankheit, die aus einer geheimnisvollen körperlichen Alkohol-»Allergie« und dem mental-emotionalen Zwang zum Trinken bestand. Allmählich und unter Schmerzen hatten die beiden Gründer der AA auch entdeckt, daß es der Erfahrung und Entschlossenheit des einen Alkoholikers bedurfte, um dem anderen zu helfen. Ferner hatten sie den Rückhalt und die Ideen der Oxford-Gruppe. Deren Bedeutung für die Formung des AA-Gedankengutes kann nicht hoch genug eingeschätzt werden.

Mitte der dreißiger Jahre waren es die Oxford-Meetings, die der kleinen Gruppe von Alkoholikern in Akron und danach in New York philosophische Heimat und spirituellen Inhalt gaben. Im Zentrum des Oxford-Programms, wie es von den AA übernommen wurde, standen die bedingungslose Unterwerfung des menschlichen Willens unter den Willen Gottes; eine moralische Bestandsaufnahme (»Inventur«) des einzelnen; die Beichte (das »Teilen«) vor anderen Mitgliedern; die Wiedergutmachung an Menschen, denen das Mitglied Schaden zugefügt hatte; und die Arbeit mit anderen, die der Hilfe bedurften, bereitwillig und ohne Gedanken an materiellen Lohn.

Die Oxford-Gruppe — ursprünglich als »First Century Christian Fellowship (Frühchristliche Bruderschaft)«, in den letzten Jahren als »Moralische Aufrüstung« (MRA) bekannt — war von Frank N. D. Buchman gegründet worden. Er war ordinierter lutherischer Pfarrer aus Allentown (Pennsylvania), ein beharrlicher Mann, Streiter für das Evangelium, ein religiöser Alleinunterhalter, der sich selber »Seelenchirurg« nannte. Er hatte eine hohe, durchdringende Stimme, eine hakenförmige Nase im

runden Mondgesicht und schütteres Haar. Er war überzeugt, daß Gott ihn nicht ohne Absicht so häßlich erschaffen habe. Er blieb unverheiratet. Mitgerissen von einer Predigt der Heilsarmee, die er 1908 in England gehört hatte, fühlte er sich bemüßigt, Entschuldigungsbriefe an alle Leute zu schreiben, denen er glaubte Unrecht getan zu haben. Das Schreiben dieser Briefe verschaffte Buchman so viel Erleichterung und Freude, daß er anderen Menschen von seiner Verwandlung zu erzählen begann. Er fuhr fort, Seelen zu retten. Seine zentrale Vorstellung einer Rückkehr zur Schlichtheit, Nähe und Glaubensinbrunst der Urchristen erprobte er als Sekretär des YMCA (zu deutsch: CVJM = Christlicher Verein Junger Männer) am Pennsylvania State College; von da an erstreckte er seine missionarische Betätigung über die ganze Welt. In China beeindruckte er 1918 mit seiner überwältigenden Persönlichkeit den Reverend Samuel Shoemaker, einen Geistlichen der Episkopalkirche, der hier eine Zweigstelle des YMCA gründen sollte. Shoemaker wurde später der einflußreichste Leiter der Oxford-Gruppe in New York, Pfarrer an der Calvary Church and Mission an der unteren Park Avenue und früher Mentor von Bill Wilson.
Buchman datiert Gründung und Namengebung der Oxford-Gruppe auf das Jahr 1921, als er mit jungen Studenten vom Christ Church College der Universität Oxford zusammentraf. Seine Grundsätze waren »absolute Ehrlichkeit, absolute Reinheit, absolute Selbstlosigkeit, absolute Liebe«. Menschen, die diese »vier Absoluta« für sich anerkannten, wurden eingeladen, ihr Leben zu ändern, indem sie ihre früheren Sünden im Rahmen von »Hausgesellschaften« beichteten, die für gewöhnlich in Privatwohnungen oder in vornehmen Hotels stattfanden. Sie hörten andere Zeugnis ablegen von der göttlichen Führung in wichtigen wie in trivialen Dingen. Sie gestanden ihre Eifersucht, Trägheit, Unehrlichkeit, ihren Eigensinn, ihre Exzesse im Trinken und Rauchen. Sie hielten, wie die Quäker, »stille Zeiten« des Sinnens und Betens ab. »Horcht auf Gott wie auf ein Radiogerät«, sagte Buchman. »Wenn der Mensch horcht, spricht Gott.«

Die Hausgesellschaften der zwanziger und frühen dreißiger Jahre waren für gewöhnlich kleine, informelle, aber von einem Leiter geführte Meetings, die große Ähnlichkeit mit den religiösen Einkehrtagen von heute hatten. Es gab kein gemeinsames Singen von Chorälen, kein rhythmisches Händeklatschen und überhaupt keine der dramatischen, geräuschvollen Rettungsszenen der typischen Erweckungs-Meetings. Von den Mitgliedern der Oxford-Gruppen wurde nicht erwartet, daß sie aus ihrer eigenen Kirche austraten. Die Bewegung war überkonfessionell und huldigte keiner bestimmten Theologie. Sie suchte nur, den Menschen dabei zu helfen, ein wahrhaft christliches Sittenleben zu führen, ein besseres Leben, zu dem man stufenweise emporstieg. Im Jargon der dreißiger Jahre sprachen die Anhänger davon, »die Rechnung mit Gott zu begleichen«. Es gab eifrige Missionare, doch waren ihre Techniken unaufdringlich. Wenn sie jemanden für sich gewinnen konnten, wurde einer aus ihrer Gruppe bestimmt, der von seinen Fehltritten und seinem neuen Leben erzählen mußte, aber nicht von Religion reden oder dem Neuling Schuldgefühle einflößen durfte. Sie hielten an ihren kleinen Meetings fest, doch waren Mitte der dreißiger Jahre einige der Hausgesellschaften so groß geworden, daß sie Ballsäle und Stadien beiderseits des Atlantiks füllten. Fünfzehntausend Menschen wohnten 1936 einer solchen Massenversammlung im englischen Birmingham bei. Im selben Jahr gehörten Bill Wilson und Lois zu den 5000 Mitgliedern und potentiellen Mitgliedern von Oxford-Gruppen, die beim ersten gesamtamerikanischen Kongreß dieser Gruppe in Stockbridge (Massachusetts) dabei waren.
Populäre Bücher sorgten für Zulauf. Zu den wirksamsten Titeln zählten Harold Begbies *Life-Changers (More Twice-Born Men)* sowie *For Sinners Only* von Arthur James Russell, einem Londoner Zeitschriftenherausgeber. Russells Buch erschien 1932 und beschrieb, wie er als verlorener Sohn den Weg in die Oxford-Gruppe gefunden und ihr Rezept für sich entdeckt hatte, daß jedem Menschen das eigene Gewissen als Prediger dienen

solle. Drei Bücher, die in den dreißiger Jahren herauskamen, befaßten sich ausschließlich mit dem Leben von Alkoholikern, die durch die Oxford-Gruppe trocken geworden waren: *The Big Bender, I Was a Pagan* und *Life Began Yesterday.* Viele Menschen erbauten sich an den Schlagworten und Parolen Buchmans, die ihm mühelos wie einem Werbefachmann zuflossen und in Oxford-Kreisen von Mund zu Mund wanderten. Eine seiner Schöpfungen war das »Spiritual Radiophone in Every Home« (ungefähr »Die Antenne Gottes in jedem Haus«).

Auch das kleine Häuflein Trunksüchtiger, das im Sommer 1935 in der Oxford-Gruppe von Akron um seine Nüchternheit rang, suchte Trost in der Bibel. Wesentlich waren für sie die Bergpredigt, das 13. Kapitel des I. Briefes an die Korinther (»Die Liebe ist langmüthig, ist milde; die Liebe beneidet nicht; sie ist nicht unbescheiden; sie blähet nicht auf . . .« [Übers.: Leander van Eß, 1807]), und das Sendschreiben des Jakobus, der Erbarmen, Dulden und Ausharren, die Erfüllung des Glaubens in den Werken, das Bekennen der Vergehen voreinander und die heilende Kraft des Gebetes predigt. Ein besonderer Liebling von Bill und Dr. Bob war das Werk *The Varieties of Religious Experience: A Study in Human Nature* (deutscher Titel: *Die Vielfalt religiöser Erfahrungen*, 1979) von William James, dem großen amerikanischen Psychologen und Philosophen. Bill hatte das Buch bei seinem letzten Ausnüchterungsaufenthalt im Towns Hospital im Dezember 1934 von seinem alten Schulfreund Ebby, Mitglied einer Oxford-Gruppe, geschenkt bekommen. Er studierte die *Varieties* monatelang, war fasziniert und beschwor jeden Menschen, den er zu fassen bekam, das Buch zu lesen und daraus zu lernen. *The Varieties of Religious Experience* ist die einzige Quelle außerhalb des AA-Schrifttums, der Wilson in seinem grundlegenden Buch, den *Anonymen Alkoholikern*, ausdrücklich Anerkennung zollt.

Der dichte, schwierige, aber spannende Text von James, hervorgegangen aus einer historischen Vorlesungsreihe an der Universität Edinburgh in den Jahren 1901 und 1902, ist und bleibt wohl das berühmteste aller Bücher über die Psychologie des religiösen Impulses. Die Auffassung des Philosophen von Gott war nicht die christliche. Religiöse Einrichtungen interessierten ihn nicht. »Ich habe nicht das lebendige Gefühl eines Verkehrs mit Gott«, bekannte er, fügte aber hinzu: »Ich beneide jeden, der es hat.« Er glaubte an das Glauben und an die persönliche Erfahrung des Menschen von einer Macht, höher als er selbst. »Man mag dies meinen mystischen *Keim* nennen«, schreibt James in *Vielfalt der religiösen Erfahrung.* »Es ist ein sehr verbreiteter Keim. Er erzeugt die breite Basis der Gläubigen. Wie in meinem Falle, wird er in den meisten Fällen einer rein atheistischen Kritik widerstehen.«

Aus den *Varieties* bezog Bill drei weitere Überlegungen, die für den gedanklichen Unterbau der AA-Arbeit mit Alkoholikern zentral waren. Erstens: Die Veränderung trat dann ein, wenn ein Mensch den Zustand völliger Verzweiflung erreicht hatte und zusammenbrach. Das zweite war das Eingeständnis der Niederlage, des Gescheitertseins. Das dritte war der Appell an eine höhere Macht, oder zumindest ein Hilferuf, der an einen anderen Menschen gerichtet war. Dies konnte, mußte aber nicht eine religiöse Erfahrung sein; es konnte ein blitzartiger, freudiger Aufschwung und ein Abfallen von Lasten sein, wie in Bills Fall im Krankenhauszimmer, oder eine allmähliche Verwandlung in einen Zustand des Friedens und der Versöhnung mit sich selbst, wie es bei Dr. Bob (und den meisten Mitgliedern der AA) geschah.

Dr. Bob begann 1935, mit aktiven Alkoholikern zu arbeiten, und erwies sich hierin als außerordentlich geschickt. Er war hart. Er war unbeugsam. Er fragte seine Kandidaten: »Willst du dich ganz und gar Gott unterwerfen? Tu es oder laß es.« Bald kamen ganze Fuhren von Trinkern selbst aus weit entfernt gelegenen Städten, um sich in seinem Haus zu treffen. Kürzlich hat Young Bob zu erklären versucht, warum sein Vater mit dem »Zurechtbiegen« von Trinkern so viel Erfolg hatte: »Vergessen Sie nicht, daß er Arzt und ein sehr gebildeter Mann war. Intellektuell konnte ihm keiner ein X für ein U vormachen. Außerdem war er in seinem Reden und Denken ganz konkret und genau. Er wußte, daß ein Trinker, der aus dem Alkoholdunst auftaucht, von einem Programm überfordert ist, wenn es nicht ganz geradlinig ist, so daß es jeder verstehen kann. Das Programm war nicht für Akademiker gemacht — es war so einfach gehalten, daß jeder in der Lage war, es zu begreifen.« Der Doktor besaß Autorität, und er machte Eindruck.

John R., der sein letztes Glas am 1. März 1939 trank, hat erzählt, wie es war, wenn er Dr. Bob an seinem Krankenbett im Städtischen Krankenhaus von Akron auftauchen sah:

»Doc war ein riesiger Bursche, mit Armen wie ein Gorilla — und er sah aus, als ob er sie auch wie ein Gorilla gebrauchen könne. Wenn Doc redete, redete er mit der Stimme der Autorität. Man konnte ihn anblaffen, dann blaffte er noch lauter zurück. Als er mich behandelte, war er fast vier Jahre lang trocken. Ich konnte mir nicht vorstellen, wie ein Mensch so lange nüchtern bleiben konnte. Er war aufrichtig mit mir. Er machte mir klar, was für ein Idiot ich all die Jahre gewesen war — erzählte mir von seinem eigenen Trinken und wie er die Flaschen in den Strümpfen ins Haus geschmuggelt hatte. Er gab mir Paraldehyd. Es roch gottserbärmlich; es roch schlimmer als Kreosot. Danach war ich 48 Stunden k. o.«

(Paraldehyd ist ein Narkotikum von beißendem Geruch und umwerfend ekelerregendem Geschmack, das von Ärzten jahrelang bei der Behandlung von Alkoholikern verwendet wurde, bevor die Barbiturate aufkamen.)

Unter Dr. Bobs Führung legten sich die Männer — trocken geworden und in die Oxford-Gruppe eingeführt — bei jedem neuen alkoholkranken Kandidaten die Frage vor: Ist es ihm wirklich ernst mit dem Aufhören? Ist er, abgesehen von seinem Alkoholismus, geistig und seelisch gesund? Wenn er noch verheiratet war, bei Frau und Kindern lebte und noch keine Geldsorgen hatte, ging man davon aus, daß er wahrscheinlich noch nicht verzweifelt genug war, um sich helfen zu lassen.

Junge Leute waren damals nicht willkommen. Man meinte, daß sie noch nicht genug gelitten hätten, noch nicht lange genug gelebt und genug verloren hätten, um wirklich »am Boden« zu sein. Auch weibliche Alkoholiker waren nicht willkommen. Dr. Bob und viele der frühen Mitglieder waren dem Denken Viktorianischer Zeit verhaftet, der Ansicht, daß »nette« Frauen nicht tranken. Dafür wurden die Ehefrauen von Alkoholikern von Anfang an mit einbezogen und waren bei den Meetings meistens anwesend. Als es sich herumsprach, daß Dr. Bob und seine Freunde verblüffende Erfolge mit Trinkern hatten, riefen im allgemeinen Frauen an, die von einem trocken gewordenen Mitglied der Oxford-Gruppe über die Probleme ihres Mannes befragt wurden. Damals machten Mitglieder förmlich Jagd auf Säufer, die sie in Männerwohnheimen und Wohlfahrtseinrichtungen aufstöberten. Die Pioniere lehnten sich nicht im Sessel zurück und warteten darauf, daß ein Hilferuf kam. Die Einweisung in ein Krankenhaus galt als unabdingbar. Dr. Bob umging die Krankenhausbestimmungen gegen die Aufnahme von Alkoholikern in die Privatstation, indem er eine falsche Diagnose stellte und die Trinker einschmuggelte, um ungestört mit den potentiellen Kandidaten arbeiten zu können.

Der Doktor und seine genesenen Alkoholiker-Freunde machten häufig Besuche am Bett ihrer Kranken. Sie erzählten ihnen die Geschichte ihres Trinkens. Wie Betroffene berichtet haben, riefen die Patienten dann aus: »Wie bei mir! Wie bei mir! So trinke ich auch.« Für gewöhnlich blieb der Kranke fünf bis sechs Tage im Krankenhaus, bevor er »entgiftet« war, das heißt, den medizinischen Alkoholentzug hinter sich hatte. In den letzten Tagen vor seiner Entlassung forderten die Besucher den Kandidaten auf, sein Leben »der Sorge und Leitung des Schöpfers« zu befehlen. Daraufhin ließ sich der Mann auf die Knie nieder. Wer seine »Kapitulation vor Gott« nicht im Krankenhaus vollzog, holte sie bald darauf in einem Meeting der Oxford-Gruppe nach, für gewöhnlich im Hause von T. Henry und Clarace Williams.

Die Williams waren ein Akroner Ehepaar — großzügig und »ein bißchen frömmlerisch«, wie Dorothy Seiberling sagte —, das sein Haus jeden Mittwoch der Oxford-Gruppe und ihrer wachsenden Schar von Alkoholikern zur Verfügung stellte. Young Bob, der häufig zugegen war, beschrieb die Szene so:
»Sie brachten den Mann nach oben und bearbeiteten ihn. Den Katholiken in der Gruppe gefiel diese Art der offenen Beichte nicht so gut. Nach einer Weile kam das neue Mitglied dann ganz benommen ins Wohnzimmer herunter, wo die Frauen und wir Kinder schon warteten. Dann setzten wir uns alle auf Stühle im Kreis herum, und die Mitglieder ›teilten‹ (beichteten), und dann beteten wir alle. Es war irgendwie wie ein altmodisches Erweckungs-Meeting. Ein Neuer durfte ein Meeting erst leiten, wenn er ein Jahr lang trocken geblieben war.«
Wenige Tage nach ihrer »Kapitulation vor Gott« mußten die Neulinge, gemäß den Vorschriften der Oxford-Gruppe, eine »Inventur« ihres Inneren machen, ihre charakterlichen Mängel zugeben und bei jenen Menschen, die sie in der Zeit ihres Trinkens verletzt hatten, den Schaden wiedergutmachen. Zwischen den einzelnen Meetings hielten sie sich viel in der Ardmore Avenue bei Bob und Anne Smith auf, ja, das Haus barst von Besuchern. Young Bob und Sue entsannen sich noch, wie es damals war; hier ist ein Zusammenschnitt ihrer Erinnerungen:
»Die Kaffeekanne war Tag und Nacht in Betrieb. Anderthalb Kilo Frühstückskaffee kosteten damals 29 Cent, und Mutter verbrauchte drei Kilo pro Woche für ihre Gäste. Morgens war für eine kleine Gruppe im Wohnzimmer ›stille Zeit‹. Die Leute lasen aus der Bibel, oder sie saßen einfach so da, hingen ihren Gedanken nach und empfingen schweigend eine Weisung für den Tag. Mutter saß immer in einem dunklen Eck am Gas-Kamin mit den nachgemachten Holzscheiten; sie hatte nämlich schwache Augen und vertrug kein grelles Licht. Jeder war willkommen. Jeder war total abgebrannt.«
Dorothy S., die Frau eines der ersten Mitglieder, erzählte: »Da-

mals, in der Anfangszeit, hatten die meisten von uns noch kein Telefon. Man drückte uns ein kleines Adressenheft in die Hand und sagte: ›Alle unsere Wohnungen stehen euch offen. Ihr könnt jederzeit vorbeikommen.‹«

Eine andere Frau erinnerte sich an die Gastfreundschaft und das kümmerliche Essen im Haus an der Ardmore Avenue: »Es konnte passieren, daß die Leute elf verschiedene Arten von Kartoffelsalat vorgesetzt bekamen, weil wir alle kein Geld für Wiener Würstchen hatten. Aber jeder brachte etwas Eßbares mit. Ich glaube, die AA heute wissen gar nicht, wie bitter arm die meisten von uns in dieser mühseligen Anfangszeit waren.« Es war ein Festtag, wenn die Smiths sonntags einmal Corned-Beef-Haschee auftischen konnten.

Bill Wilson blieb den ganzen Sommer 1935 bei den Smiths; jeden Tag saß er, redend und kettenrauchend, bis zwei oder drei Uhr morgens mit Dr. Bob in der Küche. Young Bob war oft dabei und hörte fasziniert zu, wie sie gegenseitig ihr Herz erforschten und versuchten, ein ordentliches Programm zu formulieren, mit dem sie den nächsten »Mann im Bett« im Krankenhaus beglücken konnten. Gottlob setzte der Doktor seine Operationen nie vor elf Uhr morgens an.

»Ich dachte schon, Bill würde überhaupt nicht mehr aus Akron nach Hause kommen«, sagte seine Frau Lois. »Ich habe gebohrt und gebohrt, daß er endlich wiederkommen soll.«

Zu guter Letzt ließ sie sich vom Warenhaus Loeser in Brooklyn eine Woche Urlaub geben und fuhr gen Westen, um die Smiths persönlich kennenzulernen. »Meine Mutter hat sie beruhigt«, erzählte Sue Smith. »Zu Anfang war Lois wohl ziemlich eingeschnappt, aber dann war sie froh, daß alle so glücklich waren.«

Young Bob ergänzte: »Das war keine triste, bedrückende Zeit! Mein Vater und Bill waren ganz aufgekratzt wegen ihrem Programm, und als die Trinker zu uns ins Haus kamen, waren sie noch aufgekratzter. Das war entschieden keine traurige Zeit. Es war eine freudige, spannende Zeit. Ich denke, was sie so froh gemacht hat, war, daß mein Vater und Bill endlich frei waren.«

Am 26. August 1935 fuhr Bill nach Brooklyn zurück. Er war noch nie so rundum zufrieden gewesen. In Dr. Bob hatte er einen Freund und Bruder fürs Leben gefunden. Er war begeistert von der Arbeit mit anderen Alkoholikern in Akron. In New York hatte ihn eine Oxford-Gruppe warmherzig aufgenommen. Was er nicht wußte, war, daß Lois eine wachsende Erbitterung in sich niederkämpfte — eine verbreitete Reaktion bei Ehepartnern von Alkoholikern, die mit dem Trinken aufgehört haben. Eines Sonntags sagte Bill beiläufig zu ihr: »Komm, wir müssen uns beeilen, sonst kommen wir zu spät zum Gruppen-Meeting.«

Lois explodierte. »Du mit deinen Scheißmeetings!« schrie sie.

In diesem Herbst 1935 folgten die Wilsons dem Beispiel der Smiths und machten aus ihrem Haus in der Clinton Street — einem Geschenk von Lois' Vater, der ausgezogen war, nachdem er zum zweitenmal geheiratet hatte — eine Bleibe für Trinker. »Wenn ich an diese Zeit zurückdenke, frage ich mich wirklich, *wovon* wir gelebt haben«, meinte Lois. In ihrem Tagebuch finden sich Einträge wie diese: »2 Dollar von Ebby f. Pension . . . George H., von Dr. Silkworth geschickt; wohnt jetzt bei uns.« Auch Bill C., ein Anwalt, blieb eine ganze Weile.

Die vielgeprüfte Lois verlor immer häufiger die Fassung. Sie nahm es Bill übel, daß er nicht um ihretwillen trocken geworden war; sie nahm es ihrem Mann übel, daß er keine Zeit mehr für sie hatte. »Das Haus war voller Trinker, und du warst immer woanders, hast mit jemandem gearbeitet und jemanden mitgebracht«, sagte sie Jahre später zu ihm.

Sie liebte dieses Haus. Sie war, als ältestes von sechs Kindern, darin aufgewachsen. 1848 erbaut, war es typisch für die stattlichen Backsteinbauten, die noch heute die stillen, begrünten Straßen von Brooklyn Heights säumen. Es war vier Stockwerke hoch; steile Stufen führten zur Eingangstür im ersten Stock empor, wo der Salon war. Viktorianische Marmorkamine und hohe, geschnitzte Decken verliehen dem Haus ein elegantes Flair. In dieses Ambiente platzten nun Bills schlampige Alkoholiker-

Freunde, verlangten unzählige Pfannkuchen zum Frühstück und versteckten ihre leeren Whiskeyflaschen in der Küche, wo eine wutschnaubende Lois sie entdeckte. »Wir waren jetzt wenig allein«, sagte sie. Als es Herbst wurde, gesellten sich auch Alkoholiker aus New York und New Jersey zu den Schmarotzern im Wilsonschen Haus und nahmen an den Dienstags-Meetings in der Clinton Street teil.

Seine Hausgäste vom Trinken abzubringen, war mehr, als Bill zu leisten vermochte. Egal, was er sagte oder tat, sie betranken sich immer wieder. Einer von ihnen, der Anwalt Bill C., verhökerte den besten Sonntagsstaat von Lois und Bill, um sich Schnaps zu besorgen; danach nahm er sich das Leben.

Nach und nach gelangte Bill zu der Überzeugung, daß Alkoholiker mit ihresgleichen arbeiten müßten, daß das einzige Ziel sei, nüchtern zu bleiben und für sich selbst Ausgeglichenheit und Frieden zu finden. Ihn störte allmählich die Publicity, die bekannte Anhänger von Oxford-Gruppen in der amerikanischen Presse genossen; diese Art von Prominenz, so fand er, blähte bloß das Ich des Alkoholikers auf und verleitete ihn wieder zum Trinken. Es gefiel ihm nicht, daß die Oxford-Leute soviel Wert auf ihre »Vier Absoluta« legten. Für ihn lag in dem Wort »absolut« ein Anspruch auf Vollkommenheit, der unmöglich einzulösen war und abschreckend auf Alkoholiker wirkte, die genug damit zu tun hatten, nüchtern zu bleiben. Ihn ärgerte es, daß alle Oxford-Mitglieder ständig von der Gruppe kontrolliert wurden, damit auch ja alle dem vorgeschriebenen Pfad folgten. Ihm mißfielen die wachsende Größe der Zusammenkünfte und ihr zunehmender Snobismus. Macht, Prestige und Geld beeindruckten Frank Buchman; ständig suchte er namhafte Leute als Mitglieder für seine Bewegung zu gewinnen, die deren Anziehungskraft gebührend herausstreichen sollten. Persönlichkeiten wurden eingeladen, sich dem anzuschließen, was sich zu einem immer größeren, aber auch sozial immer exklusiveren Club entwickelte. Manche nannten die Oxford-Gruppe bereits die »Heilsarmee der feinen Leute«.

Die Alkoholiker hingegen, die in New York, Akron und anderswo innerhalb der Oxford-Gruppe gerettet wurden, waren Trinker, die man aus der Gosse ihres Säuferdaseins gezogen hatte, gleichgültig, wie hoch sie vorher in ihrem Beruf gestiegen waren.
Bill hat sich niemals über die Bombe geäußert, die Buchman kurz vor dem Ausscheiden der New Yorker Alkoholiker platzen ließ. Sie erschütterte die Oxford-Gruppe in ihren Grundfesten und löste eine internationale Kontroverse aus, die letztlich dazu führte, daß die Gruppe sich hinter einem neuen Namen verstecken mußte. Die Bombe bestand aus einem Artikel im *New York World-Telegram* vom 26. August 1936. Der Reporter William A. H. Birnie zitierte Buchman mit folgenden Worten: »Ich danke dem Himmel für einen Mann wie Adolf Hitler, der eine Abwehrfront gegen den Antichrist des Kommunismus errichtet hat . . . — Mein Friseur in London hat mir erzählt, daß Hitler ganz Europa vor dem Kommunismus bewahrt hat. So hat er das empfunden. Natürlich billige ich nicht alles, was die Nazis tun . . . Hitler sieht vermutlich Karl Marx in jedem Juden . . . Aber stellen Sie sich vor, was es für die Welt bedeuten würde, wenn Hitler, oder Mussolini oder irgendein anderer Diktator sich Gott ausliefern würde! Durch einen solchen Mann könnte Gott über Nacht ein ganzes Volk auf seine Seite bringen und noch das letzte, irritierende Problem lösen.« Die Oxford-Reihen unter Buchmans Führung lichteten sich, obwohl es in den USA verbreitete pazifistische Strömungen gab. 1939, als die freie Welt in den Krieg gegen das nationalsozialistische Deutschland eintrat, wurde aus der Oxford-Gruppe die Moralische Aufrüstung.
In den Jahren 1936 und 1937 unternahm Bill Wilson, mehr und mehr besessen von dem Gedanken, Alkoholiker zu retten, nur wenige Nachforschungen auf dem Aktienmarkt. Sie waren sein letzter Versuch, beruflich an der Wallstreet wieder Fuß zu fassen. Doch erhielt er bald das erste Angebot, auf einem anderen Gebiet tätig zu werden. Das Angebot kam von Charles Towns, dem Besitzer jenes Krankenhauses, in dem Bill endlich trocken

geworden war und wo er nun, unter anderen hospitalisierten Trinkern, einige seiner vielversprechendsten Kandidaten fand. Towns bat ihn, in der Anstalt ein Büro als bezahlter Laientherapeut für Alkoholkranke zu eröffnen. Bill war zuerst begeistert, mußte dann aber betroffen feststellen, daß die in seinem Hause lebenden Alkoholiker und andere Mitglieder der Oxford-Gruppe, die zu genesen versuchten, dagegen waren. Warum, so fragten sie ihn, sollte er bezahlt bekommen, wenn die anderen, die mit denselben Problemen zu kämpfen hatten, leer ausgingen? Voller Bedauern lehnte Bill das Angebot Charles Towns' ab. Alle Gelder, die ihm von nun an bis zum Ende seines Lebens zuflossen, verdiente er bei den Anonymen Alkoholikern, namentlich mit den Tantiemen der Bücher, die er für die AA schrieb.
1937 eröffnete sich Bill eine neue Chance, die ihn in Erfolgsträumen schwelgen ließ. Auslöser war diesmal John D. Rockefeller jr., ein Abstinenzler und früher ein berühmter Vorkämpfer für die Prohibition. Durch seinen Schwager Dr. Leonard Strong wurde Bill mit Willard Richardson von der Rockefeller Foundation bekannt. Hatte Bill auch nur vereinzelt Erfolge bei den Menschen erzielt, die er persönlich nüchtern zu machen versucht hatte, so schien das diesen unverbesserlichen Träumer doch nicht zu entmutigen. Er hatte Visionen, wie er Männer anheuern würde, die als bezahlte Missionare die Botschaft der Alkoholiker hinaustrugen, wie er ganze Ketten von Spezialkrankenhäusern zur Behandlung von Alkoholikern bauen würde; er träumte von Literatur über die langsam wachsenden Zellen von genesenen Trinkern, ihre Methoden und Ziele. Im Dezember 1937 trafen Richardson und ein paar andere Berater Rockefellers mit Bill, Dr. Bob und einigen ihrer genesenen Alkoholiker zusammen. Jeder Alkoholiker im Raum erzählte seine Geschichte. Man beschrieb die Methoden der Gruppen, an andere Alkoholiker heranzukommen. Scott erklärte: »Das ist ja Urchristentum!« Als Bill bezahlte Missionare und eine Krankenhauskette für Alkoholiker vorschlug, fragte Scott: »Aber wird Geld die Sache nicht verderben?«

Im Februar 1938 kam Frank Amos, ein Mann aus Ohio, dessen Familie dort eine Zeitung besaß, nach Akron und ging den Berichten über Dr. Bobs Erfolge bei der Rettung von Alkoholikern nach. Er präsentierte Rockefeller einen überschwenglichen Bericht und drängte ihn, der Bewegung 50 000 Dollar zu geben. Aber Rockefeller war sehr vorsichtig. Er sah ein, daß Dr. Bob und Bill persönlich eine gewisse finanzielle Hilfe brauchten, und war bereit, zu diesem Zweck der Riverside Church 5000 Dollar zu spenden. Ein guter Teil des Geldes wurde dazu verwendet, die Hypothek auf dem Haus der Smiths in Akron abzuzahlen.
Bill, Dr. Strong und die New Yorker Alkoholiker hatten weitere Gespräche mit Rockefellers Freunden Richardson, Amos und A. LeRoy Chipman, die den von Bill und Dr. Bob geleiteten Alkoholikergruppen ihre eigenen Dienste anboten. Am 11. August 1938 gründeten sie, beraten von einem jungen Anwalt namens John Wood, eine steuerbefreite, wohltätige Stiftung, die Alcoholic Foundation. Die Stiftung hatte wenig Geld, aber sie gab der Bewegung nun eine rechtsförmige Zentrale mit Sitz in New York.
Bill Wilsons Träume von bezahlten Missionaren und Spezialkrankenhäusern für Alkoholiker waren verpufft. Dafür begann man 1937 und 1938 in New York und Akron, ernsthaft über die Abfassung eines Handbuchs als Leitfaden für Mitglieder nachzudenken. Aus vier praktischen Gründen brauchten die Mitglieder ein solches Buch: Es konnte eine klare Aussage über das Genesungsprogramm machen; es konnte einer Entstellung der in der Arbeit mit Alkoholikern benutzten Methoden vorbeugen; es konnte an wohlwollende Nichtalkoholiker verschickt oder verteilt werden; und es konnte Geld einbringen. Nur die wenigsten dürften geahnt haben, daß der Titel, den man schließlich für das Buch fand — *Anonyme Alkoholiker* —, endlich auch einem kleinen Häuflein trocken gewordener Trinker seinen Namen geben würde.
Im Frühjahr 1938 begann Bill mit der Arbeit an dem Buch, und zwar im Büro der »Honor Dealers« in Newark (New Jersey), der

letzten seiner kurzlebigen, fehlgeschlagenen Geschäftsunternehmungen außerhalb der AA. Sein Partner war Hank P., ein Manager aus der Ölbranche, der wegen seiner Trunksucht seine Stelle verloren hatte und im Towns Hospital gelandet war. Dort hatte Bill ihn bei einer seiner Missionen zur Rettung von Trinkern im Herbst 1935 aufgestöbert und nüchtern gemacht — es war Bills erster Erfolg. Hank und seine Frau Kathleen kamen jeden Dienstag aus New Jersey herüber, um an den Meetings im Hause der Wilsons teilzunehmen, und hatten sich mit ihnen angefreundet. Hank und Bill hatten den Plan, Tankstellenbesitzer im nördlichen New Jersey zu einer Einkaufsgenossenschaft, den »Honor Dealers«, zusammenzuschließen, die mit ihren Gewinnen anderen Alkoholikern helfen sollten. Hank, ein tatkräftiger, ungeduldiger Rotschopf, sprudelte vor Ideen über. Er führte die Geschäfte, während Bill sich immer mehr mit seinem Manuskript beschäftigte und der nicht-trinkenden Sekretärin des Unternehmens, Ruth Hock, die verschiedenen Fassungen in die Maschine diktierte.

Bill schrieb alle elf Einleitungskapitel. Dazu gehören seine eigene Geschichte, ferner (zitiert nach der deutschen Fassung) »Es gibt eine Lösung«, »Mehr über Alkoholismus«, »Wir Agnostiker«, »Die Arbeit mit anderen« und das zentrale fünfte Kapitel »Wie es funktioniert«, das die Zwölf Schritte zur Genesung enthält. Lois zufolge schrieb Bill den ersten Entwurf der Zwölf Schritte in einer einzigen Nacht im Bett. Sie erzählte gern, daß Bill niemals stand, wenn er sitzen konnte, und Liegen noch besser fand.

Der erste Entwurf der Zwölf Schritte war bereits der endgültigen Fassung im »Big Book«[2] sehr ähnlich, die folgendermaßen lautet:

1. Wir gaben zu, daß wir dem Alkohol gegenüber machtlos sind — und unser Leben nicht mehr meistern konnten.

[2] *Anonyme Alkoholiker,* S. 68f.

2. Wir kamen zu dem Glauben, daß eine Macht, größer als wir selbst, uns unsere geistige Gesundheit wiedergeben kann.
3. Wir faßten den Entschluß, unseren Willen und unser Leben der Sorge Gottes — wie wir Ihn verstanden — anzuvertrauen.
4. Wir machten eine gründliche und furchtlose Inventur in unserem Inneren.
5. Wir gaben Gott, uns selbst und einem anderen Menschen gegenüber unverhüllt unsere Fehler zu.
6. Wir waren völlig bereit, all diese Charakterfehler von Gott beseitigen zu lassen.
7. Demütig baten wir Ihn, unsere Mängel von uns zu nehmen.
8. Wir machten eine Liste aller Personen, denen wir Schaden zugefügt hatten, und wurden willig, ihn bei allen wiedergutzumachen.
9. Wir machten bei diesen Menschen alles wieder gut — wo immer es möglich war —, es sei denn, wir hätten dadurch sie oder andere verletzt.
10. Wir setzten die Inventur bei uns fort, und wenn wir unrecht hatten, gaben wir es sofort zu.
11. Wir suchten durch Gebet und Besinnung die bewußte Verbindung zu Gott — wie wir Ihn verstanden — zu vertiefen. Wir baten Ihn nur, uns Seinen Willen erkennbar werden zu lassen und uns die Kraft zu geben, ihn auszuführen.
12. Nachdem wir durch diese Schritte ein seelisches Erwachen erlebt hatten, versuchten wir, diese Botschaft an Alkoholiker weiterzugeben und unser tägliches Leben nach diesen Grundsätzen auszurichten.

Wie jeder andere Teil des Buches, wurden auch die Zwölf Schritte abgeschrieben und zirkulierten in den Gruppen von New York und Ohio. Jeder einzelne Satz wurde heiß diskutiert. Einige meinten, daß in den Zwölf Schritten und in den ersten Kapiteln »zu viel Gott« vorkomme und daß dies Atheisten und Agnostiker abstoßen werde. In Bills erstem Entwurf war noch vom Niederknien beim Beten die Rede — eine Geste, die auch bei solchen Oxford-Mitgliedern üblich war, die nicht der katholischen oder der Episkopalkirche angehörten. In einem Schritt wurde der Hinweis auf das Knien gestrichen. In zwei Schritten wurde nach dem Wort »Gott« die in Gedankenstrichen stehende (im englischen Text kursiv gesetzte) Wendung »wie wir Ihn verstanden *(as we understood Him)*« hinzugefügt.

Bill duldete nicht, daß Lois das Kapitel »An die Ehefrauen« schrieb, obwohl sie es liebend gern getan hätte. Immerhin war sie die Frau, die Bill in den Jahren seiner Trinkerei ertragen hatte und mit dem Taubenschlag von Alkoholikern leben mußte, die Bill zur Nüchternheit zwingen wollte. »Ich habe nie herausbekommen, warum er mich nicht das Kapitel schreiben lassen wollte, und zu Anfang hat es mich verletzt«, sagte sie.

Der Teil des Buches mit den »Persönlichen Geschichten« enthielt achtundzwanzig Berichte von den Alkoholikern in Akron und New York. (In der 5. Auflage von 1986 des deutschsprachigen »Blauen Buches« *Anonyme Alkoholiker* wurden diese ersetzt durch dreiundzwanzig Berichte deutscher Alkoholiker.) Dr. Silkworth steuerte »Die Meinung des Arztes« am Anfang des Buches bei. In seinem Empfehlungsschreiben heißt es unter anderem:

»Gegen Ende 1934 behandelte ich einen Patienten, der zwar einst ein erfolgreicher Geschäftsmann mit hoher Erwerbskraft gewesen, aber nun zum Alkoholiker von dem Typ geworden war, den ich als hoffnungslos zu betrachten pflegte.

Im Verlauf seiner . . . Behandlung machte er sich gewisse Vorstellungen davon, durch welche Mittel man möglicherweise zur Genesung gelangen könnte. Es war ein Teil seiner eigenen Wiederherstellung, daß er damit begann, seine Auffassung anderen Alkoholikern mitzuteilen, und ihnen einprägte, sie müßten dies genauso wieder mit anderen machen. Daraus ist das Fundament einer rapide wachsenden Gemeinschaft zwischen diesen Männern und ihren Familien geworden. Es sieht so aus, als ob dieser Mann und mehr als hundert andere wirklich genesen sind.

Ich persönlich weiß um eine große Zahl von Fällen dieser Art, bei der andere Methoden völlig versagt hatten.

Diese Tatsachen scheinen mir für die Medizin äußerst wichtig zu sein. Wegen der außerordentlichen Möglichkeiten zu einem raschen Wachsen, die in dieser Gruppe liegen, könnte sie eine neue Epoche in den Annalen des Alkoholismus bedeuten. Es könnte sehr wohl sein, daß diese Leute einen Weg zur Genesung für Tausende besitzen, die sich in der gleichen Situation befinden.«[3]

Das Originalvorwort von Bill beginnt mit der selbstsicheren und doch bescheidenen Feststellung:

»Wir Mitglieder der Anonymen Alkoholiker sind mehr als hundert Männer und Frauen, die von einem geistigen und körperlichen Zustand Genesung gefunden haben, der hoffnungslos zu sein schien. Die wichtigste Absicht dieses Buches ist: *Wir wollen anderen Alkoholikern genau den Weg beschreiben, der zu unserer Genesung geführt hat* . . . Wir meinen auch, daß jedermann durch diesen Bericht unserer Erfahrungen den Alkoholiker besser verstehen lernt. Viele Menschen begreifen nicht, daß der Alkoholiker ein sehr kranker Mensch ist. Darüber hinaus sind wir überzeugt, daß unsere Lebensmethode auch für alle anderen Menschen von Nutzen sein kann.

Es ist wichtig, daß wir anonym bleiben, denn wir sind zur Zeit noch zu wenig, um mit der überwältigenden Zahl von Hilferufen fertig zu werden, die wahrscheinlich durch diese Veröffentlichung ausgelöst werden. Da wir meist im Geschäftsleben stehen oder einen freien Beruf haben, könnten viele von uns ihre Beschäftigung nicht ausüben, wenn wir als Alkoholiker bekannt würden. Wir bitten um Verständnis dafür, daß unsere Arbeit mit Alkoholikern eine Nebenbeschäftigung ist.

Wenn wir in der Öffentlichkeit schreiben oder reden, dann soll jedes Mitglied unserer Gemeinschaft seinen Familiennamen weglassen: es soll sich statt dessen einfach als ›ein Mitglied der Anonymen Alkoholiker‹ bezeichnen.«[4]

[3] *Anonyme Alkoholiker,* S. XXVf.
[4] *a. a. O.,* S. XIIIf.

Im Originalvorwort heißt es dann ferner:
»Wir sind keine Organisation im üblichen Sinn dieses Wortes. Bei uns gibt es keine Mitgliedsbeiträge oder sonstige finanzielle Verpflichtungen. Die einzige Voraussetzung für die Mitgliedschaft ist der ehrliche Wunsch, mit dem Trinken aufzuhören. Wir sind mit keinem besonderen Religionsbekenntnis, keiner Sekte oder Kirche verbunden, wir stehen aber auch in keinem Gegensatz zu irgend etwas oder irgend jemand. Wir wollen einfach denen zu Hilfe kommen, die von dieser Krankheit betroffen sind.«[5]
Mit minimalen Veränderungen wurde diese Absichtserklärung später Tag für Tag als Präambel bei Tausenden von AA-Meetings gesprochen.
Der Titel des Buches wurde ebenso wie ein großer Teil dessen, was zwischen den Buchdeckeln stand, erst nach lebhaften Diskussionen in den Gruppen festgelegt. Mitte 1938 benutzte Bill noch *Alcoholics Anonymous* als Arbeitstitel sowohl für das Buch als auch für die »Fellowship«, wie sie von vielen auch nach dem enormen Zustrom von Frauen noch immer genannt wurde.
Unter den Dutzenden von anderen Titeln, die die Mitglieder vorschlugen, waren unter anderem *Dry Frontiers* (etwa »Aufbruch in die Trockenheit«) und *The Empty Glass* (»Das leere Glas«). »Eine Zeitlang«, erinnerte sich Lois, »war Bill versucht, das Buch ›Die Wilson-Bewegung‹ zu betiteln, also seinen Nachnamen zu benutzen, und sich selbst als Verfasser zu nennen. Dieser egoistische, wenn auch verständliche Wunsch wich aber bald vernünftigeren Überlegungen.«
Schließlich blieb nur der Titel *Alcoholics Anonymous* übrig, ersonnen von einem Mitglied, das früher für den *New Yorker* gearbeitet hatte.
Henrietta D. aus Akron, die Frau von Bill D., dem Anonymen Alkoholiker Nr. 3, sagte jedem, der es wissen wollte, es sei »der scheußlichste Titel« gewesen, den sie je gehört habe.

[5] *a. a. O.,* S. XIV

Stilistisch gesehen, bestehen die einleitenden Kapitel von *Alcoholics Anonymous* aus einfachen Aussagesätzen. Es gibt ein paar altmodische Jargonausdrücke (*ten-strike* [»Volltreffer«] für eine zündende Idee) und einen gewissen reklamesüchtigen Ton des »voran und hinan mit George Follansbee Babbitt« (nach dem erfolgsorientiert-spießig-konformistischen Helden in dem Roman *Babbitt* von Sinclair Lewis). Auch die schlichten und hausbacken erzählten »Persönlichen Geschichten« mögen manchmal etwas antiquiert wirken. Aber seit einem halben Jahrhundert hat dieses Buch Alkoholikern, die gesund werden wollen, etwas Grundlegendes zu sagen. Es ist dasjenige Buch, das bei den AA jedermann liest.

Die ersten Exemplare von *Alcoholics Anonymous* verließen im April 1939 die Druckerei Cornwall Press in Cornwall (New York). Der Besitzer des Betriebes, Edward Blackwell, hatte als Erstauflage 5000 Exemplare vorgeschlagen, statt der unrealistisch hohen Zahl, an die Wilson und Hank P. gedacht hatten.

Man entschied sich für einen Listenpreis von 3,50 Dollar; das war im Jahr 1939 ziemlich viel und lag nur 1,15 Dollar unter dem heutigen Preis. (Nicht-AA-Zugehörige zahlen heute für das »Big Book«, das inzwischen einen schlichteren, marineblauen Einband bekommen hat, 4,65 Dollar. AA-Zugehörige erhalten es für 4,10 Dollar. Die deutsche Ausgabe *Anonyme Alkoholiker*, ebenfalls marineblau gebunden, kostet derzeit DM 25,—.) Die erste Auflage war so unhandlich, daß man bald vom »Big Book« sprach.

Die erste Reaktion aus medizinischen Fachkreisen war verächtlich. In einer Rezension für das *Journal of the American Medical Association* vom 14. Oktober 1939 hieß es über *Alcoholics Anonymous:* »eine verschrobene Mischung aus Vereinspropaganda und religiöser Ermahnung . . . Das einzig Stichhaltige in dem Buch ist, daß es die Alkoholsucht als etwas Gravierendes anerkennt. Ansonsten hat es keinerlei wissenschaftliches Verdienst oder Interesse.« Etwas gnädiger war die *New York Times* gewesen. Im Juni 1939 schrieb ein Rezensent für die Sonntags-

ausgabe der *Times*: »Sollte der Leser den Titel lächerlich finden, möchte ich festhalten, daß die Grundthese von *Alcoholics Anonymous* psychologisch besser fundiert ist als jede andere Abhandlung über das Thema, die mir untergekommen ist.« Harry Emerson Fosdick aber von der New Yorker Riverside Church stellte sich in einer Rezension, die in religiösen Organen erschien, mit dem ganzen Gewicht seines enormen Ansehens in der Nation hinter das Buch. Er nannte es einzigartig und bemerkenswert und legte es jedem ans Herz, der in irgendeiner Weise mit Alkoholmißbrauch zu tun hatte.
Trotz Fosdicks Empfehlung blieb Edward Blackwell zunächst auf fast allen 5000 Exemplaren der Erstauflage sitzen. Kein Mensch kaufte das Buch. Bill Wilson und Hank P. wandten sich an alle großen Zeitschriften, damit sie über das Buch berichteten, aber es tat sich nichts. Schließlich erklärte sich Morgan R. aus New York, früher ein erfolgreicher Werbefachmann, zu einem Rundfunkinterview mit seinem Freund Gabriel Heatter bereit. Heatter hatte eine ungeheuer populäre Radiosendung mit dem Titel *We the People*. Seine Spezialität waren menschlich anrührende Interviews, oft zum Steinerweichen, die er onkelhaft-ölig kommentierte. Heatter verabredete sich mit Morgan am 25. April 1939 zu einem dreiminütigen Gespräch im Rahmen von *We the People*. Die Alkoholiker waren gespannt. Als der Zeitpunkt der Sendung — 9 Uhr morgens — herannahte, versammelten sich sämtliche alkoholkranken Personen und ihre Familien in New York und Ohio vor den Rundfunkempfängern.
Heatter begann: »Der Mann, der jetzt neben mir sitzt, hat eine so packende und dramatische Erfahrung hinter sich, wie ich es noch nie gehört habe. Ich werde Ihnen nicht verraten, wie er heißt. Und wenn Sie hören, was er zu sagen hat, werden Sie das verstehen. Aber . . . der Hörerausschuß von *We the People* war bereit, ihm Sendezeit einzuräumen, weil man der Ansicht war: Wenn auch nur einem einzigen Menschen durch diese Geschichte geholfen wird, dann hat *We the People* wirklich etwas Verdienstvolles getan.«

Morgan R. begann: »Ich bin vor sechs Monaten aus einer Irrenanstalt entlassen worden. Man hatte mich eingewiesen, weil ich dabei war, mich zu Tode zu saufen. Aber die Ärzte haben gesagt, sie könnten nichts für mich tun.« Vier Jahre zuvor habe er noch 20000 Dollar pro Jahr verdient. Er hatte eine Frau — »ein Klasse-Mädchen« — und einen kleinen Sohn. Er arbeitete viel und trank, um sich zu entspannen, genau wie seine Kollegen. »Nur wußten die, wann sie aufhören mußten. Ich wußte es nicht. Und ziemlich bald hatte ich mich um meine Stelle gesoffen. Ich versprach meiner Frau, daß ich mich wieder fangen würde. Aber ich schaffte es nicht. Schließlich hat sie das Baby genommen und mich verlassen.«

Morgan erzählte, wie er zuletzt Leute auf der Straße angebettelt habe, um sich Schnaps kaufen zu können. »Jedesmal, wenn ich nüchtern war, schwor ich mir, keinen Tropfen mehr anzurühren. Aber wenn ich ein paar Stunden nichts zu trinken hatte, fing ich an zu heulen wie ein kleines Kind und zitterte am ganzen Körper.«

Kurz nach seiner Entlassung aus der Anstalt habe er Tom kennengelernt, einen Freund, der ihn in die Wohnung eines anderen Freundes mitgenommen habe. »Da saßen mehrere Männer herum, rauchten Zigarren, erzählten sich Witze und waren fröhlich. Aber mir fiel auf, daß keiner von ihnen trank«, fügte Morgan hinzu. »Als Tom mir erzählte, daß die alle im selben Boot saßen wie ich, konnte ich es gar nicht glauben.«

Tom wies auf einen Arzt, der sich um seine Praxis gesoffen hatte, jetzt aber wieder der Leiter eines großen Krankenhauses war; einen Lebensmittelhändler; den Vizepräsidenten eines Unternehmens. Morgan fuhr fort: »Vor fünf Jahren hatten sie sich zusammengetan. Sie nannten sich Anonyme Alkoholiker. Und sie hatten eine Methode ausgearbeitet, wie man wieder gesund wurde. Eines ihrer wichtigsten Geheimnisse war, daß einer dem anderen half . . . Diese Leute haben mir allmählich wieder ins Leben zurückgeholfen. Ich habe aufgehört zu trinken. Habe wieder Mut gefunden, mich dem Leben zu stellen. Heute habe

ich wieder eine Stelle und bin auf dem Weg zurück zum Erfolg.«
Dann folgte Morgans Sermon über das »Big Book«: »Vor kurzem haben wir ein Buch geschrieben; es heißt *Alcoholics Anonymous.* Es beschreibt ganz genau, wie wir alle dem Tod bei lebendigem Leibe entronnen sind. Bei der Arbeit an diesem Buch habe ich gemerkt, wie andere Menschen gelitten haben — wie sie dasselbe durchgemacht haben wie ich. Deshalb wollte ich in dieses Programm kommen. Ich möchte Menschen, die dieselben Qualen durchmachen, sagen: Wenn Sie ernsthaft wollen, können Sie umkehren. Wieder Ihren Platz in der Gesellschaft einnehmen.« (Applaus, Musik, Ende.)
Bill Wilson und seine Freunde überlegten, wie sie mit der Flut von Anfragen fertig werden sollten, die sie nach dieser Sendung erwarteten. Für 500 Dollar hatten sie 20000 Karten getippt und verschickt, um Angehörige medizinischer Berufe auf das Programm hinzuweisen. Sie warteten drei Tage, um die Post im Postfach der Alcoholic Foundation sich ansammeln zu lassen. Dann kamen sie mit leeren Koffern ins Postamt, um die zahllosen Antwortkarten abzuholen.
»Als sie das Postfach aufschlossen«, erzählte Lois, »konnten sie ihren Augen nicht trauen — ganze zwölf Karten lagen drin! Und fünfhundert Dollar waren den Bach runter.«
Es war ein schrecklicher Frühling. Am 26. April 1939, einen Tag nach Heatters Rundfunksendung, mußten Bill und Lois die Clinton Street 182 verlassen, wo Lois' Familie fünfzig Jahre lang gelebt hatte; die Bank, bei der die Hypothek lag, hatte das Haus schließlich doch verkauft, für das die Wilsons seit dem Tod von Lois' Vater 1936 nur eine minimale Miete bezahlt hatten. Zwei Jahre lang hatten sie nun keinen eigenen festen Wohnsitz. Sie lebten wie die Vagabunden, zogen von einer AA-Familie zur anderen.
Einige Lichtblicke gab es dennoch. Die Zeitschrift *Liberty,* eine der populärsten Periodika jener Zeit, brachte im September 1939 einen positiven Artikel unter dem Titel »Alkoholiker und

Gott«. Im nächsten Monat brachte der *Cleveland Plain Dealer*, eine wichtige Tageszeitung des Mittleren Westens, eine siebenteilige Serie über die AA samt positiven redaktionellen Kommentaren. Neulinge stießen zu den AA, aber es war nur ein Rinnsal, verglichen mit Bills Hoffnungen. Es sollten noch zwei Jahre vergehen, bevor für die AA der erhoffte Durchbruch kam: nach einem Artikel auf der ersten Seite der *Saturday Evening Post*, einer Wochenzeitschrift, die von drei Millionen Amerikanern gelesen wurde. Jack Alexanders Beitrag war intelligent, fesselnd, verständlich. Er erschien am 1. März 1941 und wurde der berühmteste Artikel in der Geschichte der AA; er galt als Hauptursache für die Vervierfachung der Mitgliederzahl in diesem Jahr, von 2000 auf 8000.

1939 und 1940 hatte Bill Wilson jedoch zwei peinliche Enttäuschungen erleben müssen: die eine in den Kreisen der AA selbst, die andere außerhalb. Letzten Endes präzisierten beide Ereignisse seine Vorstellungen über den Weg, den die AA zu gehen hatten. Ende 1939 beschloß er, die Zentrale der AA und die Verlagsgeschäfte des »Big Book« vom Büro der Honor Dealers in New Jersey zu der Alcoholic Foundation in Manhattan zu verlegen. Hank P. überreichte Bill ein Memorandum. Freundschaftlich-trocken im Ton, stellte Hank Fragen, die bei den AA seither nicht verstummt sind, Fragen nach der Trennung von einträglichem Geschäft und idealistischer Arbeit um ihrer selbst willen; nach Individualismus und dem Personenkult, der bereits um Bill Wilson und Dr. Bob entstand; und danach, wie es für diese Urchristen gewesen war und wie es vielleicht nie mehr sein würde. Hank fragte:

»Hat Jesus Christus ein Büro gehabt . . .? Wäre das Geld, das man für ein Büro ausgibt, nicht vielleicht besser in Reisespesen für Menschen angelegt, die die gute Botschaft verbreiten? Wird es den großen Oberbonzen der AA geben?«

Bill reagierte höflich, aber reserviert. Er hatte seine Probleme mit Hank. Sein jähzorniger, impulsiver Freund hatte wieder zu trinken begonnen. Er stritt ständig mit seiner Frau. Er wollte

sich scheiden lassen. Er wollte Ruth Hock heiraten, die Sekretärin der Honor Dealers. Der Bruch zwischen beiden Männern erwies sich als endgültig.
Der andere Schlag kam von John D. Rockefeller jr. Anfang 1940 ließ Rockefeller wissen, daß er gerne für Mitglieder und Freunde der AA sowie einige wichtige Leute, die deren Arbeit noch nicht kannten, ein Essen im exklusiven Union Club an der Park Avenue in New York geben würde. Bill nannte die fünfundsiebzig Männer, die schließlich kamen, »eine wahre Plejade der Reichen und Prominenten New Yorks. Jedermann«, so meinte er, »konnte sehen, daß ihr finanzieller Gesamtwert sich leicht auf eine Milliarde Dollar belief.«
Dr. Foster Kennedy, Leiter der klinischen Abteilung des Medical College der Cornell University, hielt die Festrede. Dr. Kennedy hatte bereits an das *Journal of the American Medical Association* geschrieben, um gegen die vernichtende Rezension des »Big Book« zu protestieren, und gesagt: »Nach meiner Überzeugung sollten Mediziner guten Willens diesen anständigen Leuten helfen, anstatt sie von oben herab dafür abzukanzeln, daß sie nicht wissenschaftlich sind.«
Im Publikum saßen die Repräsentanten der ersten Familien des Landes wie Godfrey L. Cabot und Gordon Auchincloss, der Warenhaus-Tycoon Samuel H. Kress sowie Thomas J. Watson, der Gründer von IBM. Der damals 31jährige Nelson Rockefeller vertrat seinen Vater, der plötzlich erkrankt war. Mit vorrückender Stunde stiegen Bills Hoffnungen immer höher:
»Atemlos warteten wir auf den Höhepunkt — die Sache mit dem Geld. Nelson Rockefeller tat uns den Gefallen. ›Meine Herren, wie Sie alle sehen können, handelt es sich hier um ein Werk des guten Willens. Die Kraft dieses Werkes beruht darin, daß jedes Mitglied die gute Botschaft zum nächsten weiterträgt, ohne einen Gedanken an finanziellen Lohn zu verschwenden. Es ist daher unsere Überzeugung, daß die Anonymen Alkoholiker sich, was das Finanzielle betrifft, aus eigener Kraft erhalten sollten. Was sie von uns brauchen, ist nur unser guter Wille.‹ Wor-

auf die Gäste herzhaft klatschten und, milliardenschwer, wie sie waren, zum Saal hinausmarschierten.«

Eine prächtige Story, die Bill unter dem Gelächter amüsierter AA Hunderte von Malen erzählt hat: wie man tapfer der Verlockung des bösen Mammons widerstanden hatte. In der mündlich tradierten Geschichte der AA ist diese Szene zu einer Schlüsselszene geworden. In Wirklichkeit lief alles etwas anders ab. Aus den Protokollen der 1940 nach dem Essen gehaltenen Reden geht hervor, daß Nelson Rockefeller damals überhaupt nicht gesprochen hat. Vorsitzender der Versammlung war Albert Scott, Präsident der Lockwood Greene Engineers und Verwaltungsratsmitglied der Alcoholic Foundation und der Riverside Church. Gegen Ende der Veranstaltung fragte einer der Gäste: »Herr Vorsitzender, bevor wir auseinandergehen, noch eine Frage: Was können wir Ihrer Ansicht nach tun, um der Bewegung weiterzuhelfen?« Scott erwiderte:

»Ich muß gestehen, daß mich diese Frage etwas in Verlegenheit bringt. Ich habe soeben mit Mr. Nelson Rockefeller über die von Ihnen angesprochene Problematik beraten, und er hat beschlossen, in Abwesenheit Mr. Rockefellers (also seines Vaters) zu diesem Thema nichts zu sagen . . . Mr. Rockefeller ist aber, wie er mir gesagt hat, gerne bereit, Exemplare dieses Buches mit einem Empfehlungsschreiben an Interessenten weiterzureichen.«

Mit diesen Worten endete der Abend. Die beiden Darstellungen — diejenige Bill Wilsons und die Protokolle — nebeneinander veranschaulichen Bills lebenslange Neigung, ein Ereignis zwar im Kern richtig wiederzugeben, die Tatsachen aber auszuschmücken. Dieser außerordentliche Abend aber zerstörte — wieder einmal und diesmal endgültig — seine Hoffnungen auf das große Geld von außerhalb der AA.

1940 fanden die New Yorker Mitglieder, des ewigen Umherziehens von Wohnung zu Wohnung müde, endlich den ersten festen Treffpunkt für ihre Meetings — einen ehemaligen Stall an der Westlichen 24. Straße. Im Clubhaus an der 24. Straße, für dessen Miete von hundert Dollar pro Monat zwei berufstätige

Mitglieder aufkamen, gab es hinter der Eingangstür einen langen, tunnelähnlichen Korridor, den die AA-Mitglieder scherzhaft den »letzten Gang« nannten. Er mündete in einen sehr großen, holzgetäfelten Raum mit einem Kamin und einer Küche. Im Stockwerk darüber gab es eine beengte Bleibe, wo Lois und Bill von November 1940 an wohnten, bis sie 1941 ihr eigenes Haus fanden.

Lois beschrieb ihre winzige Bude im Clubhaus so: »Wir strichen die Wände und hatten eine Kommode, die aus zwei übereinandergestellten und mit Tuch verkleideten Apfelsinenkisten bestand. Von einem alten Freund kauften wir ein Bett ohne Fußende, so daß Bill seine langen Beine heraushängen lassen konnte. Unsere Kleider hingen an Haken an der Wand, und um an sie heranzukommen, mußten wir aufs Bett klettern. Das Zimmer war drei mal drei Meter groß und hatte ein Fenster; aber wenn man lüften wollte, war es einfacher, den Ausgang zur Feuerleiter aufzumachen.«

Ein altes Mitglied beschrieb die Atmosphäre: »Die Leute kamen von überall her, sie fuhren aus Connecticut oder Westchester herüber, oder sie schauten auch bloß von Manhattan herein. Wenn man rechtzeitig kam, konnte man sich auf einen Stuhl im Wohnzimmer oder auf die Treppenstufen setzen. Über dem Kamin hing ein Bild von Bill, auf dem er aussah wie mit einem Heiligenschein um den Kopf. Wir haben Bill immer damit aufgezogen. Junge Leute gab es keine damals. Es gab viel mehr Männer als Frauen, und alle waren sie heruntergekommene Säufer gewesen. Ich hatte nie das Gefühl, fehl am Platze zu sein, weil ich eine Frau war.«

»In gewisser Hinsicht waren sie alle Mitglieder eines exklusiven Clubs«, sagte ein anderer AA, »und nur sie selber wußten, welchen Preis sie hatten zahlen müssen, um aufgenommen zu werden.« In einer stürmischen Regennacht des Jahres 1949 humpelte Edward Dowling ins Clubhaus, ein verkrüppelter Jesuitenpater aus St. Louis. Bill, der der letzte war, seine Hypochondrie zu leugnen, lag mit einem seiner vielen Anfälle von »imaginärem

Magengeschwür«, wie er das nannte, im Bett und fühlte sich schrecklich deprimiert. Pater Dowling, Herausgeber einer katholischen Schriftenreihe mit dem Titel *The Queen's Work*, hatte das »Big Book« gelesen und wollte mehr über die Anonymen Alkoholiker und ihr Genesungsprogramm wissen. Der Fremde strahlte Mitgefühl aus. Nach und nach begann Bill, bei ihm die Gedanken und Schuldgefühle abzuladen, die er bisher niemandem hatte beichten können. Dowling, ein Nichtalkoholiker, wurde Bill Wilsons geistlicher Berater und einer seiner treuesten Anhänger. Ihre Freundschaft dauerte bis zum Tode des Priesters zwanzig Jahre später.

Im Frühjahr 1941 fanden die Wilsons endlich »Stepping Stones«. Das Haus — ein anheimelnder, gemütlicher Bau im holländischen Kolonialstil, mit dunkelbraunen Schindeln und Giebeln am steilen Dach — stand in einer wald- und hügelreichen Gegend in Bedford Hills (Westchester County), ungefähr eine Autostunde nördlich von New York. Das Erdgeschoß bestand aus einem großen Wohnzimmer mit geräumigem steinernen Kamin und großen Türen, die nach Osten auf eine gedeckte Veranda hinausgingen. Nach der anderen Seite lagen drei kleine Schlafzimmer und eine Küche, und darüber das eigentliche Schlafzimmer und eine lange, breite Galerie, die mit Büchern, Fotografien und Andenken gesäumt war. Besitzerin des Hauses war eine Frau, deren Mann als Alkoholiker gestorben und deren beste Freundin von einer AA-Gruppe in New Jersey vor dem Alkohol gerettet worden war. Sie bot den Wilsons das Haus für 6500 Dollar an, ohne Anzahlung und zu einer monatlichen Hypothekenlast von 40 Dollar.

Am 11. April 1941 verbrachten Bill und Lois die erste Nacht in einem Haus, das wirklich ihnen gehörte. Zuerst nannten sie es »Bill-Lo's Break«, später, wegen des ständigen Auf- und Absteigens auf dem steilen Hang zwischen Haus und Garage, »Stepping Stones« — natürlich mit bewußter Anspielung auf die Zwölf Schritte. Endlich hatten sie ein eigenes Privatleben — dachten sie. Aber bald fanden andere AA-Mitglieder den Weg nach Bedford Hills: Für dreißig oder vierzig von ihnen war an jedem Wochenende Tag der offenen Tür. Für gewöhnlich hatte man auch Hausgäste, und in den vierziger Jahren lebte auch Bills Halbschwester Helen Evans, die Tochter der zweiten Frau seines Vaters, in »Stepping Stones«.

Bill — ein Monomane, der am liebsten saß oder lag, nachdachte, schrieb oder las, während seine Frau alle körperlichen Arbeiten erledigte, wozu im Winter auch das Freischaufeln der langen Zufahrt nach »Stepping Stones« gehörte —, Bill schuf sich zuletzt einen Ort, wo er ganz für sich sein konnte: An einer hochgelegenen Stelle des Grundstücks baute er sich ein kleines quadratisches Arbeitszimmer. Er nannte es »Wit's End«. Manchmal verbrachte er mehrere Nächte in der Woche im Hotel »Bedford« in Manhattan. Wenn Bill mit irgend etwas beschäftigt war, drang nur wenig von dem, was um ihn herum vorging, in sein Bewußtsein.

Seine Halbschwester Helen erinnerte sich, wie es war, wenn sie und Lois ihn in »Stepping Stones« zum Essen riefen: »Er saß nur so da, und man konnte ihm ansehen, daß er völlig geistesabwesend war. Und dann griff er zur Gabel, um die Suppe zu essen.«

Mitte der vierziger Jahre wurden seine Depressionen schlimmer. Fast nie verließ ihn seine schwarze, verzweifelte Stimmung. Regelmäßig war er bei Psychiatern in Behandlung: erst bei Dr. Harry Tiebout, einem begeisterten Förderer des Genesungsprogramms der AA; dann bei Dr. Frances Weekes. Ein Jahr lang nahm er Unterricht in katholischer Glaubenslehre bei Monsignore Fulton J. Sheen, einem charismatischen, einflußreichen New Yorker Priester, der aus brennenden, hypnotischen Augen Glaubenseifer zu versprühen schien. Bill konvertierte jedoch nicht und fühlte sich in einer organisierten Religion auch niemals wohl, selbst wenn er sein Leben lang bemüht blieb, die Freundschaft einzelner Geistlicher zu gewinnen und ihren Einfluß für seine Zwecke zu nutzen.

Er und Lois verbrachten nun jedes Jahr viele Monate damit,

kreuz und quer durch die USA zu fahren, um die Gruppen, die überall wie Pilze aus dem Boden schossen, zu besuchen und ihnen Anregungen zu geben. 1944 gab es 10 000 AA-Zugehörige in 360 Gruppen. Die AA-Monatsschrift *The Grapevine* erschien und wurde für Bill zum wichtigsten Medium, durch das er seine Gedanken mitteilen konnte. Die AA-Zentrale verlegte ihren Sitz von der Vesey Street im Bankenviertel New Yorks in die Lexington Avenue, nahe dem Grand Central Terminal. Nell Wing, eine lachlustige, gutherzige Plaudertasche, die jahrelang als Bills nicht-alkoholkranke Sekretärin und als erste Archivarin der AA fungierte, erinnerte sich an jene sorglosen Tage im Büro in der Lexington Avenue:

»Es war der 3. März 1947. Ich hatte gerade bei der Küstenwache aufgehört und war in New York, um mir einen Job zu suchen. Bei der Arbeitsvermittlung flüsterte mir eine Frau zu: ›Würden Sie auch bei den Anonymen Alkoholikern arbeiten?‹ Ich ging ins AA-Büro; an der Tür war nicht einmal ein Namensschild, nur eine Hausnummer. Dreizehn Personen, einschließlich Bill, waren in drei winzigkleinen Zimmern zusammengepfercht. Es war das reine Chaos! Ich weiß noch, wie sie zwischen den einzelnen Telefonanrufen geblödelt haben; irgend jemand namens Mary Lou hatte eine Papiermütze auf dem Kopf. Ich wurde als Schreibkraft für 32 Dollar pro Woche eingestellt und bin sechsunddreißig Jahre geblieben.«

Lelia M., Erbin eines florierenden amerikanischen Verlages und eine der ersten weiblichen Zugehörigen der AA, stand Bill ebenfalls nahe. 1943 drückte ihr ein Psychiater, der ihr zuvor geraten hatte, zu den AA zu gehen, das »Big Book« in die Hand. Lelia hatte es, wie sie erzählte, »mit einem Glas in der Hand« gelesen. Sie fand es abscheulich. Widerwillig und »verrückt nach einem Drink« ging sie in die AA-Zentrale in der Vesey Street. »Bill hatte irgendwie ein asymmetrisch gutes Aussehen, schläfrige Augen und einen Quadratschädel«, sagte sie. »Oft redete er sehr viel, aber bedächtig. Wenn er zuhörte, stand ihm der Mund offen, als ob einen leichten Schlaganfall gehabt hätte. Aber weit gefehlt! Er war geistreich und aufmerksam und sagenhaft und toll. Er war unendlich tolerant.«

Lelia sagte zu ihm: »In Ihrem Buch geht es nur um Gott. Ich glaube nicht an Gott.«

Er sagte sanft: »Glauben Sie, daß Sie eine von uns sind?« Sie nickte sofort mit dem Kopf. »Lange hatte ich nirgendwohin gehört«, sagte diese aristokratische, gebildete Frau Jahre später. »Ich war eine Ausgestoßene, die sich in Bars herumtrieb und trank.«

Bill erklärte ihr: »Wir leiden an einer körperlichen Allergie und einer seelischen Besessenheit. Wir vertragen Alkohol nicht, aber wir stehen unter dem Zwang, ihn trinken zu müssen. Da kann man nichts machen. Sie sind nicht schlecht — Sie sind krank.«

Sie fühlte sich unendlich erleichtert und plötzlich wie befreit — ein Gefühl, das viele Tausende von Alkoholikern gehabt haben, die endlich ihr vertracktestes Problem gelöst sahen.

Lelias Sponsor — der AA-Ausdruck für Mentor und engster Freund — wurde Marty Mann, eine Frau, die tatkräftig zupacken und hypnotisierend reden konnte und sich den AA 1939 angeschlossen hatte. Als sie 1980 starb, war sie länger trocken gewesen als jede andere Frau bei den AA. Sie war Gründerin und Motor des National Committee for Education on Alcoholism sowie der Nachfolgeorganisation, des National Council on Alcoholism. Immer wieder ging sie auf Vortragstournee mit ihrer Botschaft, daß der Alkoholiker ein Kranker und der Alkoholismus eine Krankheit sei, ein Problem des öffentlichen Gesundheitswesens und eine öffentliche Aufgabe. Bei diesen Gelegenheiten brach sie wiederholt ihre Anonymität, zunächst mit Unterstützung Bill Wilsons, später zu seiner Bestürzung; doch tat dies ihrer Freundschaft keinen Abbruch. Marty war der Überzeugung, daß es wichtiger war, die Öffentlichkeit aufzuklären und dabei ihr Leben, ihren Namen und ihre Erfahrung einzusetzen, als in der Anonymität zu bleiben. 1943 hatte sie ihre Kenntnisse an der neu gegründeten Yale School of Alcohol Studies erweitert, dem ersten derartigen Institut der USA, und kam zu der Überzeugung, daß sie berufen sei, die Einstellung

der Öffentlichkeit zu dieser Krankheit und ihren Opfern zu ändern.
Das Prinzip der Anonymität war bei den AA von Anfang fest verankert. Ebenso andere Grundsätze: Geld und Besitz, öffentliche Debatten und die Politik sollten gemieden werden. Die Einheitlichkeit des Ziels und die Unabhängigkeit der lokalen Gruppen von einer Zentrale, deren Mitarbeiter diesen weit auseinanderliegenden Gruppen dienten und sie vertraten, sie aber nicht von oben her lenkten, mußten beachtet werden. Keiner dieser Grundsätze war jedoch schriftlich niedergelegt worden. Die Notwendigkeit klarer Richtlinien hatte man in der Zentrale seit 1943 diskutiert; zu diesem Zeitpunkt hatte Bill zahlreiche Anregungen von seinen Besuchen bei den Gruppen landauf, landab mitgebracht und ihren Briefen und Anfragen entnommen, für deren Beantwortung er im wesentlichen allein verantwortlich war. Bill stellte daraufhin die Zwölf Traditionen zusammen, die mit den Zwölf Schritten den wesentlichen theoretischen Unterbau der Anonymen Alkoholiker bilden. Man nannte sie nie »Gesetze«, »Regeln« oder »Verordnungen«. »Vorschläge« erschien als zu schwach. So wurden es »Traditionen«.
Bill verbrachte Jahre damit, die Zwölf Traditionen durchzusetzen, und warb im ganzen Lande für sie. Manchmal hatten die Gruppen etwas gegen seine Holzhammermethoden und das ständige Herumreiten auf seinen neuen Prinzipien. Die Zwölf Schritte waren ein Programm der individuellen Heilung; die Zwölf Traditionen aber stellten Richtlinien für das Gruppenverhalten dar, und dagegen begehrten die frühen, sehr individualistischen Mitglieder auf. Schließlich wurden die Traditionen aber doch gebilligt, und zwar auf dem ersten internationalen Kongreß der AA im Juli 1950. Am Ende dieses Jahres war Dr. Bob tot — der einzige Mensch außer Bill, der befugt war und von dem erwartet wurde, für die Mitglieder zu sprechen. Er starb am 16. November an Krebs und wurde in Akron auf dem Mount Peace Cemetery neben Anne beigesetzt, die ein Jahr zuvor gestorben war.

Bill war jetzt allein an der Spitze der AA. Er war fünfundfünfzig Jahre alt. Er hatte noch zwanzig Lebensjahre vor sich und sollte noch drei weitere Bücher schreiben, von denen das wichtigste und populärste[1] die Zwölf Schritte und Zwölf Traditionen im einzelnen erläuterte. Vor ihm lagen: der Lasker Group Award für 1951, der an die AA ging; ein juristischer Ehrendoktor der Universität Yale, der ihm 1954 angeboten wurde und den Bill zu seinem größten Leidwesen ablehnen mußte, wollte er nicht gegen die von ihm selbst verfaßten Traditionen verstoßen; und eine geplante Titelgeschichte in der Zeitschrift *Time*, die er ebenfalls zurückwies. Das »Big Book« war das zentrale Lehrbuch geworden, an dem die Bewegung sich orientierte — sein wichtigstes und bleibendstes Vermächtnis. Es bildete den Grundstein des wachsenden Verlagsimperiums der AA und ist nach wie vor ein guter Maßstab für die Anzahl der Menschen, die mit den AA Kontakt aufnehmen; denn es ist fast ausschließlich in AA-Gruppen oder durch AA-Zentralen zu beziehen, selten durch außenstehende Buchhandlungen.

Das »Big Book« ist einer der größten Bucherfolge aller Zeiten geworden; bis 1985, dem Jahr des 50. »Geburtstags« der AA, wurden davon fünf Millionen Exemplare verkauft. Die Tantiemen aus seinen Büchern bescherten Bill Wilson und Lois endlich ein komfortables Einkommen — sie stiegen von anfangs 30 000 Dollar jährlich auf 40 000 Dollar Ende der sechziger Jahre und beliefen sich zum Zeitpunkt seines Todes (1971) auf fast 56 000 Dollar jährlich. Seit Anfang der siebziger Jahre ist Lois hierdurch reich geworden. 1986 erhielt sie 912 500 Dollar aus dem Verkauf des »Big Book« und der drei anderen AA-Bücher, die ihr Mann geschrieben hat.[2] Ihr Anteil an den Tantiemen

[1] Deutsche Ausgabe: *Zwölf Schritte und Zwölf Traditionen*, 4. Auflage 1987 (englisch zuerst 1953)

[2] *Zwölf Schritte und Zwölf Traditionen; Die Zwölf Konzepte*, 1986 (englisch zuerst 1962); *Wie Bill es sieht: AA — ein Lebensweg . . .*, 2. Auflage 1986 (englisch zuerst 1967)

war 1963 in einer Vereinbarung zwischen Wilson und dem Verlag A. A. World Services geregelt worden: 13,5 Prozent des Einzelhandelspreises der Bücher gingen an Lois, 1,5 Prozent an Bills letzte und langjährige Geliebte Helen W. (Sie überlebte Bill nur um wenige Jahre und starb in den siebziger Jahren.) Lois konnte ihr Vermögen nicht den AA zuwenden, selbst wenn sie es gewollt hätte. Nach einer der Zwölf Traditionen, die ihr eigener Mann geschrieben hatte, müssen die AA alle von außen kommenden Unterstützungen ablehnen. Selbst Lois kam in diesem Sinne »von außen«: Die Witwe des Mitgründers konnte den AA nicht einmal ihr Haus hinterlassen. Schließlich leitete sie einen Teil ihres Geldes in die »Stepping Stones Foundation« zur Erforschung des Alkoholismus.
In den letzten zwanzig Jahren seines Lebens schockierte Bill AA-Vorstand und AA-Veteranen nicht nur mit seinen Liebesaffären, sondern auch durch Experimente mit LSD, den Kreuzzug für das Niazin zur Behebung seelischer Probleme und die spiritistischen Sitzungen in »Stepping Stones«. Er konnte nicht zurücktreten, konnte das Steuer des AA-Schiffes keinem anderen überlassen. Dennis Manders, seit 1950 und über fünfunddreißig Jahre lang der nicht-alkoholkranke Kontrolleur der AA-Finanzen, sagte von Bill, er habe »die letzten fünfzehn Jahre (seines Lebens) damit verbracht zurückzutreten«. Er blieb bei keinem Gruppen-Meeting unerkannt. Überall bedrängte man ihn, zu sprechen; bei AA-Konferenzen war er von Menschen umringt. Barry L. sah bei einer Konferenz wahre Schlangen von Leuten, die ihn berühren und ihm die Hand geben wollten; eine Frau kam in Tränen aufgelöst zu ihm und sagte: »Sie haben meine Familie gerettet!« »Er hatte einen schmerzlichen Ausdruck im Gesicht«, erinnerte sich Barry. »Er mußte freundlich sein. Er schämte sich wegen seiner Weibergeschichten, und trotzdem behandelten sie ihn wie einen Heiligen.«
Dr. John Norris, ein Vorstandsmitglied der AA, sagte: »Ich war erstaunt, daß Bill bei dieser Verehrung überhaupt noch einen Rest seiner Menschlichkeit und Demut behielt! Die Leute waren

ganz aus dem Häuschen, wenn sie nur seinen Mantel anfassen konnten. Es war ganz schön verrückt.« Schließlich organisierte man ein wöchentliches Gruppenmeeting in der AA-Zentrale in New York, so daß Bill einer unter gleichen sein konnte. »Überall sonst war diese kraftvolle Gruppenunterstützung für Bill nahezu unerträglich«, sagte Dr. Norris. Bill pflegte stundenlang in seinem Büro zu sitzen, die Füße auf dem Tisch und die Türe offen, und jeden in ein Gespräch zu verwickeln, der vorbeikam. Manchmal hielt er den Betreffenden dann ein oder zwei Stunden fest, wobei er bloß plauderte.

Sein Leben lang ein starker Raucher, bekam er in den sechziger Jahren ein Emphysem, an dem er schließlich starb. Seine letzte Rede hielt er 1970 auf dem internationalen AA-Kongreß in Miami; er wurde im Rollstuhl auf die Tribüne gehievt, schnappte nach Luft und führte sich Sauerstoff aus einem Gerät zu, das er stets bei sich hatte. Er starb am 24. Januar 1971 und wurde in seinem Geburtsort East Dorset (Vermont) beigesetzt. Weder sein noch der Grabstein von Dr. Bob tragen irgendeinen Hinweis auf die AA. In seinen letzten Lebensjahren und nach seinem Tode wurde Bill Wilson zu einer Kultfigur der Bewegung — eine Rolle, vor der er sich geängstigt und die er doch insgeheim ersehnt hatte. Er war geworden, was Hank P. befürchtet hatte: der Oberbonze der Anonymen Alkoholiker.

1964 hat Arthur Krock, der große alte konservative Kolumnist der *New York Times*, einen Satz über John F. Kennedy geschrieben, der auch auf Bill Wilson gemünzt sein könnte: »Die Wahrheit erklärt, was der wachsende Mythos verdunkelt — daß (er) liebenswert und bewundernswert menschlich war.«

KAPITEL 4

AA heute

»Die AA sind der einzige Ort, wo man sich zur Cocktailstunde nach einiger Zeit besser fühlt und nicht schlechter.«

Ein Neuling bei den AA

»Sie müssen sich klar machen, daß diese Leute alle tot wären, wenn sie einander nicht hätten.«

Frau eines älteren AA-Zugehörigen

Nur ein Bill Wilson hätte sich die folgenden Szenen ausmalen können; denn von allen AA-Veteranen hatte nur Bill solche grandiosen, unrealisierbaren Träume. Fünfzig Sommer, nachdem zwei Männer, kettenrauchend und in ihre Probleme vertieft, bei Dr. Bob in der Küche gegessen hatten, auf den Tag genau fünfzig Jahre nach dem letzten Glas von Dr. Bob, füllten Tausende von genesenen Trinkern die dämmrigen, hallenden Weiten der Kathedrale St. John the Divine in New York, des größten neugotischen Doms der Welt. Es war der 10. Juni 1985. Der Gottesdienst — oder vielmehr: Das Riesen-Meeting zur Halbjahrhundertfeier der AA — versammelte an diesem heißen, sonnigen Nachmittag so viele Menschen in der Kirche, wie 1941, sechs Jahre nach der Gründung, den Anonymen Alkoholikern insgesamt angehört hatten.
Dieses Treffen war nur eine von vielen lokalen Feiern überall in den USA. Einen Monat später, im Juli 1985, demonstrierten die AA erneut ihre Stärke und die Freude über ihre Genesung, als

44 000 von ihnen, aus 54 Ländern der Erde, in Montreal eine internationale Konferenz zum »Golden Anniversary« der AA abhielten. Auf Hunderte von Kilometern waren die nach Montreal führenden Straßen eine einzige, langgezogene Auto-Party von trockenen alkoholkranken Fahrern, die einander zuwinkten und zuriefen, sobald sie am Wagen des anderen einen AA-Slogan entdeckt hatten. IF YOU'RE A FRIEND OF BILL'S, HONK! war ein besonders beliebter Stoßstangengruß, und praktisch auf allen Parkplätzen an der Straße wurde Wiedersehen zwischen den Fremden gefeiert. Nach der Ankunft in Montreal — sie hatten sämtliche Hotels und Pensionen im Umkreis von zwei Stunden mit Beschlag belegt — beherrschten sie das Stadtbild.
Der Korrespondent der *New York Times*, der ohne große Lust aus der kanadischen Hauptstadt Ottawa herübergekommen war, um über das AA-Treffen zu berichten, war verblüfft. »Die Konferenz — die größte in Montreal seit Menschengedenken — war mitnichten der selbstgerechte Konvent knochentrockener Ex-Säufer«, schrieb er, »es war ein lärmendes, fröhliches Fest, bei dem kaum etwas die tragischen Einzelschicksale vermuten ließ, die diese 44 000 Menschen zusammengeführt haben.« Der Reporter, der schon von drei Kontinenten berichtet und manches Außerordentliche gesehen hatte, war sprachlos nicht nur über die Anzahl und die Ausgelassenheit der konferierenden Alkoholiker, sondern auch über ihre Vielfalt. Sie kamen in Freizeithemd und Polyesterhose, in modischer Bluse mit geschmackvollem Schmuck, in T-Shirts, kurzen Hosen und Joggingschuhen, oder tätowiert, mit Totenkopfanhänger im Ohr und Jeansjacken, auf großen, schwarzen Motorrädern. Es gab AA aus allen Staaten der USA, aus Italien, Zimbabwe und Sri Lanka. Etwa ein Fünftel von ihnen war unter dreißig. Ein Drittel bis die Hälfte waren Frauen.
Es gab Sondermeetings in Montreal über die speziellen Probleme von Schwulen, Schwarzen, Ärzten, Neuen, Nachtschichtarbeitern, Luftfahrtpersonal, Anwälten, Gefängnispersonal, Frauen, Jugendlichen, Seeleuten der Handelsmarine, Geistli-

chen. Die allgemeinen Meetings von einer Stunde Länge begannen am 4. Juli um Mitternacht und gingen ohne Unterbrechung, Tag und Nacht, bis zum 7. Juli, 8 Uhr morgens, weiter. Sie waren überfüllt. Man diskutierte über das Beten und über das Leid, über Geldsorgen und über die Frage, warum AA-Zugehörige niemals »auslernen«.
Auch Frauen und Kinder von Alkoholikern kamen zu Tausenden nach Montreal. Viele von ihnen besuchten den separaten internationalen Al-Anon-Kongreß für Angehörige von Alkoholikern. Wie sich ein alter AA-Zugehöriger erinnerte, wurde seine Frau von Bekannten gefragt, ob sie solche AA-Kongresse nicht deprimierend finde. Im Gegenteil, gab sie zur Antwort: sie erfüllten sie mit Freude. »Sie müssen sich klar machen«, sagte sie, »daß diese Leute alle tot wären, wenn sie einander nicht hätten.«
Eben dies verleiht den AA-Meetings ihre Intensität und Dramatik, aber auch ihre Fröhlichkeit. Alle AA-Zugehörigen in der ganzen Welt haben angsterfüllt in derselben Falle gesessen. Alle haben ihre Feuertaufe hinter sich. Sie versuchen zu beherzigen, was ihnen der alte Barry L., eine auffallende, mit Glitzerschmuck behängte Erscheinung beim Kongreß in Montreal, gesagt hat: »Der nächstbeste Trinker, der zur Tür hereinkommt, verdient dieselbe Liebe, die wir alle, ihr und ich, empfangen haben.«
Die AA haben heute fast zwei Millionen Zugehörige in 63 000 Gruppen in 114 Ländern rund um den Erdball; ihre Anzahl verdoppelt sich alle zehn Jahre. Etwa die Hälfte aller AA gibt es in den USA. Viele weitere Millionen sind durch die Bewegung hindurchgegangen und mit Hilfe ihres Programmes gesund geworden, doch zählt die AA-Zentrale nur diejenigen als zugehörig, die regelmäßig ein Meeting besuchen. Hinweise auf die Präsenz der AA gibt es überall auf der Welt — für den, der sie versteht: das Schild auf dem Kühler eines Jeeps in einer mexikanischen Kleinstadt, das heute abend zum »Grupo Bill Wilson« einlädt; der Gelassenheitsspruch der AA, gerahmt als Wandschmuck in einem südafrikanischen Wohnzimmer oder gestickt als Kissen im Schaufenster einer mondänen Boutique in der Madison Avenue;

der Stoßstangenaufkleber auf einem Wagen aus West-Virginia: One Day at a Time.

Bei solchen riesigen Schauveranstaltungen wie denen in St. John the Divine oder in Montreal kann man das wahre Wesen der AA nur andeutungsweise erschließen. Die Wahrheit, das Flair und eine Ahnung vom Erfolgsgeheimnis der AA bekommt man erst mit, wenn man die Intimität der kleinen Nachbarschafts-Meetings erlebt hat. Die Gruppenstärke variiert zwischen zwei oder drei und 200 Personen; normalerweise zählt das Meeting ein bis drei Dutzend Leute. In Pago-Pago (Amerikanisch-Samoa) trifft man sich jeden Mittwochabend, in McMurdo Sound (Antarktis) an jedem Samstag des Polarsommers, und in Lilongwe (Malawi) montags und donnerstags. In Peterborough (New Hampshire), einer Stadt von nur 10000 Einwohnern mit vier AA-Gruppen, trifft man sich zwischen den Meetings zu einem gemütlichen Schwätzchen in einem Laden an der Hauptstraße, wo es Kaffee und Krapfen gibt. Eine Gruppe nennt sich »Our Town«, zu Ehren Thornton Wilders, der in seinem nostalgischen Stück über amerikanisches Kleinstadtleben an Peterborough dachte. Die Glockenstube einer katholischen Kirche am Londoner Covent Garden ist ebenso einmal wöchentlich für ein AA-Meeting reserviert wie der Sitzungssaal einer Bank in Marin County (Kalifornien). Manche Gruppen treffen sich auf Schiffen — auf See oder im Hafen. Zu diesen ungewöhnlichen Treffpunkten kommen die zahllosen wenig anheimelnden Kellerräume und Säle in Kirchen, Gemeindezentren und Krankenhäusern, in denen die meisten AA um ihre Rückkehr in ein Leben in Würde kämpfen. Behinderungen sind kein Hindernis für sie; es gibt in den USA und in Kanada Dutzende von Gruppen für Hörbehinderte, deren Meetings sich im stillen abspielen, während die flinken Hände der Mitglieder ihre Geschichten erzählen. Manche AA haben nur ein paar Schritte zum nächsten Meeting. Allein in New York — dem aktivsten Ort der Erde — können Alkoholiker in jeder einzelnen Woche des Jahres unter 1800 Meetings wählen, veranstaltet von 725 Gruppen.

Die Substanz der AA — die Schlüsselliteratur, das Genesungsprogramm und die Lebensauffassung — hat sich im Laufe der Jahre nur wenig geändert. Die Zwölf Schritte und Zwölf Traditionen existieren heute so, wie Bill Wilson sie vor über vierzig Jahren formuliert hat. Verändert haben sich Zusammensetzung und Größe der Mitgliederschaft und die Einstellung der Öffentlichkeit zu den Anonymen Alkoholikern.
In den Anfangsjahren waren die AA-Zugehörigen fast ausnahmslos männlich, weiß, bürgerlich, mittleren Alters und von westeuropäischer Abstammung. Es waren Männer, die sehr tief gesunken waren. Oft waren es Typen aus dem Pennermilieu, von der Art, die man als »hoffnungslose« Alkoholiker stigmatisierte. Zu anderen, weiter entfernten Gruppen hatte die einzelne Gruppe selten Kontakt. Dann wurde 1944 die Zeitschrift *Grapevine* gegründet. Sie wurde für Bill Wilson zur Versuchsküche, in der er neue Ideen erprobte, und für alle Zugehörigen zum monatlichen Forum, zum »Lese-Meeting« und zur Informationsquelle über alles, was sich woanders ereignet hatte.
Auch außerhalb der AA gelangen in den vierziger Jahren einige Durchbrüche. Sie trugen dazu bei, daß aus den AA, die von der Öffentlichkeit kaum ernst genommen und sogar verlacht worden waren, zunächst eine akzeptierte und dann eine bewunderte Organisation wurde — eine Organisation mit immer bunterer Mitgliederschar, die schließlich ganz Amerika widerspiegelte, seine Regionen und sogar die Stadtviertel seiner Städte. Der erste wichtige Durchbruch in der Außenwelt kam 1941 mit Jack Alexanders Titelgeschichte über die AA in der *Saturday Evening Post*. Nach diesem Artikel verdoppelte sich die Mitgliederzahl der AA binnen weniger Monate. Zwei Jahre später wurde in Yale die School of Alcoholic Studies gegründet, wodurch das Thema Alkoholismus an Ansehen gewann. Dann gründete Marty Mann, eine der gefeiertesten und geliebtesten Frauen in der Geschichte der AA, den Vorläufer des National Council on Alcoholism und bereiste das ganze Land, um die Öffentlichkeit darüber aufzuklären, daß Alkoholismus keine Schande, son-

dern eine Krankheit und daher Aufgabe des öffentlichen Gesundheitswesens sei. Wohin sie auch kam, machte diese gutaussehende, eloquente und überzeugende Frau Freunde und ermutigte viele Frauen, sich den AA anzuschließen.
1951 verlieh die American Public Health Association den AA den Lasker Award, einen der angesehensten Preise auf dem Gebiet der Medizin. Die Begründung war für die damalige Zeit ungewöhnlich weitsichtig. Sie lautete auszugsweise:
»Alcoholics Anonymous arbeitet nach dem neuartigen Grundprinzip, daß ein genesener Alkoholiker besser als jeder andere einen Leidensgefährten ansprechen und behandeln kann. Hierdurch erhält sich der genesene Alkoholiker seine eigene Trockenheit; der Mann, den er behandelt, wird bald selber zum Arzt für den nächsten, neuen Applikanten; dies erzeugt eine stetig sich ausweitende Kettenreaktion der Befreiung (vom Alkohol), wobei die Patienten durch das Band des gemeinsamen Leidens, des gemeinsamen Verstehens und des motivierenden Handelns für eine große Sache verbunden sind.
Dies ist keine Reformbewegung, und sie wird nicht von Fachleuten geleitet, die von Berufs wegen mit dem Problem befaßt sind. Sie trägt sich aus den freiwilligen Beiträgen ihrer Mitglieder, die alle anonym bleiben . . . Sie erfreut sich des guten Willens und oft der warmen Unterstützung vieler medizinischer und wissenschaftlicher Gruppen — kein geringes Verdienst für eine Organisation, die ausschließlich von Laien geführt wird.
Die Historiker werden eines Tages anerkennen, daß Anonyme Alkoholiker eine wagemutige Großtat an sozialer Pionierarbeit geleistet haben, die ein neues Instrument für soziales Handeln schmiedete: eine neue Therapie, die auf die Verbundenheit des gemeinsamen Leidens gegründet ist; eine Therapie, in der auch ungeahnte Möglichkeiten für zahllose andere Krankheiten der Menschen stecken.«[1]

[1] Dieser letzte Satz zitiert nach *Anonyme Alkoholiker*, S. 423

1954 war die Schauspielerin und Nachtclubsängerin Lillian Roth die erste von zahlreichen Persönlichkeiten des Show Business, die sich öffentlich zu ihrer Trunksucht und zu ihrer Rettung durch die AA bekannten. Ihr Buch *I'll Cry Tomorrow* wurde eine Sensation. Im Jahr darauf wurde Susan Hayward für ihre filmische Darstellung der Lillian Roth für einen Oscar nominiert.
1956 erklärten Vorstand und Delegiertenversammlung der American Medical Association den Alkoholismus zur Krankheit. Die amerikanischen Ärzte übernahmen damit eine zentrale Vorstellung der AA, was zu einem weiteren Anschwellen der Mitgliederzahl führte.
1958 konnte das noch junge, aber bereits sehr große amerikanische Fernsehpublikum den ersten Blick hinter die Kulissen der AA tun. *Days of Wine and Roses*, nach einem Drehbuch von J. P. Miller für *Playhouse 90* entstanden und mit Cliff Robertson und Piper Laurie in den Hauptrollen, war ein erschütternder Film über ein attraktives junges Paar, das dem Alkohol verfällt, und über die Rettung des Mannes durch die AA. Ein derartig schonungsloses Porträt der durch Trunksucht verursachten Not und Erniedrigung hatte man seit 1945 nicht mehr gesehen, als Billy Wilder und Charles Beckett den Roman *Lost Weekend* von Charles R. Jackson verfilmt hatten. *Lost Weekend* hatte vier Oscars erhalten, darunter einen für den Hauptdarsteller Ray Milland. Auch das Fernsehspiel *Days of Wine and Roses* feierte bei Kritik und Publikum Triumphe. Fünf Jahre später spielten Jack Lemmon und Lee Remick bei der Verfilmung des Stückes die Hauptrollen. Die AA wirkten — erstmalig für diese Organisation — in beiden Fällen mit.
Lange Zeit galten die Anonymen Alkoholiker als typisch nordamerikanisches Phänomen. Man war der Ansicht, daß Postulate wie Selbsthilfe, Freiwilligkeit, Idealismus, protestantische Arbeitsethik, Optimismus und Pragmatismus auf weniger rigide Kulturen nicht übertragbar seien. Vicente M., in Ecuador geboren und heute der liebenswerte Koordinator für lateinamerika-

nische Gruppen in der AA-Zentrale, formulierte den ursprünglichen Standpunkt seiner lateinamerikanischen Freunde so: »AA ist gut für Gringos, aber nicht für uns. In Lateinamerika trinkt jeder. Wer nicht trinkt, ist kein Macho. Wir brauchen das Trinken zum Leben und zur täglichen Arbeit.« Zu Vicentes Erstaunen begannen die AA in Mexiko zu florieren. Das lateinamerikanisch-katholisch-revolutionäre Mexiko mit seiner Verwurzelung in uralten Kulturen hat heute 250 000 AA — die zweitgrößte Mitgliederzahl nach den USA. Vicente hatte Mühe, das Phänomen zu erklären; er meinte, daß die Rezepte und die spirituelle Botschaft der AA offenbar so gut wie überall ankämen. Für das Anwachsen der Alcohólicos Anónimos in Lateinamerika ist die Entwicklung in Guatemala symptomatisch: Hier gibt es 30 000 Mitglieder, mehr als in Großbritannien, wo AA schon viel länger vertreten sind. Brasilien hat 77 000 AA, mehr als Kanada, das nach den USA das erste Land war, wo sich AA-Gruppen bildeten.

In der UdSSR oder einem ihrer Satellitenstaaten in Osteuropa Fuß zu fassen, ist den Anonymen Alkoholikern bis vor kurzem nicht gelungen. Sie wurden dort als potentielle Gefahr betrachtet, und zwar aufgrund ihres Anonymitäts- und Vertraulichkeitsprinzips, ihrer religiösen Untertöne und der Tatsache, daß sie ohne jede staatliche Kontrolle arbeiten. Im Zuge von Gorbatschows Glasnost-Politik reagierte dann die Sowjetregierung auf eine Einladung von J. W. Cantie, dem Mitbegründer eines noch in den Anfängen steckenden Austauschprogramms über Alkoholmißbrauch. Im Juli 1987 entsandte die Sowjetunion vier auf Suchtkrankheiten spezialisierte Ärzte in die USA. Die Delegation besuchte AA-Meetings in New York, die Summer School of Alcohol Studies der Rutgers University in New Jersey und das Rehabilitation Unit des Smithers Alcoholism Center in Manhattan. Die Ärzte waren drei Wochen unterwegs und zeigten sich tief beeindruckt von den AA-Meetings. Bei ihrer Rückkehr in die Sowjetunion hatten sie große Mengen von AA-Literatur bei sich, die AA für sie hatte ins Russische übersetzen lassen. Im August gesellte sich ein Russe zu einem improvisierten AA-Meeting, das drei Amerikaner, die das Land besuchten, irgendwo in Moskau abhielten. Anschließend äußerte der Russe Zweifel daran, ob die AA in der Sowjetunion Anklang finden würden. Er erklärte den Amerikanern, solange die AA nicht offiziell zugelassen würden, werde niemand es wagen, zu einem Meeting zu kommen; *wenn* sie aber offiziell zugelassen würden, werde erst recht niemand kommen — aus Furcht vor einer Überwachung der Meetings und vor nachteiligen Folgen für die Besucher.

Der einzige osteuropäische Satellit der Sowjetunion, der bisher die AA zugelassen hat, ist Polen. Anfang der achtziger Jahre tauchte das Land schlagartig in den Mitgliederlisten der AA auf, und heute zählt man dort siebzig Gruppen. Die polnische Regierung hat den (wie sie es nennt) »psychotherapeutischen« Wert der AA anerkannt, und auf der AA-Konferenz 1985 in Montreal haben die polnischen Delegierten eifrig mitdiskutiert. So haben die AA zunehmend auch im Ausland Fuß gefaßt, selbst in Kulturen, die mit Amerika kaum etwas gemein haben.

In den letzten zehn Jahren sind zahllose amerikanische Stars, vor allem von Bühne, Film und Fernsehen, auf spektakuläre Weise mit ihren Trinkproblemen an die Öffentlichkeit getreten. Fast alle gaben der Hoffnung Ausdruck, anderen Alkoholikern durch ihr Beispiel zur Gesundung zu verhelfen.

Der Fernseh-Showmaster Dennis Wholey hat ein Buch mit dem Titel *The Courage to Change* geschrieben. (Der Titel ist eine Anspielung auf eine Zeile aus dem »Gelassenheitsspruch« der AA.) Darin sammelt er Selbstzeugnisse von so prominenten genesenen Alkoholikern wie dem Fernsehkomiker Sid Caesar und dem Schauspieler Jason Robards.

Die große Masse der Zugehörigen besteht freilich aus den mehr oder weniger »normalen« Leuten zwischen den beiden Extremen der Skala. Ihr Lebensdrama hat sich weder in schmuddeligen Spelunken noch im grellen Schein der Jupiterlampen abgespielt. Die Leidensstätte dieser (immer einsamen) Trinker war die Bar oder das Schlafzimmer, oder der Salon von Freunden, denen sie durch ihr Verhalten immer fremder wurden. Auch ihre Errettung hat sich im Dunkel vollzogen. Um sich ein genaueres Bild von dieser anonymen Mitgliederschaft und ihrem Wandel machen zu können, führt die AA-Zentrale seit 1968 alle drei Jahre eine Erhebung unter den Zugehörigen in den USA und Kanada durch. Anhand dieser Zahlenwerke sind drei wesentliche Trends erkennbar.

Erstens sind die AA nicht länger eine Domäne der Männer. Die Anzahl der Frauen ist in den letzten beiden Jahrzehnten langsam, aber stetig gestiegen. Heute stellen sie ein Drittel der gesamten nordamerikanischen Mitgliederschaft und rund die Hälfte aller Zugehörigen in den großen Städten. Der zweite Trend hat viel abrupter und dramatischer eingesetzt: das Durchschnittsalter der Zugehörigen ist drastisch gesunken. In den letzten zehn Jahren sind enorm viele junge Leute zu den AA gestoßen. Für sehr viel mehr Zündstoff an der Basis sorgt aber die ebenso dramatische Tatsache, daß die meisten dieser jugendlichen Neuzugänge auch noch von anderen Drogen abhängig sind.

Heute ist es keine Seltenheit mehr, wenn sich ein Jugendlicher bei den AA mit den Worten vorstellt: »Ich heiße Joe, ich bin drogensüchtig und Alkoholiker.« Das ärgert manche AA-Zugehörigen, zumal die Veteranen. Einer, seit zwanzig Jahren trocken, meinte: »Diese Gesellschaft ist gegründet worden, um leidenden Alkoholikern zu helfen, und nur Alkoholikern. Das hat sie so erfolgreich gemacht — wir pusseln nicht mit anderen Problemen herum. Für mich sind die Probleme von ›Alkies‹ und die von Süchtigen nicht einfach austauschbar.«

Mancherorts haben AA-Zugehörige bereits »Over Thirty«-Gruppen gebildet. Die Botschaft ist klar, auch wenn sie unausgesprochen bleibt: »Druggies« sind unerwünscht. John T. Schwarzlose, Leiter des Betty Ford Center für Rauschmittelmißbrauch in Rancho Mirage (Kalifornien), ist von dieser Entwicklung entsetzt. »AA ist der Inbegriff von Toleranz, Flexibilität und Aufgeschlossenheit«, sagt er, »aber einige Drogensüchtige, die hier zu mir gekommen sind, haben mir erzählt, daß man sie im Mittleren Westen und in den Südstaaten bei AA-Meetings abgewiesen hat, wenn sie gesagt haben, sie seien bloß drogensüchtig. Jetzt rate ich ihnen, zu sagen, sie seien drogen- *und* alkoholsüchtig.« In den größeren Städten und in der AA-Zentrale steht man den »doppelt Süchtigen«, das heißt den Drogen- und Alkoholsüchtigen, aber viel unbefangener und offener gegenüber.

Von allen Neulingen, die ungefähr ein Jahr lang ein Meeting besuchen — einige zuerst noch als Trinker, die meisten aber schon trocken —, bleiben 60 Prozent bei den AA. Im allgemeinen bleiben sie für immer trocken. Das heißt natürlich, daß 40 Prozent für die AA verloren sind, nachdem sie das Programm ausprobiert haben. Diese Zahlen widerlegen die von Außenstehenden oft gehegte Überzeugung, daß die Anonymen Alkoholiker jedem helfen können.

Das Durchschnittsmitglied besucht vier Meetings pro Woche. Nach etwa fünf Jahren regelmäßigen Besuchs gehen manche AA immer seltener zum Meeting. Manche hören auch ganz damit auf. Der Veteran glaubt vielleicht, das Programm »intus« zu haben, und lebt sein Leben glücklich und zufrieden ohne Alkohol. Allerdings hört man bei AA-Meetings auch immer wieder warnende Geschichten von Leuten, die den Meetings fernblieben und wieder anfingen zu trinken — manchmal schlimmer als je zuvor und über Monate und Jahre hinweg, bevor sie zur Herde zurückfanden.

Die statistischen Erhebungen der AA untersuchen nicht, ob die Zugehörigen in die Kirche oder die Synagoge gehen und ob sie an Gott glauben. Auch wird nicht nach ethnischer oder rassischer Zugehörigkeit, sexuellen Vorlieben oder Alkoholismus in der Familie gefragt. Für denjenigen aber, der über Jahre hinweg regelmäßig Meetings besucht und sich die »Wie-ich-anfing-zu-trinken-und-wieder-trocken-wurde«-Geschichten anhört, ist eines unübersehbar: Immer wieder beginnen diese Berichte mit einem Satz wie: »Ich heiße Mary, ich bin Alkoholikerin . . . und mein Vater (oder meine Mutter) war auch Alkoholiker.« Nach einiger Zeit wird einem klar, daß die Kinder von Alkoholikern zu einem sehr großen Teil selbst Alkoholiker werden. Eine genetische Disposition zum Alkoholismus, von der neueren Forschung vermutet, kommt in der Mitgliederschaft der AA klar zum Ausdruck.

Wer lange Erfahrung mit AA-Meetings hat, stellt auch fest, daß es in ihnen eine unverhältnismäßig hohe Zahl von Amerikanern irischer Abstammung gibt. Diese Leute sind in einer Kultur aufgewachsen, die das sinnlose Sichbesaufen von Männern mit Nachsicht beurteilt, und in der sich die abendliche Geselligkeit zu einem guten Teil in der Kneipe abspielt. »Alkoholismus geht mit bestimmten Kulturen wie der keltischen oder skandinavischen Hand in Hand, die im Trinken einen Wert sehen oder es bestenfalls ambivalent betrachten«, sagt Dr. LeClair Bissell, Gründungsdirektor des Smithers Alcoholism Treatment and Training Center in Manhattan. »Auch die Vererbung spielt bei der Krankheit Alkoholismus eine Rolle. Es gibt Situationen, in denen das Trinken plausibel oder sogar erwünscht ist. Es gibt auch Lebenswelten oder Religionen, in denen prinzipiell nicht getrunken wird. Zu diesen abstinenten Kulturen gehören in den USA beispielsweise die Baptisten und einige andere protestantische Sekten im Süden sowie die Mormonen.«

Lange Zeit glaubte man, daß Juden keine Alkoholiker werden könnten. Infolgedessen brauchten sie auch nicht zu den AA zu gehen. »Die Juden haben in ihrer Geschichte nur selten Wein getrunken, und wenn, dann zu liturgischen Zwecken«, sagte Renah Rabinowitz, die ehemalige Leiterin der JACS (Jewish Alcoholics, Chemically Dependent Persons and Significant Others) Foundation. »›Beschickert ist nur der Goi‹ — damit haben wir uns getröstet. Aber das stimmt nicht mehr — die Juden werden in die amerikanische Kultur assimiliert und werden ebenfalls Alkoholiker.« Zu den Aufgaben von JACS gehört es, solche Märchen zu widerlegen. Juden besuchen in großer Zahl die AA-Meetings in Städten wie New York, wo mehr als eine Million Menschen — fünfzehn Prozent der Bevölkerung — Juden sind. Doch während mittlerweile viele protestantische und katholische Kirchen ihre Räumlichkeiten an AA-Gruppen vermieten, halten sich die Synagogen noch zurück. Von den 1800 Meetings, die jede Woche in New York abgehalten werden, finden nur vierundzwanzig in Synagogen oder jüdischen Gemeindezentren statt. Jahrelang gab es nur einen einzigen Tempel in New York, die historische Zentralsynagoge in Manhattan, der Versammlungsräume an Anonyme Alkoholiker vermietete.

Sheldon B., ein Alkoholismusberater in New York, erzählte, wie er vor einigen Jahren seinem Rabbiner vorgeschlagen habe, den Tempel für Meetings einer AA-Gruppe zu öffnen. Er dachte sich, daß es Juden vielleicht leichter fiel, Hilfe in einer Synagoge zu akzeptieren als in einer Kirche. Der Rabbiner entgegnete, daß dafür kein Bedarf bestehe: »Es gibt keine jüdischen Alkoholiker.« Als Sheldon B. erwiderte: »Aber ich bin selber einer«, überlegte der Rabbiner einen Augenblick. Dann sagte er: »Sind Sie sicher, daß Sie wissen, wer Ihr richtiger Vater war?«

Hispanos kommen scharenweise zu den AA, sowohl in den USA als auch in Lateinamerika. Orientalen sieht man nur selten. In den orientalischen Gemeinden Amerikas, die in den letzten Jahren durch den Zustrom von Flüchtlingen aus Südostasien angewachsen sind, stellt der Alkoholismus bisher kein Problem dar. Das Trinken im Übermaß ist den Orientalen ein ebensolcher Greuel wie der traditionellen jüdischen Kultur. Auch reagieren die Orientalen auf ein Übermaß an Alkohol mit Unbehagen und Beschämung, was als eingebaute Blockade gegen Trunkenheit gilt; zwei Drittel bis drei Viertel der Orientalen leiden nach dem Genuß auch kleiner Mengen Alkohols an unangenehmen Hitzewallungen und Übelkeit.

Stark unterrepräsentiert sind bei den AA die Schwarzen. Die schwarze Bevölkerung der USA beträgt 29 Millionen, das sind zwölf Prozent der Gesamtzahl. Es gibt schwarze AA-Gruppen und gemischte Gruppen in Städten des Nordens wie Cleveland, Denver, Philadelphia, New York und Chicago, aber die Gesamtzahl der Schwarzen bei den AA entspricht nirgends auch nur annähernd ihrem Anteil an der Bevölkerung. »Die Sklaverei hat den Schwarzen nicht kleingekriegt«, sagte Paul D., ein schwarzer Arzt aus Texas. »Der Rassismus hat den Schwarzen nicht kleingekriegt. Aber der Alkoholismus ist dabei, den Schwarzen kleinzukriegen. Wir haben eine absolute Epidemie des Alkoholismus und Drogenmißbrauchs. Es gibt Hunderte von AA-Meetings in meiner Stadt, und nur eine der Gruppen ist schwarz. Es gibt 140 schwarze Ärzte dort, wo ich wohne, und ich bin der einzige schwarze Arzt, der zu den AA geht.«

Carl W., ein Lehrer aus Pennsylvania, sagte: »Es ist ein großes Stigma, schwarz zu sein und Trinker, selbst wenn man wieder gesund ist. Mir ist noch kein einziger schwarzer Alkoholiker begegnet, der sich überregional zu seinem Alkoholismus bekannt hätte. Es ist ein Stigma. Es ist eine Strafe. Ich bin Lehrer. Ich habe den Fehler gemacht, meiner Vorgesetzten zu sagen, daß ich ein Problem habe. Ich bin in ein Behandlungszentrum gegangen. Sie hat mich abserviert.« Carls Stimme klang heiser vor Erregung, als er hinzufügte: »Ich sehe Stoßstangenaufkleber, auf denen steht ›It's Okay Not to Drink‹. Vielleicht sollte es welche geben, auf denen steht ›It's Okay to Be Black and Not to Drink‹. Bei Weißen ist es völlig in Ordnung, wenn sie einen Nervenzusammenbruch haben und in ein Behandlungszentrum gehen. Sie werden mit offenen Armen aufgenommen. Wenn Schwarze einen Zusammenbruch haben oder wegen Alkoholismus in ein Behandlungszentrum gehen, heißt es, sie simulieren.«

Bei der AA-Konferenz in Montreal 1985 sagte Wade L., ein muskulöser, würdevoller Schwarzer aus New York: »Ich sehe keine Minderheiten in der Hierarchie der AA, und ich habe auch keine auf dem Podium gesehen, als wir AA alle im Stadion beisammen waren. Ich habe im Publikum auch nicht so viele Schwarze gesehen, wie es eigentlich hätten sein müssen. Ich glaube, wir sollten aufhören, so zu tun, als ob es bei dieser Konferenz keine Rassenfrage gäbe. Schwule und Frauen und Juden und Schwarze gibt es nicht bloß in New York. Diese Alkoholiker müssen überall im Lande Zutritt zu unserer Gesellschaft haben.«

Ray B., ein Sozialarbeiter aus Wisconsin, sagte: »Die Schwarzen befürchten, daß, wenn Schwarze ihren Alkoholismus zugeben, sich die Weißen nur in ihrem Stereotyp bestärkt sehen, daß die Schwarzen tranig und faul und als Arbeitskräfte nicht vermittelbar sind. Die Schwarzen geben sich gerne dem Glauben hin, daß diese Zurücksetzung Ursache ihres Alkoholismus ist. Schwule und andere zurückgesetzte Minderheiten kommen mit demselben Argument. Sie sagen: ›Wer an unserer Stelle würde nicht saufen? Unser Leben ist so verdammt beschissen. Die Gesellschaft haßt uns. Wir kriegen keine Chance. Vergessen ist der einzige Ausweg aus dieser Misere.‹«

Auch die Homosexuellen brachten diesen Punkt bei der Konferenz in Montreal aufs Tapet; bei der entsprechenden Versammlung herrschte ein solcher Andrang, daß es nur Stehplätze für die tausend AA gab. Das Thema hieß »Schwule bei den AA — Sind wir wirklich anders?«.

Der erste Schwule, der ans Rednerpult trat, war ein Schwarzer. Er sagte: »Bei den ersten Meetings, die ich besuchte, habe ich immer Geifer vor dem Maul gehabt wie ein Köter. Es hat mir Spaß gemacht, ›motherfucker‹ zu sagen. Manche Leute finden das Scheiße. (Gelächter.) In den dreiundzwanzig Jahren, die ich jetzt ohne Unterbrechung trocken bin, hat man mich kritisiert und verfemt und gedemütigt — aber ich habe deswegen nicht getrunken.« Aufgewachsen in Alabama, so führte er aus, »hat man mich zum Selbsthaß erzogen. Ich war die Nigger-Tunte. Bei den AA habe ich gelernt, daß es nur eine *einzige* Voraussetzung für die Zugehörigkeit gibt: den Wunsch, mit dem Trinken aufzuhören. Ich habe gelernt, daß Gott uns alle liebt. Meine Aufgabe bei den AA ist es, trocken zu bleiben und euch dabei zu helfen, wenn ihr wollt.«

Der nächste Redner war Jude. Er war in einer kleinen Stadt in Florida aufgewachsen. »Ich habe mich immer eingesperrt gefühlt — in der Schule, beim Militär, beim Medizinstudium«, sagte er. »Ich habe getrunken und Drogen genommen, um diese riesige Leere in mir auszufüllen. Dieses Loch konnte ich auch mit

noch soviel Sex nicht stopfen. Das einzige, wovon ich hoffentlich niemals genug bekomme, ist dieses Programm! Zum ersten Mal in meinem Leben komme ich mir nicht mehr isoliert und anders vor.«
Der dritte Redner kam aus Ontario und sagte mit ironischem Lächeln: »Es tut mir leid, ich bin weder schwarz noch Jude — aber ich *habe* getrunken, und ich bin katholisch erzogen.« (Gelächter.) Als er von dem Thema erfahren habe, zu dem er etwas sagen sollte — »Sind Schwule bei den AA wirklich anders?« —, sei er »nicht damit zu Rande gekommen. Ich war am Draufgehen, und dieses Programm hat mir wieder Hoffnung gegeben. Ich habe keine Spaltung mehr gefühlt. Man hat mich akzeptiert. Man hat mir Liebe entgegengebracht, die aus dem Innersten dieser Gesellschaft kam.« 1974 gründete er in Ontario eine Schwulengruppe mit sechs Meetings pro Woche. »Für Gruppen mit Sonderinteressen hat das zentrale AA-Büro kein Verständnis gehabt«, sagte er. Er sprach von den »Macho«-Einstellungen dort und der mißbilligenden Frage: »Sie wollen nicht lieber Innenausstatter werden?« Er sagte: »Ich habe mich gefragt, ob einmal der Tag kommt, wo die Kluft nicht mehr so tief ist. Jetzt sehe ich, daß sich die Schwulen bei dieser Konferenz nicht verstecken.«
Andere Schwule, die sich spontan aus dem Publikum zu Wort meldeten, sagten, sie hätten die Einstellung: »Wenn du saufen willst, gut — aber schieb' es nicht auf dein Schwulsein.« Oder: »Du bist Alkoholiker — das Schwulsein wird daran nichts ändern.« Ein Mann aus dem kalifornischen Central Valley meinte: »Ich war in meiner Gruppe der einzige Schwule. Bei den Meetings machten sie immer Witze über Leute, die andersrum sind.« Dann habe ihm eine lesbische Freundin aus einer anderen Gruppe gesagt: »Manche Leute sind kranker als andere. Du kannst dich mit ihnen auseinandersetzen, oder du kannst den Mund halten. Aber so oder so: Es lohnt sich nicht, deswegen zu trinken.«

Die AA werden gerne als schwer definierbare, locker gefügte Subkultur von Alkoholikern bezeichnet, die nicht mehr trinken. Wenn man diese Beschreibung überstrapaziert, kommt man in Schwierigkeiten. Außenstehende halten die AA für vieles, was sie nicht sind. Zunächst einmal sind sie keine Abstinenzler-Organisation.

Die AA wollen die Welt nicht vom Schnaps erlösen. Niemand fordert einen auf beizutreten. Man gehört dazu, wenn man sagt, daß man dazugehört oder wenn man ein AA-Meeting besucht, weil man ein Problem mit dem Trinken hat und damit aufhören möchte.

Die AA-Zugehörigen treiben keine aggressive Mitgliederwerbung. Sie warten, bis sie merken, daß jemand Hilfe sucht — der aktive Alkoholiker selbst, seine Familie oder seine Freunde. Erfahrene AA-Zugehörige sind nämlich überzeugt davon, daß man niemanden zur Nüchternheit bringen kann, der sich nicht helfen lassen will oder der nicht wahrhaben will, daß er krank ist. (Trotzdem gibt es Bundesstaaten, die die AA als Ausnüchterungszelle mißbrauchen und Tausende von Straftätern, etwa alkoholisierte Autofahrer, in ein AA-Meeting statt ins Gefängnis schicken. Das hat die AA vor Probleme gestellt, denn traditionsgemäß ist bei den AA nur willkommen, wer den *ernsthaften Wunsch* hat, mit dem Trinken aufzuhören. Immerhin verfängt das AA-Programm mitunter auch bei unwilligen Alkoholikern, die nur ins Meeting kommen, weil sie dazu verurteilt worden sind.)

Die AA sind keine religiöse Kultgemeinde. Sie sind keine evangelikale Bewegung. Manche Zugehörige sind religiös, andere sind Agnostiker oder Atheisten. Viele Zugehörige sehen in der AA-Gruppe ihre »höhere Macht«.

Im großen und ganzen sind die Zugehörigen flexibel, tolerant gegen Exzentriker und mißtrauisch gegen Regeln und Vorschriften. Diejenigen, die sich in ihrer Nüchternheit eingerichtet haben, bieten bei sich zu Hause häufig ihren nicht-alkoholkranken Gästen etwas zu Trinken an und haben nichts dagegen, wenn andere in ihrer Gegenwart mäßig trinken. Ihre Einstellung lautet: »Ich wollte, ich könnte auch so trinken wie ihr, aber ich kann es eben nicht.«

Die AA haben keine Verbindungen zu irgendwelchen Parteien, Stiftungen oder Wohltätigkeitseinrichtungen; sie fördern nicht die Erforschung des Alkoholismus; sie schnüffeln ihren Mitgliedern nicht hinterher und versuchen nicht, sie zu kontrollieren.

Im Gegensatz zu den meisten steuerbefreiten Organisationen erbitten die AA keine Spenden. Zuwendungen von Dritten werden nicht akzeptiert. Selbst ein AA-Zugehöriger kann nur bis zu einem bestimmten Höchstbetrag spenden. Jede Gruppe trägt sich selbst; bei jedem Meeting wird eine »Hutsammlung« veranstaltet, um die Auslagen für Kaffee, Imbiß, Literatur und Raummiete hereinzubekommen. Die meisten Anwesenden geben einen Dollar. Manche können überhaupt nichts geben, andere werfen eine kleinere Münze in den herumgereichten Korb. Kein lebender Zugehöriger kann den AA mehr als 1000 Dollar pro Jahr zukommen lassen.

»Die Anhebung des Spendenlimits steht immer wieder auf der Tagesordnung unserer Jahresversammlungen«, sagt Dennis Manders, ein pausbäckiger, freundlicher Buchhalter und Nichtalkoholiker, der als Schatzmeister der AA seit 35 Jahren die Finanzen verwaltet. »Die Delegierten zerreißen solche Vorschläge praktisch in der Luft.«

Kein Zugehöriger kann den AA testamentarisch mehr als 1000 Dollar vermachen. Grundbesitz kann den AA nicht zugewendet werden; sie haben niemals Immobilien besessen. Die in den Zwölf Traditionen formulierte Furcht vor Korruption durch Reichtum, Besitz, Macht und Politik bestimmt das Tun und Lassen der AA heute ebenso stark wie vor mehr als einer Generation.

In den ersten Jahren träumte Bill Wilson noch von ganzen Ketten von AA-Krankenhäusern und -Behandlungszentren für Alkoholiker. Er, seine Mitstreiter und ihre zunehmend einflußreichen nicht-alkoholkranken Freunde suchten das Geld der Reichen und nahmen Unterstützungen von dritter Seite an. Um 1950 verblaßten diese Vorstellungen und Methoden in dem Maße, wie die Traditionen, die Bill in den vierziger Jahren eifrig propagierte, um die Bewegung »rein« zu halten, von den Mitgliedern akzeptiert wurden.

Manders bezeichnete die geistige Einstellung der AA zum Geld als »Unternehmensphilosophie der Armut«. Sie durchdringt Worte und Taten derjenigen, die die Geschäfte der AA führen. Sie haben den Eindruck, daß Geld, Macht und Besitz die Organisation von dem ablenken würden, was Bill ihr »oberstes spirituelles Ziel« nannte: dem noch leidenden Alkoholiker ohne den Gedanken an finanziellen Lohn zu helfen. Wie Manders meinte:

»Diese ganze Unternehmensphilosophie der Armut läuft darauf hinaus, keinen Gewinn zu erwirtschaften. Wir sagen: ›Wir sind nicht dazu da, um Geld zu machen.‹ Im Laufe der Jahre haben wir Hunderttausende von Dollars an Spenden abgelehnt und damit viele Leute verärgert. Ein Millionär aus Texas hat uns durch seine Anwälte gedroht, uns zu verklagen, als wir gesagt haben: Wir können sein Geld nicht nehmen, und wenn uns der Mann noch so dankbar ist.

Der Grund, weshalb wir Spenden und Legate ablehnen, ist folgender: Wir wollen nicht, daß uns irgend jemand eine Million Dollar in den Rachen stopft und dann sagt: ›Ab jetzt wird nach *meiner* Pfeife getanzt.‹«

Ein Teil des Geldes der AA stammt von Gruppen in den USA und in Kanada, die es der Zentrale in New York zuleiten (die gar nicht »Zentrale« heißen will und als ›Allgemeine Dienststelle‹ firmiert). »Niemand *leitet* die AA«, ist der ewige Kehrreim in der Allgemeinen Dienststelle. »Wir bieten den Zugehörigen Dienstleistungen an.« Doch fast die Hälfte der Gruppen in Nordamerika entrichtet überhaupt keine Zahlungen an die Zentrale. Sie sind der Meinung, daß es genügt, wenn sie die Auslagen für ihre eigene Gruppe aus den freiwilligen Spenden bei der Hutsammlung aufbringen. Viele Zugehörige wissen nicht einmal, daß es so etwas wie die Allgemeine Dienststelle gibt. Diese Art von Autonomie und Dezentralisierung ist für die Anonymen Alkoholiker typisch.

Weniger als ein Drittel der 114 Länder mit AA-Zugehörigen haben eine nationale Zentrale; und die Zentralen, die es gibt, sind vom New Yorker Büro so gut wie unabhängig. Dies dürfte einer der wichtigsten Gründe für den Erfolg der AA außerhalb der USA sein: eine Laissez-faire-Einstellung, die es den einzelnen Kulturen erlaubt, einen eigenen Weg zur Genesung zu finden, wobei die Zwölf Schritte und die Zwölf Traditionen als Leitpfosten dienen.

Was die Dienstleistungen der AA ermöglicht, ist ihre Publikationstätigkeit. Die AA-Zentrale in New York befehligt heute ein millionenschweres Verlagsimperium, das Jahr um Jahr größer wird — und eine gewisse Beklommenheit bei jenen auslöst, die so etwas wie ein Armutsgelübde abgelegt haben.

Die Publikationstätigkeit bringt den AA jährlich 8,8 Millionen Dollar ein. Das sind 76 Prozent der jährlichen Gesamteinnahmen. Sie hat das Unternehmen seit 1939 getragen, als das soeben fertiggestellte »Big Book« das einzige war, was die AA zu verkaufen hatten.

Praktisch von Anfang an beschlossen die AA, ihr eigener Verleger zu sein, und brachten alle ihre eigenen Bücher und Broschüren sowie ihre eigene Zeitschrift, *A. A. Grapevine*, heraus. Jahr für Jahr publiziert das Verlagsimperium sieben Millionen Exemplare von über vierzig Schriften sowie fast anderthalb Millionen Exemplare von sechs Büchern und zwei Broschüren. Soweit die Literatur nicht von Wilson stammt, wurde sie von anonymen Zugehörigen geschrieben. Neue Texte werden von Ausschüssen in der Zentrale rigoros diskutiert und redigiert und dann bei der AA-Jahresversammlung von nordamerikanischen Delegierten genehmigt oder abgelehnt. Wird der neue Text abgelehnt, geht er zu weiterer Überarbeitung an die Zentrale zurück. Der Vorgang dauert Jahre und beinhaltet auch die Beilegung von Meinungskonflikten, bevor das Werk in Druck geht.

Neue Bücher und Schriften werden erst dann erwogen, wenn der Eindruck besteht, daß das zu behandelnde Thema — etwa Jugendliche oder nicht-alkoholische Drogen — für eine beträchtliche Zahl von AA-Zugehörigen von unabweisbarem Interesse ist.

Wer »leitet« AA heute? Es kommt der Wahrheit ziemlich nahe, wenn man sagt: Die AA bestehen aus einer Million Indianern und keinem einzigen Häuptling. Oder: AA ist organisierte Anarchie. Oder: Es ist weniger eine Organisation als vielmehr ein Organismus, der sich wie eine Amöbe in immer neue Gruppen aufspaltet. Wenn einem Mitglied die Art nicht paßt, wie die Dinge in seiner Gruppe laufen, kann er eine neue Gruppe mit Leuten aufbauen, die ihm mehr zusagen. So ist die AA-Redensart entstanden: »Alles, was man braucht, um eine neue Gruppe zu gründen, sind eine Kaffeekanne, zwei Trinker und eine Portion Wut im Bauch.«

Es *gibt* eine Struktur bei den Anonymen Alkoholikern — Bill Wilson hat sie entworfen. Aber wie die Philosophie der Unternehmensarmut stellt sie alle herkömmlichen Vorstellungen darüber, wie man ein Unternehmen leitet, auf den Kopf.

Das *A. A. Service Manual*, das die Mitglieder des Stabes in der New Yorker Zentrale benutzen, veranschaulicht die Struktur der AA in einer höchst bezeichnenden Skizze. Ein Diagramm auf Seite 20 zeigt an der *Spitze* der Pyramide »AA-Gruppen« — die 36 000 Gruppen in den USA und Kanada. Der Board of Trustees, bestehend aus vierzehn AA-Zugehörigen und sieben Nichtalkoholikern, befindet sich symbolischerweise am *Fuß* der Pyramide. Ebenfalls am Fuß befinden sich die AA-Weltdienste, das gemeinnützige Unternehmen, das die Allgemeine Dienststelle unterhält, alle AA-Literatur herausgibt und Gruppen im Ausland betreut, die keine eigene nationale Zentrale haben. Die umgekehrte Pyramide, bei der die Macht bei der Masse der Mitglieder liegt und nicht bei den Trustees oder den Geschäftsführern, würde jedem normalen Manager Magengeschwüre bereiten. Aber so ist es eben der Brauch bei den AA.

Die Art, wie AA die kollektiven Angelegenheiten regelt und die Verbandspolitik festlegt, kann man am besten — und in ihrer ganzen demokratischen Konfusion — bei einer der jährlichen Gemeinsamen Dienstkonferenzen beobachten. Diese Versammlung, die Stimme und kollektives Gewissen der AA sein soll und noch am ehesten einem »Führungsgremium« entspricht, findet alljährlich an sechs vollgestopften Tagen im April in einem New Yorker Hotel statt. Es ist eine geschlossene Versammlung, bei der weder die Öffentlichkeit noch andere AA-Zugehörige Zutritt haben. Anwesend sind rund 135 Leute, darunter 91 Delegierte, die auf Regionalversammlungen in den USA und Kanada gewählt werden und höchstens zwei Jahre amtieren dürfen. Zugegen sind ferner die Hauptausschußmitglieder, die Direktoren der beiden AA-Gesellschaften (AA-Weltdienste und *A. A. Grapevine*) und Vertreter des Stabes der Zentrale, die die täglich anfallenden Geschäfte erledigen.
Auf der Basis von Berichten, die von gemeinsamen Ausschüssen der Trustees und der Konferenz erarbeitet wurden — gegliedert in Sachbereiche wie Literatur, Behandlungszentren, Gefängnisse, Finanzen und Haushalt, Öffentlichkeitsarbeit, Zusammenarbeit mit Fachleuten —, votieren die versammelten Delegierten für »ratsame Maßnahmen«. Alle Bewegungen können Schneckentempo haben; scheinbar geringfügige Entscheidungen wie etwa die, ob es vom »Big Book« eine Taschenbuchausgabe geben solle oder nicht, wurden von Jahr zu Jahr verschoben, weil die Delegierten nicht die erforderliche »überzeugende Einmütigkeit« herstellen konnten — eine Idee, die in Bill Wilsons Broschüre über *Die Zwölf Konzepte* enthalten ist.
Was auf der Konferenz im April beschlossen wurde, wird das Jahr über von der Allgemeinen Dienststelle in die Tat umgesetzt. »Arbeitet für uns, aber gängelt uns nicht«, hat Bill Wilson gesagt. Und für den Fall, daß jemand sich allzusehr in sein Amt verliebt, eine kleine Hausmacht aufbaut oder seinen Standpunkt für alle Zeiten festschreiben will, herrscht bei fast allen Ämtern das Rotationsprinzip. Dieses Prinzip wird praktisch auf

allen Ebenen befolgt, auch in den rund 63 000 AA-Gruppen in aller Welt. (Eine Ausnahme ist der Geschäftsführer, der höchste leitende Angestellte in der Zentrale.) Die betrauten Diener in den Gruppen, etwa der Gruppensprecher (Chairman) oder der Kassierer, treten für gewöhnlich nach sechs Monaten, spätestens nach einem Jahr zurück. Die meisten bezahlten Sachbearbeiter in den oberen Rängen der New Yorker Zentrale müssen alle zwei Jahre das Amt wechseln. Sie heißen leitende Mitarbeiter oder Koordinatoren. Die Bezeichnungen »Führungskräfte« oder »Sprecher« werden nicht gebraucht, weil diese Leute im Rang gleich sind und weil nach Bill Wilsons Tod kein einzelner für die AA sprechen soll. Jeder der zehn Sachbearbeiter ist für einen Tätigkeitsbereich verantwortlich: Literatur, Jahreskonferenz, überseeische Gruppen, Kontakt zur Berufswelt, »Einsame«, Seeleute, Öffentlichkeitsarbeit, Strafanstalten, Rehabilitationszentren, zentraler Stab und spanischsprachige Dienste. Letzteres ist der neueste Posten; er wurde erst 1984 geschaffen, und der Mann, der ihn innehat, rotiert derzeit nicht. Er ist Berater in jedem Ausschuß, der Dienste für die ständig wachsende lateinamerikanische Bevölkerung der AA bereitstellt.
Einundzwanzig Treuhänder, die viermal jährlich konferieren, werden nicht bezahlt. Die sieben nicht-alkoholkranken Treuhänder sind für gewöhnlich Fachleute auf einem bestimmten Gebiet, etwa Medizin, Finanzen oder Sozialarbeit. Sie können bis zu neun Jahre im Amt bleiben. Vierzehn alkoholkranke Treuhänder, die aus dem sehr viel größeren Reservoir an Kandidaten bei den Zugehörigen ausgewählt werden, können nur vier Jahre im Amt bleiben.
Joan K. Jackson, eine nicht-alkoholkranke Treuhänderin und Soziologin, die eine jahrzehntelange Berufserfahrung mit Alkoholikern hinter sich hatte, als sie dem Hauptausschuß beitrat, hält die nicht-alkoholkranken Treuhänder aus verschiedenen Gründen für unverzichtbar: »Wir sind das Aushängeschild der AA. Wir können in der Öffentlichkeit unseren vollen Namen nennen. Wir können die Auszeichnungen und Preise entgegen-

nehmen, die AA andauernd bekommt. Wir haben in den Augen von Außenstehenden keinerlei Eigeninteressen. Innerhalb der AA haben wir privat die Funktion von lästigen Fragestellern — es gibt vieles, was wir nicht verstehen und was für AA selbstverständlich ist. Ich habe zum Beispiel nicht alle Nuancen eines so fantastischen Konzepts wie der Anonymität verstanden.«

Es ist kritisiert worden, daß die AA-Zentrale sich allzu leicht von den rigidesten und engstirnigsten Zugehörigen unter Druck setzen läßt, namentlich den Veteranen, die das »Big Book« und andere autorisierte AA-Literatur fast als heilige Schriften betrachten. »Wenn es etwas gibt, was AA kaputtmacht«, meinte Dr. John Norris, seit Jahren AA-Treuhänder, »dann sind es die Leute, die ich die ›Advokaten der Tradition‹ nenne. Für sie ist es leichter, mit schwarz und weiß zu leben als mit grau. Diese Fundamentalisten fürchten und bekämpfen nichts so sehr wie den Wandel.«

In der Zeitschrift *The Nation* hat Jerome Ellison 1964 den obersten Gremien der AA vorgeworfen, sie hätten den Kontakt zu der immer bunter werdenden Basis verloren. Im selben Jahr nannte der New Yorker Psychologe Arthur H. Cain die AA einen »Kult«, der seine Mitglieder zu selbstgerechter Nüchternheit versklave. Bill Wilsons Reaktion auf diese Anwürfe war typisch für seine Toleranz. Der Mitbegründer versuchte, die Aufregung in der Zentrale zu beschwichtigen, und sagte: »Das ist in all den Jahren die erste nachhaltige Kritik an AA. Die Übung, mit solchem Zeug in guter Haltung fertig zu werden, muß von Wert sein.«

Seit 1970 werden die laufenden Geschäfte der Anonymen Alkoholiker in einem soliden Ziegelbau in der Park Avenue South 468 in Manhattan abgewickelt. Bis 1980, als das Haus renoviert und erweitert wurde, war die Zentrale schmuddelig und laut. »Die Leute haben übereinander gesessen«, berichtete einer der Veteranen. »Wenn Besucher kamen, war deren erste Reaktion meist: ›So ein Saustall!‹« Jetzt sind die über mehrere Etagen verteilten Räumlichkeiten freundlich, hell und sauber; die Wände sind beige gestrichen, und es gibt viele Fenster.

Ungefähr zwanzig der 110 bezahlten Mitarbeiter der Gemeinsamen Dienststelle sind genesene Alkoholiker in den AA. Sie nehmen alle führenden Ämter ein, bis auf jene, die mit Geld zu tun haben. Bill Wilson und die ersten AA waren der Ansicht, es sei schon schlimm genug, wenn jemand rückfällig würde; wenn er aber auch noch mit den Finanzen betraut sei, könne das katastrophale Folgen haben. Diese Theorie hat man beibehalten. Ebenso die Überlegung, daß Schreibtisch- und untergeordnete Arbeiten von jedermann verrichtet werden können, während für eigentliche AA-Angelegenheiten nur Zugehörige den rechten Sinn haben. »In diesem Büro bekleiden AA alle Schlüsselpositionen und Nichtalkoholiker alle untergeordneten Positionen und die Stellen im Bürobetrieb«, erläuterte Clyde P., ein ranghoher Berater. »Ich nehme an, daß das, was wir tun, sogar illegal ist, weil es eine Art Diskriminierung ist. Tippen, archivieren, Sendungen verschicken, Diktate aufnehmen, Zahlenreihen zusammenzählen, Datenverarbeitungsmaschinen bedienen, das Klo saubermachen — so was tut kein AA.«

Bis vor kurzem war der Stab der Nichtalkoholiker in der Finanzabteilung sogar räumlich von den Alkoholikern getrennt, die in einem angrenzenden Nebengebäude der Zentrale die laufenden Geschäfte erledigten und die Post von Zugehörigen beantworteten. »Es war fast so wie in dem Spruch ›Gebt dem Kaiser, was des Kaisers, und Gott, was Gottes ist‹«, meinte ein Sachbearbeiter.

Die zehn Sachbearbeiter — unter ihnen ehemalige Lehrer, Redakteure, ein Naturwissenschaftler, ein Kapitän zur See, eine Krankenschwester und ein Public-Relations-Mann — sowie der Geschäftsführer der Allgemeinen Dienststelle sitzen, gewöhnlich bei angelehnter Tür, in eigenen kleinen Büros, die im 8. Stock des Gebäudes L-förmig angeordnet sind. Die Atmosphäre in der Zentrale ist wie bei den Meetings: zwanglos und freundlich. Jeder geht unangemeldet zu jedem anderen ins Zimmer, um etwas zu fragen oder zu besprechen. Wer will, nimmt freitags morgens am AA-Meeting für die Mitarbeiter der Allgemeinen Dienststelle im Sitzungssaal im 5. Stock teil.

Der Koordinator für Strafanstalten beantwortet pro Woche rund neunzig Zuschriften von Häftlingen, Wärtern und Gefängnisdirektoren. Manche Briefe von Gefangenen sind herzzerreißend, wahre Hilfeschreie aus tiefster Seele. Heute gibt es 45 000 AA-Zugehörige in Strafanstalten; fast alle haben sich einer Gruppe angeschlossen oder eine gegründet, nachdem sie hinter Gittern waren. Ein Mitarbeiter der Zentrale gibt Informationen darüber, wie man im Gefängnis eine Gruppe aufzieht; sobald die Gruppe Tritt gefaßt hat, überläßt man sie den AA-Zugehörigen. Rund 1000 AA-Zugehörige »draußen« sind »Sponsoren« von Gefangenen — eine Beziehung wie die zu einem großen Bruder oder einer großen Schwester. Sie schreiben dem Häftling regelmäßig, besuchen ihn wenn möglich im Gefängnis und holen ihn am Tag seiner Entlassung am Gefängnistor ab, um ihn zu seinem ersten Meeting als freier Mensch zu bringen. Zu den Schwierigkeiten beim Ansprechen von Gefangenen gehört unter anderem, daß ein gut Teil der AA-Literatur für sie zu hoch ist: Die durchschnittliche Lesefähigkeit amerikanischer Gefängnisinsassen ist beklagenswert niedrig, und viele sind praktisch Analphabeten. »Meine Aufgabe ist es, die AA-Botschaft denen zu bringen, die ganz unten sind, hinter Schloß und Riegel sitzen und kaum noch Hoffnung haben«, sagt der Koordinator für Strafanstalten.

Der Sachbearbeiter für »Einsame« — Menschen, die zu krank sind oder zu isoliert leben, um ein Meeting besuchen zu können — und für »Internationale« — Zugehörige auf See — gibt einen Informationsbrief heraus, der im Grunde das größte Spezialmeeting der Anonymen Alkoholiker überhaupt ist. 2500 Zugehörige haben das *Loners-Internationalists Meeting* abonniert, einen Zweimonats-Informationsbrief, in dem Menschen, die Tausende von Kilometern voneinander entfernt sind, ihre privatesten Gedanken, Ängste und Freuden, Geburtstage, Todesanzeigen, Grüße und Wünsche per Post austauschen.

Den größten Teil des 5. Stocks beanspruchen das AA-Archiv und die Zeitschrift *Grapevine*. Diese ist nach wie vor eine der beliebtesten Publikationen auf dem Gebiet des Alkoholismus und wird in 123 000 Exemplaren verbreitet. In den ersten Nummern gab es regelmäßig einen »Gastbeitrag« von einem nicht-alkoholkranken Freund der AA, eine Kolumne »Zeit in deiner Hand« mit Anregungen zur sinnvollen Gestaltung der durch die Nüchternheit neu gewonnenen Freizeit und im Zweiten Weltkrieg eine ganze Seite »Post-Aufruf an die AA in den Streitkräften«. Die erste *Grapevine*-Ausgabe im jetzigen Digest-Format erschien 1948.

Neben Nachrichten über das Anwachsen der Gemeinschaft gab es Artikel über Themen, die die Zugehörigen noch heute beschäftigen. So gab es 1945 Beiträge über die »Schlaftabletten-Gefahr«, und Bill Wilson schrieb über die »Doofnüsse« (Schlaftabletten). Ein Zugehöriger regte dringend die Bildung von Gruppen für »ältere« Zugehörige an — solche, die mehr als drei Monate trocken waren. Die Präambel, die zu Beginn eines jeden Meetings verlesen wird, um die Zugehörigen daran zu erinnern, was die AA sind und was sie nicht sind, und Neue hierüber zu informieren, stand erstmals 1947 in *Grapevine.*

Immer wieder haben nicht-alkoholkranke Freunde der AA Beiträge geliefert. Sie reichen von Schwester Ignatia, der Oberschwester von Dr. Bob auf der Alkoholiker-Station des St. Thomas's Hospital in Akron, wo Dr. Bob die letzten zehn Jahre seines Lebens wirkte, bis zu Aldous Huxley, Reinhold Niebuhr und Karl Menninger.

Die Zeitschrift spiegelt nicht nur den Wandel der Mitgliederschaft, sondern auch den Meinungswandel in der Fachwelt auf dem Gebiet des Alkoholismus. Die Beilage »Über Alkoholismus« und die »grauen Seiten« in *Grapevine* bringen Informationen über neue Entwicklungen in Behandlung und Forschung. Häufig widersprechen diese Beiträge der AA-Philosophie; dann wird in einem distanzierenden Vorspann auf der ersten Seite der Beilage festgestellt, daß sie lediglich der Information dienen und von AA nicht unterstützt oder gebilligt werden. »Wir werden gelegentlich dafür kritisiert, daß wir diese Beilage bringen, aber jedesmal, wenn wir unsere Leser dazu befragen, sind sie mit überwältigender Mehrheit dafür, sie beizubehalten«, berichtete ein *Grapevine*-Redakteur.

Soweit unser kurzer Blick auf die Anonymen Alkoholiker heute. Will man freilich hinter das Geheimnis kommen, wie sie arbeiten und warum sie einen solchen Erfolg bei Hunderttausenden von Menschen hatten, die mit dem geschlagen waren, was einmal als hoffnungsloser Zustand oder als abscheuliches moralisches Manko galt, so muß man sich die Meetings selbst ansehen.

KAPITEL 5

Wie es funktioniert

*»Trink nicht. Nur die nächsten 24 Stunden zählen.
Geh ins Meeting.«*

Jeder alte AA zu jedem neuen AA

Ganz so einfach ist es nicht, aber fast. Was in einem AA-Meeting passiert, erscheint auf den ersten Blick so simpel, daß manche Leute verblüfft sind. »Ist das alles?« fragen sie sich dann. Es ist *nicht* alles; aber wer als Neuer ins Meeting kommt, ist kaum in der Verfassung, komplizierte Gedankengänge in sich aufzunehmen.

Alle Meetings sind einander gleich, und doch ist jedes einzelne anders, so wie kein Fingerabdruck dem anderen gleicht. Der Alkoholiker mag als Fremder in den Versammlungsraum kommen, aber sobald er eine bis anderthalb Stunden dabeigesessen hat — länger dauern die Meetings selten —, wird er sich vermutlich nicht mehr völlig fremd fühlen. Vielleicht stellt sich dieses Gefühl nicht sofort ein. Vielleicht hört er eine Weile überhaupt nichts, was ihm hilft: Der Alkoholiker, der noch trinkt oder bei dem es bis jetzt nur dazu gereicht hat, die Flasche zuzukorken, hört nur auf sich selbst und die beharrliche kleine Stimme in seinem Inneren. Was da spricht, ist die Flasche — sein einziger Freund.

Wer als Neuer zu den AA kommt, hat Wut. Er hat Angst. Er schämt sich, da zu sein. Und er ist krank.

Ein Arzt — schon viele Jahre bei den AA — sagte: »Wenn wir

das erste Mal zu den AA kommen, sind wir alle hirngeschädigt.« Ein anderer genesener Mediziner meinte: »Durch das jahrelange Trinken sind wir Alkoholiker kognitiv beeinträchtigt. Einfacher ausgedrückt: Wir können nicht mehr richtig denken. Wir haben uns systematisch vergiftet und unser Zentralnervensystem geschädigt.«

Manchmal kann ein Alkoholiker, der nichts von Medizin versteht, drastischer als jeder Doktor ausdrücken, was der Trinkzwang aus ihm gemacht hat. »Ich habe Dauerselbstmord begangen«, sagte eine Frau zu anderen AA im Kellerraum einer Kirche. »Nacht für Nacht habe ich mir eine flüssige Kugel in den Kopf gejagt.«

Jeder, der mit dem Trinken aufhören will, kann zu den AA gehen. Mehr ist nicht notwendig. Niemand drängt ihn zum Beitritt, niemand fragt nach dem Warum, er braucht keine Formulare auszufüllen, keine Rede zu halten und nicht Abstinenz zu geloben. Er geht einfach zu einem Meeting. Setzt sich hin. Hört zu. Wer will, setzt sich nach hinten; wenn es ein großes Meeting ist, versteht man dort allerdings nicht immer alles, was vorne gesagt wird. Er kommt aus einem bestimmten Grund. Und dieser Grund ist *nicht* die Frage, warum er getrunken hat.

»›Warum‹ ist die falsche Frage«, sagen manche AA. Es geht nicht darum, warum oder wie oder wann oder wieviel jemand getrunken hat. Es geht darum, wie das Trinken alles beschädigt, was im Leben wichtig ist — Ehe, Kinder, Beruf, Freundschaften.

Die Ratschläge erfahrener AA an Neulinge, gesammelt bei Meetings im ganzen Lande, lauten etwa so:

Martin: »Mir scheint, du mußt dich einfach fragen: ›Wie versaut mir das Saufen mein Leben?‹ Wenn der Suff dir dein Leben kaputt macht und du Dinge tust, die du normalerweise nicht tun würdest, dann hast du ein Problem. Und wenn du ein Problem hast, dann kann dir dieses Programm helfen, vorausgesetzt, du probierst es.«

Ellen: »Wenn wir es allein schaffen könnten, dann säßen wir nicht in den Versammlungsräumen.«

Steve: »Wenn du in diese Räume kommst, dann gehörst du auch hierher. Gut, vielleicht gibt es einen in einer Million, der nicht hierher gehört. Aber wenn du glaubst, daß du derjenige bist, dann gehörst du *wirklich* hierher.«

Eine Zeitlang pflegte man bei den Meetings Witze über Psychiater zu reißen, die ansonsten geachtete Helfer sind. Viele Alkoholiker hatten nach einer Psychotherapie den Eindruck, daß ihr Arzt nur darauf aus war, herauszufinden, *warum* sie tranken. Typisch die Bemerkung von Ken bei einem Meeting: »Mein Arzt hat zu mir gesagt: ›Ihr Trinken ist nur ein Symptom für Ihre tieferen Probleme.‹ Fünf Jahre später hatte ich meine tieferen Probleme gelöst, aber gesoffen hab ich immer noch wie ein Loch.« Befreiendes Gelächter. Heute sind jedoch die Therapeuten mehr und mehr der Ansicht, daß man die Probleme erst dann wirklich angehen kann, wenn der alkoholkranke Patient aufgehört hat, sich mit Schnaps zu betäuben, und der Nebel vor seinem Gehirn verflogen ist. Ein Arzt und genesener Alkoholiker meinte: »Das Primäre, was behoben werden muß, ist der Alkoholismus. Solange das nicht geschehen ist, ist alles andere nutzlos. Wir interessieren uns immer für das Warum, aber das ist nicht das Vordringlichste. Was man bei den AA ganz schnell herausfindet, ist, daß es jetzt mit dem Trinken vorbei ist. Genau wie mit den Drogen. Wenn man das akzeptiert — und das muß man akzeptieren —, dann hat das nichts mehr damit zu tun, warum man getrunken hat, oder mit der Hoffnung, daß es einem irgendwie auf wundersame Weise plötzlich bessergehen wird. Es gibt keine dauerhaften chemischen Antworten auf das Leben.«

Ärzte, die auf die Behandlung von Alkoholikern spezialisiert sind, nennen einen ganz einfachen Grund dafür, daß Menschen Alkohol trinken (und zwar Alkoholiker, die nicht aufhören können, ebenso wie Geselligkeitstrinker, die das sehr wohl können). Danach trinken die Leute, weil sie die Wirkung des Alkohols genießen. Er versetzt sie in euphorische Stimmung, lindert Unlustgefühle und läßt sie alles Bedrückende vergessen. Das Besondere bei Alkoholikern — so heißt es — ist, daß sie noch weitertrinken, wenn der positive »Nutzen« von ein oder zwei Gläsern in Form von Wohlbehagen und Trost schon längst erreicht ist. Letzten Endes trinken sie nur noch, um betrunken zu werden. Nur tiefgreifende Veränderungen in ihrer Lebenseinstellung können sie von diesem Verhaltensmuster befreien.

Dies leistet nach Ansicht der Anonymen Alkoholiker ihr Genesungsprogramm. Es funktioniert nicht bei jedem; aber was funktioniert schon bei jedem? Fachleute schätzen nach den Erfahrungen vieler Jahre, daß über die Hälfte aller Menschen, die das AA-Programm ernsthaft ausprobieren — drei bis zwölf Monate lang regelmäßig zum Meeting gehen, sich nach vorne setzen, konzentriert zuhören, selber etwas sagen, vielleicht die Kaffeemaschine bedienen und nach dem Meeting die Aschenbecher aufräumen und die Klappstühle wegstellen —, gesund werden. Und bei den AA bleiben wollen.

Meetings beginnen pünktlich. Man darf später kommen oder früher gehen, aber man versäumt dann möglicherweise etwas ganz Wichtiges. Schon ein einziger Satz eines AA kann einen anderen anrühren und trösten, wie damals, als Katherine leise zu einer Frau, die voller Reue und Selbsthaß war, sagte: »Vergib dir!« Oder als Annie der Gruppe von einem »absolut beschissenen Tag« im Büro und zu Hause erzählte, aber mit den Worten schloß: »Das einzig Gelungene heute war, daß es mir gelungen ist, nicht zu trinken.«

Viele AA haben sich an den oft zitierten Spruch gehalten: »Es ist nichts so schlimm, als daß es nicht durch Saufen noch schlimmer würde.« Melanie machte eine jener Bemerkungen, deren Wahrheit einen umwerfen kann: »Die meiste Zeit meines Lebens gab es mich gar nicht.« Jemand namens Bobby ergänzte: »Endlich komme ich in meinem Leben wieder selber vor.« Frank, der Gruppensprecher, sagte eines Abends zu einer wütenden, zitternden Achtzehnjährigen, die gerade ebenso viele Tage trocken war: »Du kriegst das Programm durch die Poren mit, ob du willst oder nicht. Du kriegst Hoffnung hier.«

Daß es keine Regeln und Rituale gibt, kann überraschen. Es gibt auch kein Zur-Rede-Stellen, Mit-dem-Finger-Zeigen, keine Beschimpfungen oder Vorwürfe, keine erbitterten Streitgespräche und kein chronisches Gejammere. AA ist eines der besten Beispiele für eine erfolgreiche verhaltensändernde Selbsthilfebewegung. AA ist Gruppentherapie, es geht manchmal sehr dramatisch zu (und manchmal sehr lustig), aber es ist kein Psychodrama, und es gibt keine Zielvorgaben. Allerdings gibt es für die Meetings feste, wenn auch unausgesprochene Verhaltensregeln. Niemand bringt dem Neuen diese Regeln bei; sie zeigen sich nur am Beispiel der anderen, erfahreneren Teilnehmer. Tabu sind die Wörter »du mußt« und »du solltest«. Wer einen Rat geben möchte, sagt lieber »Ich habe das so gemacht«.
Im Gegensatz zu vielen Ex-Rauchern neigen genesene Alkoholiker nicht zum Predigen, Drangsalieren, Moralisieren, Belehren und Besserwissen. Ich denke an ein Meeting in Chicago an einem Sonntag im Herbst. Aus Susan, der dunkelhäutigen, jungen Frau, die vorne saß, brach die ganze Wut heraus, daß sie nicht trinken durfte. Als sie fertig war, tränenüberströmt, sagte ein älterer Mann neben ihr: »Ich heiße Greg, ich bin Alkoholiker. Ich bin schon lange dabei, und ich finde, wer neu ist, sollte nicht über seine Wut sprechen.« Die Bemerkung wurde mit betroffenem Schweigen quittiert. Dann meldete sich aus dem Hintergrund eine Frau mittleren Alters. Sie sagte freundlich und mit einem Lächeln: »Ich heiße Adele, ich bin Alkoholikerin, und ich finde, bei einem Meeting dürfen wir alles sagen, was uns belastet. Ich habe oft Wut, und ich gehe dann zum Telefon und ruf jemanden von den AA an.« Hörbares Aufatmen im Raum. Nach dem Meeting gingen Adele und ein halbes Dutzend anderer zu Susan, umarmten sie und luden sie in eine nahegelegene Imbißstube zum »Meeting nach dem Meeting« ein. Greg stand allein.
Dieses Meeting ist nur *ein* Beispiel für die Toleranz der Mitglieder gegeneinander. AA wissen, daß Alkoholismus eine Sache auf Leben und Tod ist. Sie wissen aus Erfahrung, daß der Alkohol nicht nur ihr Leben kaputtmacht, sondern auch alles, was

ihnen im Leben wichtig ist. Wer in die neue Welt ohne Alkohol eintritt, reagiert häufig mit Wut und Frustration. Aber schließlich lernt er, flexibel zu sein — sowohl in der AA-Umgebung als auch draußen, in einer Welt, in der Trinken zur Norm gehört.
Das war bei AA von Anfang an so. Im »Big Book« betont Bill Wilson: »Sorgfältig sollten wir darauf achten, keine Intoleranz und keinen Haß gegenüber den Trinkgewohnheiten der Gesellschaft zu zeigen. Die Erfahrung lehrt, daß solche Haltung keinem hilft. Jeder Neue rechnet damit, daß wir eine solche Einstellung haben, und ist unendlich erleichtert festzustellen, daß wir keine Hexenverbrenner sind.«[1]
Die Neuen bekommen in AA-Versammlungen viel Gelächter zu hören — so etwas wie Galgenhumor. Man hört ihnen so konzentriert zu, wie sie es kaum kennen. Es herrscht höfliches, tiefes Schweigen wie bei Quäkermeetings. AA hören sich die schockierende Geschichte des Redners — und mancherorts, namentlich in New York, auch seine vulgäre Sprache — in respektvollem Schweigen an. Jeder aus dem Publikum darf über alles reden, nur sollte es nicht zu lang sein; vielleicht sind andere da, die auch einen Kummer haben, die etwas Schönes erzählen oder einen Schmerz loswerden wollen. Wenn ein Gruppensprecher geschickt ist, wird er einen allzu langen Redestrom höflich unterbrechen und rasch einem anderen AA das Wort erteilen. Beim geschlossenen Meeting (nur für Alkoholiker) bleiben Gruppensprecher und andere Redner im allgemeinen sitzen, wenn sie das Wort ergreifen. Beim Rundgespräch, wo die Teilnehmer rings um einen Tisch sitzen, kann jemand, der nichts beitragen will, sagen: »Ich passe.« Niemand soll in Verlegenheit gebracht oder blamiert werden.
Es folgen nun Aussagen von Teilnehmern, basierend auf Notizen und Erinnerungen an Hunderte von Meetings aus vielen Jahren. Sie zeichnen in ihrer Gesamtheit das Bild eines typischen Meetings.

[1] *Anonyme Alkoholiker*, S. 119

Schauplatz des Meetings ist der Kellerraum einer Kirche irgendwo in den USA. Dem Raum angegliedert ist eine kleine Küche. An den Wänden haben Kinder ihre bunten Poster aufgehängt. In einer Ecke steht ein grünes Schaukelpferd aus Plastik; Bauklötze liegen herum und ein Haufen zerlesener Bilderbücher: Tagsüber ist hier — unverkennbar — eine Kindertagesstätte untergebracht. Es ist zwanzig vor acht, an einem Abend im Frühling. Einige Frauen und Männer kommen herein: Freiwillige Helfer der »Gelassenheitsgruppe«, die sich hier jeden Donnerstag trifft.

In wenigen Augenblicken entsteht die typische AA-Umgebung. Zwei Leute richten die Kaffeemaschine her; dann packen sie das mitgebrachte Gebäck auf Teller. Andere Helfer stellen die an den Wänden lehnenden Klappstühle auf. Vorne, an einem Tisch mit Resopalplatte, werden der Gruppensprecher und der Redner des heutigen Abends sitzen. Die Kaffeemaschine findet, samt Stößen von Papierservietten und Plastikbechern, auf einem Tisch neben der Tür Platz. Daneben steht ein weiterer Tisch mit AA-Literatur, die man sich von der Zentrale hat kommen lassen: Faltblätter, einige Exemplare des »Big Book« und der »Zwölf Schritte und Zwölf Traditionen«, des dünneren Essaybandes von Bill Wilson über die Grundsätze seines Programms. Die Helfer hängen kleine Spruchtafeln an die Wand. ONE DAY AT A TIME, KEEP IT SIMPLE, I AM RESPONSIBLE. Ein Helfer wendet sich an einen anderen. »Als ich neu war, fand ich diese Sprüche schwülstig und richtig doof. ›Wenn es so einfach wäre‹, habe ich mir gedacht. Heute sind das für mich richtige kleine Perlen der Lebensweisheit.« Die größte Schrifttafel, mit der Aufschrift DIE ZWÖLF SCHRITTE, befestigt er an einem Gestell neben dem Platz des Redners. In diesen Schritten, dem Genesungsprogramm der AA, kommt das Wort »Alkohol« nur einmal vor, im ersten Schritt. Von Gott ist häufiger die Rede.

Kurz vor Beginn des Meetings kommen mehr Leute herein, zu zweit und zu dritt, holen sich Kaffee und Gebäck und stehen in Grüppchen beisammen — lachen, plaudern, umarmen sich. Die allein kommen, blicken mitunter verwirrt, beschämt, verängstigt drein. Sie setzen sich nach hinten. Es sind Neue. Die freundlicheren unter den Veteranen gehen auf sie zu und begrüßen sie: »Hallo, ich bin Vincent. Kann ich dir einen Kaffee bringen?« Schließlich nehmen alle Platz. Sprecherin der Gelassenheitsgruppe ist zur Zeit Diane, eine schlanke, ernste Frau Mitte zwanzig, mit Jeans und einem hübschen Shetland-Pulli. Sie schaut auf die Uhr: es ist genau acht. Sie klopft an ihre Tasse und sagt dann: »Guten Abend allerseits, ich begrüße euch zum regelmäßigen Donnerstags-Meeting der Gelassenheitsgruppe. Ich heiße Diane, und ich bin Alkoholikerin.« Dann liest sie die AA-Präambel von einer Karte ab.

Diane schaut in die dreißig erwartungsvollen Gesichter und fragt: »Hat jemand heute Geburtstag?« Es meldet sich ein junger Mann mit schwarzem Piratenschnauzbart. Er lächelt verlegen und sagt: »Ich heiße Len, ich bin Alkoholiker, und nächsten Montag sind es zwei Jahre, daß ich bei den AA bin.« Alle klatschen; der Mann, der neben Len sitzt, legt ihm den Arm um die Schulter und sagt: »Tüchtig, nur weiter so!«

»Ist jemand weniger als neunzig Tage im Programm?« fragt Diane. Wieder hebt sich eine Hand. Der Mann ist ausgemergelt, hat ein gerötetes Gesicht, zittert, verzieht keine Miene. »Ich heiße George«, murmelt er. »Neunzehn Tage heute.« Alle klatschen Beifall und drehen sich freudestrahlend nach ihm um. Je neuer einer ist, desto begeisterter ist der Applaus: Alle AA wissen, daß die ersten Tage und Wochen am schlimmsten sind.

»Ist jemand zum erstenmal in diesem Meeting?« fragt Diane. »Ist jemand von außerhalb?«

Ein Frau in türkisfarbenem Hosenanzug hebt die Hand und sagt: »Ich heiße Anna, und ich bin Alkoholikerin aus Wichita Falls in Texas.« Neues Lächeln und Applaus. »Hallo, Anna!« rufen alle durcheinander.

Diane sagt: »Anna, wir freuen uns, daß du da bist!« und wendet sich dann zu dem Redner des Abends, der vorne am Tisch sitzt. Es ist ein schlaksiger Mann um die dreißig, mit wasserblauen

Augen und einer wilden blonden Mähne. »Unser Redner heute abend ist Tommy«, sagt Diane. »Er ist ein alter Bekannter, der mir viel geholfen hat. Ich bin stolz, daß ich dich habe, Tommy!« Tommy wird mächtig beklatscht. Er stützt sich auf den Tisch und erzählt seine Geschichte. Zwanzig bis dreißig Minuten wird er sprechen, und zwar frei; das verleiht den Berichten etwas Spontanes und Lebendiges, und viele Redner werden selbst von dem überrascht, was ihnen beim Erzählen einfällt und woran sie vielleicht monate- oder jahrelang nicht mehr gedacht hatten. Die Einladung von Rednern erfolgt zwanglos, wie alles bei AA. Der Gruppensprecher fragt einfach Freunde oder Bekannte, ob sie an dem oder dem Abend Zeit haben. Wenn der Redner nicht erscheint, springt — meist kurzfristig — jemand von den Anwesenden für ihn ein.

Tommy sagt als Einleitung den Satz, mit dem sich alle AA beim Meeting vorstellen: »Ich heiße Tommy, und ich bin Alkoholiker.« Dann sagt er: »Es war eine Viecherei, das kann ich euch sagen.« Er grinst anzüglich, und die Leute lachen, die Spannung fällt von ihnen ab, sie setzen sich zurecht und hören zu. Tommy erzählt von den guten Jahren, wie toll es war, mit den duften Typen vom Rock-Musik-Zirkus zu saufen und zu kiffen. Dann wird die Geschichte immer düsterer. »Elf Jahre lang habe ich geglaubt, daß mich Drogen und Fusel an irgendein Ziel bringen«, erzählt er, »aber hingekommen bin ich nie.« Zuletzt saß er den ganzen Tag in einem Zimmer seines Hauses, bei schwarz verklebten Fenstern und vor riesigen Spiegelwänden. »In den Spiegeln sah ich immer und ewig nur mich, wie ich dasaß und in mich reinsoff. Ich hatte eine Telefonnummer, die niemand kannte, weil niemand wissen sollte, daß ich zu Hause war.« Vor fünf Jahren war er eines Tages in eine Bar gegangen. »Als wir da standen, hat mich ein Typ gefragt: ›Wie heißt denn du?‹ Ich überlegte und überlegte, aber es fiel mir nicht ein«, sagt Tommy. »Ich habe den Namen nicht mehr gewußt, mit dem ich zur Welt gekommen bin.« An diesem Tag sah er im Telefonbuch nach und rief die Anonymen Alkoholiker an.

Tommy schaut auf die Wanduhr: acht Uhr fünfundzwanzig. Zeit zum Aufhören. »Es gibt Tage, wo ich einfach keine Lust mehr habe, hier weiterzumachen«, sagt er. »Wo ich keine Lust mehr habe, jemals wieder in so ein Scheißmeeting zu gehen. Und dann fällt mir das Zimmer mit den Spiegeln ein. Ich kann euch nicht vorschreiben, wie ihr mit eurem Leben klarkommt. Aber ich kann euch verraten, wie man nüchtern bleibt. Ich bin jetzt fünf Jahre dabei. Eigentlich müßte es mir gut gehen. Es geht mir nicht immer gut. Aber es geht besser als früher — erheblich besser. Ich verdanke euch allen eine Menge! — Vielen Dank.« Lauter Beifall.

Neunzig Minuten soll das Meeting dauern — noch eine Stunde. Der Kassierer der Gelassenheitsgruppe steht auf und sagt: »Wir machen jetzt eine Kaffeepause, aber vorher kommt noch die Hutsammlung! Es gibt bei uns keine Beiträge oder Gebühren, aber wir haben Auslagen für die Saalmiete und den Kaffee und die Fressalien.« In den Reihen gehen Körbe von Hand zu Hand. Das höchste der Gefühle ist eine Dollarnote. Manche legen auch nur ein oder zwei Münzen hinein, was niemanden stört; wer jetzt nichts beisteuern kann — so sagt man sich —, wird es bei späterer Gelegenheit nachholen. AA ist für jeden da, der es will und braucht.

Fünf bis zehn Minuten lang vertritt man sich die Beine, holt sich noch eine Tasse Kaffee und wechselt ein paar Worte mit den anderen; dann geht jeder wieder an seinen Platz. Die Diskussion wird eröffnet. Wenn der Redner kein bestimmtes Thema vorgegeben hat — etwa »Selbstmitleid« oder »Dankbarkeit« —, kann jeder über alles sprechen, was ihm heute am Herzen liegt. (Viele tun das ohnehin und ignorieren das vorgeschlagene Thema.) Man redet über seine Ängste, über den Beruf, über die Schwiegermutter, über den Liebhaber, über irgend etwas Wunderschönes oder Schreckliches, was einem passiert ist. Die Bekenntnisse können so intim sein wie sonst nur im Beichtstuhl oder beim Arzt; das Vertrauen in die Verschwiegenheit der anderen ist grenzenlos. Der Unterschied ist der, daß beim Meeting keine Autoritätsperson zuhört. Bei AA sind alle gleich; alle haben dieselbe tückische, rätselhafte, übermächtige Krankheit; über den Mitgliedern gibt es keine Instanz, und niemand hat Gewalt über einen anderen. AA reden oft darüber, wie sie der Versuchung zu trinken widerstanden oder auch erlagen. Bei den AA nennt man das »Rückfall«; er wird ernstgenommen, aber dem Rückfälligen vergibt man schon im voraus.

Tommy, der sich nach der Kaffeepause wieder an seinen Tisch gesetzt hat, wird die Diskussion leiten. Als Thema hat er »Versuchung« vorgeschlagen. »Für die Neulinge unter uns könnten wir vielleicht eine Weile darüber reden, wie man es fertig bringt, das erste Glas stehenzulassen«, regt er an. Überall schießen Hände empor. Tommy zeigt auf eine.

»Probier es mit HALT«, sagt die Frau, die er aufgerufen hat. »Das steht für ›Hungrig, Allein, Lausige Laune, Todmüde‹. Alle diese Zuständen lösen den Drang zum Trinken aus. Iß einen Schokoriegel oder ein Eis, trink einen Fruchtsaft. Dann hast du keinen Appetit mehr auf einen Scotch.«

»Versuch es mit Telefontherapie«, sagt eine andere Frau. »Laß dir nachher unsere Telefonnummern geben. Wir freuen uns darüber. Wenn du den Zwang zum Trinken spürst: ruf uns an, wann immer du willst. Wir reden einfach so lange mit dir, bis der Drang vorbeigeht. Und er geht immer vorbei, glaub mir!«

Weitere Hände wedeln, suchen Tommys Aufmerksamkeit zu erregen. Ein Mann sagt: »Laß die Finger von Leuten, Lokalitäten und Dingen, die dich ans Saufen erinnern. Unternimm irgendwas; sonst wird's brenzlig. Geh zu einem Meeting, ruf einen AA-Freund an, mach einen Dauerlauf. Geh nicht dorthin, wo du früher immer hingegangen bist. Wenn du in der Bar getrunken hast und eine Bar siehst: sofort kehrtmachen!«

Die Vorschläge sprudeln nur so. »Laß das erste Glas stehen, wenigstens für den Augenblick. Sag dir: ›*Jetzt* will ich *nicht* trinken.‹« »Halte dich an die Gewinner — die Leute hier im Raum, denen es ganz offensichtlich besser geht und denen es mit ihrer Genesung ernst ist. Emotional bedürftige Neurotiker können einen Anfänger zum Kippen bringen. Kümmere dich um deine *eigene* Genesung, nicht um die anderer Leute.« »Such dir eine Sponsorin — eine AA, die möglichst ein Jahr oder länger trokken ist —, der das Leben ohne Fusel offenbar Spaß macht.« (Erfahrene AA raten dazu, einen gleichgeschlechtlichen Sponsor zu wählen; amouröse und sexuelle Verstrickungen machen dem genesenden Alkoholiker das Leben nur noch schwerer und gefährden seine Nüchternheit. Wenn ein Neuling Glück hat, ist der Sponsor sein bester Freund, Mentor, Vertrauter und AA-Berater in einem.)

Ein Oldtimer mit einem Gesicht wie verwittertes Gestein sagt zum Thema »Versuchung« abschließend: »Niemand wird dich hier für einen Rückfall bestrafen. Das Trinken ist Strafe genug.«

Tommy eröffnet die allgemeine Diskussion. »Geht es jemandem heute besonders schlecht?« fragt er. »Möchte sich jemand was von der Seele reden?«

Ein verzagter Teenager im Trainingsanzug meldet sich und sagt: »Ich heiße Denise, seit 38 Tagen nüchtern.« Dann bricht es aus ihr heraus: »Mir fehlt die Abwechslung. Mir fehlen meine Freunde. Ich fehle mir selbst!« Und sie schlägt die Hände vors Gesicht.

Der Mann neben ihr meldet sich zu Wort. »Ich heiße Don, ich bin Alkoholiker. Ich habe mich immer gefragt: ›Wie kann dir das fehlen, was du all die Jahre gemacht hast — nach dem, was du durchgemacht hast?‹ Aber es hat mir gefehlt. Aber ehrlich, es wird besser, Schritt für Schritt. Du mußt nur an das Heute denken!«

Ein anderer Mann sagt lachend: »Vergiß nicht — einfach nicht trinken, und wenn du auf dem Zahnfleisch gehst!«

Ein Priester mit schlohweißem Haar, in schwarzem Anzug und steifem Kragen, lächelt mitfühlend. »Früher habe ich immer gedacht: ›Was sind meine Leiden, verglichen mit den Leiden des Herrn?‹ Aber dann dämmerte es mir — bis auf die letzten drei Tage hat er doch eine ganz fabelhafte Zeit gehabt!« Die Leute

biegen sich vor Lachen; dem verzagten Teenager bleibt der Mund offen stehen. Dann aber kichert das Mädchen.
Tommy sieht auf die Uhr. Es ist halb zehn. »Ich danke euch allen. Es war ein großartiges Meeting, aber jetzt ist es Zeit zum Aufhören«, sagt er. »Wer von euch mag, spricht jetzt mit mir den Gelassenheitsspruch.« Dreißig Menschen erheben sich und fassen einander bei den Händen. Dann sprechen sie laut:

»Gott gebe mir die Gelassenheit,
Dinge hinzunehmen, die ich nicht ändern kann,
den Mut, Dinge zu ändern, die ich ändern kann,
und die Weisheit, das eine vom anderen zu unterscheiden.«

Jeder drückt die Hände, die er hält, und sagt: »Komm wieder! Es hilft.« Freunde gehen gemeinsam in kleinen Gruppen fort, verabreden noch eine Einkehr in der nächsten Imbißstube und nehmen dabei den einen oder anderen Neuling mit. Ein paar bleiben noch da, um die Stühle aufzuräumen, die Aschenbecher zu leeren und die Kaffeemaschine und die Gebäckteller abzuspülen. Das Meeting ist zu Ende.
Jeder — Anfänger wie Veteran — bekommt immer wieder dieselbe Litanei zu hören: »Laß das erste Glas stehen.« »Nur die nächsten vierundzwanzig Stunden zählen.« »Geh ins Meeting.« Diese drei Anweisungen sind alles, was AA an »Geboten« kennt. Sie wirken unglaublich simpel. Aber gerade das ist einer der Hauptgründe für den Erfolg von AA: Sie konfrontieren den Neuen nicht mit der schrecklichen, unvorstellbaren Aussicht, für den Rest seines Lebens Abstinenzler sein zu müssen, sondern reduzieren das Problem auf eine überschaubare Dimension. AA-Zugehörige sollen nur das erste Glas stehenlassen, und das nur heute. Das Gestern ist ein abgeschlossenes Kapitel; was morgen geschieht, muß sich erst noch herausstellen. Auf diesen Gedanken ist noch keine Temperenz- oder Prohibitionsbewegung gekommen; immer mußte man für sein ganzes Leben »geloben«.

Der Neuling lernt am Beispiel der anderen und durch ihre Anekdoten, wie man es schafft, das erste Glas wenigstens vierundzwanzig Stunden stehenzulassen — oder auch nur eine Stunde, falls er den Gedanken an einen ganzen Tag ohne Alkohol nicht erträgt. Wer rückfällig wird und wieder trinkt, kann das 24-Stunden-Versprechen heimlich erneuern. Die AA lernen, wie man sich vor dem ersten Glas schützt, und damit vor dem nächsten und dem übernächsten. Sie versuchen, im Heute zu leben. »Jeder Mensch hält es aus, einen Tag nicht zu trinken«, erklärt man den Neuen.

Was AA-Zugehörige innerhalb und außerhalb der Meetings an Erfahrung und vorbildlicher Haltung weitergeben, ist gar nicht zu überschätzen. Ein aktiver Alkoholiker mag sich dagegen sperren, einem Anonymen Alkoholiker auch nur zuzuhören, aber er weiß doch, daß der AA-Zugehörige die ganze Misere, in der der Trinker selbst noch lebt, aus eigener Anschauung kennt. Der Neue lernt sehr schnell, daß über ihn nicht der Stab gebrochen wird und daß er kein einmaliger Sonderfall ist. Für manche ist das eine verblüffende Entdeckung.

In dem Buch *The A. A. Experience: A Close-Up View for Professionals* von Milton A. Maxwell, einem Soziologen und zeitweiligen nicht-alkoholkranken AA-Trustee, beschreiben neue AA-Zugehörige und solche, die bereits seit einiger Zeit trocken sind, wie es ihnen vorher ging und wie sie das erste Meeting empfanden.

»Frau, 42, seit sechs Monaten bei AA trocken: ›Vor dem ersten Meeting habe ich Wein getrunken und war ganz schön zu, weil ich entsetzliche Angst hatte. Ich wußte ja nicht, was auf mich zukommt. Ich weiß nicht mehr, wer die Redner waren und was sie gesagt haben. Vorher hatte ich geglaubt, daß es hoffnungslos wäre und daß ich nie mehr mit dem Saufen aufhören könnte, und ich habe gedacht, daß ich bald sterben müßte und nichts dagegen tun könnte. Aber als ich aus dem Meeting rausging, hatte ich so was wie Hoffnung. Und ich hatte das Gefühl, daß das Leute waren, die sich wirklich kümmern, und das war irgendwie ganz neu für mich, weil ich bisher nie das Gefühl hatte, daß sich jemand wirklich kümmert.‹

Frau, 40, seit sechs Jahren trocken: ›Ich war immer noch aufgekratzt und nervös und krank, als ich mein erstes Meeting besuchte — ein großes Meeting mit ziemlich wenig Frauen. Ich war überwältigt. Alles, woran ich mich erinnere, sind die Menschen dort, nicht der Redner. Ich sah mir die Frauen an. Eine hielt ich für eine Sozialarbeiterin, und die anderen mußten wohl die Frauen oder Verwandten von Alkoholikern sein. Ich fürchtete, die einzige trinkende Frau im Saal zu sein, und es war absolut unglaublich, als hinterher alle diese Frauen zu mir kamen und mir sagten, daß sie auch Alkoholikerinnen waren! Mir fiel wirklich ein ganzer Zentner Steine vom Herzen, daß es also auch andere Frauen gab, die tranken und besoffen wurden — Mütter wie ich. Das ist wirklich alles, was ich noch weiß — außer, daß ich dort Zuneigung spürte und irgend etwas, das mir guttat.‹

Mann, seit kurzem trocken: ›Das erste Wunderbare, das mir bei AA eröffnet wurde, war, daß es Millionen Leute wie mich gibt und daß das kein Grund ist, sich zu schämen, weil man etwas dagegen tun kann.‹

Mann, 35, seit zwei Jahren trocken: ›Bei meinem ersten Meeting war ich sprachlos, weil die Leute über Ängste und Probleme sprachen, die ich auch hatte, über die ich aber mit niemandem geredet habe. Das hat mir gleich zugesagt. Ich hatte den Eindruck, daß ich wo hingekommen war, wo ich zu Hause war, und daß diese Leute wußten, wovon sie redeten. Sie hatten dieselbe Ochsentour hinter sich wie ich.‹

Frau, 32, seit vier Jahren trocken: ›Bei meinem ersten Meeting haben meine Hände gezittert wie Espenlaub. Ich war an dem Punkt angelangt, wo ich Angst vor Menschenansammlungen hatte, und bin fast in Panik geraten, als ich in diesen Raum kam. Aber die Leute sahen glücklich und freundlich aus. Dann fragte mich eine Frau, ob ich eine Tasse Kaffee haben wollte. Ich geriet wieder in Panik, weil ich wußte, daß ich die Tasse nicht halten konnte, ohne alles zu verschütten. Da legte sie mir die Hand auf den Arm und sah mir in die Augen und sagte: ‚Ich halte sie dir.‘ Als ich ihr in die Augen sah, merkte ich, daß sie alles wußte.«« AA raten dem Neuling, bei den ersten Meetings einfach nur dabeizusitzen und zuzuhören. Dem Anfänger wird auch empfohlen: »Identifiziere dich, vergleiche dich nicht.« Der Zuhörer soll, wenn ein Redner seine Säuferkarriere erzählt, auf Ähnlichkeiten mit der eigenen Lebensgeschichte achten und nicht auf das, was anders ist. Alkoholiker, die neu bei AA sind und verzweifelt wieder weg wollen, klammern sich oft an diese Unterschiede. Die Maxwell-Studie bringt ein typisches Beispiel: »Mann, 47, seit acht Jahren trocken: ›Mein erstes Meeting war ein Diskussionsmeeting. Die Leute redeten über Blechschäden an ihren Autos, über ihre Scheidung und wie sie ihre Kinder prügelten, und ich dachte mir: ‚Ach du meine Güte, deren Sorgen möchte ich haben.‘ Aber dann redete jemand plötzlich vom Filmriß, und das machte mich stutzig. Ich fragte ihn: ‚Was meinen Sie damit?‘ Da erklärten sie mir, daß das die Zeitspanne ist, an die man sich nicht mehr erinnern kann. Ich sagte: ‚Mein Gott, das habe ich seit Jahren!‘ Ich war in all den Jahren immer wieder in Schwulitäten gekommen. Ich habe den Leuten alles Mögliche versprochen und dann nicht gehalten, und sie haben dann zu mir gesagt: ‚Ja, weißt du denn nicht mehr, daß du das und das gesagt hast?‘, und ich mußte zugeben, daß ich mich nicht mehr erinnern konnte. Ich glaube, ich habe mich mehr mit dem Filmriß identifiziert als mit irgendwas anderem.‹«

Fast immer ist es für neue AA eine ausgesprochene Qual, laut zugeben zu müssen, daß sie Alkoholiker sind. Sobald sie aber merken, daß es nicht um Schuld und Scham geht, sondern um Hoffnung, wird für sie der Satz »Ich heiße XY, ich bin Alkoholiker(in)« zur stolzen Bekräftigung ihrer Zugehörigkeit zu den AA. Mit der ständigen Wiederholung dieser Formel verliert sich die Scham völlig. Was der Satz aussagt, ist dies: Wir haben alle dieselbe Krankheit, wir akzeptieren, daß wir sie nicht kontrollieren können, nur heute wollen wir sie aufhalten, mit Hilfe einer Macht, die größer ist als wir selbst. Er erinnert die Zugehörigen

auch daran, daß nur ein einziges Glas den genesenen Alkoholiker vom Trinker trennt.
Neben dem geschlossenen Meeting gibt es auch offene Meetings, bei denen Freunde und Angehörige willkommen sind. Beim offenen Meeting gibt es in der Regel drei Redner sowie einen Sprecher zwischen den Rednern, der zuweilen als Auftakt seine eigene Geschichte erzählt. Es gibt Gruppenmitglieder, die das offene Meeting meiden, weil sie die echte, rückhaltlose Dramatik und den Humor der Anonymen Alkoholiker im geschlossenen Meeting brauchen. Trotzdem haben die offenen Meetings einen bestimmten Vorzug für den noch schwankenden Interessenten: Sie stellen dem Neuling im allgemeinen drei Redner vor, die ausführlich ihre Geschichte erzählen, und nicht bloß einen einzigen Redner nebst einer verwirrenden Publikumsdiskussion. Das bestätigen auch die folgenden Berichte aus der Maxwell-Studie.
»Mann, 41, seit fünf Jahren trocken, über sein erstes — ein offenes — Meeting: ›Der erste Redner war ein gestandenes Mannsbild, der typische schwere Säufer, ein Trinkertyp, mit dem ich mich überhaupt nicht identifizieren konnte. Nachdem ich den gehört hatte, habe ich mich sogar gefragt, ob ich hier an der richtigen Stelle bin. Dann kam eine Frau. Sie hatte ein Trinkproblem, das ganz ähnlich wie meines war. Sie stammte auch aus einer Familie von Nichtalkoholikern und hatte in ihrer College-Zeit sehr wenig getrunken. Als sie zwanzig war, ging es dann allmählich los. Ich konnte mich ganz schnell mit ihr identifizieren, und das weckte mein Interesse für AA und veranlaßte mich, wiederzukommen und mehr darüber zu hören.‹
Frau, 52, seit vier Monaten trocken, war zuerst in einem geschlossenen Meeting: ›Mein erstes Meeting war in einer Wohnung. Fast nur Männer, nur vier Frauen. Ich fürchtete, daß ich mit den Männern wohl nicht reden konnte, weil ihre Erfahrungen ganz andere waren als meine. Aber mit den Frauen konnte ich auch nicht reden. Die Ausdrucksweise, die ich dort hörte, hat mich erschreckt, und ich habe wirklich gedacht, daß ich viel-

leicht einen Fehler gemacht hatte, weil ich da nicht reinpaßte. Am nächsten Tag rief ich den Geistlichen an, der mich beraten hatte, und er gab mir die Adresse einer Frau, von der er glaubte, daß ich mit ihr reden konnte. Und das war toll. Diese Frau ist noch immer meine Sponsorin (beste Freundin und Mentorin bei den AA), und sie ist phantastisch. Damals brachte sie mich in andere Gruppen, wo ich mich wohler fühlte. Aber inzwischen bin ich auch wieder in die ursprüngliche Gruppe gegangen, und jetzt gefällt es mir dort.‹«

Viele Neue probieren mehrere Gruppen aus, bis sie eine oder mehrere finden, die ihrem Temperament und ihrem Hintergrund entsprechen und ihnen Anregung und Zuspruch bieten. Die Gruppe, in die sie am häufigsten gehen, ist ihre Stammgruppe. Andere Gruppenmitglieder sind von der unendlichen Vielfalt der Gruppen zumal in Großstädten so fasziniert, daß sie von Meeting zu Meeting ziehen, um den riesigen bunten Teller durchzuprobieren. Allerdings ist es schwerer, auf diese Art Freundschaften zu schließen, zudem gilt die Zugehörigkeit zu einer Stammgruppe als nützlicher Rettungsanker für jeden AA. Eine Malerin, die jahrelang von Gruppe zu Gruppe sprang und dabei keinen festen Kontakt zu AA bekam, machte schließlich Ernst und fand eine Gruppe von dreißig Leuten, in der sie glücklich ist. Mehrmals wöchentlich geht sie morgens um halb acht ins Meeting, bevor sie in ihr Atelier fährt; andere Gruppen besucht sie kaum noch. Sie erklärt auch, warum: »Ich stehe richtig auf diese Gruppe! Es ist wie bei einer Fernsehserie — ich muß einfach wiederkommen und sehen, wie es weitergeht.«

In der Subkultur der AA sind die meisten Erfolgsmaßstäbe der »normalen« Welt außer Kraft gesetzt. AA fragen einander in der Regel nicht, wie alt sie sind, welchen Beruf sie haben, wo sie arbeiten oder wo sie in die Schule gegangen sind. Die Kleidung eines Zugehörigen, seine Art, mit der Sprache umzugehen, die Größe seines Bankkontos, die Auszeichnungen und Ehrungen, die er vielleicht empfangen hat — das alles ist bei AA unwichtig. Daneben verweigern sich AA bewußt dem, was »man« tut oder hat. Ihre Sprache ist weder blumig noch gestelzt. Man scheut das intellektuelle Geschwätz, die großen Worte und das Psychologisieren. Es gibt eine Gruppe in Manhattan, die vornehmlich von kreativen oder pseudo-kreativen Leuten besucht wird. Eines Abends redeten die Gruppenmitglieder endlos über ihre Schreibhemmungen, ihre narzißtischen Kränkungen, ihre psychologischen Probleme. Eine Menge bedeutungsschwangerer Vokabeln flogen hin und her. Gegen Ende des Meetings meldete sich aus dem Hintergrund ein großer, bulliger Veteran namens Joe zu Wort. »Ich heiße Joe, ich bin ein Alkie. Ich hab mir dies beschissene Zeug den ganzen Abend angehört, und wenn ihr mich fragt: ihr spinnt alle hochgradig!« Fast alle mußten lachen.

Die Gruppenmitglieder ziehen sich unauffällig an. In den Städten kann man ohne weiteres in Jeans und Pulli zum Meeting kommen. Wer sich in Schale wirft, um zum Meeting zu gehen, macht eine komische Figur.

Selbstachtung wird gefördert, nicht aber der eitle Stolz auf das, was einer in der Welt draußen tut oder geleistet hat. Ein Arzt aus einer Ärztegruppe bei den AA beschreibt, wie jeder von sich selbst eingenommene Neuling allmählich einlenkt: »Alle neuen Ärzte, die zu uns kommen, stehen unter einem ungeheuren Zwang, ihre akademische Biographie erzählen zu müssen: die medizinischen Fakultäten, an denen sie waren, die Krankenhäuser, an denen sie arbeiten. Sie müssen jedermann davon überzeugen, daß sie medizinisch ungeheuer beschlagen sind. Sie machen Anspielungen auf medizinische Diskussionen. Aber irgendwie und ohne daß irgend jemand etwas zu ihnen sagt, verliert sich dieses Verhalten allmählich. Die Neuen begreifen, daß die Botschaft der Gruppe nicht heißt ›Ich bin das, was ich tue‹, sondern ›Du bist das, wie nüchtern du heute bist — und alles andere ist unwichtig.‹«

Die Gruppenmitglieder hören beim Meeting jedem Redner höflich zu, auch wenn er sich in übertriebenem Eigenlob ergeht. Wer nicht restlos mit sich selbst beschäftigt ist, merkt an den ausdruckslosen Gesichtern und der leichten Unruhe im Saal, daß er besser aufhört oder seinem Bericht eine andere Wendung gibt. Die Gruppe hat viele Möglichkeiten, jemanden zu belohnen, der darum kämpft, nüchtern zu bleiben und ein besserer Mensch zu werden. Man schärft ihm ein, daß er zu jeder Tages- und Nachtzeit einen AA-Freund kontaktieren kann, wenn er über seine Probleme und Nöte sprechen will oder Hilfe braucht. Die Anonymität schützt ihn, und Rückfälle werden vergeben. Niemand bedrängt widerstrebende Gruppenmitglieder, im Meeting ihre Geschichte zu erzählen oder auch nur ein Wort zu sagen, wenn ihnen nicht danach ist. Die AA sagen: »Bring deinen Körper ins Meeting mit. Der Geist wird schon nachkommen.« Das heißt, der Neuling wird irgendwann verstehen, worauf es ankommt, und selber etwas dazu beitragen wollen. Eine andere AA-Redensart lautet: »Bemühe dich um positives Denken. Um positives Handeln brauchst du dich bei uns nicht zu bemühen.«

Zum gegebenen Zeitpunkt spüren die meisten Zugehörigen den Wunsch, sich auszusprechen und damit sich selbst und anderen zu helfen. »AA ist kein Ort, um sich verstecken«, sagt jemand. »Es ist ein Ort, wo man etwas tut, wo man gesund werden will.« Jedem Trinker ist es zur zweiten Natur geworden, sein innerstes Ich zu maskieren, jeden anzuschwindeln und überall zu lügen, um seine Gewohnheit beibehalten zu können. Deshalb ist das aufrichtige Gespräch mit anderen, die Verständnis haben, eine entscheidende Stärke der Anonymen Alkoholiker. Wer seine eigene Geschichte erzählt und dabei neue Wahrheiten über sich selbst entdeckt, befreit sich nach und nach von der Last jahrelanger Schuldgefühle und Verleugnungen.

Ein Priester, der schon lange Zeit bei AA ist, gibt jedoch zu bedenken, daß diese Art der Katharsis nicht mit der katholischen Beichte zu vergleichen ist. »Das ist nichts Vorstrukturiertes«, meinte er, »wo die großen und kleinen Sünden aufgezählt werden und man diese definierten Sünden bekennt und es eine bestimmte Buße oder Strafe für sie gibt, nach dem Schema ›wenn du das und das getan hast, mußt du soundsoviele Ave Maria oder Rosenkränze beten‹, und danach geht man als sündenfreier Mensch aus der Kirche, bis zur nächsten Beichte.« Ein Alkoholiker sagte nach einem AA-Meeting zu einem ebenfalls anwesenden Priester: »Pater, das hat richtig gut getan, wieder zu beichten«, worauf der Priester erwiderte: »Es ist keine Sünde, die Gastgeberin vollzukotzen!«

Damian McElrath, ein beängstigend gescheiter ehemaliger Franziskanerpriester, der jetzt im Hazelden Rehabilitation Center bei Center City (Minnesota) arbeitet, sagt:

»Das Wesen der AA ist das Gespräch, der Dialog, den ein Alkoholiker mit dem anderen Alkoholiker führt, sei es im Meeting oder bei einer Tasse Kaffee außerhalb des Meetings. Das Problem beim aktiven Alkoholiker ist, daß sein Leben ein Monolog ist — er hat nur zu seinem eigenen süchtigen Ich Kontakt, und das ist alles. Neunzig Prozent des Genesungsprozesses resultieren aus dem Gespräch von Mensch zu Mensch. Selbsterkenntnis ist der Anfang aller Weisheit. Bei AA hat man zuerst zu sich selbst Kontakt. Dann zu den Mitmenschen. Dann zu der höheren Macht. Man kann nicht sagen: ›Ich liebe Gott und hasse meinen Bruder.‹«

Nur ganz wenige Alkoholiker gelten als wirklich hoffnungslose Fälle. Trotzdem gibt es einige, die es bei AA niemals schaffen werden. Dr. Anne Geller, Leiterin des Behandlungszentrums an der Smithers-Klinik in Manhattan, definiert sie:

»Menschen, die, auch wenn sie nicht trinken, psychopathisch isoliert und abgekapselt sind, werden es bei AA nicht leicht haben. Menschen, die sich hartnäckig als etwas Einzigartiges und Besonderes gegenüber allen anderen Menschen vorkommen, werden es nicht leicht haben. Menschen, die ein Verhalten wiederholen, das fehlangepaßt ist, und die nicht auf das hören können, was die AA-Gemeinschaft ihnen in Worten und durch ihr Beispiel zu verstehen gibt, werden sich bei AA schwer tun. Die Zornigen und Paranoiden werden dort nicht glücklich sein. Man muß eine gewisse Einfühlungsgabe mitbringen. Wenn man nicht fähig ist, sich selbst im anderen zu sehen, wird es schwierig.«

Dr. Geller hat Tausende von Alkoholikern beobachtet und behandelt, seit sie 1977 an die Smithers-Klinik kam. In England geboren und in Oxford ausgebildet, ist sie Neurologin und Psychiaterin. Sie hat ein scharfgeschnittenes, intelligentes Gesicht und lustige Augen, die zu Schlitzen werden, wenn sie lacht, was häufig vorkommt. Sie wirkt bedächtig, und sie ist eine aufmerksame und einfühlende Zuhörerin. Als Feministin hat sie in vielen Selbsterfahrungsgruppen mitgewirkt, und sie hat auch untersucht, was das Gemeinsame und das Trennende zwischen diesen Gruppen und den AA ist. Sie meint dazu:

»Gemeinsam ist beiden, daß sie einen Ort anbieten, wo ein stigmatisierter Mensch sich hinwenden kann, wo er akzeptiert wird und frei über die Situation seiner Stigmatisierung reden kann. Es ist hier eine narzißtische Kränkung im Spiel — eine Wunde am eigenen Selbstverständnis. Der Alkoholiker hat diese Wunde, und die Frau hat sie, die von klein auf lernen mußte, sich zu erniedrigen. Was die AA bieten, ist eine Methode, diese Wunde zu heilen, wie sie bei anderen Selbsthilfegruppen unbekannt ist, die häufig zum Kaffeeklatsch absinken. Was den AA das klinische Plus gibt, ist folgendes: Man wird für das akzeptiert, was man ist, nicht für das, was man tut; die Gruppe stützt einen in vielfältiger Weise einfach dafür, daß man nüchtern bleibt; und schließlich ist man in der Lage, anderen zu helfen. Gerade dieses Plus ist für mich entscheidend und gibt AA die ungeheure Stärke. Jeder Anfänger kann das Genesungsprogramm absolvieren und selbst ein geachteter ›Alter‹ werden. Das führt weg vom festgelegten Rollenschema ›Verräter‹ und ›Verratener‹. Es gibt ganz viele Selbsthilfegruppen, bei denen diese Komponente fehlt.«

Viele Alkoholiker haben zuerst anderswo Hilfe gesucht, bevor sie zum erstenmal den Fuß über die Schwelle eines AA-Meetings setzten. Aber diese anderen Helfer waren fast ausnahmslos »Höhergestellte« — Ärzte, Vorgesetzte, Angehörige der Geistlichkeit, Vertreter des Juristenstandes, Berater aller Art, Ehepartner, die gar nicht oder nur mäßig tranken. Für den Neuling ist es ganz wunderbar, sich unter Leuten zu befinden, die alle einmal so tief gesunken waren wie er — oft sogar noch tiefer. Nach kurzer Zeit kann es sehr tröstlich sein, wenn man hört, wie jemand vor vielen anteilnehmenden Zuhörern erzählt, was für ein mieses Stück er selbst früher war.

Die Hilfe funktioniert in beiden Richtungen. Bill Wilson schreibt im »Big Book«:

»Praktische Erfahrung zeigt, daß nichts so sehr die Nüchternheit stabilisiert wie intensive Arbeit mit anderen Alkoholikern. Das funktioniert auch, wenn alle anderen Aktivitäten versagen. Das ist unsere *Zwölfte* Empfehlung: Geben Sie diese Botschaft an andere Alkoholiker weiter! Sie können helfen, wenn niemand sonst es kann. Sie können das Vertrauen von Alkoholikern erwerben, wenn andere hilflos sind. Denken Sie daran, daß diejenigen, die noch trinken, sehr krank sind.«[2]

»Ihr Leben bekommt einen neuen Sinn. Zu sehen, wie Menschen sich erholen, wie sie wiederum anderen helfen, wie die Einsamkeit verschwindet, wie die Gemeinschaft um Sie herum wächst und wie Sie Freunde gewinnen, das sind Erfahrungen, die Sie nicht missen sollten. Wir sind sicher, daß keiner von Ihnen das missen möchte. Begegnung mit den Neuen und häufiger Kontakt untereinander, das sind Lichtblicke in unserem Leben.«[3]

Wilson hat oft gesagt und geschrieben, daß es nichts Originelles in den AA-Grundsätzen gibt, daß die Zwölf Schritte eine Synthese von Ideen sind, die er der Religion, der Medizin und der Erfahrung entnahm. Die Vorstellung freilich, daß ein Trinker dem anderen helfen könne, unter der einzigen Voraussetzung, daß er nüchtern ist — diese Vorstellung galt noch vor wenigen Jahren als lachhaft. Diese und andere AA-Gedanken sind mit

[2] *Anonyme Alkoholiker, S. 103*
[3] *ebd.*

Erfolg aufgegriffen worden von Gruppen wie etwa Al-Anon und Alateen (für die Angehörigen und Kinder von Alkoholikern), Narcotics Anonymous, Gamblers Anonymous und Overeaters Anonymous.

1939, erst vier Jahre nach der Gründung von AA, erläuterte Wilson im »Big Book«, warum AA auch mit scheinbar unmöglichen Trinkern Erfolg hatten:

»Derjenige, der auf den Alkoholiker zugeht, hatte die gleichen Schwierigkeiten und weiß, wovon er spricht. Aus der ganzen Haltung seines Gesprächspartners erkennt der Betroffene, daß das der Mann mit der richtigen Antwort ist. Dieser Mann hat nicht die Einstellung: ›Ich bin besser als du!‹ Er hat nur den aufrichtigen Wunsch zu helfen. Es sind keine Beiträge zu zahlen, es werden keine eigennützigen Zwecke verfolgt, es wird niemandem schön getan, es müssen keine Moralpredigten ertragen werden. Das sind die wirksamsten Voraussetzungen dafür, daß jemand aufstehen und wieder leben kann.«[4]

Der Zwölfte Schritt der Anonymen Alkoholiker lautet: »Nachdem wir durch diese Schritte ein seelisches Erwachen erlebt hatten, versuchten wir, diese Botschaft an Alkoholiker weiterzugeben und unser tägliches Leben nach diesen Grundsätzen auszurichten.«[5]

»Arbeit im Zwölften Schritt« ist einfach AA-Jargon für den Besuch bei einem Alkoholiker, der um Hilfe gebeten hat. AA-Zugehörige sollten einen solchen Besuch nach Möglichkeit nicht allein machen und auch nicht aktive Alkoholiker besuchen, die dem jeweils anderen Geschlecht angehören. Die Erfahrung hat gezeigt, daß zwei Personen desselben Geschlechts wirksame Arbeit leisten können. Mehr als zwei Leute könnten einschüchternd wirken, während es umgekehrt beängstigend sein kann, mit einem aktiven Alkoholiker allein zu sein. Es ist sinnlos, jemandem zuzureden, der betrunken ist; es dringt sowieso nichts

[4] *a. a. O.*, S. 22f.
[5] *a. a. O.*, S. 69

zu ihm durch. Eine günstige Zeit ist der »Morgen danach«; viele Trinker sind zugänglicher, wenn sie deprimiert, nervös, voller Reue oder auch einfach verkatert sind. AA besuchen einen Kandidaten in der Regel nicht im Beisein von Zeugen, wie etwa Familienmitgliedern. (Allerdings machen sich Behandlungszentren und andere mit dem Alkoholismus befaßte Einrichtungen mehr und mehr die Technik der »Intervention« zunutze, wobei der Alkoholiker von ihm nahestehenden Menschen zur Rede gestellt wird. Die Interventionsmethode wurde in den siebziger Jahren von Vernon Johnson, dem Gründer des Johnson Institute in Minneapolis, entwickelt und 1978 mit Erfolg bei Betty Ford, der Frau des früheren amerikanischen Präsidenten Ford, angewendet.)

Vor mehr als einem halben Jahrhundert hat Bill Wilson in seinem »Big Book« beschrieben, wie ein solcher Besuch aussehen kann, und seine Anregungen dürften heute so treffend sein wie eh und je. Er dachte nur an Männer, weil es bei den AA-Pionieren nur ganz vereinzelt weibliche Alkoholiker gab. Wilson schreibt:

»Fallen Sie nicht mit der Tür ins Haus, beginnen Sie mit ganz allgemeinen Dingen und kommen Sie nach einer Weile auf das Trinken zu sprechen. Erzählen Sie ihm einiges über Ihre Trinkgewohnheiten, Symptome und Erfahrungen, um ihn zu ermutigen, über sich selbst zu sprechen. Wenn er sprechen möchte, lassen Sie ihn. Auf diese Weise wird Ihnen klarer, wie Sie weitermachen können. Wenn er nicht mitteilsam ist, geben Sie ihm einen kurzen Überblick über Ihr Trinkerleben bis zu dem Zeitpunkt, an dem Sie aufgehört haben. Aber sagen Sie jetzt noch nicht, wie das gelungen ist. Wenn er niedergeschlagen ist, erzählen Sie ausführlich von den Schwierigkeiten, die Ihnen der Alkohol bereitet hat. Dabei sollten Sie es vermeiden, zu predigen oder zu belehren. Wenn er guter Laune ist, erzählen Sie ihm lustige Episoden aus Ihrer Vergangenheit. Bringen Sie ihn so weit, daß er von seinen eigenen Erlebnissen spricht.

Wenn er merkt, daß Sie alle Trinkertricks kennen, dann geben

Sie sich ihm als Alkoholiker zu erkennen. Erzählen Sie ihm, wie durcheinander Sie waren und wie Sie schließlich erfahren haben, daß Sie krank sind. Erzählen Sie ihm genau, welche verzweifelten Versuche Sie gemacht haben, um aufzuhören. Beschreiben Sie ihm das verwirrte Denken, das wieder zum ersten Glas und damit zum nächsten Rausch führt . . . Wenn er Alkoholiker ist, wird er Sie sofort verstehen. Er wird Ihre geistigen Ungereimtheiten mit seinen eigenen vergleichen.

Wenn Sie überzeugt sind, daß er wirklich Alkoholiker ist, beschreiben Sie ihm die Hoffnungslosigkcit der Krankheit. Zeigen Sie ihm anhand Ihrer eigenen Erfahrungen, wie verwirrt der Geisteszustand ist, der zum ersten Glas führt und der das Funktionieren der Willenskraft verhindert. Beziehen Sie sich jetzt noch nicht auf dieses Buch, es sei denn, er hätte es schon gesehen und möchte darüber sprechen. Hüten Sie sich davor, ihn als Alkoholiker abzustempeln. Lassen Sie ihn seine eigenen Schlüsse ziehen. Wenn er weiterhin meint, kontrolliert trinken zu können, sagen Sic ihm, daß er das möglicherweise kann — wenn sein Alkoholismus noch nicht zu weit fortgeschritten ist. Beharren Sie darauf, daß seine Chancen auf Genesung aus eigener Kraft gering sind, wenn er ernsthaft krank ist.

Sprechen Sie weiterhin vom Alkoholismus als einer Krankheit mit tödlichem Ausgang. Sprechen Sie mit ihm über die körperlichen und geistigen Begleiterscheinungen des Alkoholismus. Lenken Sie seine Aufmerksamkeit auf Ihre eigenen Erfahrungen. Erklären Sie ihm, daß viele zum Untergang bestimmt sind, die ihre mißliche Lage nicht wahrhaben wollen. Die Ärzte sind zu Recht abgeneigt, ihren Alkoholiker-Patienten die ganze Wahrheit zu sagen, es sei denn, es dient einem guten Ziel. Sie aber können mit ihm über die Hoffnungslosigkeit des Alkoholismus reden, denn Sie bieten eine Lösung an.«[6]

AA-Zugehörige, die im Zwölften Schritt arbeiten, beherzigen noch heute Wilsons Rat, keinen Druck auf den Alkoholiker aus-

[6] *a. a. O.*, S. 106f.

zuüben, ihn zu irgend etwas zu verpflichten oder auf weiteren Besuchen zu bestehen, wenn er dies nicht wünscht. Wilson schreibt:

»Wenn das, was Sie gesagt haben, vernünftig, ruhig und voll menschlichem Verständnis war, haben Sie vielleicht einen Freund gewonnen. Vielleicht haben Sie ihn durch das Gespräch über den Alkoholismus nachdenklich gemacht. Das wäre nur zu seinem Besten. Je hoffnungsloser er sich fühlt, um so besser. Er wird dann eher Ihren Vorschlägen folgen . . .

. . . dehnen Sie den Besuch nicht zu lange aus. Geben Sie ihm Gelegenheit, über alles nachzudenken . . . Hat er nämlich später Schwierigkeiten, könnte er sagen, Sie hätten ihn gedrängt . . . Vermeiden Sie, im Gespräch den Eindruck spiritueller und moralischer Überlegenheit zu erwecken. Bieten Sie ihm nur das seelische Rüstzeug an und zeigen Sie ihm, was Sie damit erreicht haben. Bieten Sie ihm Freundschaft und Kameradschaft an. Sagen Sie ihm, daß Sie alles tun werden, um ihm zu helfen, wenn er gesund werden will.«[7]

Das soll natürlich nicht heißen, daß AA-Zugehörige, die im Zwölften Schritt arbeiten, Wilsons Ausführungen auswendig lernen oder bis aufs I-Tüpfelchen befolgen. Viel häufiger ist das einzige Vorbild, das sie haben, ein erfahrenes Gruppenmitglied, mit dem zusammen sie einen Alkoholiker besuchen. Wie der Reporter die Technik des Interviews und der Arzt das Verhalten am Krankenbett, lernt auch der AA-Zugehörige durch Zuhören und Tun. Manche Menschen haben instinktiv »den Bogen raus«. Andere lernen es nie.

AA-Zugehörige sind rasch und ohne zu fragen zur Stelle, wenn ein Problemtrinker um Hilfe bittet. Dafür gibt es viele Gründe, die dem Außenstehenden vielleicht nicht alle unmittelbar einleuchten. Zum einen macht es Spaß, den lieben Gott zu spielen. Ferner ist die oft schockierende und dramatische Arbeit mit aktiven Alkoholikern eine heilsame Warnung an allzu selbstsiche-

[7] *a. a. O.,* S. 109f.

re AA, die sich für alle Zeiten gegen die Gefahr eines Rückfalls gefeit glauben. Die Arbeit im Zwölften Schritt ist außerdem die einzige Möglichkeit für alle Zugehörigen, in der Praxis ihre Dankesschuld gegenüber jenen Personen abzutragen, die *ihnen* zur Nüchternheit verholfen haben. Diese Schuld ist enorm groß. Auch ist der rein altruistische Akt des Helfens ohne den Hintergedanken an Belohnung zutiefst befriedigend. Mahatma Gandhi hat gesagt, daß jedes menschliche Tun einen Sinn bekommt, wenn man es als Dienen auffaßt. Die meisten AA-Zugehörigen haben mit Freuden miterlebt, wie ein scheinbar »hoffnungsloser« Trinker bei den Anonymen Alkoholikern sich änderte, sich weiterentwickelte und gesund wurde.

In einer anderen AA-Schrift über den Umgang mit Anfängern heißt es: »Neulingen ist mit pompösen Predigten über die Zwölf Schritte oder mit komplizierten Interpretationen selten gedient. Die Schritte sprechen ganz klar für sich selbst, und natürlich steht es jedem Neuling frei, sie in seinem Sinne zu interpretieren und zu benutzen.« AA-Zugehörige sehen in den Zwölf Schritten keine unumstößlichen Gesetzestafeln, sondern eher eine Art Landkarte für den Weg zu einem erfreulichen Leben in Nüchternheit. Auf sechs unmittelbar verständliche Grundsätze verkürzt, könnte sich das AA-Programm etwa so lesen:

1. Wir geben zu, daß wir am Ende sind und uns aus eigener Kraft nicht helfen können.
2. Wir hören auf, uns selbst etwas vorzumachen.
3. Wir sprechen uns bei einem anderen Menschen aus.
4. Wir versuchen, bei Menschen, denen wir Schaden zugefügt haben, den Schaden wiedergutzumachen.
5. Wir beten zu einer »Höheren Macht«, wie wir sie verstehen, und sei es nur versuchsweise; oder wir stellen uns unsere Gruppe als »Höhere Macht« vor.
6. Wir versuchen, um unserer selbst willen und ohne Einschränkung anderen Alkoholikern etwas von uns zu geben, und zwar ohne den Gedanken an Belohnung.

Auch für Langzeitzugehörige sind die Schritte manchmal schwer zu begreifen. Bei einem Meeting, das jüngst in New York stattfand, berichtete eine junge Frau, wie verzweifelt sie sich damit abquälte, die Schritte in ihr turbulentes Leben einzubauen. Besondere Schwierigkeiten hatte sie mit den ersten drei: »Wir gaben zu, daß wir dem Alkohol gegenüber machtlos sind — und unser Leben nicht mehr meistern konnten«, »Wir kamen zu dem Glauben, daß eine Macht, größer als wir selbst, uns unsere geistige Gesundheit wiedergeben kann«, »Wir faßten den Entschluß, unseren Willen und unser Leben der Sorge Gottes — wie wir Ihn verstanden — anzuvertrauen«.[8] Nachdem sie einige Minuten so gemault hatte, meldete sich ein Veteran. »Die ersten drei Schritte«, sagte dieser erfahrene AA, »sind: Ich kann nicht. ER kann. Überlaß es Ihm.«
Es ist bei Neulingen eine verbreitete Befürchtung, daß Nüchternheit gleichbedeutend ist mit Langeweile und Langweiligkeit. Ein junger Mann, der neu bei den AA war, erzählte, wie er zu einem nicht-alkoholkranken Freund gesagt habe: »Ich werde ein schöner Langweiler sein, jetzt, wo ich bei AA bin!« Der Freund gab zur Antwort: »Meinst du, du warst kein Langweiler, wenn du an einem Abend zwanzigmal dasselbe erzählt hast?« Ein AA-Zugehöriger nennt diese Befürchtung das »Ich-werde-nie-mehr-lachen-Syndrom«. »Wie kann ich jemals wieder eine Party genießen?« fragen viele Anfänger. Die Antwort lautet: Genesene Alkoholiker kommen bei Parties sehr wohl auf ihre Kosten, ganz ähnlich, wie Kinder bei einem fröhlichen Fest vor lauter guter Laune wie beschwipst sind, ohne einen einzigen Tropfen anzurühren. »Wenn die Erwachsenen sich amüsieren«, meinte der Vater von zweien, »werden die Kinder wie besoffen.«
»AA macht dir dein Saufen kaputt«, gab ein kluger einstiger Trinker bei einem Meeting zu. »Du kannst nicht mehr so tun, als ob es unterm Strich doch was gebracht hat oder als ob es jemals wieder etwas bringen könnte.« Ein Frau griff den Gedanken

[8] *a. a. O.*, S. 68

auf. »Dann ist es auch wieder so«, meinte sie, »daß man nach all den abgestorbenen Jahren und abgestorbenen Gefühlen zu den AA kommt und wieder *lebt* — schön oder schlimm oder was immer, aber man lebt.« Viele fürchten auch, daß ihr Sexualleben unter der Nüchternheit leiden werde, wenn sie ihre Hemmungen nicht mehr wegtrinken können. Aber auch das geht vorbei. In einem Informationsfilm von AA antwortet ein Zugehöriger auf diese oft gestellte Frage, daß er früher bei der Liebe gar nicht richtig »dabei« war. »Sex ist besser, wenn man dabei ist«, sagt er, »und wenn man weiß, mit wem man zusammen ist.«

Manche Anfänger, die erst vor kurzem mit dem Trinken aufgehört haben, durchleben einen Zustand, den Zugehörige die »rosarote Wolke« nennen. Vielleicht liegt es nur an der chemischen Umstellung im Körper — plötzliche Nüchternheit nach jahrelangem starken Trinken —, die ganze Welt aber sieht auf einmal himmelblau aus. Von Dankbarkeit und Lebensmut überwältigt, meinen diese Leute dann, die perfekte Lösung, die Zauberformel, das Patentrezept gefunden zu haben. Ältere Zugehörige wittern in diesem Überschwang eine mögliche Gefahr, da er zu übertriebenem Selbstvertrauen und einem Rückfall führen kann. AA ist kein Patentrezept. Es ist ein Prozeß, ein langwieriger und mitunter sehr schwieriger und frustrierender Prozeß. Niemand lernt Russisch an einem Tag. »Dieses Programm ist ein kostbares kleines Geschenk, das ihr immer nur für vierundzwanzig Stunden bekommt«, riet ein Zugehöriger einer Gruppe von Anfängern. »Ihr lernt, wie man ohne chemische Substanzen durchs Leben kommt.«

Außenstehende wollen oft wissen, wie viele Meetings die Gruppenmitglieder in einem bestimmten Zeitraum besuchen sollen. In den letzten Jahren hat AA die Faustregel aufgestellt: »Neunzig Meetings in neunzig Tagen«, was jedem Neuling einen fliegenden Start ermöglicht. Im übrigen lautet die Antwort: so viele Meetings, wie der Betreffende will und braucht. Nach einiger Zeit — die individuell verschieden lang ist — werden viele ein bis zwei Meetings pro Woche als befriedigend empfinden.

Auch wird gefragt, ob AA-Zugehörige nun für den Rest ihres Lebens zum Meeting gehen müssen. Eine mögliche Antwort lautet: »Nein, nicht unbedingt, aber die meisten von uns wollen es, und manche von uns brauchen es.« Das Meeting kann Trost und Erleichterung bieten, eine willkommene Unterbrechung im Lebensrhythmus, eine seelische Auffrischung und Anregung, die andere Menschen im Gottesdienst, in der Psychotherapie, beim Jogging oder einer sonstigen therapeutischen Tätigkeit finden. Das Leben in AA erschöpft sich aber nicht im Besuch von Meetings. Der AA ist nicht nur der dankbare Überlebende im selben Rettungsboot, der er freilich auch ist. »AA«, meint ein Pionier namens Sam, »gibt mir die Fähigkeit, angenehm, fröhlich und im Frieden mit mir selbst zu leben.«

Dr. Joseph A. Pursch, der frühere Leiter der Alkoholismus-Rehabilitation im Navy Regional Medical Center in Long Beach (Kalifornien), war so kühn, einen Zeitplan für die Gesundung aufzustellen. »Genesung bedeutet, daß man von Pillen und Fusel auf Menschen und Gefühle umstellt«, erklärt er. »Das ist ein Prozeß, der zwei bis drei Jahre beansprucht. Nach erfolgreicher Behandlung und vor allem, wenn die Zwölf Schritte der Anonymen Alkoholiker durchgearbeitet werden, nimmt der genesende Alkoholiker keinen Alkohol und keine stimmungsverändernden Drogen mehr zu sich, hört auf, sich selbst zu belügen, was seelischen Streß abbaut, und ändert seinen Lebensstil in puncto Arbeit, Eßgewohnheiten, Sport, Hobbys und so weiter, was ebenfalls den Lebensstreß abbaut. Insofern zwingt seine Genesung den Alkoholiker dazu, ethisch und gesundheitlich ein bewußterer Mensch zu werden, als er ohne den Alkoholismus geworden wäre. Das meine ich mit ›gesünder als gesund‹ (werden).«

Für einige wenige kann AA zur Ersatzsucht werden. Man begegnet im AA-Programm Leuten, die ihr ganzes Leben darauf abgestellt haben, deren Ehepartner und Freunde ebenfalls dazu gehören und die völlig in Meetings, Tanzfesten, Bill-Wilson-Gedächtnisfeiern, Imbißstuben-Geklöne und regionalen Zusammenkünften aufgehen. »Es ist Ketzerei (für solche Leute), wenn man sagt, daß man nicht mehr zum Meeting geht«, erzählt ein AA-Zugehöriger, der seit über dreißig Jahren trocken ist. »Sie haben lauter Horrorstorys auf Lager: daß alte Hasen aus dem Programm ausgestiegen sind und mit eingezogenem Schwanz zurückgekrochen kamen, daß die es probiert hätten, normal zu trinken, und es dann monate- oder jahrelang bergab mit ihnen gegangen sei.«

Ein anderer Zugehöriger meinte zum selben Thema nachsichtig: »Das stimmt schon, es kann für manche zur Ersatzsucht werden. Aber ich finde das immer noch besser, als wenn jemand sein Gehalt versäuft, seine Frau verprügelt und seine Kinder vernachlässigt.«

Vielleicht führen diese hundertfünfzigprozentigen AA ansonsten kein besonders interessantes Leben. Oder vielleicht fürchten sie sich vor der Außenwelt, obgleich AA ihnen beibringt, sich mit Anstand in einer Gesellschaft zu bewegen, in der die meisten Menschen trinken. Jedenfalls führt AA im günstigsten Falle die Zugehörigen zu einem erfüllten, glücklichen, produktiven Leben zurück — innerhalb wie außerhalb der Gruppe.

Marty Mann, Gründerin des National Council on Alcoholism, schreibt in ihrem Klassiker *A New Primer on Alcoholism:*

»Der Alkoholiker, der Hilfe sucht . . . erfährt den AA-Weg zur Nüchternheit. Ferner wird er davon überzeugt sein, daß auch er diesen Weg lernen kann, wenn er um sich herum Dutzende und Hunderte . . . sieht, die diesen Weg mit Erfolg gegangen sind. Das ist vielleicht die erste große Lehre, die dem Neuling beigebracht wird: daß man es schaffen kann. Er sieht mit eigenen Augen zahlreiche Menschen, die es geschafft haben, und er hört mit eigenen Augen Geschichten, die er glauben muß, von Leuten, die früher ebenso schlimm oder noch schlimmer getrunken haben als er . . . Von fast ebenso großer Bedeutung für den Neuling ist die offensichtliche Tatsache, daß diese Menschen ihre Nüchternheit allem Anschein nach *genießen.*«

Sie sprach aus Erfahrung. Marty war die erste Frau, die bei AA für immer trocken wurde. Sie stieß 1939 dazu, als sie fünfunddreißig Jahre alt war. »Ich habe die Welt aus dem schwärzesten Winkel der Hölle angesehen«, sagte sie. »Ich hatte kein Zuhause und keine Freunde, ich konnte nichts und war mutterseelenallein.« Sie kam 1904 in Chicago zur Welt, das privilegierte Kind einer reichen und gesellschaftlich angesehenen Familie, die seit über 300 Jahren in Amerika ansässig war. Ihr Vater, William Henry Mann, war Geschäftsführer von Chicagos größtem Warenhaus, Marshall Field & Co. Sie besuchte die Lateinschule für Mädchen; dann folgte ein Leben in Saus und Braus, mit Rendezvous, Bällen und den ersten Zügen aus dem Flachmann ihrer Kavaliere. Die Prohibition war kein Problem. »Ich hatte Glück«, sagte sie. »Mein Vater hatte sich einen großen Vorrat angelegt, als die Prohibition kam, und wir hatten Schnaps in Hülle und Fülle im Haus.«

Nach dreijähriger ärztlicher Behandlung wegen Tuberkulose ging sie auf Höhere-Töchter-Schulen in Kalifornien und Florida und erhielt den letzten Schliff in Miss Nixon's School in Florenz, wo sie 1925/26 ein Jahr verbrachte. Sie verließ die Schule als selbstbewußte, redegewandte, unkonventionelle junge Dame mit blondem Kurzhaarschnitt. Sie machte ihr Debüt in der Gesellschaft, trat der Junior League bei und war für kurze Zeit verheiratet. Sie war stolz darauf, wieviel sie vertragen konnte. »Ich konnte jeden unter den Tisch trinken«, erzählte sie. »Hinterher habe ich alle nach Hause gefahren.«

Der Börsenkrach von 1929 machte diesem sorgenfreien, aufwendigen Leben ein Ende, und so nahm sie eine Stelle bei einem Innendekorateur und bei einer Modezeitschrift an. 1930 fuhr sie per Schiff nach London und eröffnete mit einer Partnerin ein Fotostudio. Bald hatte sie die ersten Filmrisse. Bei einer Party fiel sie aus dem Fenster, brach sich Kiefer und Hüfte, biß sich beide Seiten der Zunge ab und lag sechs Monate im Krankenhaus. »Als ich herauskam, trug ich ein Stützkorsett und war überzeugt, daß ich verrückt war«, berichtete sie. Zur Feier des Tages gaben ihre Freunde eine Party, bei der sie sich schlimmer besoff als je zuvor. Auch die Tage danach schlurfte sie mit einer

Flasche unter dem Arm in den Hyde Park. Sie suchte eine Reihe von Psychiatern auf, die ihr alle empfahlen, in eine Nervenheilanstalt zu gehen. »Die hielten mich wirklich für geisteskrank und glaubten, daß ich nie mehr herauskommen würde«, sagte Marty. »Von Alkoholismus kein Sterbenswörtchen.«
1937 kehrte sie in die USA zurück. Zuletzt verbrachte sie fünfzehn Monate in einem Sanatorium in Connecticut, dessen Leiter Dr. Harry Tiebout war, einer der ersten Psychiater, die das AA-Programm öffentlich unterstützten. Eines Tages im Jahre 1939 drückte er ihr ein Exemplar der gerade erschienenen *Alcoholics Anonymous* in die Hand. »Zuerst wollte ich nichts davon wissen, weil Gott darin vorkam«, erinnerte sie sich. »Ich schmiß es aufs Bett.« Als sie in ihrer Wut um sich sah, fiel ihr Blick auf eine Stelle in dem aufgeschlagenen Buch: ›Wir können nicht im Zorn leben.‹
»Ich kann nicht sagen wie oder warum, aber plötzlich lag ich auf den Knien«, erinnerte sie sich. »Das Gras draußen sah grüner aus als sonst; alles schien zu singen. Ich war überwältigt von einer ganz starken Empfindung des Glaubens. Zum erstenmal in meinem Leben fühlte ich mich frei.«
Voller Angst lief sie zu Dr. Tiebout. »Halten Sie mich jetzt für restlos übergeschnappt?« fragte sie ihn.
»Nein«, erwiderte er. »Sie haben nur gefunden, wonach wir alle suchen.«

KAPITEL 6

Die Sache mit Gott

»Mein Sponsor hat mir gesagt, daß dies ein spirituelles Programm ist, also habe ich alles mögliche ausprobiert: Yoga, Zen, Katholizismus, Räucherstäbchen, Meditation. Der einzige Ort, an dem ich Gott gefunden habe, war hier — in euren Gesichtern und in der Art, wie ihr geredet habt.«

Sally B. bei einem Meeting

»Ich bin hierhergekommen, um meinen Arsch zu retten. Dann habe ich gemerkt, daß er mit meiner Seele verwachsen war.«

Lawrence Block
»Eight Million Ways to Die«

Nichts bringt einen AA-Zugehörigen mehr in Verlegenheit als die Bemerkung, AA sei »religiös«. Ständig hört er von Nichtalkoholikern Worte der Bewunderung über AA. Sie sagen: »Großartige Sache . . .« Und dann sagen sie: »Aber das mit Gott wäre nichts für mich.« In der Öffentlichkeit hält man die AA wenn schon nicht für Pennbrüder, dann jedenfalls für einen Haufen christlicher Schleimer. Der Grund hierfür ist leicht zu sehen. In den beiden Basistexten der Anonymen Alkoholiker — den Zwölf Schritten zur Genesung und dem »Big Book«, das diese Schritte enthält — wimmelt es von Bezugnahmen auf Gott. In sechs der Zwölf Schritte ist ausdrücklich von Gott die Rede. Bill Wilson beruft sich im »Big Book« immer wieder auf Gott:

»Mit Gott wird es gelingen«, »Gott wird uns führen«, »Wir danken Gott von ganzem Herzen«, »Wir bitten Gott, unsere Gedanken zu leiten«. Eines der zentralen Kapitel des »Blauen Buches«, »Wie es funktioniert«, leitet die Erörterung des Genesungsprogramms mit folgenden Worten ein: »Denken Sie daran, daß wir es mit Alkohol zu tun haben: Er ist verschlagen, trügerisch, mächtig! Ohne Hilfe ist es viel zu schwer für uns. Aber es gibt einen, der alle Kraft hat — und das ist Gott. Mögen Sie ihn jetzt finden!«[1]

Weder Wilson noch Dr. Bob Smith waren im herkömmlichen Sinne des Wortes »fromm«. In »Bills Geschichte« erzählt Wilson im »Blauen Buch«, was er etwa bis zu seiner Lebensmitte über organisierte Religion dachte:

»Damit (mit Wilsons Theismus und dem Glauben an ›einen Geist des Universums‹ — A. d. Ü.) hörte die Gemeinsamkeit zwischen der Geistlichkeit, den Weltreligionen und mir schon auf. Wenn sie von einem Gott sprachen, der mir nahestand, der ein Gott der Liebe, der übermenschlichen Stärke und der Wegweisung war, wurde ich verwirrt, und mein Geist verschloß sich solchen Theorien.

Ich war bereit, zuzugestehen, daß Christus ein großer Mann gewesen war, in weitem Abstand gefolgt von denjenigen, die ihn für sich beanspruchen . . .

Die Kriege, die Verbrennungen und Grausamkeiten, die durch Religionsstreitigkeiten entfacht worden waren, machten mich krank. Mir kamen ehrliche Zweifel, ob die Religionen den Menschen überhaupt Gutes gebracht hatten.«[2]

In den letzten Monaten seines Trinkens, im Jahre 1934, bekam Wilson Besuch von seinem alten Schulkameraden Ebby, der in der Oxford-Gruppe trocken geworden war. Ebby gab seinem ablehnenden Freund zu bedenken: »*Warum suchst du dir nicht deinen eigenen Begriff von Gott?*« Wilson fand diese Aufforde-

[1] *Anonyme Alkoholiker*, S. 68
[2] *a. a. O.*, S. 12f.

rung überzeugend: »Sie ließ den geistigen Eisberg schmelzen, in dessen Schatten ich viele Jahre gelebt und gezittert hatte ... *Es kam nur darauf an, an eine Macht, größer als ich selbst, zu glauben. Mehr wurde von mir für meinen Anfang nicht gefordert.«*[3]

Bald darauf, nach seiner letzten katastrophalen Sauftour, erlebte Wilson im Dezember 1934 im Towns Hospital in New York das, was er für seine religiöse Bekehrung hielt. Er hat über diese spektakuläre Erfahrung Tausende von Malen in Wort und Schrift berichtet.

Später hat Bill in seinen Publikationen und Reden betont, daß die Anonymen Alkoholiker eine *Laien*-Organisation sind. Niemand sollte an eine bestimmte Religion oder ein bestimmtes Dogma glauben müssen; jeder Zugehörige hatte das Recht, die Worte »Gott, wie wir Ihn verstanden« nach Belieben zu interpretieren und sogar in der AA-Gruppe seine »Höhere Macht« zu sehen. Dr. Bob, der in den dreißiger Jahren wieder die Bibel und allerlei erbauliche Schriften las, sehnte sich trotzdem nach einer so plötzlichen, das Leben ändernden religiösen Erfahrung, wie Bill sie gehabt hatte. »Er hat immer darauf gehofft, aber sie kam nicht«, erinnert sich sein Sohn. »Ihm ist sie stückweise zuteil geworden.« Immerhin hat der Doktor eines Tages zu Young Bob gesagt: »Ich saß in meiner Praxis am Schreibtisch und spürte auf einmal in meinem tiefsten Innern Frieden, es war unaussprechlich.«

Bills eigenes Leben war von religiösem und spirituellem Suchen erfüllt. Er sehnte sich — vergeblich — danach, jene erhebende und verwandelnde Ekstase von 1934 noch einmal zu erleben. Fast bis zu seinem Ende experimentierte er ernsthaft und lange mit Spiritismus, halluzinogenen Drogen wie LSD und Megavitaminkuren mit Niazin.

Eine Ärztin bei AA, die Alkoholiker und Drogensüchtige behandelt, hat die Ansicht vertreten, Wilsons religiöse Aufwal-

[3] *a. a. O.*, S. 14

lung von 1934 könne eine toxisch-halluzinatorische Reaktion auf die ihm verabreichten Ausnüchterungsdrogen gewesen sein. »Vielleicht war es auch eine ekstatische Erfahrung von der Art, wie sie die Mystiker zu allen Zeiten berichten. Der Auslöser ist letzten Endes auch nicht wichtig«, setzte sie hinzu. »Entscheidend ist, was man mit einer solchen Erfahrung anfängt. Leute mit kurzfristigen epileptischen Anfällen werden häufig vor dem Anfall von einer Welle des emotionalen Überschwangs überflutet. Kokainbenutzer, besonders wenn sie die Droge ›Crack‹ nahmen, berichten ebenfalls von einem angenehmen Hochgefühl. Und *die* besorgen sich stets neuen Koks. Es kommt eben darauf an, was man aus dieser Erfahrung *macht*. Für manche Menschen bedeutet es eine Öffnung — eine neuartige Bewußtheit, auch über das eigene Potential. Ich glaube wirklich, daß Menschen, die im Frühstadium der Genesung sind, sich in einem Zustand großer emotionaler Instabilität befinden.«

(Sie setzte noch hinzu: »Leider hat es auch einen ungünstigen Nebeneffekt, wenn man in der AA-Literatur von Bills ekstatischem Erlebnis liest: Manche Zugehörige warten darauf, daß mit ihnen etwas Ähnliches passiert — daß vom Himmel irgend etwas auf sie herniederfährt. Das ist wie mit dem vaginalen Orgasmus — sie warten auf ein Erlebnis, das selten kommt.«)

Zu Anfang waren die Anonymen Alkoholiker in der Tat eher eine im herkömmlichen Sinne religiöse Gesellschaft. So pflegten die Pioniere kniend zu beten. Diese Übung wurde jedoch in den vierziger Jahren, ein halbes Dutzend Jahre nach Gründung der Organisation, aufgegeben. Vor allem die Manhattaner AA waren generell nicht so fromm oder traditionsverhaftet wie die AA-Zugehörigen aus kleineren Gemeinden. Sie sind es niemals gewesen und sind es bis heute nicht. Aber das trifft für ganz Manhattan zu, den intellektuellsten Teil einer Stadt, die von allen amerikanischen Metropolen am eifersüchtigsten ihren Individualismus und ihre Vielfalt hütet. (New York ist auch weltweit die Stadt mit den meisten AA-Zugehörigen und AA-Meetings.)

Von Anfang an und obwohl in den entscheidenden Einleitungskapiteln des »Big Book« viel von der Gottheit die Rede ist, hat sich Wilson auch an Ungläubige und Zweifler gewandt. In dem Kapitel »Wir Agnostiker« schreibt er über sein Buch: »Sein wichtigstes Anliegen ist, Sie eine Kraft finden zu lassen, die größer ist als Sie selbst und die Ihnen hilft, Ihre Probleme zu lösen.« Dann heißt es weiter:

»Und das bedeutet selbstverständlich auch, daß wir über Gott sprechen werden. Dabei ergeben sich für die Agnostiker Schwierigkeiten. Oft sprechen wir mit einem neuen Freund und erleben, wie seine Hoffnung wächst, während wir über sein Alkoholproblem sprechen und ihm von unserer Gemeinschaft erzählen. Aber sein Gesicht wird lang, wenn wir von seelischen (spiritual) Angelegenheiten reden, besonders wenn wir Gott erwähnen . . . Wir können es ihm nachfühlen. Auch wir hatten diese ehrlichen Zweifel und Vorurteile. Einige von uns waren ausgesprochen antireligiös . . . Sehr zu unserer Beruhigung entdeckten wir, daß wir die Vorstellung, die andere von Gott hatten, nicht zu teilen brauchten. Unsere eigene Vorstellung, so unzureichend sie auch war, genügte, Ihm näher zu kommen und eine Verbindung zu Ihm herzustellen.«[4]

Die erste Auflage des »Big Book« hinterließ bei manchen Lesern den Eindruck, daß der Trinker zuerst einmal eine umstürzende spirituelle Erschütterung durchmachen müsse, bevor er die Last des Alkohols für immer von sich werfen könne. Das entmutigte viele. So gab Wilson dem Buch zwei Jahre später, 1941, einen Anhang über »Die seelische (spiritual) Erfahrung« bei, den er dringend zur Lektüre empfahl und in dem es unter anderem heißt:

»Unter unserer schnell wachsenden Mitgliedschaft von Tausenden von Alkoholikern sind jedoch solche Formen des Umdenkens — wenn sie auch häufig vorkommen — keineswegs die Regel. Die meisten Erfahrungen, die wir machen, gehören zu dem, was der Psychologe William James als die ›pädagogische Form‹

[4] *a. a. O.,* S. 52ff.

solcher Erfahrungen beschreibt. Es entwickelt sich wie alles, was zur Erziehung gehört, langsam im Laufe der Zeit. Oft nehmen die Freunde des Neulings die Veränderung seines Wesens lange vor ihm selbst wahr. Am Ende sieht auch er ein, daß bei ihm in seiner Reaktion auf das Leben ein grundlegender Wandel eingetreten ist. Und er weiß, daß diese Veränderung kaum allein durch ihn selbst hätte zustande gebracht werden können.«[5]

Das in den ersten Schritten der AA ausgesprochene Eingeständnis der Machtlosigkeit und der Verzicht auf das ichbezogene Bedürfnis, das Leben allein zu meistern, gehen unmittelbar zurück auf William James' *Vielfalt religiöser Erfahrung.* In dem Kapitel über die »Religion der robusten Geistesart« heißt es:

»Unter diesen Umständen führt der Weg zum Erfolg, wie unzählige authentische persönliche Berichte bezeugen, über . . . die ›Selbstpreisgabe‹, von der ich in meiner zweiten Vorlesung sprach. Passivität, nicht Aktivität; Entspannung, nicht Anspannung sollten jetzt die Regel sein. Gib das Gefühl der Verantwortlichkeit ab, laß deine Stütze fahren, überlaß die Sorge über dein Geschick höheren Mächten, verhalte dich in echter Weise gleichgültig dagegen, was aus all diesem wird, und du wirst finden, daß du nicht nur eine vollkommene innere Erleichterung gewinnst, sondern häufig auch zusätzlich die besonderen Güter, auf die du ehrlich dachtest verzichtet zu haben. Dies ist die Rettung-durch-Verzweiflung-an-sich-Selbst. Das Sterben-um-in-Wahrheit-geboren-zu-Werden der lutherischen Theologie . . . Um dorthin zu gelangen, muß gewöhnlich ein kritischer Punkt passiert, eine Ecke umschifft werden. Irgend etwas muß Platz machen, eine angeborene Härte muß zusammenbrechen und flüssig werden; und dies Ereignis . . . tritt häufig plötzlich und ohne den Willen des einzelnen ein und hinterläßt im Subjekt einen Eindruck, daß es von einer äußeren Macht bearbeitet worden sei.

Was immer sich letztlich als seine Bedeutung herausstellen wird,

[5] *a. a. O.,* S. 417f.

sicherlich ist dies eine grundlegende Form menschlicher Erfahrung. Manche sagen, daß die Empfänglichkeit oder Unempfänglichkeit für sie dasjenige sei, was den religiösen vom bloß moralischen Charakter unterscheidet . . .
Eine Form der Regeneration durch Entspannung, durch Gehenlassen, die psychologisch von der lutherischen Rechtfertigung durch den Glauben und der wesleyischen Annahme der freien Gnade nicht unterschieden werden kann, (ist) für Menschen erreichbar . . ., die keine Überzeugung von Sünde haben und sich überhaupt nicht um lutherische Theologie kümmern. Es handelt sich nur darum, dem eigenen kleinen privaten verkrampften Selbst Ruhe zu geben und zu bemerken, daß ein größeres Selbst zur Stelle ist. Die Ergebnisse der Verbindungen von Optimismus und Erwartung — langsam oder plötzlich, groß oder klein —, die Regenerationsphänomene, die auf das Aufgeben der Anstrengung folgen, bleiben sichere Tatsachen der menschlichen Natur, ganz gleich, ob wir einer theistischen, einer pantheistisch-idealistischen oder einer medizinisch-materialistischen . . . Erklärung folgen.«[6]
Es ist gut und schön, über AA zu lesen und zu erfahren, wovon sich die Gründungsmitglieder inspirieren ließen. Aber das ist nicht dasselbe wie AA zu leben. Und wer heute bei AA ist, wer es in Aktion sieht und erlebt, für den ist es eine nicht zu leugnende Realität, daß die Zugehörigen jeden religiösen oder nichtreligiösen Standpunkt anderer bereitwillig gelten lassen. Die Anonymen Alkoholiker sind eine anpassungsfähige, flexible, nicht-exklusive Gesellschaft. Das ist den meisten Neulingen aufgefallen, die es einmal ernsthaft mit AA versucht haben. Und es ist seit jeher den Geistlichen aufgefallen.
Gordon Grimm, lutherischer Pfarrer am Hazelden-Rehabilitationszentrum für Alkoholiker in Minnesota, hat 1986 in einem Interview über AA gesagt:

6 William James, *Die Vielfalt religiöser Erfahrung. Eine Studie über die menschliche Natur.* Übersetzt, herausgegeben und mit einem Nachwort versehen von Eilert Herms. Olten und Freiburg: Walter Verlag 1979, S. 115ff.

»Wer auch nur ein wenig Ahnung von den AA hat, weiß um ihre Spiritualität. Spiritualität hat viel mehr mit unserem Menschsein zu tun als mit dem Göttlichen. Spiritualität hat damit zu tun, daß wir aufeinander zugehen, uns aufeinander einlassen. Es gibt so vieles in unserer Religion, was unseren Blick zurück auf Gott lenkt; dabei ist es doch in erster Linie Zweck unseres Daseins auf der Erde, dem Nächsten die Hand zu reichen. Das ist für uns die einzige Möglichkeit, Gott zu erkennen. Ich persönlich glaube daran, daß wir uns aufeinander einlassen sollen. Das bleibt in der organisierten Religion so oft unbedacht. Für mich ist die organisierte Religion zu einem guten Stück eskapistisch — ›ich allein in meinem Gebetsstübchen‹. In dieser Hinwendung zum Nächsten schneidet die Kirche nicht so gut ab, wie es meines Erachtens die Anonymen Alkoholiker tun.
Spiritualität hat etwas mit dem engen Kontakt zu anderen Menschen zu tun und mit der Einsicht, daß wir gemeinsam vor bestimmten Fragen stehen, die wir rational nicht erklären können. Für mich bedeutet Spiritualität, wie ich mit bestimmten Problemen in meinem Leben, mit Leid und Schwierigkeiten fertig werde — ich muß davor nicht weglaufen; es hat Sinn und Zweck, wenn ich Zurückweisung und Verwandlung erfahre. Zu allen Zeiten — man braucht nur die Geschichte der Religionskriege anzusehen — haben die Menschen angeblich ›den Willen Gottes getan‹, indem sie einander umbrachten. Das hat nichts mit Spiritualität zu tun. Für mich bedeutet Spiritualität, daß wir für unsere größte Aufgabe leben und sie in die Praxis umsetzen: Diese Aufgabe ist die Liebe. Im Idealfall versuchen die Mitglieder von AA, dieser Aufgabe gerecht zu werden. Sie leben auch nach meiner Definition von Gnade: daß wir geliebt werden, obwohl wir es nicht verdienen. Für mich sind alle Zwölf Schritte der AA spirituell, der erste Schritt genauso wie der letzte.«
Grimm betreibt die Seelsorge an Alkoholikern seit dreißig Jahren. Er ist ein Hüne von einem Mann, 1,90 m groß und an die 130 Kilo schwer; er hat eine sanfte, freundliche Art und wirkt gütig und bodenständig. Sein Vater war Alkoholiker; von Beruf Inge-

nieur, konnte er sich auf keinem Arbeitsplatz halten, bis er schließlich auf einem Bauernhof in Iowa landete. Die letzten sieben Lebensjahre war er bei den AA und trocken. Eines Tages im Juli 1986 sah Grimm aus dem Fenster seines Büros im Hazelden-Rehabilitations-Zentrum, und sein Blick fiel auf den schimmernden See, der zu den grünen Klinikanlagen gehört. Dabei mußte er an einen Tag im Jahre 1951 im Cherokee State Hospital in Iowa denken. »Mein betrunkener Vater war dort eingeliefert worden«, erzählte er. »Ein Arzt sagte zu mir und meinem Bruder: ›Ihr Vater hat eine Krankheit — die Krankheit heißt Alkoholismus.‹ Von dem Moment an hatte ich keine Probleme mehr mit meinem Papa. Endlich gab es für sein Verhalten einen Grund, den ich akzeptieren konnte.« Als Theologiestudent absolvierte Grimm Ende der fünfziger Jahre ein einjähriges Praktikum am Willmar State Hospital in Minnesota. Dort war als Leiter ein aufgeschlossener Arzt tätig, der die Trinker streng von den Geisteskranken trennte und unter Mitwirkung der Anonymen Alkoholiker ein Behandlungsprogramm für sie erarbeitete. 1965 kam Grimm an die Hazelden-Klinik, wo er Tausende von Alkoholikern seelsorgerisch betreut hat. Täglich hatte er es mit Nichtgläubigen zu tun, die sich an der »Sache mit Gott« bei den AA stießen.

»Ich werde nie einen Mann bei den AA namens Fred vergessen«, erzählte der Priester.

»Er war Alkoholismusberater und hat dreizehn Jahre lang, in denen er trocken blieb, mit dem Spirituellen gerungen, bevor er darüber mit sich ins reine kam. Als ich am Anfang meiner Ausbildung war, hat Fred mir beigebracht, die Religiosität nicht zu forcieren, nicht auf stur zu schalten. Er hat mir seine Geschichte mitgeteilt und mir klargemacht, daß er sich dreizehn Jahre lang einzig und allein daran halten konnte, nichts glauben zu müssen. Für Fred war AA ein Prozeß. Die meisten Leute in AA haben nicht das religiöse Donnerschlag-Erlebnis, das Bill Wilson gehabt hat. Ich habe viele Agnostiker und Atheisten beraten, Christen und Juden, die in ihrer Kindheit durch fanatische Pech-und-Schwefel-Prediger abgeschreckt worden waren. Ich habe ihnen gesagt: ›AA ist ein tägliches Erlebnis; es wird in dir wachsen; halte dich an die Gruppe, und halte dich an den Prozeß. Wenn es zu dir kommen soll, wird es kommen.‹ Wir haben es nicht in unsrer Hand. Man kann den Menschen die Spiritualität nicht mit der Injektionsspritze eingeben.«

Spirituell und *Spiritualität* sind Wörter, die man bei AA häufig vernimmt. »AA ist kein religiöses Programm, es ist ein spirituelles Programm«, bekommen Neulinge und Nichtmitglieder von AA-Veteranen immer wieder zu hören. Viele spüren den Unterschied, ohne ihn definieren zu können. Ein atheistischer AA-Zugehöriger sagte: »Die Leute benutzen das Wort *spirituell* in einer Weise, die sich selbst definiert. Ich glaube, es bedeutet die Fähigkeit, von sich selbst abzusehen und altruistisch zu handeln.«
Wie fühlt man sich bei AA als Atheist? Mitunter unbehaglich. Eine Frau, die eine geachtete Stellung im Berufsleben einnimmt, seit über einem Jahrzehnt trocken ist und an AA-Meetings in der ganzen Welt teilgenommen hat, berichtete über ihr Dilemma. Sie sagte: »Als Atheist bei den AA hat man es schwer.«
»Der seriösere intellektuelle Standpunkt ist eigentlich der Agnostizismus. Aber um ehrlich zu sein, ich bin nun mal Atheistin. Ich bin genauso engagiert als Atheistin wie andere als Theisten. Ich glaube einfach nicht an Gott. Mir ist klar, daß das Nichtglauben genauso irrational ist wie das Glauben. Aber ich fühle mich unwohl, wenn die Leute anfangen, über Meditation oder eine offizielle Religion zu reden. Besonders außerhalb von New York ist eine Mentalität verbreitet à la ›es geht nichts über das Big Book, das macht selbst den härtestgesottenen Atheisten weich‹. Natürlich wird das nicht laut gesagt, aber die Mentalität ist da. Man wird nicht schwach angeredet, aber man hat das Gefühl, daß die Leute insgeheim denken: ›Gräme dich nicht, wenn du lange genug mitmachst, kriegst du den Dreh schon raus.‹ Unter ›Dreh‹ verstehen sie, daß man zunächst als ein Atheist in die Gruppe kommt, der nur die Gruppe als seine ›Höhere Macht‹ ansieht, aber daß man schließlich zu Kreuze kriecht.

Ich habe gelernt, darauf einfach nicht zu reagieren. Zu Anfang habe ich mich darüber geärgert. Ich fühlte mich sehr bedrängt, weil mein Atheismus ein Teil von mir ist. Das war das einzige Mal, daß ich bei AA den Eindruck hatte, nicht vollständig, mit meinem ganzen Ich, akzeptiert zu werden.«
Eine andere Frau mit ähnlichem Hintergrund, seit mehr als dreißig Jahren trocken, berichtete ebenfalls, daß sie sich in einigen AA-Gruppen nicht angenommen gefühlt habe.
»Außerhalb der Großstädte gibt es Orte, wo ich einen gar nicht so sanften Druck spüre, mich gefälligst erlösen zu lassen. Trotz allem, was AA in der Öffentlichkeit sagt, gibt es eine Menge Gruppen, die ganz schön religiös sind. Im bibelfesten Süden haben sie es sehr mit dem Dogma und der Liturgie. Die AA-Zentrale in New York möchte über diese Sachen am liebsten nicht reden. Aber in vielen Kleinstädten heißt es nicht ›Gott, wie wir Ihn verstanden‹. Da heißt es einfach nur ›Gott‹. Bei Meetings im Süden hat jeder Redner, der sich zu Wort meldet, Gott gefunden. Da heißt es dann: Wenn du Atheistin bist, kannst du nicht trocken bleiben.«
Einwände gegen die »Religiosität« von AA kommen auch von Leuten, die noch naß sind oder sich bei den AA ausgesprochen unwohl fühlen; für sie ist das ein willkommener Grund, um wieder auszusteigen. Bei Intellektuellen ist es der Lieblingsvorwand. Einer der vehementesten und hartnäckigsten Kritiker von AA in den sechziger Jahren war der New Yorker Psychologe Arthur H. Cain. 1964 warf er in der *Saturday Evening Post* den AA vor, sie seien ein »dogmatischer Kult«: »Hinter den AA-Kulissen hat sich der ursprüngliche Grundsatz, daß die Alkoholiker sich vor Gott demütigen sollen, in das Diktum verkehrt, sie seien das auserwählte Volk Gottes. Dieses Thema predigen sie in Meetings und durch Bücher und Broschüren.« Dann zitierte er aus einer Broschüre *Around the Clock with A. A.*, die nach seinen Angaben von einer AA-Gruppe in Kalifornien verbreitet wurde.
Zwanzig Jahre später, im Jahre 1984, wartete ein AA-Redner aus

Kalifornien mit eben diesem Text auf, und zwar im Rahmen des »A. A. Founders Day« in Akron (Ohio). Dieses Wochenende zur Erinnerung an die Gründer der AA findet immer im Juni statt und lockt Tausende von Zugehörigen aus allen Teilen der USA in jene Stadt, wo die Organisation aus der Taufe gehoben worden war. Folgendes wurde an diesem Tag verlesen:

»Gott in Seiner Weisheit hat diese Gruppe von Männern und Frauen dazu erwählt, Überbringer des Guten zu sein ... Nicht an die Stolzen, die Mächtigen, die Berühmten oder Glorreichen hat Er sich dabei gewendet. An den Trunkenbold hat er sich gewendet, den sogenannten Schwächling vor der Welt. So hätte Er zu uns reden können: Eine unschätzbare Macht vertraue ich euren schwachen, kraftlosen Händen an. Euch ist zuteil geworden, was den gelehrtesten unter euren Brüdern versagt ist. Nicht den Wissenschaftlern oder Staatsmännern, nicht den Frauen und Müttern, ja nicht einmal den Priestern und Geistlichen habe ich diese Gabe gegeben, die ich euch anvertraue: die Gabe, andere Alkoholiker zu heilen. Ihr sollt sie mit Toleranz gebrauchen, denn ich habe ihre Anwendung auf keine Hautfarbe, keinen Glauben und keine Religion beschränkt. Macht euch darauf gefaßt, daß man euch kritisieren wird. Viele werden eure Gabe nicht zu schätzen wissen. Hohn und Spott werden euer Los sein; man wird eure Beweggründe verkennen, und ihr müßt bereit sein, euch Feinde zu machen. Denn was ihr Feindschaft nennt, ist die Leiter, die wir benutzen müssen, um die Sprossen zur spiritueller Vollkommenheit emporzusteigen ...

Ihr wurdet erwählt, weil die Welt euch verworfen hat. Und eure lange Erfahrung als Trinker wird und sollte euch noch demütiger hinhören lassen auf den Notschrei, welchen das einsame Herz von Alkoholikern allenthalben euch entgegenschickt. Und gedenket immer des Versprechens, das ihr am ersten Tag eures Gelübdes bei AA gegeben habt: Nämlich, daß ihr machtlos seid und daß euch Rettung nur zuteil wurde durch eure Bereitschaft, euren Willen und euer Leben meiner Fürsorge anheimzugeben.«

Während der AA aus Kalifornien in diesem Stil weitersalbaderte, sahen die Zuhörer mit glasigem Blick und vornehm unterdrückter Langeweile drein. Manche rückten unbehaglich auf dem Stuhl hin und her oder spielten mit dem Tischtuch. Trotzdem hörten alle in bester AA-Manier dem Erguß mit höflichem Schweigen zu. Als der Sermon zur allgemeinen Erleichterung endlich vorbei war, gab es ostentativen Beifall für den nächsten Redner, einen geistreichen, hemdsärmeligen und höchst respektlosen Veteran.

Die frömmelnde Selbstbeweihräucherung, die einem aus dem Text des Kaliforniers entgegenschlägt, fehlt in den Dutzenden von AA-Büchern und Broschüren, die von der »Konferenz« abgesegnet sind, das heißt, sie fehlt in der »offiziellen« AA-Literatur, die bei der jährlichen Gemeinsamen Dienstkonferenz in New York von amerikanischen und kanadischen Delegierten kritisch gesichtet und schließlich gebilligt wird. Von der Konferenz gebilligte Literatur kennt Eigenlob höchstens in ganz subtiler Form.

Wie wohl oder unwohl sich ein Zweifler oder Ungläubiger bei AA-Meetings fühlt, hängt weitgehend von der jeweiligen Gruppe ab. Wie intensiv die Gruppenmitglieder über Gott und Religion sprechen, ist verschieden. In einer Broschüre der Hazelden-Klinik über die inoffizielle »Etikette« bei AA-Meetings heißt es aber: »Niemand versucht beim Meeting, einen Redner vom Thema Gott abzuhalten, und niemand versucht, einen anderen zum Thema Gott zu zwingen. Sie müssen sich nicht genötigt fühlen, sich in AA- oder Al-Anon-Meetings an Gebeten oder spirituellen Diskussionen zu beteiligen. Sie werden nur gebeten, andere hieran nicht zu hindern.«

Milton Maxwell, der den AA jahrelang als nicht-alkoholkranker Treuhänder diente, meint: »Um AA und ihren Sprachgebrauch zu verstehen, muß man wissen, daß sie den Begriff ›spirituell‹ in einem sehr weiten Sinne verwenden. Wenn sie von ›spirituellem Wachstum‹ sprechen, meinen sie Wachstum von dem weg, was Freud das narzißtische Ich genannt hat — Wachstum weg von der Ichzentriertheit.« Wie Zugehörige in diesem Punkt

denken, hat eine 40jährige Frau, die seit sechs Jahren bei AA ist, sehr schön ausgedrückt. Sie sagte zu Maxwell: »Für mich ist Spiritualität das Gefühl, daß ich mich selbst akzeptieren kann, daß ich die anderen Menschen liebe und daß ich das, was in meinem Leben geschieht, annehme. Es ist der Geist des Lebens und des Gebens.«
Bei AA-Meetings werden im allgemeinen nur zwei Gebete laut gesprochen: der Gelassenheitsspruch (»Serenity Prayer«), dessen Text angeblich auf den amerikanischen Theologen Reinhold Niebuhr zurückgeht,[7] und das Vaterunser. Der Gelassenheitsspruch ist, anders als das Vaterunser, nicht Bestandteil der kirchlichen Liturgie. Aber er hat sich für viele Alkoholiker als tröstlich, als eine Art Rettungsanker erwiesen. Man kann ihn auch nicht einer bestimmten Religion zuordnen. Anders das Vaterunser, das so häufig am Ende von AA-Meetings gesprochen wird. »Im Vaterunser wird ganz klar ein christlicher Gott angerufen«, stellte ein AA-Zugehöriger fest. »Mit Sicherheit jedenfalls kein jüdischer.«
Renah Rabinowitz ist derselben Ansicht. Sie ist eine untersetzte, energiesprühende und lustige Frau, eine gläubige Jüdin, verheiratet mit einem Rabbiner in New Jersey und ehemalige Leiterin der JACS Foundation. Diese Stiftung wurde 1980 gegründet und dient der Aufklärung der amerikanischen Juden über den Alkoholismus in ihren eigenen Reihen. Die Zentrale befindet sich am Ende eines Kellerkorridors im Educational Alliance Building in Manhattans Lower East Side, die um die Jahrhundertwende für Millionen verfolgter Juden aus Europa zur ersten Heimat wurde. Renah Rabinowitz erläutert, warum Juden sich bei AA unwohl fühlen können: »Die Juden haben nicht das Vaterunser in ihrer Liturgie. Ein Jude hat mit den Worten ›Dein Reich komme, Dein Wille geschehe‹ seine Schwierigkeiten. Für

[7] In der von AA in deutscher Sprache herausgegebenen Broschüre *Sechs Artikel von Bill*, 4. Auflage 1983, S. 68, wird der Spruch Christof Friedrich Oetinger (1702—1782) zugeschrieben.

die Christen *ist* der Messias bereits gekommen. Wir beten, daß er kommen *möge*. Das ist ein ganz wesentlicher Unterschied.«
Sie und die JACS Foundation orientieren sich voll und ganz am Genesungsprogramm der AA. »Es ist keine Schande, wenn es auch in der jüdischen Gemeinde Alkoholismus und Drogenmißbrauch gibt«, meint sie. »Aber es ist sehr wohl eine Schande, wenn man das Problem kennt und nichts dagegen tut.« Das bedeutet nicht, daß die Leute in der Stiftung die Hindernisse verkennen, die der christliche Anhauch von AA darstellt. So findet die überwiegende Mehrzahl von AA-Meetings in den USA im Kellerraum oder Pfarrhaus einer christlichen Kirche statt. »Ein orthodoxer Jude wird dazu erzogen, den Andachtsraum einer fremden Religion nicht zu betreten«, erläutert Renah Rabinowitz.
»Wir mögen das Äußere der großen europäischen Kathedralen bewundern, aber viele von uns haben darunter gelitten, daß man sie zwang, eine Kirche zu betreten und niederzuknien. Wir versuchen, die Juden davon zu überzeugen, daß es ein Unterschied ist, ob man in den Kellerraum einer christlichen Kirche zum AA-Meeting geht oder ob man in die Kirche selbst geht, um zu beten. Andererseits ist in den Zwölf Schritten der Gedanke, daß man sich ganz Gott ausliefert, eine christlich orientierte Philosophie. Für den Durchschnittsjuden, und auch für mich, ist das wirklich im wesentlichen ein christlicher Gedanke. Heutzutage gibt es so viele christliche Fundamentalisten und ›Juden für Jesus‹, daß viele Juden Angst davor haben, bei AA in eine Gehirnwäsche hineingezogen zu werden. Und dann heißt es eben: ›Wir sollen nicht nur in eure Häuser kommen, wir sollen auch noch eure Gebete sagen.‹«
Auch Rabbiner Carol Glass, Leiterin der American University der B'nai B'rith Hillel Foundation in Washington, gehört zu den mit Alkoholismus befaßten Juden, die sich dieser Ambivalenz bewußt sind.
»Was mir aufgefallen ist«, erzählt sie, sei »eine Verwirrung bei vielen Juden, die die Anfangsphasen des Genesungsprozesses bei AA durchmachen. Manche Juden haben die Befürchtung

geäußert, daß die Überzeugungen und Prinzipien der Zwölf Schritte zu den Grundsätzen des Judentums in Widerspruch stehen könnten. Manche haben mir anvertraut, daß sie sogar überlegt haben, ob sie nicht ihre Religion aufgeben müßten, um bei AA oder bei Al-Anon Erfolg zu haben. Ich möchte allen genesenden Juden und allen Rabbinern, die ihnen Rat anbieten, versichern, daß nichts von der Wahrheit weiter entfernt sein könnte. In Wirklichkeit greift die Zwölf-Schritt-Ideologie ganz eindeutig fest etablierte Glaubenssätze der traditionellen jüdischen Liturgie und Denkweise auf. Außerdem hat dieser schrittweise Prozeß der Änderung von Suchtverhalten auffallende Ähnlichkeit mit der jüdischen Methode, sogenanntes ›sündiges‹ Verhalten Schritt für Schritt zu verändern.«

Rabbiner Glass weist speziell auf bestimmte Analogien zwischen den Gesetzen der Reue des Maimonides, den *Pforten der Reue* des Rabbenau Yonah von Gerona und den Zwölf Schritten der Anonymen Alkoholiker hin.

Der letzte der Zwölf Schritte (die übrigens in beliebiger Geschwindigkeit und Reihenfolge »getan«, das heißt studiert und wenn möglich befolgt werden können, sobald der Neuling den Ersten Schritt vollzogen hat) ist ein sehr wichtiger. Er schärft dem Alkoholiker ein, anderen zu helfen, die noch leiden, und das, was er bei AA gelernt hat, auf sein tägliches Leben anzuwenden. Der Zwölfte Schritt lautet: »Nachdem wir durch diese Schritte ein seelisches Erwachen erlebt hatten, versuchten wir, diese Botschaft an Alkoholiker weiterzugeben und unser tägliches Leben nach diesen Grundsätzen auszurichten.«[8] Aber was ist ein »seelisches Erwachen«? Vielleicht sollten wir Bill Wilson antworten lassen. Er schreibt im »Big Book«:

»Wenn lediglich moralische Richtlinien oder eine bessere Lebensphilosophie genügen würden, mit dem Alkoholismus fertig zu werden, wären viele von uns schon lange wieder in Ordnung. Aber wir mußten erkennen, daß solche Richtlinien und Philo-

[8] *Anonyme Alkoholiker,* S. 69

sophien uns nicht retten konnten, gleich wie auch immer wir es versuchten. Wir konnten uns noch so sehr wünschen, moralisch zu sein und in der Philosophie Trost zu finden, Tatsache war, wir konnten das mit ganzer Kraft wollen, aber die benötigte Kraft war nicht da. Unsere menschlichen Kraftquellen, vom Willen beherrscht, reichten nicht aus, sie versagten vollkommen.
Mangel an Kraft, das war unser Dilemma. Wir mußten eine Kraft finden, durch die wir leben konnten, und es mußte eine *Kraft, größer als wir selbst*, sein.«[9]

[9] *a. a. O.*, S. 52

TEIL II

KAPITEL 7

Die Familien

Die drei Grundsätze (»Three C's«) von Al-Anon:

Ich habe die Trunksucht nicht verursacht (cause).
Ich kann sie nicht kontrollieren (control).
Ich kann sie nicht heilen (cure).

Es sollte noch ein viertes »C« in diesem Credo geben: »Aber ich kann mich selbst ändern (change).« Diese vier Sätze sind die zentrale Botschaft von Al-Anon, der größten und ältesten Selbsthilfegruppe der Welt für Angehörige und Freunde von Alkoholikern.

Al-Anon ist 1951 als Ableger der Anonymen Alkoholiker entstanden und benutzt deren Genesungsprogramm der Zwölf Schritte, ist jedoch organisatorisch von ihnen völlig unabhängig: Diese Gruppe zählt heute eine halbe Million Zugehöriger. Vier Fünftel von ihnen leben in den USA und in Kanada. 88 Prozent sind Frauen. Ein Drittel sind Kinder von Alkoholikern, die ihrerseits wieder einen Alkoholiker geheiratet haben, mögen sie sich in ihrer Jugend auch noch so sehr geschworen haben: »Mir soll das nicht passieren«. Und wenn sie zu Al-Anon kommen, sind sie um kein bißchen weniger krank als die Ehemänner, Ehefrauen, Geliebten, Väter und Mütter, die ihnen das Leben zur Hölle machen. Mehr noch: Sie haben den Abstieg des Alkoholikers in die Gosse unbewußt zugelassen, ja gefördert.

Al-Anon ist bei weitem nicht so bekannt wie AA. Dabei wäre eine größere Mitgliederzahl wirklich notwendig: Jeder einzelne der 18 Millionen Alkoholiker in den USA vergiftet mit seinem Trinken das Leben von mindestens vier anderen Menschen. Betroffen sind also insgesamt 72 Millionen Amerikaner. Bei einer Umfrage des Gallup-Instituts erklärte 1987 einer von vier Amerikanern, die befragt wurden (sie entsprachen vierundzwanzig Prozent der Gesamtbevölkerung von 220 Millionen), daß Alkoholmißbrauch zu Ärger in seiner Familie geführt habe. Daß eine andere Droge, von Marihuana bis zu Kokain, am Zerbrechen der Familie schuld sei, sagte bei jüngsten Umfragen ein viel kleinerer Prozentsatz von Amerikanern.

Diese Abermillionen überall im Lande, von denen die meisten nicht einmal wissen, daß es Al-Anon gibt, geschweige denn, wozu es da ist, sind in großer Not. Ihre Krankheit heißt Zwang. Menschen, die einen Alkoholiker lieben, pflegen hier begreiflicherweise einzuwenden: »Moment mal! *Er* ist doch krank, nicht ich!« In Wirklichkeit aber sind sie dem Alkohol gegenüber genauso ohnmächtig wie jeder Zwangstrinker, und sie können das Leben genauso wenig meistern wie jeder x-beliebige Trinker. Die Al-Anon benutzen ein Bild, das den Zwang, unter dem sie standen, bevor sie Hilfe suchten, sehr genau wiedergibt: »Der Trinker schlingt seine Arme um die Flasche. Und die Familie schlingt ihre Arme um den Trinker.«

Die Menschen, die bei Al-Anon versuchen, aus diesem Zwang auszubrechen, haben die Verwüstungen erlebt und erlitten, die der Alkohol bei seinem primären Opfer, dem Trinker, und bei den sekundären Opfern, nämlich ihnen selbst, anrichtet. Sie sind fixiert auf den Trinker, fixiert auf seine Erkrankung. Sie werden Ermöglicher. Ein prächtiges Wort, dieses »Ermöglicher«! Es steht nicht im Wörterbuch, im Gegensatz zu »ermöglichen«. Aber kein anderes Wort bezeichnet so treffend den Menschen, der den Alkoholiker liebt und dadurch unwillkürlich begünstigt. Der Ermöglicher bezahlt die überfälligen Rechnungen des Alkoholikers, räumt seinen Saustall auf, entschuldigt ihn am Montagmorgen beim Chef (»Mein Mann hat Grippe«), versteckt seinen Schnaps oder schüttet ihn in den Ausguß und redet ihm auch noch seine Gewissensbisse aus, wenn er sich am Abend zuvor an die Frau seines besten Freundes herangemacht hat. Der Ermöglicher verhilft, ohne es zu merken, dem Alkoholiker dazu, daß er sein Trinken fortsetzen kann. Der Ermöglicher glaubt vielleicht, daß durch die Macht der Liebe (»wenn du mich lieben würdest, würdest du nicht trinken«), durch Gebete (»Lieber Gott, wenn er aufhört zu trinken, werde ich nie mehr . . .«) oder durch nicht wahrgemachte Drohungen (»Ich gehe und nehme die Kinder mit«) der Alkoholiker zur Vernunft zu bringen sei.

Die Mitbegründerin von Al-Anon, Lois Wilson, fand eine gute Formulierung für den Zwang, ihren eigenen Gatten Bill kontrollieren zu müssen. »Meine Versuche, sein Trinken zu kontrollieren, sind jedesmal gescheitert«, sagte sie. »Ich wäre ihm am liebsten ins Hirn gekrochen und hätte die Schrauben angezogen.« Zwei Jahrzehnte lang unternahm sie immer neue Anläufe in einer immer stürmischer werdenden Ehe. Aber sie schaffte es nicht. Schließlich wurde Bill Wilson 1934 allein und ohne fremde Hilfe trocken.

Mitte der dreißiger Jahre herrschte in Amerika die große Wirtschaftskrise. Nur die wenigsten Menschen hatten Geld. Die Alkoholiker von damals — Verzweifelte, die von Bill Wilson in New York und Dr. Bob in Akron Hilfe erfuhren — hatten längst ihre letzten Ersparnisse versoffen. Viele von ihnen hatten durch ihr Trinken auch den letzten Arbeitsplatz verloren. So besuchten sie einander in ihren Wohnungen. Und ihre nicht-alkoholkranken Frauen kamen mit.

»Zu Anfang war AA eine reine Familienangelegenheit«, schreibt Lois Wilson in ihrer Autobiographie *Lois Remembers:*

»Ehepartner, Eltern und Kinder besuchten die Meetings . . . Viele Ehefrauen versuchten, selber nach dem (AA-)Programm zu leben, und machten auch gute Fortschritte, doch bewegte sich das nur auf einer allgemeinen Ebene. Es gab nichts, was ihnen geholfen hätte, ihre eigenen Reaktionen zu verstehen oder zu erkennen, daß diese den Gefühlen anderer AA-Frauen entsprachen. Die Erfahrungen wurden kaum miteinander geteilt . . . In der Anfangszeit hat jeder, der das Glück hatte, noch ein Heim zu besitzen, es mit anderen geteilt, die keines mehr hatten. In unserem Haus ging es zu wie im Taubenschlag . . . Die verschiedenen Gruppen besuchten einander häufig, und es wurde viel hin- und hergereist.«

Al-Anon war damals noch nicht einmal als Idee vorhanden, doch in den Herzen derer, die ihre geliebten Männer durch AA gerettet sahen, wuchs das Bedürfnis nach einer solchen Einrichtung. Lois entdeckte, was viele Alkoholikerfrauen seither entdecken mußten: daß mit dem Ende der Trunksucht ihres Mannes die eigenen Probleme nicht beseitigt waren. Bill begann, sie aus seinem Leben auszuschließen und zugunsten seiner AA-Kumpels zu vernachlässigen. Sie mußte enorm viel Verbitterung herunterschlucken. Bill wurde nicht der lang entbehrte Lebenskamerad, den sie sich so viele Jahre lang erträumt hatte. Sie, das geborene Hausmütterchen, mußte die meiste Zeit als Verkäuferin in einem Warenhaus stehen, um den Unterhalt für Bill und die Trunkenbolde zu verdienen, die er in ihrem Haus in Brooklyn nüchtern zu machen versuchte. »Ich war eifersüchtig auf seine neuen Freunde«, sagte Lois. Ihr Heim war ein Hospiz für Zechbrüder, keine Oase trauter Zweisamkeit.

Auch Anne Smith, die Frau von Dr. Bob, sah in ihrem Haus in Akron einen nicht abreißenden Strom von Besuchern. Aber anders als Lois war sie die ganze Zeit zu Hause und bemutterte alle, während sich Dr. Bob im Krankenhaus um seine Patienten kümmerte. Archie T., ein AA-Zugehöriger der ersten Stunde, erinnert sich:

»Anne hat mich buchstäblich von der Straße aufgelesen und wieder hochgepäppelt . . . Wenn zwei Eheleute so etwas machen wie Anne und Dr. Bob, als sie mich in ihr Haus holten, liegt die Last mindestens zu einem etwas größeren Teil auf der Frau.

Besonders, wenn der Empfänger solcher außergewöhnlichen Wohltaten nicht nur arbeitslos ist und keinen Pfennig Geld hat, sondern auch so krank ist, daß er nicht tagsüber aus dem Haus und auf Stellungssuche gehen kann. Das war bei mir der Fall; aber Annies Liebe war so groß, und sie hatte so grenzenlose Geduld mit mir, daß ich zehn Monate später das Haus als ein neuer Mensch verließ.«

Als die rein männliche Mitgliederschaft wuchs (die AA-Pioniere hingen ja dem Ammenmärchen an, daß »anständige« Frauen niemals Trinkerinnen seien), begleiteten die nicht-alkoholkranken Frauen ihre Männer zu Meetings in größere Häuser. Damals, in Akron, trabten sie brav in die King School mit, das erste öffentliche Gebäude überhaupt, das AA-Meetings beherbergte. Die Frauen fungierten als Küchenbrigade. Sie durften »abspülen, Kaffee kochen, Picknicks organisieren und solche Sachen«, wie ein Zugehöriger sagte. Anne Smith, von Natur aus ruhig und zurückhaltend, tat immer mehr als das. Dan K., einer der ersten Zugehörigen, erzählte: »Annie hat sich immer um die Neuen gekümmert. Sie entdeckte einen, und nach dem Meeting kam sie zu einem an den Tisch, stellte sich vor und sagte: ›Ich möchte Sie und Ihre reizende Frau bei den anonymen Alkoholikern willkommen heißen. Wir hoffen, daß Sie wiederkommen werden!‹«

Dorothy S. M. hat berichtet, daß Anne sich von allen, die kamen, den Namen und sogar den Namen ihrer Kinder merkte. »Sie hat unwahrscheinlichen persönlichen Anteil genommen . . . Selbst als sie schon fast blind war (sie hatte grauen Star), ganz zum Schluß, ist sie noch zu jedem hingegangen, und obwohl sie die Leute mit den Augen nicht mehr unterscheiden konnte, hat sie jeden an der Stimme erkannt und wußte noch alles von ihm . . . Sie sammelte immer Kleider, für die, die nichts zum Anziehen hatten. Ich hatte damals einen Sommermantel, den ich auch als Wintermantel tragen mußte. Da hat Annie von irgendeinem alten Kostüm den Pelzkragen abgetrennt, und den haben wir dann an meinen Mantel angenäht. Als es dann Sommer wurde, kam der Pelzkragen wieder runter und ein weißer Kragen drauf.«

Anne Smith starb 1949, ein Jahr vor ihrem Mann und zwei Jahre, bevor Al-Anon als eigene, von AA unabhängige Organisation entstand. Bei all ihrer Schüchternheit und Häuslichkeit hat diese großherzige Frau den Familien von Alkoholikern ein bleibendes Vermächtnis hinterlassen. Sie glaubte wirklich, daß Gott die Liebe ist. Sie nahm sich die biblische Botschaft zu Herzen, daß ein Glauben ohne Werke ein toter Glauben ist. Zwar gilt sie nicht als Gründerin von Al-Anon, aber sie war gewiß ein Schutzengel in den Jahren vor dessen Entstehung und stand mit ihrem Trost den Frauen wie den allerersten AA bei, die versuchten, die Scherben ihres Lebens wieder zu kitten.

Bill und Lois waren ein unternehmungslustigeres Paar als die Smiths, und so reisten sie in den vierziger Jahren wie unermüdliche Wahlkämpfer durch die Lande und gaben den allenthalben aufkeimenden AA-Gruppen Stärke und Zuversicht. Gleichzeitig entstanden »A. A. Family Groups« und »A. A. Auxiliaries«, die schon durch ihren Namen die enge Verbindung zu den Anonymen Alkoholikern erkennen ließen. Durch eine Umformulierung paßten diese Gruppen den Wortlaut von Bills Zwölf Schritten der eigenen Genesung an. Das Buch brachte selbst dem isoliertesten Alkoholiker die Botschaft in gedruckter Form nahe, während die Wilsons sie persönlich brachten. Zuerst pflegte Bill eine Rede zu halten und Hände zu schütteln. Danach bewirtete Lois die Frauen und munterte sie bei Kaffee und Kuchen auf. Aber sie sehnte sich immer nach »Stepping Stones« zurück, ihrem Haus in Westchester County (New York). Lois liebte die Gartenarbeit, das Reparieren und Malen und Nähen, die Stunden, in denen sie allein war mit ihren Büchern und ihrer Musik. Sie wollte endlich zur Ruhe kommen. Sie hat einmal ausgerechnet, daß sie zwischen 1939 und 1951 in zweiundsechzig verschiedenen Städten gesprochen hatte.

Bill hatte andere Pläne mit ihr. 1950 schlug er ihr vor, in New York ein Dienstbüro aufzumachen: Hier sollten die Familiengruppen registriert, mit Literatur versorgt und enger zusammengeführt werden. Es sollte auch der Ort sein, wohin sich eine ratlose Frau in ihrer Not wenden konnte. »Zuerst war ich von Bills Vorschlag gar nicht begeistert, weil ich mich so auf unser eigenes Haus gefreut hatte«, erzählte Lois. »Aber dann habe ich mir überlegt, wie notwendig eine solche Stelle war, und war von der Idee mehr und mehr angetan.«

Mit Hilfe ihrer Freundin und Nachbarin Anne B., der Frau eines Alkoholikers in Westchester, verschickte Lois im Mai 1951 an 87 »A. A. Auxiliaries« und »Family Groups« einen Brief, in dem mitgeteilt wurde, daß man beschlossen hatte, die einzelnen Gruppen unter einer Dachorganisation mit eigenem Namen zusammenzufassen. 48 Gruppen antworteten. Unter den Namensvorschlägen waren »A. A. Helpmates«, »Triple A. A.« und »Non A. A.«. Schließlich entschied man sich für Al-Anon, eine Zusammenziehung aus Alcoholics Anonymous. Anne B. und Lois verfaßten gemeinsam *Purposes and Suggestions for Al-Anon Family Groups;* darin wurde ein für die damalige Zeit völlig neues Prinzip vertreten, nämlich sich in erster Linie um sich selbst und nicht um den Alkoholiker zu kümmern.

Später zog Anne aus der New Yorker Gegend fort und war in der Bewegung längst nicht mehr so aktiv wie früher. Doch gilt sie dank ihrer anfänglichen Mitwirkung als Mitbegründerin von Al-Anon. Sie starb 1984 im Alter von 84 Jahren.

Die allerersten Al-Anon-Gruppen, die ausschließlich aus den Angehörigen von dank AA trocken gewordenen Männern bestanden, trafen sich reihum in Privatwohnungen. Später versammelten sie sich zur Besprechung ihrer Probleme und zum Austausch ihrer Freuden in kleineren Nebenzimmern der viel größeren AA-Meetingräume. Die 1986 erschienene, offizielle Geschichte von Al-Anon mit dem Titel *First Steps* berichtet: »Nur allzuoft betrachteten AA-Zugehörige die Entwicklung von Al-Anon mit Argwohn; sie befürchteten, daß dort ihre früheren alkoholischen Eskapaden ›durchgehechelt‹ würden. Dieser Argwohn trieb mitunter seltsame Blüten.« Wohin solcher

Verfolgungswahn führen konnte, schildert das Buch an einem Beispiel: »Lehua W. aus Hawaii erzählt, wie AA vor der Tür eines Al-Anon-Versammlungsraums einen Spion postierten: einen Mann, der auf einem Sofa lag und sich schlafend stellte, um die Gespräche der Frauen hinter der Tür belauschen zu können.« Eine Al-Anon-Gruppe in North Bend (Oregon) betrat in der Anfangszeit ihren Versammlungsraum lieber über die Feuerleiter als auf dem normalen Weg durch den AA-Meetingraum, wo sie sich den gehässigen Blicken der genesenden Alkoholiker ausgesetzt sahen. »Die Blicke sagten: ›Jetzt ziehen die Weiber wieder über uns her‹«, erinnert sich eine Al-Anon-Zugehörige der ersten Stunde.

Mayme S. erzählt, wie AA und Al-Anon schließlich in einer Oberschule in North Bend einen Saal fanden, in dem der Hauswirtschaftsunterricht stattfand und der durch eine Trennwand geteilt werden konnte. »Die AA erlaubten uns, die andere Hälfte des Saals zu benutzen«, berichtet sie. »Dafür mußten wir ihnen Kaffee kochen und Kuchen backen. In der ersten Zeit damals bei Al-Anon haben wir viel geweint. Wir saßen herum, und immer, wenn wir mit dem Meeting anfingen, klappte eine von uns einfach zusammen. Aber schließlich sind wir unseren Kummer doch irgendwie losgeworden.« Später zogen die AA und die Al-Anon-Zugehörigen von North Bend in einen größeren Raum um. »Wieder bekamen wir Al-Anon-Zugehörige ein kleines Hinterzimmer, mußten Kaffee kochen, Kuchen backen und nach dem Meeting hinter den AA herräumen«, entsinnt sich Mayme. »Wir haben gesagt, wir denken nicht daran, aber getan haben wir es doch.«

Jahrelang zockelte Al-Anon hinter AA her wie ein braver kleiner Pudel. 1952 übersiedelten Lois und Anne mit ihrer immer umfangreicher werdenden Korrespondenz aus »Stepping Stones« in das Clubhaus der AA in der Twenty-fourth Street von Manhattans West Side. Sie verfügten über eine eigene Schreibmaschine und zwei Schubladen in einem Aktenschrank und durften das Kopiergerät von AA mitbenutzen. Sie nannten ihren winzigen Betrieb »Clearing-House«. Es fehlte vor allem an freiwilligen Helfern und an Geld. »Wir hätten jeden eingestellt, der bis neun zählen konnte«, sagt Dot L. Hin und wieder legten auswärtige Gruppenmitglieder ihren Briefen an das Clearing-House ein oder zwei Dollar für die Auslagen bei. Die Pappe, mit der die Wäscherei Bills Hemden in Fasson brachte, hob Lois auf, um damit Sendungen von Broschüren an neue Gruppen stabiler zu machen. Andere Helfer sammelten Packpapier und Schnur. Die Al-Anon-Frauen brachte belegte Brote mit und hielten in der von Kakerlaken wimmelnden Küche spontane Meetings ab. Die Belüftung im Clearing-House war eine Katastrophe; im Sommer nannten sie das Büro »Lois' Schwitzkasten«, im Winter »Lois' Eisschrank«. Margaret D., eine Zugehörige der ersten Stunde, erzählte, daß sie bei telefonischen Hilferufen zuerst einmal im Atlas nachsah, wo es die nächstgelegene Stadt mit Al-Anon-Meetings gab, und froh war, wenn sie nur 600 Kilometer entfernt war. Später war sie über 300 Kilometer froh, dann über 75.

Ende der fünfziger Jahre konnte Al-Anon endlich eine eigene Zentrale in der East Twenty-third Street beziehen, wo man schon bald zwei ganze Stockwerke benötigte. Myrna H., die derzeitige Geschäftsführerin, die ihre Arbeit in der Zentrale 1963 aufnahm, erinnert sich an den Lastenaufzug: »Wenn man aus der Auslieferung eine Etage tiefer irgend etwas haben wollte, steckte man den Kopf in den Aufzugsschacht und rief dem Lagerhalter zu, was man brauchte. Man mußte nur aufpassen, daß einem der Aufzug nicht an den Kopf knallte, wenn er mit den Sachen raufgesaust kam.«

Ende der fünfziger, Anfang der sechziger Jahre kam für Al-Anon eine Welle der Publizität. Es gab Berichte in Zeitungen und in der ungeheuer beliebten *Saturday Evening Post* sowie im Fernsehen eine Sendung in der Loretta-Young-Show mit dem Titel »The Understanding Heart«. Niemand half soviel wie Ann Landers, die schwungvolle Kolumnistin mit dem gesunden Menschenverstand. Irgendwie schreckte sie die Öffentlichkeit aus ihrer Unwissenheit über das Elend jener auf, die mit einem Alkoholiker zusammenleben. Lois Wilson sagte über ihre Kolumnen, sie seien »unzweifelhaft die wirksamste Publicity« gewesen, die Al-Anon jemals bekam. Zum erstenmal schrieb Landers im Jahre 1962 über Al-Anon, und über die Zentrale brachen, wie sich eine Mitarbeiterin erinnert, 4000 Briefe »wie eine Sturzflut« herein. Später schrieb eine Zugehörige aus Illinois, wie Al-Anon ihr Leben verändert hatte. Sie begann:

»Liebe Ann:
Es ist Sonntagnachmittag, unser 13jähriger Junge ist zu einem Ballspiel gegangen, die beiden Mädchen, zehn und zwölf, sind im Schwimmbecken des Nachbarn, und mein Mann ist in seine Stammkneipe gegangen, um sich zu besaufen . . . Noch vor wenigen Jahren hätte ich mir die Augen aus dem Kopf geheult oder einer Freundin am Telefon die Ohren vollgejammert. Aber heute bin ich ruhig, zufrieden und sehr glücklich mit meinem Leben. Warum? Weil ich auf Sie gehört habe und zu Al-Anon gegangen bin. Jede Frau, die mit einem Alkoholiker verheiratet ist, muß sich irgendwann entscheiden, ob sie sich von seinen Problemen unterkriegen lassen will oder lernt, damit zu leben . . . Bitte, Ann: Klären Sie die Menschen weiter über Al-Anon auf! Es ist ein Lebensretter — in jedem Sinn des Wortes.

Eine Zugehörige aus Gage Park.«

Ann Landers schrieb dazu: »Es vergeht keine Woche, in der ich nicht drei oder vier Briefe von Leserinnen zum Lobe von Al-Anon bekomme.« Für diejenigen, die Literatur bestellen wollten, teilte sie die Adresse der Al-Anon-Zentrale mit, und fügte hinzu: »Sie haben nichts zu verlieren als den Gegenwert einer Briefmarke!« Auf diese eine Kolumne flatterten Al-Anon 10000 Briefe ins Haus. Als sie noch einmal erschien, kamen 11000 weitere in das New Yorker Büro. »Die meisten von uns schleppten Briefe in der Einkaufstasche mit nach Hause«, berichtet eine Helferin, »weil wir alle den Eindruck hatten, daß manche Ant-

worten eilten.« Seit damals setzt sich Ann Landers immer wieder vehement für Al-Anon, Alateen (die Untergruppe für Jugendliche) und die Anonymen Alkoholiker ein.
1966 brachte Al-Anon das eigene »Big Book« heraus, *Living with an Alcoholic;* der Titel wurde später geändert und lautet nun *Al-Anon Family Groups.* 1978 richtete die rasch wachsende Organisation ihr Weltdienstbüro in einem stattlichen Gebäude in der Park Avenue in Manhattan ein, nur einen Häuserblock vom Gemeinsamen Dienstbüro der Anonymen Alkoholiker entfernt. 1985 bezog sie ein noch geräumigeres Quartier in New Yorks geschäftigem Bekleidungsviertel. Das elegante moderne Interieur, sehr fraulich hellviolett und cremefarben gehalten und mit geschmackvollen Drucken an den Wänden, ist das perfekte Ambiente für die gutgekleideten, gewandten Damen, die die laufenden Geschäfte bei Al-Anon erledigen.
Wachstum und Wandel der Al-Anon-Zentrale spiegelt die Veränderung der Mitgliederschaft in den letzten Jahren wider. Al-Anon hat es satt, fünftes Rad am Wagen zu sein, Kaffee zu kochen und zu allem ja und amen zu sagen. Es steht heute für die Statusaufwertung der Frauen und ihr gewachsenes Selbstwertgefühl. Die Hälfte der Zugehörigen besitzt höhere Schulbildung, die meisten sind angestellt, ein Viertel von ihnen ist freiberuflich oder in leitender Stellung tätig. Nicht zufällig heißt die erste von Al-Anon produzierte Videocassette, die 1986 herauskam, *Al-Anon Speaks for Itself.*
»Früher war ich der Fußabstreifer für meinen Mann«, meint Hildegarde V., eine hübsche, wortgewandte Frau, die eine Zeitlang in der Redaktion von *The Forum*, der Monatszeitschrift von Al-Anon, gearbeitet hat. »Aber mit einer Frau, die zu Al-Anon geht und lernt, selbst zu denken oder sie selbst zu werden, ist nicht mehr zu spaßen.« Sie verließ ihren noch immer trinkenden Mann nach dreißig Jahren Ehe und ist glücklich neuverheiratet. Bei Al-Anon ist sie weiter sehr aktiv. »Es hilft mir, mich zu behaupten«, sagt sie, »in allen Aspekten des Lebens.«
Rückblickend auf die Mitglieder der frühen sechziger Jahre

meint Myrna H., die Geschäftsführerin: »Die Durchschnittszugehörige war Hausfrau. Manche hatten kleine Kinder, andere hatten schulpflichtige Kinder. Im großen und ganzen waren sie nicht berufstätig, oder sie arbeiteten halbtags. Die wenigsten waren geschieden. Heute sind sie deutlich jünger, es geht von zwanzig aufwärts. Wir haben auch viel mehr Freiberuflerinnen. Besonders gern kommen Krankenschwestern, Lehrerinnen, Sozialarbeiterinnen — das ist dieser typische Pflegetrieb von Menschen, die mit einem Alkoholiker leben.« Eine ihrer Mitarbeiterinnen sagt: »Wenn Sie heute Al-Anon betrachten, sehen Sie junge Frauen und junge Männer, die sagen: ›Hey, meinetwegen kann ich ihn oder sie ewig lieben, aber ich bin nicht verpflichtet, ewig bei diesem Alkoholiker zu bleiben.‹ Und sie bleiben auch nicht. Sie weigern sich, das therapeutische Werkzeug zu spielen, mit dem irgendein anderer zurechtgebogen wird.«
Früher lag sogar in der offiziellen Al-Anon-Literatur der Hauptakzent auf der Frage, wie man eine Ehe retten könne. Viele Jahre lang bestanden die Zugehörigen ausschließlich aus den Ehefrauen der Männer, die bei AA waren. »Es war eine geschlossene Gesellschaft«, meinte eine Archivarin bei Al-Anon. »Heute sind alle Arten von Beziehung vertreten: Ehegatten, Eltern, Kinder, Brüder und Schwestern, ›Lebensgefährten‹, Arbeitgeber und Arbeitnehmer. Der Trinker, um den es ihnen geht, ist trocken oder auch nicht, bei AA oder auch nicht. Die einzige Bedingung für die Zugehörigkeit ist, daß ein wichtiger Mensch in deinem Leben Alkoholiker ist.«
Die Auswahl an Meetings ist enorm. Es gibt 28000 Al-Anon-Gruppen weltweit, davon allein 15000 in den USA. Wie die AA-Gruppen repräsentieren sie die Durchschnittsbevölkerung eines Landes, einer Region, ja eines Stadtviertels. Jede Gruppe trifft sich mindestens einmal wöchentlich. Al-Anon-Informationsdienste gibt es in jeder größeren Stadt; sie führen aktuelle Listen und können Hilfesuchenden ein Meeting in der Nähe ihrer Wohnung oder ihres Büros nachweisen.
Die Veteranen, die im Weltdienstbüro von Al-Anon arbeiten, sa-

gen, daß diejenigen, die zum erstenmal zu einem Meeting kommen, gewöhnlich keine Ahnung haben, was sie erwartet. Oder sie haben falsche Vorstellungen. Die häufigsten sind: Al-Anon ist ein Teil der Anonymen Alkoholiker. Ich gehe hin, um meinen Alkoholiker nüchtern zu bekommen. Es ist etwas Religiöses.

Die Wirklichkeit ist anders. Al-Anon ist weder eine religiöse Gruppe noch eine Beratungsstelle. Es ist kein Behandlungszentrum und hat mit keiner Organisation zu tun, die solche Dienste anbietet. Es ist kein Club, bei dem der Alkoholiker durch irgendeinen wundersamen Zauber trocken wird. »Es ist ein Ort, wo man sein Leben und seine Seele sortieren kann«, sagt Lydia M.

Lydia, die in der Zentrale die Literatur verwaltet, ist eine quirlige, gesprächige Person, Mutter von fünf Kindern, die sich schließlich von ihrem langjährig alkoholkranken Mann getrennt hat. Drei von ihren Kindern gingen zu Alateen, einem Ableger von Al-Anon. Zwei schlossen sich, als sie zwanzig wurden, in verschiedenen Teilen des Landes Al-Anon an. Sie selbst geht noch jede Woche zum Al-Anon-Meeting in ihrem schmucken Heimatstädtchen.

»Wenn ich bei einem Al-Anon-Meeting eine Neue sehe, mit diesem typischen verängstigten Blick, schlägt ihr mein Herz entgegen«, schreibt eine Zugehörige in *Al-Anon Faces Alcoholism*, einem Basistext. »Ich möchte ihr sagen, daß ihre eigene Gelassenheit und ihr Seelenfrieden nicht von der Nüchternheit ihres Mannes abhängen. Ich möchte ihr so gerne all die qualvollen Jahre ersparen, die ich selbst durchgemacht habe, bevor ich gelernt habe, daß meine Gelassenheit allein von mir abhängt.«

Al-Anon-Meetings finden gewöhnlich in kirchlichen Gemeindesälen, Schulen oder Gemeindezentren statt. Bei den Menschen, die dort zusammenkommen, ist jedes Alter, jeder Stand, jede Lebenslage vertreten. Man setzt sich entweder zu intimer Diskussion um einen Tisch oder, bei größeren Meetings, frontal zu einem Rednertisch. Die meisten Anwesenden sind Frauen; nur ganz vereinzelt kommen auch Männer. Das ist der einzige, frappante Unterschied zwischen der »Optik« eines Al-Anon- und eines AA-Meetings; bei diesem sind die Geschlechter, wenn es sich um eine Großstadt handelt, etwa zu gleichen Teilen vertreten, in kleineren Städten sind die weiblichen Zugehörigen etwas in der Minderzahl. Seit Jahren gibt es bei Al-Anon unverändert 88 Prozent Frauen — ein Mißverhältnis, das viele Zugehörige stört. »Ich habe hin und her überlegt«, sagt Al-Anons Geschäftsführerin Myrna. »Es liegt wohl daran, daß die Männer sich scheuen, ihre Probleme in einer Gruppe zu diskutieren, die überwiegend aus Frauen besteht.« Einige besonders irritierte Männer finden sich in Al-Anon-Herrenmeetings wieder oder gründen eine eigene Gruppe.

Die Meetings beginnen pünktlich zur festgesetzten Zeit. Jemand von den Anwesenden liest laut die von Al-Anon vorgeschlagene Präambel zu den Zwölf Schritten: »Die Al-Anon-Familiengruppen sind eine Gemeinschaft von Angehörigen und Freunden von Alkoholikern, die miteinander ihre Erfahrungen, Stärke und Hoffnung teilen, um ihre gemeinsamen Probleme zu lösen. Wir glauben, daß Alkoholismus eine Familienkrankheit ist und daß veränderte Einstellungen bei der Genesung helfen können.«

Eine andere Anwesende liest dann den Al-Anon-Willkommensgruß vor, in dem es unter anderem heißt:

»Ich heiße dich in (folgt der Name der Gruppe) willkommen und hoffe, daß du in dieser Gemeinschaft die Hilfe und Freundschaft findest, die auch wir empfangen durften.

Wir, die wir mit dem Problem des Alkoholismus gelebt haben oder leben, bringen Verständnis auf wie vielleicht wenige andere. Auch wir waren einsam und enttäuscht, doch bei Al-Anon entdecken wir, daß keine Lage wirklich hoffnungslos ist und daß es uns möglich ist, Zufriedenheit und sogar Glück zu finden, mag der Alkoholiker noch trinken oder nicht.

Wir bitten dich sehr, unser Programm auszuprobieren. Es hat vielen von uns geholfen, eine Lösung zu finden, die zur Gelassenheit führt. Es kommt so sehr auf unsere eigenen Einstellungen an, und in dem Maße, wie wir lernen, unser Problem in die

richtige Perspektive zu rücken, stellen wir fest, daß es die Macht verliert, unser Leben und Denken zu beherrschen.«
Die Lesende sagt dann, daß das Programm auf den Zwölf Schritten basiert (die für die Zwecke von Al-Anon nur geringfügig modifiziert worden sind), und verspricht Anonymität: »Alles, was hier, im Gruppenmeeting und von Mitglied zu Mitglied, gesagt wird, muß vertraulich bleiben. Nur so können wir unbefangen sagen, was wir denken und fühlen, und das ist es, wodurch wir einander bei Al-Anon helfen.«
Die Sprecherin dieses Meetings, vorn an einem Tisch sitzend, beginnt. Sie erzählt ihre eigene Geschichte — was es bedeutet hat, mit einem alkoholkranken Gatten, Geliebten, Kind oder anderweitig wichtigen Menschen zu leben. Sie spricht, gewöhnlich ohne Aufzeichnungen, mit einer Ehrlichkeit und einer Offenheit, die für viele Neue bei Al-Anon beeindruckend sind.
Bei einem Meeting in Ohio berichtete eine junge Frau namens Dora, wie es um sie und viele andere Neue bestellt war, als sie zum erstenmal zu Al-Anon kamen. »Als wir unser erstes Al-Anon-Meeting besuchten, waren wir gebrochen«, sagte sie. »Wir waren körperlich und seelisch ein Wrack. Doch wir bei Al-Anon sind wie Leute, die sich vor dem Regen, der in unserem Leben auf uns herabströmt, in einem Hauseingang zusammendrängen, um nicht naß zu werden . . . Al-Anon hat mir einen Schirm in die Hand gedrückt und mir die Frau gezeigt, die ich werden kann. Es hat niemanden gestört, wenn ich wie ausgekotzt aussah und böse blickte. Oder wenn ich immer nur von meiner Wut und meiner Frustration redete. Oder daß ich dauernd verheult war. Sie haben mich nicht draußen im Regen stehenlassen. In ihrer Mitte konnte ich mich trocknen; sie haben mir Hoffnung auf ein neues Leben gemacht; sie haben meine emotionalen Wunden geheilt. Sie haben mir das Gesundwerden versprochen, von der Frau, die ich war, zu der Frau, die ich werden konnte.«
Ihr Leidensweg und die Auseinandersetzungen begannen, wie Dora erzählte, schon drei Monate nach der Heirat: »Die Typen

riefen Ray an und sagten, er solle mitkommen, und ich habe zu ihm gesagt: ›Hör mal, Ray, du bist kein Junggeselle mehr — wir gehören jetzt zusammen‹, aber ich konnte reden und bitten und betteln und heulen, soviel ich wollte — er mußte natürlich ausgehen.« Eines Abends schlug er sie zum erstenmal.

Es gab auch schöne Zeiten, allein und mit Freunden. Aber sie wurden immer seltener. Und die Sauftouren folgten immer dichter aufeinander. »Dann stand ich morgens um halb drei am Fenster und wartete darauf, daß sein Auto die Straße heraufkam. Und dann schwor ich mir ›Diesmal redest du so lange auf ihn ein, bis er es wirklich kapiert hat.‹« Ihre Schimpfkanonaden und seine Tätlichkeiten wurden zur Regel. »Ich hatte einen großen Wortschatz und habe ihn nach Kräften genutzt«, meinte Dora. »Ich wollte ihm wehtun und ihm seine Trinkerei miesmachen. Und ich wollte mir als Märtyrerin vorkommen.« Gegenüber Außenstehenden begann sie, die Sache zu vertuschen. »Alle haben gedacht, was wir doch für eine wundervolle kleine Familie sind«, sagte sie. »Dafür habe ich gesorgt. Mein ganzes Leben bestand nur noch aus Lügen.«

Schließlich ging sie auch nicht mehr in ihre verschiedenen Clubs und schlug die Einladungen ihrer Freundinnen aus. »Ich war gar nicht mehr richtig da«, erzählte sie. »Wenn ich wegging, riß er vielleicht heimlich aus, während ich fort war, und dann war ich nicht da, um auf ihn aufzupassen. Und zu mir konnte ich meine Freundinnen auch nicht einladen; was wäre gewesen, wenn er betrunken hereingekommen wäre und sie alles gemerkt hätten? Früher war ich selbständig, stark und glücklich gewesen; jetzt war ich abhängig, schwach und ein Häufchen Elend. Ich kam mir allmählich selber abhanden. Mein ganzes Dasein drehte sich bald nur noch um Alkoholismus. Ich wurde Rays Diktator und er mein Mündel.«

Drei Monate, nachdem Dora zu Al-Anon gekommen war, gab ihr eine Freundin, die bereits positive Veränderungen an ihr bemerkte, ein Gedicht von Veronica A. Shoffstall mit dem Titel »Wenn der Morgen graut«. Das Gedicht beflügelte Dora und machte ihr Mut, und beim Meeting in Ohio las sie Stellen daraus vor:

»Nach einer Weile lernst du den feinen Unterschied
zwischen dem Halten einer Hand und dem Anketten einer Seele,
und du beginnst, deine Niederlagen anzunehmen
erhobenen Hauptes und mit festem Blick,
mit der Grazie einer Frau,
nicht mit dem Gram eines Kindes.
Und so pflanzt du dir selbst einen Garten und schmückst
selber deine Seele, anstatt darauf zu warten,
daß jemand dir Blumen bringt.
Und du lernst, daß du wirklich bestehen kannst ...
daß du wirklich stark bist
und daß du wirklich etwas wert bist.«

Die nächste Rednerin an diesem Abend war Paulette, eine Frau mit einem schelmischen Funkeln im Blick. Sie erzählte, was an der Seite ihres alkoholkranken Mannes aus ihr geworden war: eine Frau, die ihren Kummer so fest an sich drückte wie einen Teddybären. »Bevor ich hierher kam«, erzählte sie, »hatte ich für alles eine Rechtfertigung. Ich wußte, daß ich auch weniger angenehme Seiten hatte, aber ich konnte sie rechtfertigen. Und deshalb konnte ich sie behalten. Eines Tages habe ich etwas zu meinem Mann gesagt, als er gerade ungeheuer konzentriert die Nachrichten im Fernsehen verfolgte. Ich weiß, daß er die Nachrichten liebt, und er hat mich nicht gehört. Schließlich hat er sich losgerissen und gefragt: ›Was hast du gesagt?‹ Aber da war ich bockig. Ich habe ihn angesehen und gesagt: ›Von dir laß ich mich in Zukunft nicht mehr behandeln wie der letzte Dreck.‹ Und bin rausgegangen. Und er hat mir noch hinterhergerufen: ›Gute Nacht, Präsident Nixon.‹« (Gelächter und Beifall.) Paulette fuhr grinsend fort: »Ich wollte gar nicht lachen. Ich wollte wütend bleiben.« (Beifälliges Gemurmel und neues Gelächter.)

Am nächsten Morgen, so berichtete Paulette weiter, erzählte sie ihrer Sponsorin — der besten Freundin bei Al-Anon —, was passiert war. Die Sponsorin lachte und sagte zu ihr: »Aber Paulette, wie kann man so kleinlich sein?« Paulette ging am Abend heim, um ihrem Mann zu sagen, daß sie sich »wie ein Vollidiot« benommen habe. Es war das erste Mal seit langer Zeit, daß sie sich bei ihm entschuldigt hatte. Er nahm ihre Entschuldigung sofort und liebevoll an. Ein weiterer Stein war Paulette vom Herzen gefallen.

Die Rednerin oder die Rednerinnen beim Al-Anon-Meeting sprechen rund zwanzig Minuten. In der restlichen Zeit — die Meetings dauern sechzig bis neunzig Minuten — kann jede im Publikum sich melden, die etwas auf dem Herzen hat. Gewöhnlich hebt sie die Hand und spricht kurz, wobei sie sitzen bleibt. Alle hören höflich zu. Auseinandersetzungen, Debatten, Streitereien sowie lange Monologe werden freundlich unterbunden. Alle Neuen lernen bald diese ungeschriebenen Gesetze am Beispiel der anderen.

Bei einem Meeting, das kürzlich im Kellerraum einer Kirche in Denver stattfand, hob eine kleine, bejammernswert wirkende Frau als erste die Hand. »Ich heiße Harriet«, sagte sie. »Dies ist mein drittes Meeting. Ich habe geglaubt, ich würde hier Tips bekommen, wie ich meinen Mann vom Trinken abbringen kann. Diesen Ersten Schritt verstehe ich auch nicht — wo es da heißt ›Wir gaben zu, daß wir dem Alkohol gegenüber machtlos sind — und unser Leben nicht mehr meistern konnten.‹ Ich trinke doch fast gar nicht.« Bei den letzten Worten brach ihre Stimme.

Die Gruppensprecherin Nadine zeigte auf eine andere erhobene Hand. Jane wandte sich von ihrem Platz aus an Harriet. »Der Erste Schritt bedeutet, daß wir machtlos gegenüber dem Betreffenden sind, der trinkt; wir sind machtlos dagegen, wieviel und wann er trinkt. Wir haben es nicht in unserer Macht, ihn zum Aufhören zu bringen, und wir sind auch nicht verantwortlich dafür, daß er Alkoholiker wurde, egal, was er uns erzählt. Ich weiß nicht mehr, wie oft mein Mann zu mir gesagt hat: ›Wenn du im

Bett besser wärst, würde ich nicht soviel saufen.‹ Hier bei Al-Anon habe ich gelernt, daß das nicht wahr ist, was Dennis da immer gesagt hat. Es ist einfach nicht wahr. Wenn man irgendwas oft genug erzählt bekommt, glaubt man es schließlich. Hier bei Al-Anon lerne ich auch, daß meine eigene Genesung *nicht* von Dennis' Genesung abhängt.« Harriets gespanntem Gesicht konnte man entnehmen, daß sie begriffen hatte.
Eine Frau im orangefarbenen Sportdress wedelte mit der Hand und begann: »Ich heiße Louise. Bevor ich hierher kam, habe ich immer geglaubt: ›Ich muß alles zurechtbiegen. Ich muß jeden zurechtbiegen.‹« Viele nickten mit dem Kopf. »Dann bin ich eines Morgens aufgewacht und habe mir gesagt: ›Diesen Tag lebst du so, als ob du allein wärst.‹ Früher saß ich immer da und machte mir Sorgen: Mein Mann ist irgendwo unterwegs. Was macht er wohl? Oder er ist zu Hause. Er sitzt vor der Glotze. Ich denke mir: Was hat er wohl hinter dem Sofa versteckt? Wenigstens sieht er sich was im Fernsehen an. Alles, was ich tue, ist zuzusehen, wie er fernsieht. *Wer* hat da jetzt ein Problem?«
Die nächste war Norma. »Wenn ich hier bei Al-Anon gefragt wurde, wie es mir geht, habe ich immer erzählt, was mein Mann gerade machte. Es hat anderthalb Jahre gedauert, bis ich die Frage beantworten konnte, wie es *mir* geht. Ich habe in einem Lachkabinett mit lauter Spiegeln gelebt. Alles war verzerrt. Ich habe an mir selbst gezweifelt. Ich habe mir selbst die Schuld an allem und jedem gegeben. Ich habe mich sogar gefragt, ob ich nicht vielleicht verrückt bin. Jetzt weiß ich, daß das Leben für die ganze Familie leichter ist, sobald es nur einem Familienmitglied besser geht. Und dabei kommt es nicht darauf an, ob der Alkoholiker in meinem Leben trocken wird oder nicht.«
Einer von drei Männern unter den zwanzig Frauen im Raum meldete sich. Er sah mitgenommen aus. »Mein Name ist Donald. Als ich das erste Mal herkam, war dauernd von ›Abstand‹ und ›Distanz‹ die Rede, und ich habe mich gefragt, was zum Teufel das bedeuten sollte. Ich liebe Margo. Ich werde sie immer lieben. Mir scheint, ›Abstand‹ soll heißen, daß wir aufhören müs-

sen, Gefängniswärter oder Krankenschwester zu spielen. Das heißt nicht, daß ich sie jetzt weniger liebe, aber ich schreie sie nicht mehr an und halte ihr keine Vorträge mehr. Ich gieße ihren Schnaps nicht mehr in den Ausguß, und ich suche nicht mehr hinter den Büchern nach versteckten Flaschen. Ich schimpfe sie nicht mehr aus, vor allem dann nicht, wenn sie betrunken ist — dann spricht die Flasche aus ihr und nicht Margo. Am nächsten Morgen weiß sie sowieso nicht mehr, was ich alles zu ihr gesagt habe. Ich lebe mein Leben und bin so liebevoll zu ihr, wie ich kann. Wenn ich Glück habe, geht sie demnächst zu AA. Aber wenn sie es nicht tut, geht für mich die Welt nicht unter.«

Eine Frau Anfang Zwanzig warf ihr schönes blondes Haar zurück und platzte heraus: »Ich bin Daisy. Das ist mein erstes Meeting. Wie oft muß ich kommen, bevor ich mich besser fühle?«

Die Gruppensprecherin sagte: »Das kann ich dir nicht sagen, Daisy. Ich weiß nur, daß mein Leben unerträglich war und daß es jetzt besser ist. Es braucht seine Zeit, bis es einem besser geht. Ich würde auch nicht bloß für eine Sitzung zum Psychiater gehen oder nur mal einen Samstag in die Kirche. Zum Turnen gehe ich auch schon seit Jahren. Geh so oft ins Meeting, wie du es brauchst — niemand wird dir hinterherschnüffeln. Komm wieder. Wenn dir diese Gruppe nichts bringt, versuch es mit einer anderen, bis du eine oder zwei findest, wo du dich wohlfühlst. Es kostet nichts, und alles, was du tun mußt, ist zuhören. Ich hoffe, daß du hier Freunde findest. Komm nach dem Meeting zu mir, dann tauschen wir unsere Telefonnummern aus.«

Die Sprecherin lächelte Daisy an, sah auf die Uhr, stand auf und sagte: »Ich lese jetzt das Al-Anon-Schlußwort: ›Ich möchte noch sagen, daß hier jeder nur seine eigene Meinung geäußert hat‹«, begann sie. »›Nehmt, was euch zusagt, und laßt das andere liegen . . . Ein paar Worte noch an diejenigen unter euch, die noch nicht so lange bei uns sind: Welche Probleme ihr auch habt, es gibt welche unter uns, die dieselben Probleme hatten. Wenn ihr eure Sinne offenhaltet, werdet ihr Hilfe finden. Ihr werdet erkennen, daß keine Situation so schwierig ist, daß sie nicht verbessert, kein Unglück so groß, daß es nicht gelindert werden könnte. Wir sind nicht vollkommen. Das Willkommen, das wir euch geben, zeigt euch vielleicht nicht die Wärme, die wir im Herzen für euch empfinden. Nach einiger Zeit werdet ihr herausfinden, daß ihr vielleicht nicht alle unter uns mögt, aber daß ihr uns auf eine ganz besondere Weise liebt — genau so, wie wir euch schon jetzt lieben.‹« Dann sagte sie: »Wer mag, spricht jetzt bitte mit mir den Gelassenheitsspruch.« Die Gruppe stellte sich im Kreis auf, alle faßten einander bei den Händen und sagten im Chor:

»GOTT gebe mir die Gelassenheit,
Dinge hinzunehmen, die ich nicht ändern kann,
den Mut, Dinge zu ändern, die ich ändern kann,
und die Weisheit, das eine vom anderen zu unterscheiden.«

In kleinen Gruppen begab man sich in einen nahegelegenen Coffee-shop. Die Gruppensprecherin, Nadine, winkte Daisy zu sich. »Wenn du dir's mal ansehen willst: hier auf dem Tisch ist einige Literatur«, sagte sie. »Die Faltblätter kosten nichts. Dies kleine Buch hier heißt *One Day at a Time in Al-Anon.*« Daisy musterte die Faltblätter, steckte zwei davon ein, tauschte mit Nadine die Telefonnummer aus und entschwand durch die Tür.
Wie AA unterhält auch Al-Anon ein eigenes großes Verlagsunternehmen mit Büchern und Schriften von Mitgliedern für Mitglieder. Die kleinen Schriften und Faltblätter werden häufig bei Meetings verschenkt; Bücher kann man entweder beim Meeting kaufen oder über das Al-Anon-Weltdienstbüro in New York beziehen. Von den zehn Büchern für Al-Anons und Alateens seien genannt *Al-Anon Family Groups*, das Pendant zum »Big Book« mit einem durch persönliche Geschichten aufgelockerten Abriß der Geschichte und Zielsetzung von Al-Anon; *Al-Anon Faces Alcoholism* mit weiteren persönlichen Geschichten von Menschen, die mit einem Alkoholiker zusammenleben, untermauert mit nachdrücklichen Äußerungen von Fachleuten, die mit Alko-

holikern und ihren Familien arbeiten; *The Dilemma of an Alcoholic Marriage*, worin beschrieben wird, wie der Alkohol das Denken und Tun eines Paares in allen intimen Situationen bis hin zum Sex entstellt, und was man dagegen tun kann; und *Alateen — Hope for Children of Alcoholics*, ein Grundlagentext für Teenager. Die meisten dieser Bücher kosten fünf Dollar oder weniger.

Am beliebtesten und verbreitetsten ist jedoch *One Day at a Time in Al-Anon*, bekannt unter dem Kürzel ODAT. ODAT mit dunkelblauem Einband ist strapazierfähig gebunden und paßt mit seinem Kleinformat von 15 mal 6 Zentimetern in jede Tasche. Für jeden Tag des Jahres ist eine Seite vorgesehen. Unter dem 1. Januar heißt es unter anderem:

»Dieses Jahr ist ein Buch mit lauter weißen Seiten. Auf sie will ich schreiben, was ich durch den täglichen Umgang mit der Al-Anon-Idee erlebe und wie ich durch sie weiterkomme. Al-Anon war meine letzte Rettung; denn ich lebte mit einem Problem, das mir über den Kopf wuchs. Ich weiß, daß ich das Problem bewältigen kann, indem ich Al-Anon auf mich selbst, mein Denken und Handeln anwende, Tag für Tag. Wenn ich mich beeinflussen lasse durch das, was der Alkoholiker sagt und tut, werde ich die Seiten meines Jahres beflecken und verschmieren. Das will ich um jeden Preis zu vermeiden suchen.«

Die »Mahnung für heute«, unterhalb dieser einleitenden Sätze, lautet am 1. Januar: »Ich kann mein Leben nur für die nächsten vierundzwanzig Stunden leben. Vielleicht sind meine Verwirrung und Verzweiflung so groß, daß es nur für die nächste Stunde oder die nächste Minute reicht. Dann will ich stets daran denken, daß ich über kein anderes Leben Gewalt habe als über das meine.«

Der tägliche Leseabschnitt behandelt ein bestimmtes Thema: Wut, Anonymität, Schuld; Vergebungsbereitschaft, Freiheit, Frustration, Furcht; Humor, Sarkasmus, Selbstbeherrschung,

Selbstbetrug und Selbstmitleid; Selbstsucht und Selbstlosigkeit. Die Zitate im Anschluß an die »Mahnung für heute« sind aus der Bibel, von Shakespeare, Thomas Merton, Kahlil Gibran, Thomas von Kempen, Epiktet, Lewis Carroll (»Den Schrecken dieses Augenblicks«, sagte der König, »werde ich niemals, niemals vergessen.« »Du wirst, du wirst«, sagte die Königin. »Solange du keinen Gedenkstein daraus machst.«) sowie von anonymen Al-Anon-Zugehörigen. Jede Al-Anon-Zugehörige besitzt ein Exemplar von ODAT, und manche dieser Bücher sind vom vielen Darinlesen schon ganz abgenützt wie ein altes Spielzeug. Seit seinem Erscheinen 1968 sind von ODAT drei Millionen Exemplare zum Preis von 4,50 Dollar verkauft worden. Allein 1987 wurden 350 000 Exemplare verkauft.

Al-Anon bringt über fünfzig kleine Schriften und Faltblätter heraus, mit Titeln wie *Al-Anon IS for Men, Freedom from Despair, Alcoholism, a Merry-Go-Round Named Denial, How Can I Help My Children?, To The Mother and Father, A Guide for the Family of the Alcoholic* und *Al-Anon Is for Adult Children of Alcoholics.* Viele dieser Publikationen liegen bei Meetings aus, und fast alle kosten unter 50 Cents. Im gewöhnlichen Buchhandel ist diese Literatur nicht erhältlich.

Die Broschüre *Alcoholism, the Family Disease* enthält die zwanzig häufigsten Fragen von Menschen, die einen Alkoholiker lieben, wie etwa: »Wann können wir mit unserem Alkoholiker am besten über sein Trinken oder über irgendein anderes drängendes Problem reden?« Al-Anons Antwort: »Das sollten Sie, wie in den meisten Fällen, intuitiv entscheiden. Oft ist der Alkoholiker am zugänglichsten, wenn er gerade eine schwere Sauftour hinter sich hat.« Auf die Frage »Sollen wir unsere Alkoholiker bemuttern?« antwortet Al-Anon: »Nein. Je mehr man ihn verhätschelt, desto mehr wird er sich gehenlassen, und desto länger wird er weitertrinken.«

Einige Antworten befassen sich mit der Frage, was zu tun ist, wenn der Alkoholiker nüchtern wird. Für jemanden, der AA und Al-Anon nicht kennt, mag das überraschend sein. Der

Grund für diese Verwunderung ist ein verbreitetes Ammenmärchen, ein fundamentaler Irrtum, dem fast alle unterliegen, die jemals mit einem Alkoholiker zu tun hatten. Der Irrtum heißt: Sobald er/sie nur einmal aufgehört hat zu trinken, ist alles okay.

Falsch.

Nüchternheit ist nicht die Lösung eines Rätsels oder das Ende eines Weges. Sie ist erst der Anfang. Alkoholkranke haben Jahre gebraucht, um zum Trinker zu werden, und es wird Monate und Jahre dauern, bis sie die Spinnweben aus dem Kopf gefegt und sich an den Gedanken und die Praxis der Enthaltsamkeit gewöhnt haben. Außerdem treten für den Alkoholiker und die Menschen, die ihn lieben, nunmehr jene Probleme in den Vordergrund, die der Alkohol bisher verdrängt hat. Die Familie eines Alkoholikers ist eine neurotische Familie, und ihre Mitglieder haben neurotische Gewohnheiten im Umgang miteinander. In einem solchen Haushalt sind nur die wenigsten imstande, sich im Handumdrehen vernünftig und realistisch den Anforderungen des Lebens zu stellen. Bill Wilson erkannte das; seine eigene Ehe wäre an seiner Nüchternheit um ein Haar zerbrochen. Ein frisch trocken gewordener Alkoholiker, der sich in die AA-Meetings stürzt, um sich selbst zu retten, vernachlässigt möglicherweise Frau und Kinder, oder er steckt eine Zeitlang bis oben hin voller Wut und Selbstmitleid, weil er nicht mehr trinken kann. Auch die Haltung der Selbstbeglückwünschung gibt es. Das ist kein Wunder, denn nicht zu trinken, die nächsten vierundzwanzig Stunden, ist eine kontinuierliche Reihe mutiger Taten.

Ein schönes Symbol für die Entdeckung, daß Nüchternheit eine Zeitlang auch Probleme aufwerfen kann, ist Lois Wilsons Schuh — zweifellos der berühmteste Gegenstand in der Geschichte von Al-Anon. Kurz nachdem ihr Mann mit dem Trinken aufgehört hatte, warf Lois ihm diesen Schuh an den Kopf und schrie dazu: »Du mit deinen Scheißmeetings!« — eine Geschichte, die wohl schon tausendmal erzählt worden ist. Lois

war neidisch auf Bills neue Freunde bei AA, sie hatte es satt, ausgeschlossen zu sein, und zu allem Überfluß fing ihr Mann an, auf eigene Faust zu handeln! Als Mutter, Krankenschwester und Beraterin des betrunkenen Bill hatte sie ausgespielt.
Lois begann zu lernen, was fast jeder, der mit einem trockenen Alkoholiker verheiratet ist, erkannt hat: daß ein genesender Trinker seine Arme genauso fest um die Anonymen Alkoholiker schlingen kann, wie er sie früher um die Flasche geschlungen hat. Eine Zeitlang muß er das; denn AA ist sein Lebensretter geworden, und Nüchternheit ist das Wichtigste, was es jetzt in seinem Leben gibt. In dieser Erholungsphase kommt es entscheidend auf die Liebe und Unterstützung der Familie für den Alkoholiker an, aber auch auf das Bemühen der Familienmitglieder selbst, im eigenen Interesse gesund zu werden. Und deshalb sind die Hälfte der Al-Anon-Zugehörigen Menschen, deren Alkoholiker nicht mehr trinkt. Viele, die Al-Anon schlagartig in dem Augenblick verlassen, wo ihr Trinker Land sieht, sind schockiert, wenn sie erkennen müssen, daß ihre Probleme damit nicht vorbei sind. Wenn der Ehe- oder Liebespartner nicht aufhört zu trinken, sind immer weniger Frauen — und Männer — bereit, die Familie um jeden Preis zusammenzuhalten. Sie ziehen aus und lassen sich scheiden. Was immer dabei herauskommt, die Zugehörigen von Al-Anon lernen, einander zu helfen und zu heilen, für die nächsten vierundzwanzig Stunden an ihrer eigenen Gesundung zu arbeiten und ein Leben zu finden, das sich um sie selbst und nicht um den Alkoholiker dreht.
»Sie haben mir von diesen Parolen erzählt«, berichtete eine Zugehörige namens Polly bei einem Meeting in Ohio. »Ihr wißt schon: Leben und leben lassen. Immer mit der Ruhe. Eile mit Weile. Nur nichts komplizieren. Ich habe es immer kompliziert gemacht — ich habe mir gedacht: wenn er das macht, dann werde ich das machen, und wenn er vielleicht das macht, dann tue ich das. Ich habe mir die Parolen und den Gelassenheitsspruch fünfzigmal angehört und gedacht: ›Mein Gott, können die nicht ein bißchen kreativer sein?‹ Ich hatte im Gestern gelebt, ich hat-

te im Morgen gelebt, ich hatte im nächsten Jahr gelebt. Aber nicht im Heute. Doch mit dem Heute konnte ich anfangen. Bei Al-Anon habe ich das Gefühl bekommen, daß ich nicht ganz allein drinhänge, daß ich diese Last nicht mehr auf mich nehmen und mit mir herumschleppen mußte.«

Pollys Gefühl der Erleichterung, das Gefühl, daß sie nur eine von vielen ist, die ihr den Rücken stärken und sie unterstützen werden, erlebt man bei den meisten Al-Anon-Meetings und anderen nur für Zugehörige bestimmten Anlässen. Zu den ältesten und beliebtesten Anlässen dieser Art gehört das jährliche »Lois W. Luncheon«, das jeden Dezember in New York stattfindet. Gesponsort wird es von den Greater New York Family Intergroups. Am 7. Dezember 1986 war Lois Wilson trotz ihres hohen Alters persönlich zugegen. Die ganze Zimmerflucht der Tower Suite im Time & Life Building in Manhattan war gesteckt voll von Frauen und durchsetzt von einigen Männern. Das blasse Licht der Wintersonne fiel durch die Glaswände; ringsherum ragten Wolkenkratzer empor. Lois saß auf der Tribüne und futterte kräftig in sich hinein. Dann begannen die Reden.

Ein pummeliger Alateen-Zugehöriger stand auf. Er wies darauf hin, daß es Woche für Woche Hunderte von Al-Anon- und AA-Meetings im Gebiet von New York gäbe, und fragte sich, warum trotzdem erst sechs oder sieben Alateen-Gruppen in Gang gekommen waren. »Da stimmt was nicht«, sagte er und setzte sich unter dem Beifall der Anwesenden wieder hin.

Dann trat Norman ans Mikrophon. Norman war schwul. Er fand es faszinierend, hier zu sein. Er war seit sieben Jahren bei Al-Anon, und sein Freund war gerade gestorben. In seinen Bemerkungen verbanden sich Begeisterung, Hoffnung und eine gewisse biestige Selbstironie, die die Frauen zu stürmischem Gelächter hinriß. Die Männer sahen sich von der Seite an. »Mit dem Trinken meines Freundes wurde es immer schlimmer«, sagte Norman. »Mit seinem Leben auch. Mir ging es mit dem Gelassenheitsspruch allmählich besser. Ich denke, wenn ich kein normales Leben habe, gebe ich Gott die Schuld und überlasse es ihm.« Norman erzählte, wie er nach dem Tod seines Freundes alle Schränke ausräumte und dann bemalte: einen gelb, einen lavendelfarben und einen hellrot. Danach strich er die ganze Wohnung in Silber, Blau und Orange. Sein Leben sei geworden wie die Wohnung, sagte er: »Der Regenbogen am Ende meines Gewitters.« Ovationen. Lois lächelte huldvoll.

Dann trug man das Mikrophon zu ihr, da sie zu schwach war, um am Rednerpult zu stehen. Es ertönte ihr unerwartet kräftiger, klangvoller Alt. Sie schloß ihren kurzen Dank, indem sie fröhlich und wie selbstverständlich sagte: »Auf Wiedersehen im nächsten Jahr!« Das war drei Monate vor ihrem 96. Geburtstag.

Lois hatte alles miterlebt: 51 Jahre Anonyme Alkoholiker und 35 Jahre Al-Anon. Ihr Mann hatte die eine Organisation gegründet und sie die andere. Aufgrund dieser unschätzbaren Erfahrung wußte sie, daß es immer Überraschungen geben wird. Die Überraschung der achtziger Jahre für Al-Anon ist der Aufschwung der Bewegung Adult Children of Alcoholics. Sie ist wie ein Wirbelsturm aus dem Nichts entstanden und wächst ständig weiter.

»Es ist ein Phänomen«, sagte Myrna H., die Geschäftsführerin von Al-Anon, »und es wird noch größer werden.«

1981 waren in der Al-Anon-Zentrale vierzehn Adult-Children-Gruppen registriert, 1986 waren es 1100. Noch 1984 glaubten die Delegierten bei der jährlichen Al-Anon-Nationalkonferenz, daß es sich um eine vorübergehende Mode handle — nichts, worüber man sich Gedanken machen müsse. Jetzt haben sie alle Hände voll zu tun, umzudenken und mit der Entwicklung Schritt zu halten.

Die Adult Children of Alcoholics, die sich selbst ACA oder ACOA oder COA nennen, strömen überall in den USA der Bewegung zu Tausenden zu. Manche sind bei Al-Anon, viele sind es nicht. Männliche und weibliche Kinder kommen zu gleichen Teilen. Da Al-Anon mit der Herstellung von Literatur für sie nicht nachkommt, sind sie dabei, sich ihre eigene zu machen.

1983 gründete ein Team von Therapeuten, Lehrern, Schriftstellern und Ärzten in South Laguna (Kalifornien) die gemeinnützige National Association for Children of Alcoholics. Ihr Ziel war nach eigener Aussage die Schaffung »eines Netzes von Informationen und Zuwendung für die jungen, heranwachsenden und erwachsenen Kinder von Alkoholikern überall auf der Welt«. Bis Ende 1987 hatte NACOA fast 7000 zahlende Mitglieder angelockt.

Diese Bewegung beginnt, ein Vakuum zu füllen. Aus irgendeinem Grund gibt es trotz des Erfolges der Anonymen Alkoholiker und Al-Anons, wo fast die Hälfte der Zugehörigen Kinder von Alkoholikern sind, und Alateens, wo fast alle 45 000 Zugehörigen Sprößlinge von Alkoholikern sind, eine enorme Zahl von leidenden Menschen, die irgendwie übersehen werden. Das regierungsamtliche National Institute on Alcohol Abuse and Alcoholism schätzt, daß achtundzwanzig Millionen Amerikaner mindestens einen alkoholkranken Elternteil haben. Von diesen sind sechs Millionen unter achtzehn und unterstehen der elterlichen Gewalt. »Die Leidtragenden sind überall«, meint Sharon Wegscheider-Cruse, eine Wortführerin der Bewegung.

Die Kinder von Alkoholikern verschlingen die neuen Bücher, die es über sie gibt, hauptsächlich aber Janet Woititz' *Adult Children of Alcoholics*, das sich zum wahren Renner entwickelt hat. Seit dem Erscheinen des Buches 1983 sind 700 000 Exemplare verkauft worden.

Die vier von Wegscheider-Cruse definierten »klassischen Familienrollen« — der Held der Familie, der Sündenbock, das Verirrte Kind, das Maskottchen — geistern durch die Bücher und die ACOA-Meetings, wo nicht selten eine Wortmeldung so beginnt: »Ich heiße . . ., und ich war der Sündenbock meiner Familie.« Oft beginnt das Meeting mit dem, was erwachsene Kinder von Alkoholikern die »Lange Liste« nennen. Sie zählt in vierzehn Punkten die verschiedenen Eigenschaften auf, die die Kinder aufgrund des Trinkers in ihrer Familie annehmen. »Wir urteilen zu streng über uns selbst und haben wenig Selbstachtung«, heißt es in einem Punkt. »Wir sind süchtig nach Abwechslung, nachdem wir jahrelang in einer traumatischen und oft gefährlichen ›Seifenoper‹-Familie gelebt haben«, lautet ein anderer. »Wir verwechseln Liebe mit Mitleid und tendieren dazu, Menschen zu lieben, die wir bemitleiden und retten können«, ein dritter. »Wir mußten in unserer traumatischen Kindheit unsere Gefühle verleugnen; so entfremdeten wir uns von allen unseren Gefühlen und verloren die Fähigkeit, sie zu erkennen und auszudrücken.«

Jetzt, in den Meetings von Adult Children of Alcoholics, lassen die Mitglieder ihren Gefühlen freien Lauf. Sie sind in Familien aufgewachsen, in denen sie schon sehr früh gelernt haben, niemandem zu trauen, nichts zu fühlen, vor allem aber nicht über das Gespenst zu reden, das in ihrem Heim umging. Mittlerweile erwachsen und noch immer frustriert, sind sie vor allem zornig, und ihr Zorn macht Al-Anon schwer zu schaffen. Den ACOA ist es gleichgültig, daß die meisten AA- und Al-Anon-Zugehörigen selber die Kinder von Alkoholikern waren und sind. Im Mittelpunkt der ersten Organisation hat immer der Trinker gestanden, im Mittelpunkt der zweiten standen zumeist die Ehefrauen. Viele Kinder von Alkoholikern haben jetzt den Eindruck, daß ihre eigenen Probleme bei AA und Al-Anon ignoriert oder beiseite geschoben werden. Oft sind Eltern, die in beiden Organisationen die eigene Genesung betreiben, dagegen, daß ihre Kinder zu Alateen gehen; sie betrachten Alateen-Zugehörige als »Unruhestifter«, die »über uns reden« und womöglich den Aufstand gegen die elterliche Autorität proben.

Die »Adult-Children«-Bewegung ist so neu, daß es, abgesehen von einigen abgesprungenen Al-Anon- oder Alateen-Zugehörigen, kaum »Veteranen« gibt, die im Meeting als Vorbild fungieren könnten. Wie früher die Pioniere der Anonymen Alkoholiker und von Al-Anon, sind die Gruppenmitglieder noch am Experimentieren. Auf jemanden, der über AA oder Al-Anon Bescheid weiß, aber Adult Children noch nicht kennt, kann die dort hervorbrechende Wut irritierend wirken. Sie richtet sich nicht nur gegen den betrunkenen Vater, sondern auch gegen die nicht-alkoholkranke Mutter — die Duldende, die Schimpfende, die Dominierende. Bei einem derartigen ACOA-Meeting in einem Krankenhaus in Greenwich Village sagte ein schmächtiger junger Mann, der sich als »sexaholic« bezeichnete und Erfahrungen mit Al-Anon hatte: »›Positive‹ Gruppen kann ich nicht mehr ab!« Und mit fast zum Schreien gesteigerter Stimme: »Al-Anon kotzt mich an! Die sollen uns doch in Ruhe lassen, wenn wir eine Stinkwut haben und es uns dreckig geht!«

Dann redete sich eine offenkundig am Boden zerstörte Frau eine herzzerreißende Geschichte über Inzest und Gewalt in der Familie von der Seele. Anstatt auf sie einzugehen oder die nächste Wortmeldung aufzurufen, sagte der Gruppensprecher: »Ich hab' hier ein paar ACOA-Souvenirs. Drei Dollar pro Stück, falls jemand interessiert ist.« Damit schob er die Gegenstände über den langen Tisch, an dem die Gruppe saß. Außer sich vor Wut über dieses abrupte Werbeintermezzo, brach die Frau in Tränen aus. Sie schlug mit der Faust auf den Tisch und schrie den Gruppensprecher an: »Du machst alles kaputt, wenn ich von meinem Kummer reden will!«

Der Sprecher murmelte eine Entschuldigung. »Ich glaube, ich kann das Meeting nicht weiter leiten«, sagte er. »Würde mich bitte jemand ablösen?«

Derartige Szenen erschrecken und empören viele Al-Anon-Veteranen, und die Zentrale wird denn auch mit besorgten Anfragen über die Adult Children förmlich bombardiert. Sie sind gewöhnt, zuzuhören, höflich zu sein, Toleranz zu üben. Flexiblere Zugehörige, die schon viele Jahre bei Al-Anon sind, erinnern sich freilich an die komplizierten und tränenreichen Anfänge ihrer eigenen Organisation. »Ich denke, das wird sich ändern — und es gibt schon Veränderungen«, meinte Sandra F., die Nummer Zwei im Weltdienstbüro. »Der Irrsinn in diesen Adult-Children-Gruppen kommt zum Teil daher, daß da eine ganz elementare Wut ist, die bisher unterdrückt worden ist und jetzt wie aus einem unter Druck stehenden Dampfkochtopf hochzischt.

Stellen Sie sich ein Al-Anon- oder AA-Meeting vor, in dem achtzig Prozent Neue sitzen: Was meinen Sie, wie es da zugehen würde?«

Und Sandra setzte hinzu: »Als ich in meine erste Adult-Children-Gruppe bei uns zu Hause ging, war einfach die Hölle los. Heute, ein Jahr später, ist es dort wunderbar. Sie haben ihre Wut auf die Eltern durchgearbeitet und konzentrieren sich allmählich darauf, selbst gesund zu werden.«

Die Bewegung von Anfang an miterlebt hat Patricia O. Sie ist 41, aber mit ihrer zarten Haut, dem dunklen, gelockten Haar und den leuchtenden braunen Augen sieht sie aus wie eine halb so alte Studentin. Sie ist in einer Mietskaserne in New Yorks West Side aufgewachsen und hat immer Angst gehabt, so weit sie zurückdenken kann. Die Mieter im Hause wechselten ständig; es war eine brutale und bedrohliche Umwelt. Hispanos und Schwarze zogen ein, während die irischen Einwanderer, die früher hier gewohnt hatten, in andere, noch von Weißen bewohnte Gegenden der Stadt flohen. Im Highbridge Park auf der anderen Straßenseite wimmelte es von Jugendbanden, die vor nichts zurückschreckten; einmal prügelten sie dort einen anderen Jugendlichen zu Tode, der durch Kinderlähmung verkrüppelt und hilflos war. Pat kennt die Jungen, die ihn ermordet haben.

Manchmal ging es in ihrem Inneren womöglich noch schlimmer zu. Ihre Mutter beschreibt sie als »eine ukrainische Mutti, herzerfrischend und prachtvoll«, die Freundin aller Nachbarinnen. Sie war Näherin; in einem kleinen Ausbeuterbetrieb zwei Türen weiter nähte sie Überzüge für Vogelkäfige sowie Hundemäntel zusammen. Pats Vater war Trinker; er stammte aus einer Familie, die seit Generationen mit der Trunksucht geschlagen war, ein kleiner, muskulöser Ire mit trotzig vorgerecktem Kinn, der aussah wie James Cagney. Seine wilden Sauftouren kosteten ihn jeden Job, den er hatte — er war Sänger in einem Nachtclub gewesen, Feuerwehrmann, Schornsteinarbeiter, Verkäufer —, bis er nur noch zu Hause saß, trank, sich überflüssig vorkam und seine Frau im Verdacht hatte, es mit anderen Männern zu treiben. Wenn ihn in einer Bar die Wut überkam, suchte er mit zehn Raufbolden gleichzeitig Streit, bis er zusammengeschlagen am Boden lag. Wenn seine Frau am frühen Abend kam, um ihn nach Hause zu holen, wurde er tätlich gegen sie. Eine Bar nach der anderen erteilte ihm Hausverbot. Regelmäßig verpaßte er seiner Frau ein blaues Auge. Wenn sich Pat, das älteste von drei Kindern, dazwischenwarf, hob er sie hoch und schleuderte sie quer durchs Zimmer an die Wand; zweimal trug sie so schwere Verletzungen davon, daß sie ins Krankenhaus mußte. »In unserer Familie hat keiner normal geredet«, erzählte Pat. »Alle haben immer nur geschrien. Wir haben uns angebrüllt, daß die Wände wackelten. Wenn die Polizei kam, wußten alle im Haus, daß mein Vater wieder mal meine Mutter hatte umbringen wollen.«

Pat ließ ihre ganze Wut an ihren kleinen Geschwistern aus, einer Schwester und einem Bruder. »Wenn ich ihnen bei den Hausaufgaben helfen sollte, mußten sie nach meiner Pfeife tanzen«, sagte sie. »Ich war eklig und gemein.« Als sie neun war, nannte sie ihren Vater einen Alkoholiker: »Ich sagte ihm das Wort ins Gesicht — Alkoholiker! Ich muß es von meiner Mutter aufgeschnappt haben.« Ihr Vater nannte sie Flittchen. Sie ging regelmäßig in eine nahegelegene katholische Kirche und versuchte, mit Gott zu handeln, damit er ihre Mutter beschütze. Wenn sie von der Schule nach Hause kam, machte sie für die ganze Familie Mittagessen. »Mir kam es vor, als ob ich die Familie zusammenhalte«, berichtete sie. »Wir Kinder hatten das Gefühl, daß wir die Familie in Gang halten mußten.«

Als Pat etwa fünfzehn war, ging ihre Mutter zu Al-Anon, und bald danach, 1962, besuchte Pat eines der ersten New Yorker Alateen-Meetings, das im selben Kirchengebäude stattfand. Ein Mann namens Joe war der Sponsor (Mentor) der Gruppe, zusammen mit seiner Frau, die zu Al-Anon gehörte. »Das war eine ganz unglaubliche, ganz starke Erfahrung«, sagte Pat. »Joe war der erste nüchterne Alkoholiker, dem ich je begegnet war. Ich habe ihn einmal gefragt: ›Warum hast du das alles getan, was du getan hast? Hast du deine Kinder nicht lieb gehabt?‹ Und Joe hat zu mir gesagt: ›Natürlich habe ich sie geliebt. Ich wußte nicht, was ich tat. Ich war krank.‹« Pats Gesundung begann mit Joe. »Er hat bewirkt, daß ich meinen Vater positiver gesehen habe«, meinte sie. Sie merkte, wie sie bei Alateen erwachsen wurde; sie leitete Meetings und hatte nicht mehr soviel Angst. Bei einer überregionalen Konferenz der Anonymen Alkoholiker im Bundesstaat New York konnten ihr die Anwesenden, nachdem sie ihre Geschichte erzählt hatte, nicht mehr ins Gesicht sehen. »Sie erkannten durch mich, was sie ihren Kindern angetan hatten«, berichtete sie. »Sie hielten es nicht aus, vor mir zu stehen.«

Als sie achtzehn war, trennten sich ihre Eltern. Mit zwanzig ging sie zu Al-Anon. Sie ließ sich zur Kinderpsychologin ausbilden und sah zahllose Familien, die der Alkohol zerrüttete. »Keiner von den Leuten, mit denen ich auf dem Gebiet der seelischen Gesundheit zusammengearbeitet habe, hat sich dafür interessiert, was der Alkohol unter den Kindern anrichtet«, sagte sie. 1974 wurde sie an die Spitze der Abteilung Prävention und Aufklärung des National Council on Alcoholism berufen. »Als man mir diese Stelle anbot«, erzählte sie, »kam ich mir vor wie ein Stück zerborstenes, funkelndes Glas — alle Sinne hellwach. Ich habe gezittert vor Freude.« Später ging sie nach Washington an das regierungsamtliche National Institute on Alcohol Abuse and Alcoholism. Sie ist Gründungsmitglied der National Association for Children of Alcoholics und arbeitet heute als klinische Psychologin mit Alkoholikerfamilien.

»Zu meinem Arbeitsgebiet Alkohol bin ich durch meine Wut gekommen«, sagte Pat. »Wut über das, was mit mir und meiner Familie passiert war. Wut über das, was ich in anderen Familien gesehen hatte, denen es dreckig ging. Wut darüber, daß Psychiater und Psychologen die allermeiste Zeit entsetzlich engstirnig waren und fanden, Alkoholismus sei kein seriöses Forschungs- und Behandlungsgebiet.«

Heute sieht Pat dieselbe Wut vertausendfacht in der anschwel-

lenden Bewegung »Adult Children of Alcoholics«. Sie ist überzeugt, daß die Mitglieder dieser Gruppen untergehen werden, wenn sie nicht lernen, ihre freigesetzten Emotionen ins Positive, Heilende zu wenden. Sie meinte:
»Meetings außerhalb von Al-Anon arten oft in ein emotionales Tohuwabohu, in eine rituelle Säuberung aus. Manche sind führungslos. Es ist ein Haufen neuer Leute beisammen, die alle nicht lange dabei sind. Da wird Schuld zugewiesen, mit dem Finger auf andere gezeigt, über den anderen hergezogen — nach dem Motto ›Mein Weihnachten war viel schlimmer als dein Weihnachten‹.
Bei ACOA herrscht eine Wir-Sie-Mentalität: ›Du hast mir das und das angetan, und das war allein deine Schuld‹; die Nutzanwendung ist dann: ›Ich darf mit gutem Gewissen Selbstmitleid haben.‹ Das ist der Narzißmus des Leidens. Das Problem ist wirklich, wie man das Trauma in sein Leben integriert — wie man seinen Frieden damit macht, sich damit arrangiert. Al-Anon bringt das den Leuten auf eine sehr langsame und überlegte Art bei, mit Hilfe der Zwölf Schritte. Aber ich habe den Eindruck, daß ein Ausleseprozeß kommen wird. Er ist schon da. Und er muß da sein. Wenn die Leute so weitermachen, sich systematisch zu retraumatisieren, verbrauchen sie sich innerlich und rasten schließlich aus. Entweder sie gehen zu Al-Anon und erarbeiten dessen Programm, oder sie gehen vor die Hunde.«
Sie zitierte einen Kollegen, den Familientherapeuten Philip Oliver-Diaz, der im Vorstand von NACOA sitzt. »Wenn wir nicht aufpassen«, warnte er, »haben wir als nächstes die ›Children of Adult Children of Alcoholics‹.«

KAPITEL 8

Die Krankheit

Wer hat Weh? Wer hat Leid? Wer hat Zank? Wer hat Kummer? Wer hat Wunden um nichts? Wer hat rothe Augen?
Die lange sitzen beim Weine, die kommen, um Würzweine zu kosten (. . .)
Zuletzt sticht er (der Wein) wie eine Schlange, und verwundet wie eine Natter.

Die Sprüche Salomos, Kap. 23.

Stellen Sie sich vor, eine schreckliche Krankheit sucht die USA heim, eine Krankheit, deren Ursache unbekannt ist. Nehmen Sie an, diese Krankheit sei so schädlich für das Nervensystem, daß achtzehn Millionen Menschen durch sie für einen unterschiedlich langen Zeitraum — zwischen wenigen Stunden und mehreren Wochen oder Monaten — den Verstand verlieren, wobei diese geistige Erkrankung fünfzehn bis dreißig Jahre lang immer wiederkehrt und immer schlimmer wird. Werden die Krankheitsopfer nicht behandelt, verlieren sie für immer den Verstand oder sterben. Die Selbstmordrate bei ihnen ist bis zu fünfundsiebzigmal höher als beim Durchschnitt der allgemeinen Bevölkerung. Bedenken Sie, daß die von der Krankheit Befallenen an jedem beliebigen Tag des Jahres mehr als die Hälfte aller Krankenhausbetten in den USA in Beschlag nehmen und daß die Krankheit im Jahr 1987 an die 100 000 Amerikaner das Leben gekostet hat. Nehmen Sie ferner an, daß diejenigen, die nicht im Krankenhaus liegen, in ihren Anfällen von Wahnsinn derart destruktive Taten begehen, daß ganze Familien in Gefahr sind, wodurch weitere Abermillionen von Menschen in Mitleidenschaft gezogen werden. Die Arbeit, ob in Betrieben, in Fabriken oder in freien Berufen, wird schlampig oder gar nicht erledigt oder sabotiert. Stellen Sie sich schließlich vor, daß diese Krankheit das Urteilsvermögen ihrer Opfer so stark verändert, sie so sehr einer Gehirnwäsche unterzieht, daß sie überhaupt kein Krankheitsbewußtsein haben: Ihr Blick auf das Leben ist in solchem Maße verzerrt, daß sie mit aller Macht versuchen, krank zu bleiben.

Diese furchtbare Krankheit ist bereits unter uns. Sie ist seit Jahrhunderten unter uns. Es ist die Trunksucht.

Die obigen Sätze stammen zum größten Teil von Dr. Ruth Fox und wurden in den siebziger Jahren geschrieben. Frau Dr. Fox hat vermutlich mehr zwanghafte Trinker behandelt und gerettet als irgendein anderer Mensch in diesem Land. Sie war Präsidentin der American Medical Society on Alcoholism und medizinische Leiterin des National Council on Alcoholism. Bald nach der Gründung der Anonymen Alkoholiker und lange vor der Errichtung der Yale School of Alcohol Studies oder irgendeiner amtlichen Stelle erforschte und behandelte sie bereits diese Krankheit und beschrieb sie ausführlich.

Selber Nichtalkoholikerin, unternahm diese große und bescheidene Psychiaterin alles, um ihren Patienten zu helfen und setzte ein: Aversionstherapie, bewußtseinsverändernde Drogen, Hypnose, Psychoanalyse, Anonyme Alkoholiker und Disulfiram (mit dem Handelsnamen Antabus). Sie führte 1950 Antabus — das einzige Medikament, das man notfalls als »Zauberpille« zur Entwöhnung vom Trinken bezeichnen könnte — in den USA ein. Sie war überzeugt, daß es so etwas wie den »hoffnungslosen Alkoholiker« nicht gäbe. Zu guter Letzt kam sie zu dem Schluß, daß nichts anderes bei den meisten Patienten so anhaltend half wie die Anonymen Alkoholiker. Sie schickte alle ihre Alkoholiker zu AA. Diejenigen, die dabei blieben, wurden, wie Ruth Fox feststellte, oft für immer trocken; diejenigen, die wieder weggingen, nicht.

Auf jeden, der sie zum erstenmal sah, wirkte diese schlichte, hagere Frau mit dem knochigen Gesicht, dem kantigen Kinn und dem anliegenden Haar ein wenig einschüchternd. Doch hatte sie eine so milde und ermutigende Art, daß sich dieser Eindruck rasch verlor. Sie mochte Alkoholiker gern und hatte Verständnis für ihr Leiden. Nie hat eine Geschichte sie abgestoßen. Nie hat sie einen Fall abgelehnt. In ihrer Praxis in Manhattans Upper East Side, wo sie auch wohnte, behandelte sie einen nicht abreißenden Strom von Alkoholikern, bis sie in den Achtzigern war, gekrümmt und gebeugt von der Arthritis und ständig unter Schmerzen leidend.

Das Krankheitskonzept des Alkoholismus spielt bei AA eine zentrale Rolle, wurde aber dort nicht entwickelt, ebensowenig wie bei Elvin Morton Jellinek, einem Zeitgenossen von Dr. Ruth Fox, dessen Opus magnum *The Disease Concept of Alcoholism* 1960 erschien und den krönenden Abschluß seines jahrelangen Forschens, Schreibens und Lehrens darstellte. Es geht auch nicht auf die American Medical Association zurück, die den Alkoholismus 1956 zur Krankheit erklärte. Die Vorstellung vom Krankheitswert des Alkoholismus reicht mindestens bis ins alte Rom zurück — zu Seneca, der einen Unterschied machte zwischen einem Betrunkenen und einem, der keine Kontrolle über seine gewohnheitsmäßige Trunksucht hat, und zu Ulpian, der als erster den Gedanken äußerte, daß gewohnheitsmäßige Trunksucht eine Krankheit sein konnte.

Die Geschichte des Alkohols selbst, seines Gebrauchs und seines Mißbrauchs, ist so alt wie die Geschichte des Menschen. Alkohol, der Becher Freud und Leid. Alkohol, der Tröster, der Verführer, der Zerstörer. Die ältesten bekannten Aufzeichnungen über Alkoholkonsum stammen aus Mesopotamien: Tontafeln aus der Zeit von 4000 v. Chr. registrieren die von der Bevölkerung verbrauchten Mengen und enthalten Rezepte, in denen Alkohol als Lösungsmittel für Medizinen fungiert. Der Codex Hammurabi aus Babylon (1700 v. Chr.) enthält unter anderem Vorschriften über den Verkauf und Verbrauch von Alkohol. Aus ebenso alten Aufzeichnungen aus der Regierungszeit des chinesischen Kaisers Chung K'iang geht hervor, daß im alten China Trunkenbolde hingerichtet wurden. Der Adel im alten Persien konsumierte enorme Mengen Alkohol; als Gegenreaktion propagierte der aufstrebende Islam ein absolutes und permanentes Alkoholverbot, um verbreitete gesundheitliche Probleme bekämpfen zu können. Auch die buddhistischen Sekten in Indien verbieten seit dem 5. Jahrhundert v. Chr. bis auf den heutigen Tag jeglichen Alkoholgenuß.

Euripides, der zusammen mit Aischylos und Sophokles zum großen Dreigestirn der griechischen Tragödiendichter gehört, war der erste Vertreter der Weltliteratur, der den »Filmriß« eines Betrunkenen beschrieb. In seinen *Die Bakchen* reißt die Mutter des thebanischen Königs Pentheus in trunkenem Wahn ihren Sohn in Stücke, weil sie ihn für einen Löwen hält. Dann überbringt sie den Kopf triumphierend seinem Vater Kadmos, bevor ihr die grausige Wahrheit dämmert.

Enthaltsamkeitsbewegungen gab es schon in der Antike, wie wir aus Aufzeichnungen aus dem alten China und dem dynastischen Ägypten wissen (um nur diese Kulturen zu nennen). Das bedeutendste und einflußreichste Enthaltsamkeitsdokument der Geschichte ist jedoch die Bibel. Die *Encyclopedia of Alcoholism* registriert in der Bibel mehr als 150 Stellen, die sich auf den Alkohol beziehen. Diese sorgfältig recherchierte Enzyklopädie wurde herausgegeben von Robert O'Brien und Dr. Morris Chafetz, einem Arzt, der 1970 Gründungsdirektor des National Institute on Alcohol and Alcoholism war. Das Buch bietet auch Überlegungen zu der Frage, warum Juden bis in die jüngste Zeit hinein das Problem des Alkoholismus so gut wie gar nicht kannten. Einen der Gründe sehen die Autoren im Alten Testament. »Zwar ist Alkohol in der jüdischen Kultur tief verwurzelt und nimmt eine wichtige Rolle bei religiösen Feiern ein«, schreiben sie, »doch war das hebräische Volk von Trunksucht relativ frei, was zum Teil den vielen Warnungen im Alten Testament vor dem Übermaß zuzuschreiben ist.« Die Sprüche Salomos urteilen in dieser Hinsicht besonders hart: »Ein Spötter ist der Wein, und tobend hitziges Getränk; und Jeder, der davon taumelt, wird nie weise« (Kap. 20). Das bissige Motto aus den Sprüchen Salomos am Beginn dieses Kapitels — »Wer hat Weh? Wer hat Leid?« — ist eine verblüffend richtige Beschreibung des Alkoholismus, die heute noch genauso zutrifft wie vor 3000 Jahren, als sie niedergeschrieben wurde. O'Brien und Chafetz führen aus: »Derartige Warnungen vor den Gefahren des Übermaßes sind in die Verhaltensmuster der Gesellschaft eingegangen und haben derart wirksame kulturelle Kontrollen aufgebaut, daß man den sorgfältig regulierten Alkoholgenuß zulassen, ja sogar ermutigen konnte, ohne die Gefahr des Mißbrauchs heraufzubeschwören.«

Für die Juden Amerikas gilt dies nicht mehr. Sie sind dabei, sich der allgemeinen Gesellschaft mehr und mehr anzupassen. Sie übernehmen nichtjüdische Verhaltensweisen und nichtjüdische Ethik. Generationenlang beruhigten sich Juden mit dem Gedanken, daß nur Nichtjuden Trinker waren. Heutzutage kann ein Trinker auch Jude sein: Das ist für viele eine schlimme Kunde, zumal für jene, die religiös sind.

Die Vorstellung, Trunkenheit sei etwas Sündiges und Unwürdiges, findet sich in vielen Zivilisationen und sitzt viel tiefer als die Vorstellung, daß Alkoholismus eine Krankheit ist. Diese Idee reicht von den Söhnen Noahs, die sich schämten, ihren Vater nackt im Zelt liegen zu sehen, bis zum puritanischen Gottesmann und Gelehrten Increase Mather, der 1673 sein *Wo to Drunkards* schrieb. »Das Trinken ist an sich selbst eine gute Schöpfung Gottes«, erklärte Mather, »aber Mißbrauch des Trinkens ist vom Satan . . . der Trunkenbold ist des Teufels.«

Das Wort Alkoholismus wurde erst 1849 geprägt. Magnus Huss, ein berühmter schwedischer Arzt, schrieb die zwei Bücher *Alcoholismus Chronicus* und *Chronische Alkohols-Krankheit*, in denen er die Welt mit dem neuen Ausdruck bekannt machte.

Schon ein halbes Jahrhundert früher gab es einen Arzt, der als erster das, was wir heute Alkoholismus nennen, als Krankheit und pathologischen Prozeß definierte. 1784 schrieb Dr. Benjamin Rush aus Philadelphia eine einflußreiche Abhandlung mit dem Titel *An Inquiry into the Effects of Ardent Spirits on the Human Mind and Body.* Es war eine Provokation für das trinkfreudige Amerika, das bis dahin in dem Glauben gelebt hatte, Alkohol sei etwas Gutes, und je mehr davon, desto besser. Rush bezeichnete den Alkohol als Droge, als Suchtmittel. Er beschrieb die »gewohnheitsmäßige Trunksucht« als unfreiwillig und hielt völlige Abstinenz für die einzige Heilung. Der Mediziner meinte, sobald einmal der »Appetit« auf Spirituosen von einem Menschen Besitz ergriffen habe, sei er ihm hilflos ausgeliefert. »In diesen Fällen«, so erläutern Mark Lender und James Kirby Martin in ihrem Buch *Drinking in America* den Rushschen Ansatz, »war Trunksucht nicht mehr Laster oder persönliches Versagen; denn der Trinker hatte keine Kontrolle mehr über sein Trinken — jetzt kontrollierte der Alkohol ihn ... Nach Rushs Auffassung traf die alte Pionieridee, daß Trunksucht die Schuld des Trinkers sei, nur in den Anfangsphasen der Erkrankung zu, wo der Zecher vielleicht noch aufhören kann; einmal süchtig geworden, würde es selbst einen Heiligen hart ankommen, sich zurückzuhalten.«

Vor seinem Tod 1813 ließ Rush in ganz Amerika Tausende von Exemplaren seiner *Inquiry* verteilen, ergänzt um eine Liste, die er »Ein Moralisch-physisches Thermometer« betitelte. Die Liste kommt den Vorstellungen der modernen Medizin über Alkoholismus und dessen unaufhaltsames Fortschreiten beim Alkoholiker frappierend nahe. Das »Thermometer« der Leiden liest sich wie folgt:

»Unwohlsein,
Morgens Zittern in den Händen, Übelkeit, Aufgedunsenheit,
Entzündete Augen, rote Nase, gerötetes Gesicht,
Schmerzhafte, geschwollene Beine, Gelbsucht,
Schmerzen in den Händen, Brennen in den Händen und Füßen,
Wassersucht, Epilepsie
Melancholie, Lähmung, Schlaganfall, Irrsinn, Verzweiflung.«

Lender und Martin schreiben, daß die eigentliche Wirkung von Rushs Buch erst Jahre später erfolgte: »Er beklagte, daß seine Generation keine Veränderung der herrschenden Trinkgewohnheiten oder Einstellungen zum Trinken mehr erleben und daß es wahrscheinlich hundert Jahre dauern werde, bevor die Menschen endlich an den sozialen und medizinischen Folgen der Trunksucht Anstoß nehmen würden. Rushs Einstellungen zum ganzen Thema Trinken machten ihn zu . . . einem Mann der Zukunft.«

Rushs eigene Zeit war die schlimmste Saufperiode in der amerikanischen Geschichte. Zwischen 1800 und den 1830er Jahren nahm der Verbrauch an reinem Alkohol bei der trinkfähigen Bevölkerung der USA ständig zu, bis er schließlich bei 26 Litern pro Person und Jahr lag. So hoch wie damals ist der Konsum alkoholischer Getränke in den USA nie mehr gewesen. In den 1840er Jahren sank der Alkoholkonsum unter dem Einfluß der Temperenzlerbewegungen auf 11,75 Liter pro trinkfähigem Erwachsenen und Jahr und ging weiter zurück. 1980 und 1981 lag der jährliche Verbrauch an reinem Alkohol bei der über dreizehn Jahre alten Bevölkerung bei 10,5 Litern pro Person, das entspricht einem Tagesquantum von etwa einer Unze (28,35 g) reinem Alkohol. Drei kleine Gläser 50prozentigen Whiskys, vier Halbe Bier oder eine halbe Flasche Wein enthalten ungefähr dasselbe Quantum reinen Alkohols: 42 g. Um ca. 20 g reinen Alkohols abzubauen, benötigt der Körper eines 75 Kilogramm schweren Erwachsenen eine Stunde.

Diese Zahlen über den sinkenden Alkoholverbrauch der Amerikaner sind jedoch in Wirklichkeit nicht so ermutigend, wie sie aussehen. Der Grund dafür ist der, daß die Alkoholiker und schweren Trinker unter uns — achtzehn Millionen im Jahre 1986, laut Mitteilung des National Institute on Alcohol Abuse and Alcoholism an den Kongreß — die Hälfte aller pro Jahr konsumierten alkoholischen Getränke (Spirituosen, Bier und Wein) verbrauchen. Auch muß man berücksichtigen, daß dreißig Prozent der trinkfähigen Bevölkerung aus religiösen oder anderen

Gründen überhaupt nicht trinken. Amerika mag »naß geboren« worden sein, wie Lender und Martin andeuten, und es mögen enorme Mengen Schnaps an der Ost- wie an der Westküste konsumiert werden, vor allem in Washington, der Schluckmetropole der Nation. Aber es gibt unter den amerikanischen Erwachsenen auch Millionen von Abstinenzlern, vor allem im Süden und im Mittleren Westen. Amerika ist eine Zweidrittelnation — ein Drittel trocken, zwei Drittel naß. Die meisten von uns trinken, und zwar maßvoll. Doch mindestens ein Zwölftel unserer Mitbürger hat jede Kontrolle über den Fusel verloren.

Es gibt Hoffnungszeichen. Alkoholiker können heute mehr Hilfe bekommen als je zuvor in der amerikanischen Geschichte. Doch obwohl in den letzten fünfzehn Jahren die Zahl der Anonymen Alkoholiker und die der stationären und ambulanten Behandlungszentren für Alkoholiker enorm gestiegen ist, wird noch immer nur ein Bruchteil der Kranken erfaßt. Und obwohl sich die Einsicht, daß Alkoholismus eine Krankheit ist, in den vergangenen fünfzig Jahren in den USA immer mehr durchgesetzt hat, bleibt das Stigma. Selbst *genesene* Alkoholiker, die mit ihrem früheren Leiden nicht hinter dem Berg halten, können durch eine moralisierende oder ignorante Einstellung für immer gebrandmarkt werden. Vielen von ihnen hat man einen Arbeitsplatz, eine Lebensversicherung oder den Führerschein verweigert.

Zwischen dem Tod Benjamin Rushs im Jahre 1813 und der Rückbesinnung auf die Krankhaftigkeit des Alkoholismus in den dreißiger und vierziger Jahren unseres Jahrhunderts schwankten die Amerikaner zwischen der Vorstellung, daß Alkoholismus Sünde, und der, daß er eine Krankheit sei, hin und her. Als die Temperenzlerbewegungen des 19. Jahrhunderts aufkamen, begegnete man dem Alkoholiker mit Sympathie und Anteilnahme. Dr. Sheila B. Blume schreibt in ihrem vortrefflichen Büchlein *The Disease Concept of Alcoholism*, das vom Johnson Institute herausgebracht worden ist:

»An der Rehabilitierung von Alkoholikern haben sich nicht nur die Society of Washington (Washingtonians) versucht, sondern viele Mäßigkeitsgruppen, die in ihrem Gefolge entstanden ... Erst gegen Ende des 19. Jahrhunderts, als die Temperenzlerbewegung sich einseitig auf die Prohibition zu konzentrieren begann, verlor sich diese Sorge um den Alkoholiker, und das Krankheitskonzept des Alkoholismus verschwand aus dem Bewußtsein der Öffentlichkeit. Interessanterweise wurde jedoch im selben Zeitraum das Konzept des Suchtverhaltens zunehmend auf andere Drogen angewendet.«

Die Generationen von Temperenzreformern, die am Aufbau eines trockenen Amerika mitgewirkt hatten, konnten im Januar 1920 ihren »Endsieg« feiern, als der Achtzehnte Verfassungszusatz in Kraft trat, der Herstellung, Verkauf und Verbrauch von Alkohol unter Strafe stellte. Die Überlegung klang vernünftig: Wenn die Menschen keinen Alkohol bekommen, können sie auch keine Trinker werden. Die Prohibition, von Herbert Hoover »ein großes soziales und wirtschaftliches Experiment von edelstem Antrieb und weitestem Zweck« genannt, dauerte vierzehn Jahre. Gegen das Gesetz wurde im ganzen Land verstoßen, und der umstrittenste aller Zusätze zur amerikanischen Verfassung war zugleich der einzige, der schließlich wieder aufgehoben wurde. Mit dem Ende der Prohibition im Jahre 1933 kam auch das Krankheitskonzept des Alkoholismus wieder. 1935, zwei Jahre nach der Aufhebung des Achtzehnten Verfassungszusatzes, wurden die Anonymen Alkoholiker gegründet, deren zentrale These lautet, daß der Alkoholiker kein Sünder, sondern krank ist.

Im selben Jahr gelangte Dr. Norman Jolliffe vom Bellevue Hospital in New York zu der Überzeugung, daß es nutzlos war, die Komplikationen des Alkoholismus zu behandeln, solange man nicht gleichzeitig den Alkoholismus selbst als primäre Erkrankung behandelte. Er faßte den Plan, eine namhafte Forschungsgruppe Alkoholismus zu bilden und die vorhandene Literatur über die biologischen Wirkungen des Alkohols auf den Menschen zu prüfen. Diese Arbeit wurde von der Carnegie-Stiftung finanziert und von E. M. Jellinek durchgeführt. Jellinek, der selbst nicht Arzt, sondern Physiologe und Biostatistiker war, trug das aktuellste Wissen seiner Zeit zusammen und wurde *die* Autorität der Welt auf dem Gebiet des Alkoholismus. Er fungierte als erster Direktor der Yale School of Alcohol Studies, die er 1943 gründete, als erster Herausgeber des *Quarterly Journal of Studies on Alcohol* und als Alkoholismusberater der Weltgesundheitsorganisation (WHO). Von seinen vielen Werken wurde *The Disease Concept of Alcoholism* das bekannteste. Dieses Buch sowie die Yale School — die erste offizielle Institution in der Geschichte der USA, die die Folgen des Alkohols untersuchte — sind sein bleibendes Vermächtnis.

Zur Welt kam er in New York als Sohn von Rose Jacobsen und Ervin Marcell Jellinek. Nach dem Besuch der höheren Schule, von 1908 bis 1930, bereiste er die ganze Welt und studierte in Berlin, Grenoble und Leipzig. Er machte statistische Analysen biologischer Beobachtungen an der »Staatlichen Lehranstalt für nervöse Kinder« in Budapest. Er studierte das Wachstum von Pflanzen in Westafrika und leitete im Auftrag der United Fruit Co. Forschungen in Honduras. 1931 ging er ans Worcester State Hospital in Massachusetts, und acht Jahre später begannen unter seiner Leitung die Untersuchungen dieses Krankenhauses über die Folgen des Alkohols. 1941 wurde er Professor für Angewandte Physiologie an der Yale University.

Jellinek, dessen ziemlich steifes Auftreten von einer vorwitzigen Locke konterkariert wurde, die fragezeichenförmig in seine hochgewölbte Stirn hing, hatte die Begabung, Talente zu erkennen und anzuziehen. Er machte die School of Alcohol Studies, die dazugehörige Sommerschule und die freie Klinik für Alkoholiker zu unwiderstehlichen Anziehungspunkten für alle Experten auf diesem Gebiet. Einige seiner Dozenten waren selber genesene Alkoholiker, so Bill Wilson und Marty Mann.

»(Jellinek) faßte die . . . beeinträchtige Fähigkeit des Individuums, sein Trinken zu kontrollieren, als einen der zentralen Aspekte des Alkoholismus als Krankheit auf«, schreibt Dr. Blume 1983 in *The Disease Concept of Alcoholism Today:*

»In der Tat ist das Moment des Unfreiwilligen der entscheidende Punkt bei der gedanklichen Erfassung von Krankheit. Krankheiten geschehen den Menschen, obgleich natürlich individuelles und Gruppenverhalten zu einem guten Teil Krankheiten verhüten beziehungsweise ihre Wahrscheinlichkeit fördern können. Jellineks Konzept unterscheidet sich von dem der frühen Temperenzbewegung in einem wichtigen Punkt. Die Wortführer der Temperenzler (auch Rush selbst) sahen im Alkoholismus eine Krankheit, die verursacht wurde durch Alkohol, durch eine süchtig machende Substanz, namentlich in Form von harten Getränken. Jellineks ... Ansatz verlegt die hypothetisch gesetzte Ursache mehr in das Individuum ... in die Interaktion des Alkohols mit individuellen Faktoren physischer, seelischer und sozialer Art.«

Mit anderen Worten: Niemand *will* Alkoholiker werden. Wenn ein Mensch zum Alkoholiker wird, dann nur, weil er den Trinkzwang nicht mehr kontrollieren kann. Wenn Alkohol das einzige wäre, was Alkoholismus auslöst, müßte jeder, der Alkohol zu sich nimmt, zum Trinker werden. Alkoholismus hat nicht nur etwas mit dem Körper zu tun, er wird auch zu einem emotionalen Leiden, das durch die Umwelt eines Menschen verschlimmert werden kann. Denselben Standpunkt vertreten die Anonymen Alkoholiker. Ihre Überzeugung gründet sich auf die persönlichen Erfahrungen von derzeit zwei Millionen Zugehörigen bei AA, von Millionen, denen AA geholfen hat, die aber keine Meetings mehr besuchen, und von weiteren Millionen, denen AA-Zugehörige zu helfen versucht haben, die aber immer noch trinken.

Jellinek starb 1963. Im Jahr zuvor hatte die Yale University bestimmte Arten von Programmen zur angewandten Forschung eingestellt, darunter auch die School of Alcohol Studies, die an die Rutgers University in New Brunswick (New Jersey) verlegt wurde. Die Rutgers University ist das renommierteste interdisziplinäre Zentrum zur Erforschung des Alkoholismus; es gibt eine einzigartige Bibliothek, und jeder, der auf dem Gebiet der

Alkoholismusbehandlung und -erforschung Rang und Namen hat, hat dort schon einmal gelehrt. Yale und Rutgers haben sich um die Verbreitung des modernen Krankheitskonzeptes des Alkoholismus verdient gemacht.
Es gibt unter den Fachleuten an der Rutgers University und anderswo nur sehr wenige, die nicht der festen Überzeugung sind, daß die Anonymen Alkoholiker ständig eindrucksvollere und nachhaltigere Ergebnisse erzielt haben als irgendein anderer Behandlungsansatz.
Fast alle von ihnen sind auch der Ansicht, daß es ohne völlige Alkoholabstinenz keine Genesung geben kann. Deshalb hat der Rand Report von 1976 AA in seinen Grundfesten erschüttert und alle schockiert, die mit der Alkoholismusbehandlung zu tun hatten. Der Bericht kam zu dem Ergebnis, daß manche Alkoholiker zu einem maßvollen Trinken zurückfinden könnten. Die Forschungsarbeiten waren von der Rand Corporation of California durchgeführt und vom regierungsamtlichen National Institute on Alcohol Abuse and Alcoholism in Auftrag gegeben und finanziert worden. Die Kritiker warfen dem Report vor, süchtige Zwangsalkoholiker zu dem Irrglauben zu verleiten, sie könnten jemals wieder zum geselligen Trinken zurückkehren. Der zweite Rand Report von 1980 war vorsichtiger gehalten und wirbelte weniger Staub auf. Zwar enthielt er keinen vollständigen Widerruf des ersten Berichts, aber das schienen die wenigsten zu bemerken. »Wissenschaftlich gesehen war der erste Rand Report eine Katastrophe«, urteilte Dr. Enoch Gordis, der Direktor des NIAAA, 1987. »Andererseits hat die Gesamtheit der Alkoholkranken reagiert wie auf eine Gotteslästerung in der Kirche, anstatt den Bericht als das zu nehmen, was er war — ein wissenschaftlicher Mißgriff.«
Das Zwölf-Schritte-Genesungsprogramm von AA wird von den Alkoholismus-Instituten im allgemeinen positiv aufgenommen. Allerdings gibt es Wissenschaftler, denen die Zwölf Schritte zu sehr über das Mysterium hinaus in Richtung auf einen Kult der »Wissenschaftsfeindlichkeit« gehen. »Manche Wissen-

schaftler und Psychotherapeuten sehen in AA zu Unrecht irgend etwas Magisches«, meint Robert J. Pandina, ein Neuropsychologe an der Rutgers University, der im Verlauf von zwanzig Jahren mit Tausenden von Alkoholikern und Drogensüchtigen gearbeitet hat:

»Sie sind baff über den Erfolg von AA, weil das erste, was man bei AA akzeptieren muß, die Einsicht ist, daß man gegenüber einer Droge machtlos und hilflos ist. Und das ist wissenschaftsfeindlich, vernunftfeindlich, logikfeindlich. Nach meiner Überzeugung sind die AA-Prinzipien hieb- und stichfest — nicht nur, wenn man sie auf Alkoholismus anwendet, sondern bei jedem Suchtverhalten. Ich bin auch der Meinung, daß die AA-Prinzipien nicht im Gegensatz zu den Grundprinzipien der Psychologie stehen. Aber es gibt ein anderes Problem. Ich kenne kein Gebiet, das so emotionsgeladen und wertungsgeladen wäre wie das Gebiet des Alkoholismus. Die Leute bringen ihren ganzen Ballast mit, und der ist dann im Wege. Und warum ist das so? Weil wir Subjekt und Objekt zugleich sind. Alkohol ist ein Teil unserer Gesellschaft. Er ist ein Teil unseres täglichen Lebens. Es ist wie mit der Religion und der Politik — wir sind emotional beteiligt, auch wenn wir noch so sehr gelernt haben, in unserem Beruf objektiv zu sein. Selbst Ärzte haben noch häufig das Gefühl, daß sie einen Vorwurf aussprechen, anstatt eine gültige Diagnose abzugeben, wenn sie einem Patienten sagen, daß er möglicherweise Alkoholiker ist.«

Schlimmer noch: Viele Ärzte haben nicht gelernt, diese Krankheit zu erkennen. »Es ist tragisch, aber wahr, daß die meisten medizinischen Fakultäten im Rahmen ihres Studienganges sehr wenig Aufschluß über die Krankheit Alkoholismus geben«, schrieb der Kinderarzt Dr. William C. van Ost in den sechziger Jahren in *Al-Anon Faces Alcoholism.* »Heute sind es von den rund 120 medizinischen Fakultäten nur vierzig, die den angehenden Arzt einigermaßen auf die katastrophalen physischen, seelischen und sozialen Folgen des Alkoholmißbrauchs vorbereiten. An diesen Fakultäten hat man von der kostbaren Studienzeit nur einige wenige Stunden für eine Krankheit mit mehr als zehn Millionen Opfern übrig, die an einer sozial akzeptierten, aber suchterzeugenden Droge ›hängen‹. Was kann man bei einer so ungenügenden Ausbildung von einem Hausarzt erwarten, der es mit einem aktiven Alkoholiker oder der geschädigten Familie zu tun hat?«

Die medizinische Ausbildung ist heutzutage besser als zu der Zeit, als Dr. Max Schneider, der frühere Präsident der American Medical Society on Alcoholism and Other Drug Dependencies, Medizin studierte. Er meinte:

»Als ich zwischen 1944 und 1949 an der University of Buffalo Medizin studierte, habe ich zwei Vorlesungen über Alkoholismus gehört. Die eine hielt ein Professor der Psychiatrie, der uns erklärte, daß es einen inneren Zusammenhang zwischen Homosexualität, Paranoia und Alkoholismus gäbe, aber ›wir wissen nicht, wie man das behandelt, und deshalb gehen wir jetzt zum nächsten Thema über‹. Der andere Professor sagte: ›Alkoholismus ist die äußere Manifestation eines zugrunde liegenden psychiatrischen Problems, und wenn wir das zugrunde liegende psychiatrische Problem kurieren, geht auch der Alkoholismus weg. Aber viel Glück haben wir damit nicht.‹

Und das justament in der Stadt, in der Dr. Marvin Block mit Engelszungen redete und tobte und schrie und sich die Seele aus dem Leib predigte, daß Alkoholismus eine primäre Krankheit sei — eine Krankheit sui generis, nicht das Symptom für irgend etwas anderes. Block war damals Vorsitzender des Komitees für Alkoholismus der American Medical Association. Block hat schließlich erreicht, daß die herrschenden Kräfte und die American Hospital Association 1956 Alkoholismus zur Krankheit erklärten. Von Block persönlich habe ich gelernt, daß Alkoholismus etwas Primäres und daß er behandelbar ist — wenn er nicht da war, habe ich mich in Buffalo um seine Patienten gekümmert. Ich bin Gastroenterologe und Internist. Auf diesem Gebiet (Alkoholismus) arbeite ich aus keinem anderen Grund als dem, daß ich es gerne sehe, wenn Menschen gesund werden.«

Heute sieht Dr. Schneider, ein fröhlicher, offener Mann, der als pädagogischer Berater der Family Recovery Services am St. Joseph Hospital in Orange (Kalifornien) tätig ist, Grund zur Hoffnung. »Die meisten der 127 amerikanischen Medizinfakultäten führen Kurse über Alkoholismus«, sagte er. »Manche sind allerdings ziemlich minderwertig.« Wie er hinzufügte, hat in den letzten beiden Jahren »die American Medical Society on Alcoholism enormen Zulauf gehabt«. Sie zählt jetzt 2600 Mitglieder und wächst rapide an. Die Gesellschaft hat soeben auch den ersten amerikanischen Zulassungstest auf dem Gebiet der chemischen Abhängigkeit fertiggestellt. Der Test betrifft nicht die berufliche Kompetenz wie eine Prüfung vor der Ärztekammer. Aber er prüft das Wissen über Alkoholismus und andere Suchterkrankungen. »Mit anderen Worten«, sagte Schneider, »geprüft wird nur, was man weiß, nicht, wie man dieses Wissen umsetzt.«

Von den medizinischen Fakultäten in seiner Gegend, die Alkoholismus auf dem Lehrplan haben, nannte Schneider ausdrücklich die University of California in Irvine. Dort wählt fast die Hälfte der Medizinstudenten von sieben Möglichkeiten im Fach Psychiatrie den Kurs über Alkoholismus. Die Studenten haben mindestens fünf Wochenstunden Vorlesungen, werden mit der Psychopathologie des Alkoholismus konfrontiert (wie er den Körper angreift, etwa die Leber, das Gehirn und die Bauchspeicheldrüse), verbringen vier Wochen auf der Alkoholikerstation eines Krankenhauses und müssen mindestens acht Meetings der Anonymen Alkoholiker, der »Narcotics Anonymous« oder der »Cocaine Anonymous« besuchen.

»Trotz zunehmender Aufgeschlossenheit gibt es an den medizinischen Fakultäten Amerikas noch immer Leute, für die das Studium des Alkoholismus die fragwürdige Wissenschaft einer fragwürdigen Krankheit ist«, meinte Dr. Schneider. »Es ist eine Schande.«

Niemand hat die Argumente für und gegen das Krankheitskonzept des Alkoholismus überzeugender dargelegt als Frau Dr. Blume, die wie Schneider mit Tausenden von Alkoholikern und

Suchtkranken gearbeitet hat. Sie ist eine energische, wortgewandte, höfliche, aber bestimmte Frau, die ganz offensichtlich auf Dummheit allergisch reagiert. Heute leitet sie ein Behandlungsprogramm für Alkoholiker am South Oaks Hospital auf Long Island, unweit von New York. Als Psychiaterin mit weit gefächerten Interessen, zu denen auch Alkoholismus bei Frauen zählt, war sie eine der tüchtigsten und prominentesten Leiterinnen der New York State Division of Alcoholism and Alcohol Abuse. Die Vorteile des Krankheitskonzepts, wie sie sie sieht, lassen sich folgendermaßen zusammenfassen:

- Das Konzept ist für die Behandlung nützlich. Es entlastet den Patienten und die Familie von starken Schuldgefühlen. »Unfreiwilligkeit« ist ein Merkmal aller Krankheiten — sie befallen einen, man verursacht sie nicht selbst. Das Schuldgefühl des Alkoholikers konzentriert sich nicht darauf, daß er es unterlassen hat, Vorsichtsmaßregeln zu treffen, bevor der Alkoholismus sich entwickeln konnte, sondern darauf, daß es ihm nicht gelingt, sein Trinken jetzt zu kontrollieren. Es führt aber zu nichts, wenn der Alkoholiker und seine Familie ständig auf dem Geschehenen herumreiten oder sich selbst oder einander die Schuld geben: »Wenn ich nur mehr Willenskraft hätte . . .«, »Wenn ich mich nur mehr angestrengt hätte . . .«, »Wenn ich meiner Mutter ein besseres Kind wäre . . .«, »Wenn er mich wirklich lieben würde . . .«, »Wenn sie als Frau anders wäre . . .« — solche Vorwürfe und Selbstvorwürfe sind typisch. Man kann sie zum Verstummen bringen, indem man das Krankheitskonzept akzeptiert und damit der Genesung ihren Lauf läßt. »Der alkoholkranke Patient mag sich ernsthaft schuldig fühlen, weil er dies oder jenes getan oder nicht getan hat«, schreibt Blume, »aber er soll sich nicht schuldig fühlen, weil er Alkoholiker ist. Das war nicht seine Absicht. Die Angehörigen mögen gewisse Handlungen, Worte und Einstellungen bedauern, aber sie werden begreifen, daß sie den Alkoholismus nicht verursacht haben.«

- Das Krankheitskonzept ist sozial nützlich. Wenn man es zur herrschenden Meinung macht, ermutigt man die Behandlungszentren und nicht die Gefängnisse, sich mit dem Alkoholismus zu befassen. Es stellt die Bürgerrechte der Alkoholiker auf eine Stufe mit denen anderer Behinderter. Es ermutigt die Krankenversicherungen, für die Behandlung von Alkoholismus aufzukommen, und nützt der einschlägigen Ausbildung von Ärzten, Psychologen und Sozialarbeitern. Es fördert den Aufbau von Hilfsprogrammen für Betriebsangehörige in großen Unternehmen, so daß Arbeitnehmer, die zu Alkoholikern werden, keinen blauen Brief, sondern Hilfe bekommen.

»Daß die Debatte um das Krankheitskonzept unvermindert anhält, darf uns nicht wundern«, schreibt Blume, »wenn man die Komplexität der Alkoholprobleme, die Unvollständigkeit unseres Wissens, die ambivalente Einstellung der Gesellschaft zum Alkohol sowie die hereinspielenden politischen, juristischen und wirtschaftlichen Faktoren bedenkt.« Sie führt dann die wesentlichen Argumente gegen das Krankheitskonzept an:

- Moralische und soziale Einwände. Eine Fachkollegin warf Frau Dr. Blume vor, die Alkoholsucht durch die Kennzeichnung als Krankheit zu »beschönigen«. »Kann man es als Krankheit bezeichnen, wenn jemand die Angewohnheit hat, das Maul aufzumachen und Alkohol hineinzuschütten?« fragt sie. Blume antwortet: »Das Krankheitskonzept entbindet den Leidenden in der Tat von der Verantwortung dafür, Alkoholiker *geworden* zu sein. Es darf aber nicht so weit erweitert werden, daß man nun alle Menschen, oder auch nur alle Alkoholiker, von der Verantwortung für das freispricht, was sie unter Alkoholeinfluß tun (beispielsweise Autofahren).« Sie beruft sich auf Jellinek von der Yale University, der 1952 geschrieben hat: »Die Laienöffentlichkeit benutzt den Begriff *Alkoholismus* für jede Form übertriebenen Trinkens und nicht zur Kennzeichnung eines begrenzten und wohldefinierten Bereichs exzessiven Trinkverhaltens, das physisch und psychologisch pathologisch ist. Eine solche unbegründete Erweiterung des Krankheitskonzepts kann nur von Übel sein, weil diese verfehlte Anwendung des Begriffs früher oder später auf dessen legitimen Gebrauch abfärben und, was noch wichtiger ist, die ethische Grundlage für die gesellschaftlichen Sanktionen gegen die Trunksucht aufweichen wird.«

Blume bemerkt dazu: »Diese Verwechslung kommt in Fragen zum Ausdruck wie etwa: ›Wenn Alkoholismus eine Krankheit ist, warum wollt ihr dann die Strafen für Fahren unter Drogeneinfluß heraufsetzen?‹ Es ist Aufgabe der Fachleute, in diesem Punkt für Klärung zu sorgen.«

- Einwände, daß das Krankheitskonzept einer Heilung im Wege stehe. Es wird vorgebracht, daß das Konzept den Patienten in eine passive Rolle ohne eigene Verantwortung drängt und ihm eine praktische Entschuldigung für sein Trinken liefert: »Was wollt ihr denn? Ich bin krank!« Dazu sagt Frau Dr. Blume: »Nichts könnte von der Wirklichkeit der akzeptierten medizinischen Praxis weiter entfernt sein. Daß man dem Patienten das Schuldgefühl nimmt, Alkoholiker geworden zu sein, enthebt ihn nicht der Verantwortung, die Vorschriften der Behandlung einzuhalten und die notwendigen Schritte zur Genesung zu tun . . . Alkoholismus unterscheidet sich sehr wenig von anderen chronischen Krankheiten, wo es ganz klar Sache des Patienten ist, Diät zu leben, vorgeschriebene Übungen zu machen, Medikamente zu nehmen, therapeutische Sitzungen zu besuchen und bestimmte gesellschaftliche Risikobereiche zu meiden (etwa Bars, Cocktailparties und stark trinkende Freunde).«

- Politische und soziale Einwände. Wenn Alkoholismus eine

Krankheit ist, dann ist die Lösung des Problems Aufgabe der Ärzte und Gesundheitsbehörden, nicht aber des Klerus, der Wohlfahrt, des Strafrechts oder der steuerlichen und wirtschaftlichen Aufsichtsbehörden. »Dieses Argument beruht auf einer übertrieben engen Auffassung von öffentlicher Gesundheit. Ist denn jemals eine Krankheit allein durch Behandlung ausgerottet worden?« fragt Frau Dr. Blume. »Natürlich brauchen wir auch Präventionstechniken.« Die Pocken sind durch Präventivmaßnahmen besiegt worden, auch wenn niemals eine wirksame Behandlung gegen sie entwickelt worden ist. Öffentliche Aufklärung, Hygiene, Reinheitsgebote bei Lebensmitteln und Vorschriften über die Sicherheit und Wirksamkeit von Drogen haben viel zur Krankheitsverhütung beigetragen. Außerdem ist der Alkoholismus — als Krankheit — keineswegs die alleinige Ursache alkoholbezogener Probleme. Viele derartige Probleme, zum Beispiel Verkehrsunfälle durch Trunkenheit am Steuer oder alkoholbedingte Geburtsschäden, können durch öffentliche Aufklärung und geeignete politische Maßnahmen verhindert werden. Das fetale Alkoholsyndrom ist die dritthäufigste Ursache der geistigen Zurückgebliebenheit bei Neugeborenen — nach der Spina bifida und dem Downschen Syndrom — und die einzige, die man verhindern kann. Wenn die Mutter trinkt, trinkt das Baby auch; das ist ein starkes Argument für Alkoholabstinenz während der Schwangerschaft.

»Wenn sich herausstellt, daß solche öffentlichen Maßnahmen das Auftreten von Alkoholismus verringern, sagt das etwas gegen das Krankheitskonzept?« fragt Blume. Kaum, gibt sie zur Antwort. »Niemand wird bestreiten, daß soziale Gewohnheiten einen erheblichen Einfluß auf das Auftreten von Gonorrhöe haben. Aber ist Gonorrhöe deswegen keine Krankheit?«
Sie kommt zu dem Schluß, daß wir, solange es kein besseres Krankheitsmodell für den Alkoholismus gibt — eines, das dem

öffentlichen Interesse gerecht wird und keine ernsthaften Nachteile hat — »bei Seneca, Benjamin Rush . . . (und) E. M. Jellinek bleiben sollten. Wir müssen den Alkoholismus auch in Zukunft als Krankheit betrachten.«

Alkoholismus entspricht so gut wie jeder Definition von Krankheit, mit der die Medizin aufwarten kann. Kaum eine medizinische Zeitschrift, die nicht neue Belege für seine körperlichen Folgen bringt: Entzündung der Bauchspeicheldrüse, Leberzirrhose, Anämie, Herzerkrankungen, Unterernährung, Nervenschäden, Muskelschäden, Impotenz und eine Menge weiterer körperlicher Leiden. Nur wenige Fachleute halten heutzutage den Alkoholismus bloß für das Symptom einer tiefe-ren seelischen Erkrankung. Die meisten sind sich darüber einig, daß die schweren seelischen Probleme, die oft für Alkoholiker charakteristisch sind, die Folge und nicht die Ursache der Krankheit sind. Mit der Zeit verändert Alkoholmißbrauch die Funktion der Gehirnzellen, läßt die Großhirnrinde schrumpfen und bringt das Hormonsystem so durcheinander, daß nach Ansicht mancher Ärzte der Körper veranlaßt wird, die Produktion natürlicher Stimmungsaufheller einzustellen. Ohne diese »Euphorianten«, so die Theorie, verfallen Trinker in Trübsinn.

Alkoholismus ist definitiv eine Krankheit, die ganze Familien heimsucht. Die Menschen haben das mindestens schon seit den Zeiten Plutarchs geargwöhnt. Dieser scharfsichtige griechische Essayist hat gesagt: »Trunkenbolde zeugen Trunkenbolde.« Plutarch wurde 46 n. Chr. geboren; seine Erkenntnis wird von vielen Wissenschaftlern im letzten Viertel des 20. Jahrhunderts bestätigt. Eltern, die Trinker sind, bekommen tatsächlich häufig Kinder, die ebenfalls Trinker werden, und zwar rund viermal häufiger als Eltern, die nicht Alkoholiker sind. Bis zum Jahre 1979 lagen mehr als hundert Untersuchungen vor, die zweifelsfrei bewiesen, daß Alkoholismus eine Familienkrankheit ist.

Es ist nicht nur so, daß Eltern die ersten Lehrer ihrer Kinder sind, die von ihnen lernen, zu trinken und mißbräuchlich zu trinken. Es gibt auch einen genetischen Grund. Untersuchungen der letzten Jahre haben anschaulich gezeigt, daß Alkoholismus erblich ist. Wird das Kind alkoholkranker Eltern im Säuglingsalter von ihnen getrennt und von nicht-alkoholkranken Adoptiveltern aufgezogen, so bleibt trotzdem die Wahrscheinlichkeit groß, daß dieses Kind ebenfalls zum Alkoholiker wird. Auch Untersuchungen an Zwillingen deuten auf die genetische Veranlagung. Es gibt sogar seit neuestem überzeugende Anhaltspunkte dafür, daß die elektrischen Gehirnwellen von kleinen Kindern von Alkoholikern, dekodiert und auf einen Bildschirm projiziert, anders aussehen und anders strömen als die Gehirnwellen von Kindern von Nichtalkoholikern — und zwar lange, bevor diese Kinder einen Tropfen Alkohol angerührt haben.

Einer jener Fachleute, die die Frage »Ist Alkoholismus eine Krankheit?« nicht mehr hören können, ist Dr. Donald Goodwin, Leiter der Psychiatrischen Abteilung am University of Kansas Medical Center. Dr. Goodwin hat in den siebziger Jahren eine Reihe bahnbrechender Studien über die Genetik des Alkoholismus vorgelegt. Er war ein inspirierender Lehrer an der Washington University in St. Louis, die eine ganze Generation glänzender Erforscher der Rolle der Genetik beim Alkoholismus hervorgebracht hat. Er hat ein Buch mit dem Titel *Is Alcoholism Hereditary?* geschrieben, das beispielhaft ist durch die Eleganz und Klarheit, mit der es ein schrecklich kompliziertes Thema behandelt.

Die Antwort auf die Frage im Titel von Goodwins Buch lautet kurz und bündig: nein, nicht direkt. Alkoholismus ist nicht uneingeschränkt vererblich, nicht mit derselben mathematischen Sicherheit wie die Bluterkrankheit oder die Huntingtonsche Chorea. Aber von erhöhtem Auftreten von Alkoholismus bei den Nachkommen von Alkoholikern muß ausgegangen werden. Goodwin gehört zu jenen, denen es gelungen ist, zwischen Vererbung und Umwelt zu unterscheiden.

Auf die andere Frage »Ist Alkoholismus eine Krankheit?« antwortet Dr. Goodwin:

»Ist Bleivergiftung eine Krankheit? Eine chronische Bleivergiftung wird durch eine bestimmte Symptomengruppe diagnostiziert: Schmerzen in der Bauchdecke, Kopfschmerzen, Krämpfe, Koma. Alkoholismus wird ebenfalls durch eine bestimmte Gruppe von Anzeichen und Symptomen, einen mehr oder weniger genau prognostizierbaren Verlauf und gewisse Probleme diagnostiziert. Sowohl Bleivergiftung als auch Alkoholismus sind ein ›medizinisches‹ Problem; das heißt, daß die Ärzte etwas davon verstehen müssen, um notfalls helfen zu können.

Die Behandlungsmethoden sind alles andere als perfekt; das Beste ist die Abstinenz von Blei beziehungsweise Alkohol. Der Kernpunkt ist der: Wie oder warum sich jemand die Krankheit ›holt‹, ist unwichtig. Wenn es Leute gäbe, die Blei genießen und es wie Popcorn essen würden, es würde nichts an der Diagnose ›Bleivergiftung‹ ändern. Krankheiten kennt man nicht nur an ihren Ursachen, sondern auch an ihren Manifestationen, und warum Alkoholiker trinken, ist für die Diagnose des Alkoholismus unwichtig.«

Auf die häufig gestellte Frage »Was ist eine ›Alkoholikerpersönlichkeit‹?« hat Goodwin eine kurze und realistische Antwort parat: »Die gibt es nicht.« Der Alkoholismus befällt, wie der Tod, unterschiedslos alle Menschen — kleine und große, dicke und dünne, die Reizbaren und die Gutmütigen, die Furchtsamen und die Tapferen, die Erfolgreichen und die Gescheiterten und alle dazwischen. Er mag von der Kultur geduldet werden wie bei den Iren oder mißbilligt wie bei den Juden. Seine Wirkung mag durch eine eingebaute physiologische Hemmung blockiert werden, wie etwa bei vielen Orientalen. Für bestimmte Berufe scheint er typisch zu sein — für Menschen, die allein arbeiten wie Schriftsteller, ebenso wie für »gestreßte« Menschen, die in Gruppen zusammenarbeiten wie Zeitungsleute oder Mediziner. Andererseits sind die meisten Journalisten und Ärzte eben *keine*

Trinker, und die Alkoholiker unter ihnen tauchen nicht in überproportionaler Anzahl bei AA auf.
Bei einem AA-Meeting in New York verbreitete sich kürzlich der Redner des Abends über die Gefahren seines Berufsstandes. Es sei harte Arbeit unter ständigem Zeitdruck, mit entsetzlichen Anforderungen, mit Stoßzeiten und Flauten, häufigen Enttäuschungen, wenigen Triumphen und ewigen Terminen. »Ich habe nie so viele Leute gesehen, die saufen, um durchzukommen«, sagte er. »In meinem Beruf wimmelt es nur so von Alkoholikern.«
Nach dem Meeting trat ein anderer AA-Zugehöriger an den Redner heran und dachte: »Er wird in der Werbebranche sein. Oder vielleicht ist er Arzt oder Schauspieler.« Ein wenig neugierig fragte er den Mann: »Was machst du denn beruflich?«
»Ich?« sagte der Mann. »Ich bin Tapezierer.«
Alkoholismus scheint wirklich nur in bestimmten Kulturen vorzukommen. Nehmen wir beispielsweise zwei Gruppen von Amerikanern, von denen die eine stark, die andere kaum gefährdet ist: einerseits die irischen Amerikaner, andererseits Amerikaner orientalischer Abstammung. Die irischen Amerikaner stellen den ethnischen Bevölkerungsanteil mit dem höchsten Prozentsatz an schweren Trinkern — 31 Prozent. Sie trinken gerne harte Sachen und besuchen Bars. Exzessives Trinken ist häufig und wird als Zeichen von Männlichkeit ermutigt oder geduldet. Die Alkoholtoleranz dieser Gruppe ist niedrig. Nüchterne Iren findet man in enormer, überproportional großer Anzahl bei den Anonymen Alkoholikern. Ganz anders die Orientalen. Bei ihnen wird die kulturelle Ablehnung des schweren Trinkens durch ein drastisches physisches Hemmnis unterstützt: das Erröten. »Rund zwei Drittel bis drei Viertel der Orientalen erleben schon nach dem Genuß kleiner Mengen Alkohols (etwa nach ein bis zwei Glas Bier) eine Hautrötung, vor allem auf Gesicht und Körper«, sagt Dr. Goodwin. »Mit der Rötung gehen im allgemeinen subjektiv unangenehme Reaktionen wie Hitze und Übelkeit einher, aber auch Beschleunigung des Herzschlags

und Abnahme des Blutdruckes. Das Phänomen des Errötens bei Orientalen ist zweifellos genetischen Ursprungs. Es wurde sogar an orientalischen Säuglingen beobachtet, denen man winzige Mengen Alkohols eingeflößt hatte.« Der Grund für die Körperreaktion könnte nach Goodwins Ansicht sein, daß viele Orientalen Alkohol nicht so rasch und vollständig abbauen können wie andere Menschen.

Heute gibt es nur eine einzige erprobte Prognose auf Alkoholismus, allerdings eine sehr zuverlässige: den Alkoholismus in der Familie. Das heißt nicht, daß Kinder von Alkoholikern unter allen Umständen zu dieser Krankheit verdammt sind. Es heißt aber, daß man diese Kinder über die ihnen drohende Gefahr aufklären muß und daß sie sich vorsehen müssen.

Die Entdeckung der genetischen Disposition zum Alkoholismus hat der Alkoholismusforschung ganz neue Perspektiven eröffnet. Wie kann man diese Erkenntnis nutzbringend anwenden, wenn man heute etwas gegen die Krankheit tun will? »Diese jüngsten Entdeckungen haben weitreichende Folgen«, sagt Dr. Boris Tabakoff, der wissenschaftliche Leiter des National Institute on Alcohol Abuse and Alcoholism. »Wir sind nahe daran, das biologische Rätsel dieser Krankheit zu lösen. Selbst wenn wir kein Heilmittel gegen den Alkoholismus finden, werden wir ihm wahrscheinlich in Zukunft vorbeugen und ihn hemmen können.«

Alkoholismusforschung wird überall in den USA betrieben, doch befaßt sich die Medizinische Fakultät der Washington University seit langem mit dem Zentralproblem: der Genetik dieser Krankheit. Dort haben Professoren und Forscher wie Dr. Goodwin, Dr. Robert Cloninger und Dr. Marc Schuckit gewirkt. Dr. Schuckit, heute ein weltberühmter Genetiker, ist Psychiater an der University of California und dem San Diego Veterans Administration Medical Center in La Jolla (Kalifornien). Geboren und aufgewachsen in Wisconsin, bezog er 1964 als Medizinstudent die Washington University und war sogleich von den dort lehrenden schwungvollen und mitreißenden Dozenten fasziniert. »Die Männer und Frauen dort haben mir beigebracht, daß man nicht an Leib und Seele anderer Menschen herumkuriert, solange man keine Daten hat, die einem sagen, daß das, was man tut, mehr Nutzen als Schaden stiftet«, erzählt er. Während des Medizinstudiums machte er für einen seiner Professoren Interviews mit Alkoholikerfamilien aus St. Louis. Seither ist er auf dem Gebiet der Alkoholismusforschung tätig.

Dr. Schuckit ist groß und hager; seine dunklen Augen glühen vor Intensität. Er hat jahrelange Studien an jungen Männern vorgenommen, deren Zukunft stark alkoholismusgefährdet war: Söhnen und anderen nahen Verwandten von Alkoholikern. Jedem dieser Männer zwischen 18 und 25 ordnete er eine »Kontrollperson« zu, das heißt einen anderen Mann, in dessen Familie es keinen Alkoholismus gab. Die beiden Männer des jeweiligen Paares waren einander möglichst ähnlich, was Alter, Religion, Rasse, Schulbildung, Vorgeschichte in bezug auf das Trinken und das Verhältnis Körpergröße/Körpergewicht betraf. Alle Versuchspersonen besuchten das College und hatten wohl aus Altersgründen noch keine Alkoholsucht entwickelt. Bei verschiedenen Gelegenheiten verabreichte man ihnen unterschiedliche Mengen reinen Alkohols, den man ihnen zwischen nichtalkoholischen Mixgetränken verabreichte. Die Alkoholkonzentration im Blutspiegel war bei allen identisch; doch zeigten die Ergebnisse aus Schuckits Laboratorien drei dramatische Unterschiede zwischen den Gruppen der Söhne von Alkoholikern und den Kontrollgruppen:

1. Die Söhne von Alkoholikern fühlten sich, auch wenn sie von Empfindungen wie Euphorie oder Benommenheit berichteten, nicht so betrunken wie die Söhne aus nicht-alkoholkranken Familien.
2. Die Söhne von Alkoholikern sahen nicht betrunken aus und agierten nicht betrunken; bei der Absolvierung bestimmter Aufgaben waren sie durch den Alkohol weniger gehandicapt.

3. Die Söhne von Alkoholikern erlebten nach dem Alkoholgenuß weniger intensive hormonale Veränderungen.

Dr. Schuckit und andere Forscher, die zu denselben Resultaten kamen, formulierten für den Arzt in der täglichen medizinischen Praxis drei unmittelbare Implikationen aus diesen Befunden. Dazu Dr. Schuckit:

»Erstens: Das Anschauungsmaterial über die Bedeutung genetischer Faktoren bei dieser Störung unterstreicht in Verbindung mit der klinischen Erfahrung die wichtige Erkenntnis, daß Alkoholismus ein biologisch beeinflußtes Problem, keine moralische Schwäche ist. Viele Ärzte werden ihr Stereotyp vom Alkoholiker revidieren müssen, wenn sie dem durchschnittlichen Alkoholiker der Mittelschicht, der bei ihnen Hilfe sucht, nicht weiter eine falsche Diagnose stellen wollen.

Zweitens: Die genetischen Faktoren können uns helfen, die Prävention dieser Krankheit in Angriff zu nehmen. Es ist vernünftig, Kinder von Alkoholikern über dieses Risiko aufzuklären, ihnen beizubringen, daß sie auf Alkohol möglicherweise nicht so reagieren wie ihre Altersgenossen, und sie darauf hinzuweisen, daß es für sie gefährlich sein kann, wie andere trinken zu wollen.

Drittens: Noch ausgeprägter sind die künftigen Implikationen für Prävention und Behandlung des Alkoholismus. Eindeutige Faktoren, die tatsächlich das Risiko erhöhen, könnten uns helfen, diejenigen Kinder von Alkoholikern ausfindig zu machen, bei denen die Wahrscheinlichkeit, daß sie selbst Alkoholiker werden, am größten ist.«

An der Ostküste wartet ein anderer Forscher, Dr. Henri Begleiter vom State University of New York Health Science Center in Brooklyn, mit ähnlich aufregenden Entdeckungen über die

Söhne von Alkoholikern auf. Bei Untersuchungen an Versuchspersonen zwischen sieben und vierzehn Jahren hat er festgestellt, daß Söhne von Alkoholikern schon *lange vor* dem Trinkalter abnorme Gehirnwellen aufweisen. »Noch frappierender«, sagt Dr. Begleiter, »ist, daß ich dieselben Abnormitäten wie bei kleinen Kindern auch an erwachsenen Alkoholikern festgestellt habe, die seit wenigstens fünf Jahren bei den Anonymen Alkoholikern und abstinent sind.« Auch diese Erwachsenen waren Söhne von Alkoholikern.

Das Gehirn dieser Kinder wie das der Erwachsenen, die seit langem trocken und bei AA sind, unterscheidet sich sogar äußerlich vom Gehirn von Menschen, in deren Familie es keinen Alkoholismus gibt. Auf Bildschirmen in seinem Laboratorium hat Begleiter diesen Unterschied zwischen den beiden Gehirntypen auf farbigen computerisierten Bildern vorgeführt: rechts das Gehirn eines Alkoholikerkindes, links das Gehirn eines Kindes aus der Kontrollgruppe. Bestimmte mehrfarbige Ringe im Gehirn von Alkoholikersöhnen waren viel kleiner als die entsprechenden Ringe in normalen Gehirnen. Was bedeutet das psychologisch? Nach Auskunft von Begleiter besagen diese unterschiedlichen Bilder, daß die Söhne von Alkoholikern bei der Konfrontation mit signifikanten Stimuli gewisse Gedächtnis- und Lernprobleme haben und daß ihre emotionalen Reaktionen krasser sind, als es der Norm entspricht. »Wenn Sie mich fragen ›Gibt es einen zuverlässigen biologischen Unterschied zwischen diesen Kindern?‹, dann kann ich eindeutig ja sagen.« Er setzt hinzu: »Leider besitzen wir aber noch keine narrensichere Methode, um prognostizieren zu können, ob das Kind als Erwachsener wirklich zum Alkoholiker wird oder nicht.«

Bei der Erforschung der Genetik des Alkoholismus werden viele Spuren verfolgt. Zwei der lohnendsten Ansätze sind die Untersuchung von Zwillingen und die von Adoptivkindern.

Die Untersuchungen an Zwillingen nutzen eine Laune der Natur. Zwillinge kommen gleichzeitig auf die Welt und erleben auch bestimmte wesentliche Ereignisse ihrer Kindheit, wie etwa den Tod eines Elternteils, gleichzeitig. Dr. Schuckit sagt dazu: »Wenn daher die Kindheitsumwelt für die Entwicklung des Alkoholismus eine wichtige Rolle spielt, müßte das Risiko (Alkoholiker zu werden) auch beim Zwillingsbruder eines Alkoholikers größer sein, egal, ob es eineiige oder zweieiige Zwillinge sind.«

Eineiige Zwillinge haben hundert Prozent ihrer Gene gemeinsam. Zweieiige Zwillinge haben nur fünfzig Prozent gemeinsam, nicht mehr als normale Geschwister, die zu verschiedenen Zeiten zur Welt kommen. Wenn genetische Faktoren den Alkoholismus beeinflussen, müßte demnach der eineiige Zwillingsbruder eines Alkoholikers mit doppelt so großer Wahrscheinlichkeit Alkoholiker werden wie ein zweieiiger Zwillingsbruder. Genau dies hat man auch nachgewiesen. Je enger das genetische Band, desto höher das Risiko. Die meisten Untersuchungen an Zwillingen haben gezeigt, daß die Gefahr, Alkoholiker zu werden, beim eineiigen Zwillingsbruder eines Alkoholikers sechzig Prozent und mehr beträgt, beim zweieiigen Zwillingsbruder dreißig Prozent und weniger.

Die wohl zwingendsten Beweise für die genetische Disposition zum Alkoholismus kommen aus der Adoptionsforschung. Von Bedeutung sind hier die Untersuchungen Dr. Goodwins und neuerdings Dr. Cloningers von der Washington University. Beide Forscher haben versucht, den Einfluß der ererbten Gene vom Einfluß der Umwelt zu scheiden. Ihr Ausgangspunkt war, Individuen zu untersuchen, die bald nach ihrer Geburt von ihren leiblichen Eltern getrennt worden waren und bei nicht-blutsverwandten Pflegeeltern aufwuchsen.

Goodwins Forschungen wurden Anfang der siebziger Jahre in Dänemark durchgeführt und an der Washington University ausgewertet. Er hatte sich für Dänemark entschieden, weil es in den USA ein Problem ist, Zugang zu den Adoptionsakten zu bekommen; die meisten Behörden können auch wenig Angaben über die Eltern der zur Adoption freigegebenen Kinder machen. Ferner ist es in einer sehr mobilen Gesellschaft wie der amerikanischen schwierig, einzelne Personen ausfindig zu machen. In Dänemark gibt es diese Hindernisse nicht. Staatliche Zentralregister über Adoptionen sind für Forschungszwecke zugänglich, und die Bevölkerungsbewegung in diesem kleinen, rassisch homogenen Land ist gering.

Goodwin wählte seine Versuchspersonen aus einem Pool von 5000 nicht-familiären Adoptionsfällen aus — alle stammten aus dem Großraum Kopenhagen und aus den Jahren 1924 bis 1947. Er wählte Männer, bei denen ein leiblicher Elternteil — meistens der Vater — wegen Alkoholismus in ein Krankenhaus eingewiesen worden war. Alle waren im frühen Säuglingsalter von ihren leiblichen Eltern getrennt worden, alle waren von nicht-blutsverwandten Personen adoptiert worden, und alle hatten seither keinen wissentlichen Kontakt mit den leiblichen Eltern gehabt.

Hierauf ordnete Goodwin diesen Männern eine Kontrollgruppe von gleichaltrigen Männern zu, die sich von der ersten Gruppe nur in einem Punkt unterschieden: Sie hatten kein leibliches Elternteil, das wegen Alkoholismus hospitalisiert worden war. Die Untersuchung wurde von Anfang bis Ende im »Blindverfahren« durchgeführt: Keine Versuchsperson wußte, worüber sie der dänische Psychiater befragte, und der Däne, der die Lebensgeschichten aufnahm, wußte nicht, zu welcher Gruppe die jeweilige Person gehörte. Mehr als sechzig Prozent der Versuchspersonen waren bei Beginn der Interviews erst zwischen zwanzig und dreißig. Nicht ein einziger der Männer erwähnte ein Elternteil mit einem Trinkproblem. Und folgendes fand Goodwin heraus:

Mit spätestens Ende Zwanzig hatten die Kinder von Alkoholikern, die bald nach der Geburt von nicht-blutsverwandten Personen adoptiert worden waren, fast *doppelt* so viele Alkoholprobleme und eine *viermal* höhere Alkoholismusrate als die Kinder von Nichtalkoholikern, die auf ähnliche Weise im Säuglingsalter adoptiert worden waren. Goodwin unterschied in beiden Gruppen die »Alkoholiker« von den »schweren oder Problemtrinkern«, indem er die folgenden vier Kriterien zugrunde legte, von denen mindestens drei auf die Versuchsperson zutreffen mußten, um sie als echten Alkoholiker zu qualifizieren:

1. Soziale Mißbilligung des Trinkens durch Freunde und Eltern; Probleme in der Ehe.
2. Schwierigkeiten am Arbeitsplatz, Festnahme wegen Trunkenheit am Steuer oder sonstige trunkenheitsbedingte Schwierigkeiten mit der Polizei.
3. Häufige »Filmrisse«, Zittern, Entzugshalluzinationen, Entzugskrämpfe, Delirium tremens.
4. Kontrollverlust (Trinkzwang); morgendliches Trinken.

Frühere Untersuchungen ließen vermuten, daß die Zeit der stärksten Anfälligkeit für die Ausbildung von Alkoholismus ungefähr der Zeitraum zwischen dem 20. und dem 45. Lebensjahr ist. Goodwin kam daher zu dem Schluß, daß »in den nächsten zwei Jahrzehnten« die Alkoholismusrate in seinen beiden überwiegend jungen Gruppen noch ansteigen werde. Ob die Kluft zwischen den adoptierten Söhnen von Alkoholikern und den Kontrollpersonen sich noch verbreitern werde, konnte er nicht prognostizieren.
Anderweitige Forschungen über die Genetik des Alkoholismus haben einige zusätzliche überraschende Befunde erbracht. Zusammengefaßt sind es die folgenden:

1. Die Wahrscheinlichkeit, daß Kinder von Alkoholikern zu Trinkern werden, wenn sie bei einem alkoholkranken Elternteil aufwachsen, ist nicht größer, als wenn sie kurz nach der Geburt von diesem Elternteil getrennt werden und bei einem Nichtalkoholiker aufwachsen.
2. Die Wahrscheinlichkeit, daß Kinder von Nichtalkoholikern zu Trinkern werden, wenn sie von Alkoholikern adoptiert werden und bei ihnen aufwachsen, ist nicht größer.

Allerdings hat Dr. Cloninger festgestellt, daß die Umwelt *doch* einen Einfluß auf Kinder von Alkoholikern haben kann, die als Kleinkind adoptiert wurden. In seinen neuesten bahnbrechenden Studien, die auf umfangreichen schwedischen Daten basieren, warf er das Netz weiter aus als Goodwin und brachte die Forschung insofern um einen Schritt weiter, als er bei seinen Untersuchungen auch Frauen berücksichtigte. Er teilte die Adoptivkinder in zwei Typen von Alkoholikern ein und stellte fest, daß es bei dem verbreiteteren Typ eben *doch* nicht nur einen genetischen, sondern auch einen Umwelteinfluß gab.

Alle diese Untersuchungen bieten starke Argumente gegen die alleinige Zurückführung des Alkoholismus auf Umwelteinflüsse. Trotzdem warnt Dr. Begleiter: »Kein Mensch — absolut niemand — behauptet, daß Alkoholismus zu hundert Prozent auf das Konto genetischer Faktoren geht. Was wir behaupten, ist nur, daß bei einem beträchtlichen Teil der Alkoholikerpopulation das Genetische in der Tat eine Rolle spielt. Die Bluterkrankheit und die Huntingtonsche Chorea sind echt hereditäre, echt homogene Krankheiten. Alkoholismus ist eine außerordentlich heterogene Krankheit. Er ist wie eine Symphonie in vier Sätzen, mit vielen Variationen über ein Thema.«

Warum gibt es so wenige Untersuchungen über die Genetik des Alkoholismus bei Frauen? Diese Frage hat man führenden Forschern vorgelegt — die meisten von ihnen Männer. Ihre Erklärungen lauteten folgendermaßen: Sie glauben, daß es weniger weibliche als männliche Alkoholiker gibt — drei bis fünf Prozent gegenüber zwölf bis fünfzehn Prozent der allgemeinen Bevölkerung. Die Resultate aus früheren Untersuchungen über Frauen — und es gibt bisher sehr wenige davon — sind vage, nicht schlüssig und widersprüchlich. Die ererbte Disposition zum Alkoholismus ist bei Männern viel ausgeprägter als bei Frauen. Frauen sind biologisch komplizierter; in ihrem Körper spielen sich hormonale Veränderungen ab, die durch Dinge wie Menstruation und Schwangerschaft ausgelöst werden und die den Körper und das Gehirn enorm beeinflussen; deswegen ist es zu entmutigend, Frauen zu untersuchen. Ein Forscher meinte mit einer etwas lahmen Entschuldigung: »Man kann nicht jeden untersuchen.«

Ein Mann, der es wagt, diese Terra incognita zu erkunden, ist Dr. Sean O'Connor, ein Psychiater an der medizinischen Fakultät der University of Connecticut in Farmington. 1987 begann sein Team mit einem Fünfjahresprojekt zur Untersuchung des Alkoholismus bei Frauen. »Früher war die Meinung vorherrschend, daß es weniger weibliche als männliche Alkoholiker gäbe«, sagte er. »Das ändert sich heute. Wir von der University of Connecticut sind der Ansicht, daß diese Meinung unzutreffend ist. Weibliche Alkoholiker waren ›verborgene‹ Alkoholiker — ihr Trinken wurde vor der Gesellschaft versteckt, weil es mit einem zusätzlichen Stigma behaftet war, man sah die Frauen nicht so häufig in der Behandlung, und deshalb sind sie nicht untersucht worden. Wir werden die nächsten fünf Jahre unsere Idee testen, daß die genetische Disposition zum Alkoholismus bei Frauen genauso stark ist wie bei Männern. In den nächsten beiden Jahren untersuchen wir die Auswirkung des Menstruationszyklus auf die Gehirnwellen. In den drei Jahre danach werden wir dann unsere Erkenntnisse auf die Untersuchung von alkoholismusgefährdeten Frauen anwenden.«

Bei den Forschungen zum Alkoholismus gibt es kein echtes »Tiermodell«, weder Ratten noch Frösche, weder Hunde noch Katzen, die im Laboratorium getestet und deren Reaktionen auf menschliche Verhältnisse übertragen werden könnten. Der Grund ist der, daß kein Tier außer dem Menschen freiwillig große Mengen Alkohol zu sich nimmt, dadurch in ernste Schwierigkeiten gerät und trotzdem weitertrinkt. Ein Hund kennt keinen Kater.

Alkoholismus ist nicht nur einfach eine Krankheit. Er ist heute in den USA die Drogengefahr Nummer 1. Adam Paul Weisman hat einen geistreich-vernichtenden Aufsatz in der Zeitschrift *New Republic* unter dem Titel »I Was a Drug-Hype Junkie« geschrieben, in dem er darauf hinweist, daß Kokain und Heroin, verglichen mit Alkohol, triviale Gefahren sind, trotz der Pressehysterie des Jahres 1986. Das war das »Jahr der Drogenkrise« in den USA, das Jahr, in dem der Kongreß so schnell wie selten zuvor eine Gesetzesvorlage verabschiedete, den Anti-Drug Abuse Act. Für die Behandlung, Erforschung und Bekämpfung des Alkoholismus wurde nur die vergleichsweise geringe Summe von 1,7 Milliarden Dollar abgezweigt.

»Während sich die Öffentlichkeit immer größere Sorgen über Alkoholismus, Trunkenheit am Steuer und das Trinken der Jugend macht, neigt die Presse noch immer dazu, Drogen und Alkohol als zwei verschiedene Paar Stiefel zu behandeln«, schreibt Weisman. »Angeblich liegt der Unterschied darin, daß Alkohol legal ist. In Wirklichkeit trifft die Diskussion über Alkoholgenuß und Alkoholmißbrauch zu sehr den Lebensnerv der Menschen: die Kneipe an der Ecke, das Saufen bei Fußballspielen, der Dämmerschoppen im Büro.«

Die vollständigste Statistik der USA über den Alkoholismus der Nation befindet sich im National Institute on Alcohol Abuse and Alcoholism in Washington. 1986 teilte diese Stelle dem amerikanischen Kongreß mit, daß achtzehn Millionen erwachsene Amerikaner Alkohol-Mißbrauch trieben oder Alkoholiker waren und daß weitere 4,6 Millionen — Jugendliche unter achtzehn — mit der Schule, ihren Eltern oder dem Gesetz in Konflikt geraten waren, weil sie übermäßig tranken. Das NIAAA unterteilte die achtzehn Millionen in 10,6 Millionen »Alkoholiker« und 7,3 Millionen »Trinker mit Alkoholmißbrauch«, die festgenommen worden oder in einen Verkehrsunfall verwickelt waren oder deren Gesundheit oder Arbeitsleistung durch unkontrolliertes Trinken beeinträchtigt worden war. Loren Archer, der bescheidene und erfahrene stellvertretende Leiter des NIAAA, wurde gefragt, worin der Unterschied zwischen beiden Gruppen bestehe. Er lachte und antwortete mit dem Gleichnis von den frischen Gurken und den eingelegten Gürkchen. »Die Alkoholiker sind die behördlich anerkannten Gürkchen; sie sind süchtig und zeigen Symptome einer totalen Abhängig-

keit«, sagte er. »Die Trinker mit Alkoholmißbrauch sind die Gurken, die zu Gürkchen werden. Aus eingelegten Gürkchen können nie wieder normale Gurken werden.«
Trotzdem seien die Aussichten, den Alkoholismus zu besiegen, außerordentlich hoffnungsvoll. Jawohl: hoffnungsvoll; das ist das Wort, das Archer gebraucht. Er weiß so gut wie jeder andere, der auf diesem Gebiet arbeitet, daß Alkoholismus, so erbärmlich die Statistiken auch sein mögen, behandelt werden kann. Es gibt noch immer keine Heilung, keine Zauberpille gegen den Alkoholismus, aber er kann auf Dauer zum Stillstand gebracht werden. Die Behandlung geht von einer atemberaubend schlichten Überlegung aus: Man *kann* das nächste Glas stehenlassen. Die Anonymen Alkoholiker sind mit einer noch atemberaubend einfacheren Idee hervorgetreten: Man *kann* vierundzwanzig Stunden lang auf das nächste Glas verzichten.

KAPITEL 9

Die Kliniken

»Dieses Haus ist eine einzige Ausnüchterungszelle, und jeder hier ist voller Wut.«

Dr. LeClair Bissell, Gründungsdirektorin des Smithers Alcoholism Treatment and Training Center, New York

»Wenn Patienten mich fragen, ob es wichtig sei, zu den AA zu gehen, nachdem sie hier waren, sage ich ihnen: ›Eines kann ich Ihnen garantieren: Wenn Sie hier rauskommen und nicht zu den AA gehen, schaffen Sie es nie.«

John T. Schwarzlose, Projektdirektor des Betty Ford Center, Rancho Mirage (Kalifornien)

Lowells Herz klopfte vor Aufregung. Er war ein großer, breitschultriger, proper gekleideter Mann von fünfzig Jahren. Er mochte einmal gut ausgesehen haben, aber jetzt wirkte er verlebt; graue Strähnen klebten auf der schweißnassen Stirn, und eine hektische Röte überzog sein Gesicht. Er hatte noch ein paar Wodka gekippt, bevor er sich aufgerafft hatte, hierher zu kommen; eigentlich mochte er keinen Wodka, aber der machte bekanntlich keine Fahne. Jetzt saß er neben einem Schreibtisch, und eine mütterliche Schwester namens Mary nahm seine Personalien auf. Mary ignorierte den leichten Wodkaduft, der ihr entgegenwehte, und sagte zu ihm: »Willkommen in unserer Klinik, Lowell. Wir freuen uns, daß Sie gekommen sind. Ich muß Ihnen nur ein paar Fragen stellen, dann nehmen wir Ihre Krankengeschichte auf und messen

Ihren Blutdruck, und dann kommt jemand und zeigt Ihnen Ihr Zimmer. Für die nächsten achtundzwanzig Tage ist dies hier Ihr Zuhause.«

Lowell fühlte sich ein wenig besser. Er mochte Marys Art und die gediegene, alteuropäische Einrichtung der Empfangshalle, mit dem verzierten marmornen Kamin und der wuchtigen Wendeltreppe, die in die oberen Stockwerke führte. Jemand hatte ihm erzählt, daß das Haus einst Billy Rose gehört hatte. Ihm gefiel der Gedanke, daß Billy Rose, der große Showstar, hier gelebt hatte; denn Lowell war selbst im Showbusiness tätig. Die Smithers-Klinik war nur eine kurze Taxifahrt von Lowells Wohnung in Manhattan entfernt, und erst vor zwanzig Minuten hatte er sich mit einem Kuß von seiner Frau verabschiedet: »Diesmal schaff ich es, Kleines«, hatte er zu ihr gesagt. Und Nancy hatte erwidert: »Wenn nicht, weiß ich nicht, was ich tue.« Sie hatte Tränen in den Augen. Es war Lowells zweite Frau, und sie war 31. Manchmal erschreckte ihn der Altersunterschied.

Schwester Mary notierte Lowells Lebensdaten und befragte ihn über frühere Krankheiten, derzeitige Beschwerden und die Vorgeschichte seines Trinkens. Sie maß seine Temperatur und den Blutdruck und sagte ihm, daß der Doktor im Laufe des Tages noch eine genaue ärztliche Untersuchung vornehmen werde. Sie fragte ihn, was ihn in die Klinik geführt habe. Seine Frau habe mehrmals gedroht, ihn zu verlassen, erwiderte Lowell, aber er habe einfach nicht aufhören können. Er trank Wein und Bier und pro Woche fast drei Liter Scotch. »Ich habe eine Wochenration Valium in 24 Stunden genommen«, sagte er. »Und ich rauche ein wirklich prima Gras — Sie wissen schon, erstklassiges Marihuana. In meiner Branche lebt man von Alkohol und Drogen.« Er redete schneller. »Meine Frau hat mir gesagt, daß ich gestern nur einen Schuh anhatte, als ich in die Met ging, und ich habe es nicht einmal gemerkt!« Er lachte gezwungen und verstummte dann. Mary lächelte milde. »Nancy fand es überhaupt nicht komisch. Also, weshalb ich hergekommen bin — ich hab einen Haufen Mitarbeiter, lauter tolle Kerle, für die ich durchs Feuer gehen würde. Am letzten

Dienstag hatte ich eine Art flüssiges Lunch mit einem Kunden, dann bin ich zurück ins Büro und hab von den herrlichen Zeiten in den sechziger Jahren geschwärmt. Da hat mich einer von meinen Leuten angesehen und gesagt: ›Lowell, für dich kommt 1969 nie wieder. Wenn du dich nicht schleunigst in Behandlung begibst, suche ich mir einen anderen Job. Du vermasselst uns das ganze Geschäft. Wir überlegen uns alle, ob wir nicht gehen sollen.‹ Ein Freund von mir, der nicht mehr trinkt, hatte mir von Smithers erzählt. Dienstagabend habe ich angerufen, und irgend jemand hat gesagt, ab heute wäre ein Bett für mich frei.«

Während dieses Gesprächs zwischen Lowell und Mary durchsuchte ein Pfleger in einem Nebenraum Lowells Koffer. Er entfernte daraus ein Fläschchen Mundwasser, ein Flasche Aftershave, etwas Hustensaft, eine Packung Aspirin und zwei Röhrchen Valium. In einem Intensiv-Rehabilitationszentrum sind Drogen aller Art sowie alkoholhaltige Lotionen und Arzneien verboten. Alle notwendigen Medikamente werden von Ärzten und Krankenschwestern des Hauses verabreicht. Mary erklärte Lowell diese Regelung. Mit einer Polaroidkamera machte sie dann »für unser Personal« eine Aufnahme von ihm und brachte sie an seiner Akte an. »Bald ist Essenszeit«, sagte sie. »Jemand wird Ihnen gleich Ihr Zimmer zeigen. Die Mahlzeiten gibt es im Speisesaal im 2. Stock. Das ist so eine Art Kantine. Hier ist Ihr Patientenhandbuch. Da finden Sie Ihren Stundenplan und die Klinikregeln.«

In Lowells Schlafzimmer, einem großen, luftigen Raum im 3. Stock, standen sechs ordentlich gemachte Betten. Drei junge Zimmergefährten standen schon bereit, um Lowell zu begrüßen. Andere Patienten schlenderten durch die Gänge, die Bibliothek und den Lesesaal; sie hatten Notizbücher bei sich, plauderten, rauchten, nippten an Kaffeebechern. Lowell fiel auf, daß es eine Menge junger Leute gab und ganz wenige Schwarze. Auf einmal kam er sich alt und verbraucht vor. Die Einheitskleidung war offenbar Jeans und Pulli. Er hatte gerade ein paar Minuten Zeit, um das Handbuch durchzublättern.

»Alle Patienten stehen werktags wie sonntags um 7.00 Uhr auf.

Sie wohnen allen Vorträgen und (Therapie-)Gruppen bei und erscheinen pünktlich. Die Mahlzeiten werden gemeinsam eingenommen. Patienten, die Medikamente erhalten, melden sich entsprechend ihrem Stundenplan auf der Station. Alle Patienten liegen spätestens um 23.30 Uhr im Bett und löschen das Licht.«
Der Hinweis auf die Medikamente war besonders wichtig. Rehabilitationskliniken setzen Tranquilizer ein, um einen langsamen und ungefährlichen Entzug zu gewährleisten. Ein medizinisch überwachter Entzug ist ratsam. Alkoholiker, die das Trinken von heute auf morgen total aufgeben, riskieren gesundheitliche Komplikationen, ja sogar den Tod.
Das Handbuch warnte auch vor exzessivem Kartenspielen und Telephonieren, vor Pferderennwetten und jeder Form von Glücksspiel. In den Schlafzimmern durfte nicht geraucht werden, Radios und Fernsehgeräte waren verboten. Der anstaltseigene Fernsehapparat im Lesesaal war nur zwischen 18.00 und 23.00 Uhr in Betrieb. »Es behindert die Genesung erheblich, wenn Sie sich durch Zerstreuungen davon ablenken lassen, sich selbst und Ihre Krankheit sehr kritisch unter die Lupe zu nehmen«, las Lowell. Alle Paketsendungen an die Patienten würden von Wärtern inspiziert. Besuche waren nur an Sonn- und Feiertagen zwischen 13.30 und 17.00 Uhr gestattet; ferner warnte das Handbuch: »Besucher, die nach Alkohol riechen oder erkennbar unter Drogeneinfluß stehen, werden nicht eingelassen.« Es gab einen Abschnitt über den allzu vertraulichen Umgang miteinander: »Die Entwicklung ›romantischer‹ Gefühle oder emotionaler Abhängigkeit zwischen zwei Patienten während der Behandlung in diesem Haus ist ein sicherer Weg, um krank zu bleiben.« Lowell las, was alles zum sofortigen Ausschluß des Patienten von der Behandlung führte: jeglicher Genuß von Alkohol oder stimmungsverändernden Drogen; sexuelle Betätigung zwischen zwei Patienten; physisch gewalttätiges oder drohendes Verhalten; das Rauchen im Schlafsaal oder anderen Nichtraucherzonen. Barrieren zur Außenwelt gab es nicht. Lowell dachte: »Immerhin gibt es keine vergitterten Fenster, und die Haustür ist auch nicht verriegelt.«

So begann Lowells erste Stunde in dem Haus, das Dr. LeClair Bissell, die Gründerin, trotz seiner Eleganz und Annehmlichkeiten einen »drunk tank« voller unzufriedener und zorniger Menschen genannt hatte. »Nur ganz selten kommt mal einer, der sagt: ›Ich bin Alkoholiker — voilà! Ich möchte mit dem Saufen aufhören.‹ Die meisten kommen erst nach einem kräftigen Tritt gegen das Schienbein zu uns.«

Lowells Name ist, ebenso wie sein Äußeres, verändert worden, um seine Identität zu schützen; aber die Vorgeschichte seines Trinkens und das, was er in der Klinik durchmachte, beruht auf Tatsachen. Es hätte sich in jedem guten Reha-Zentrum abspielen können, so unterschiedlich das Ambiente auch sein mag: Es reicht von den motelartigen Ziegelsteinbauten der Hazelden-Klinik, die sich über eine Fläche von 250 Morgen in Minnesota erstrecken, bis zu den blendend weißen Quadern des Betty Ford Center inmitten grüner Rasenflächen mit Palmen in einer kalifornischen Wüstenoase.

In den auf die Aufnahme folgenden Tagen und Wochen fühlte sich Lowell mitunter an ein militärisches Trainingslager erinnert oder an eine religiöse Bekehrung. Zunächst empfand er Wut, Scham, Ärger, Depression. Doch dann kamen immer häufiger Augenblicke der Erleichterung oder Dankbarkeit, oder das Gefühl, endlich in Sicherheit, endlich nicht mehr allein zu sein. Er wurde überschwemmt mit Informationen über seine Krankheit und darüber, was er gegen sie tun mußte, wenn er gesund werden wollte; er wurde bis oben hin eingedeckt mit Vorträgen, Filmen, Kleingruppentherapie, »Reha-Gemeinschafts«-Meetings, AA-Meetings, Beratung, physischen und psychologischen Tests, Lektüre, Hausaufgaben. Das Essen schmeckte Lowell; es war reichlich und nahrhaft. Sein Appetit, bisher mit den leeren Kalorien des Alkohols gestillt, steigerte sich zu wahrem Heißhunger. Zwischen den Mahlzeiten konnte er in die Küche gehen, wo ein mit Milch, Säften, Obst und kleinen Imbissen wohlgefüllter Kühlschrank stand. Die ungesunde Gesichtsrötung verschwand allmählich. Sein Blick wurde klarer. Seine Energie kam zurück.

Lowell machte sein Bett, räumte sein Zimmer auf und half, wenn er an der Reihe war, beim Decken und Abräumen der Eßtische. Er mußte viele Bücher und Broschüren studieren, darunter auch das »Big Book« und die *Zwölf Schritte und Zwölf Traditionen.* Jeden Tag führte er Tagebuch.

Lowell lernte schnell, daß die anderen dreiundvierzig Patienten ein entscheidender Bestandteil seiner eigenen Behandlung waren. Mit einigen freundete er sich an und klönte stundenlang mit ihnen. Er merkte nach einer Weile, daß eine einzige manipulierende Person die Moral einer ganzen Reha-Klinik ruinieren konnte, doch stellte er auch fest, daß die Intensität und Unmittelbarkeit seiner Erfahrungen in der Klinik eine Stärke und Freundlichkeit in ihm freisetzte, die weder er noch andere in sich vermutet hatten.

In den ersten paar Tagen hatte sich Lowell fast zu verwirrt und verloren gefühlt, um normal zu funktionieren. Der erste Vortrag, den er besuchte, in einem großen, holzgetäfelten Raum mit Fenstertüren auf einen winzigen Garten hinaus, behandelte das Thema Wut. Eine Mitarbeiterin des Krankenhauses erzählte ihnen, wie Alkoholiker und Süchtige damit umgingen. »Wir schlucken sie runter. Wir verstauen sie irgendwo und schieben sie weg. Wir wälzen sie auf irgend jemand ab. Wir verwässern sie, wir versuchen, sie wegzurationalisieren, sie loszuwerden, anstatt sie auszuleben. Wir legen uns einen Müllberg an giftiger Wut an. Wir sagen ›Zum Teufel damit‹ und greifen nach dem Glas oder der Droge. Wir essen zuviel. Wir fühlen Angst. Die Wut geht nicht weg, bloß weil wir sie uns nicht bewußt machen. Wir werden deprimiert, wir leiden an Kopfschmerzen, Schlaflosigkeit, Hochdruck, Hautproblemen, Magengeschwüren. Wir werfen uns auf Sex. Aber Sexualität wird nie die Leere ausfüllen. Wir haben uns seit Jahren selbst narkotisiert. In dieser Klinik haben wir weder Alkohol noch Drogen. Den Schlaf können wir nicht als Rauschmittel gebrauchen. Sie können hier mit sich selbst und Ihren Emotionen ins reine kommen — mit Hilfe anderer Menschen.«

Am Ende des Vortrags hob Lowell die Hand. »Ja, Lowell?« fragte die junge Dame.
Lowell sah drein wie ein begossener Pudel. »Jetzt weiß ich nicht mehr, was ich sagen wollte«, sagte er mit verlegenem Lächeln. »Bin wohl immer noch etwas benebelt.«
Hoffnungsvoll, aber nervös war Lowell beim ersten Meeting der Kleingruppentherapie erschienen. Er lächelte die anderen sieben Leute an, die in einem Kreis saßen, und begann, als die Reihe an ihn kam, von seinem Unternehmen zu erzählen und die Namen berühmter Showstars zu nennen, die er kannte und gemanagt hatte. »Meine Frau ist noch erfolgreicher als ich«, sagte er mit gewinnendem Grinsen. Die andern sahen ihn mit steinernen Gesichtern an.
Schließlich wurde David deutlich: »Es interessiert uns einen Scheißdreck, was du alles machst und wen du alles kennst! Du bist ein Säufer und treibst Drogenmißbrauch wie wir anderen alle auch.« Lowell sah ihn entgeistert an und blickte zu Boden.
Die anderen begannen, über ihre Gefühle zu sprechen. Gegen Ende der Sitzung wandte sich der Gruppenleiter, ein ruhiger Schwarzer namens Bob, an Lowell. »Wie ist deine Ehe?« wollte er wissen.
»Sagen wir: perfekt«, gab Lowell mit siegessicherem Grinsen zurück. Dann murmelte er: »Ist sie wohl doch nicht, sonst wär ich ja nicht hier. Meine Frau hat mir die Hölle heiß gemacht wegen meiner Sauferei.«
Im Laufe der Wochen erfuhr oder erahnte die Gruppe, was das Krankenhauspersonal in Gesprächen mit Lowells junger Frau bereits herausgefunden hatte. Sie kam sich vernachlässigt vor. Sie fühlte sich enttäuscht und leer. Sie hatte keinen Appetit mehr. Sie war deprimiert, ängstlich, reizbar, innerlich taub. Lowells Trinkverhalten war ihr peinlich gewesen. Sie hatte geschimpft, gestichelt und ihn bestochen; sie war nicht mehr ausgegangen; sie hatte seine Flaschen und Drogen versteckt oder weggeworfen. Doch niemals hatte sie ihre Drohung wahrgemacht, ihn zu verlassen.

»Wie ist deine Ehe?« fragte Bob noch einmal, vier Wochen später.

»Sagen wir: gräßlich«, gab Lowell zur Antwort. »Ich hoffe zu Gott, daß ich es ihr einmal danken kann. Ich kann einen Anfang machen, indem ich nicht mehr trinke oder Drogen nehme.«

Manche Patienten hielten während der ganzen Behandlung an ihren Illusionen fest. »Ich habe acht prachtvolle Kinder«, sagte Georgia jedem, der es hören wollte. Sie war eine kleine, drahtige Person von achtunddreißig Jahren, aber fünfzehn Jahre jünger aussehend, und hatte auf ihrem Nachttisch Fotos von einigen der Kinder stehen. Wie sich herausstellte, waren sechs davon bei Pflegeeltern untergebracht, die anderen lebten bei ihrem von ihr getrennt lebenden Ehemann.

»Ich kann unmöglich jede Woche zur Nachbehandlung zu irgendwelchen Therapiegruppen nach New York fahren, wenn ich hier rauskomme!« sagte Peter, ein bulliger Feuerwehrmann, der bei einem Vortrag dabeisaß. »Ich muß nach Florida und das Haus meiner Schwester ausräuchern. Sie hat Termiten.«

Die Patienten johlten vor Lachen. »Gibt's denn in Florida keine Kammerjäger?« fragte jemand mit verwunderter Miene. Neuerliches Gejohle.

Dan, der Vortragende, entgegnete: »Man kann sich für alles Zeit nehmen, was man unbedingt tun *muß*. Wenn Sie hier fertig sind, *müssen* Sie sich die Zeit für AA nehmen — das ist genauso notwendig wie ausatmen und einatmen. Daneben gibt es die Nachbehandlung. Wenn Sie die Klinik verlassen, sind Sie noch lange kein gesunder Mensch. Jeder, der bei uns war, braucht danach noch mindestens drei bis sechs Monate Therapie in einer Genesungsgruppe und außerdem jede Menge AA-Meetings. Sie müssen nüchtern bleiben, die nächsten vierundzwanzig Stunden, und das Ihr Leben lang. Sie wollen doch leben? Oder ist es Ihnen wichtiger, die Termiten bei Ihrer Schwester zu vertilgen?«

Obwohl das Personal in den besten Reha-Zentren großen Anteil an seinen Schützlingen nimmt, ist es hart. »Das ist eine Situation auf Leben und Tod — Ihr Leben und Ihr Tod«, erklärte ein Berater in der Smithers-Klinik seinen Patienten. »Ungefähr die Hälfte der Leute, die jetzt hier im Raum sind, wird nach ihrer Entlassung wieder anfangen zu trinken. Bis jetzt hat Ihr Leben aus Alkohol- und Drogenmißbrauch bestanden. Es *kann* aber auch zur Genesung führen.«

Das Personal strengt sich viel mehr an als die Patienten. Es ist eine Offenbarung, den täglichen Besprechungen des Personals beizuwohnen, die vor Beginn des eigentlichen Arbeitstages stattfinden und zwischen einer und anderthalb Stunden dauern. Die gesamte Reha-Mannschaft, bestehend aus Alkoholismusberatern, Sozialarbeitern, Krankenschwestern und Psychologen, diskutiert über jeden einzelnen Patienten, seinen medizinischen, emotionalen und familiären Hintergrund, seine Fortschritte oder deren Ausbleiben. Bald wissen sie so viel und berichten einander so viel, daß man richtige beseelte Menschen aus Fleisch und Blut vor sich sieht sowie das Leben, das sie draußen führen, und das Leben, das sie vielleicht erwartet, sobald sie die Klinik verlassen haben.

Das Personal ersucht Familienangehörige oder »signifikante andere«, etwa Freunde oder Geliebte, während der letzten Tage des Klinikaufenthaltes des Patienten zu ihrer eigenen Behandlung in die Klinik zu kommen. Lowells Frau, die sich mit einer dringenden geschäftlichen Besprechung entschuldigte, war nicht dabei, als seine vier Wochen zu Ende gingen. Die abschließende Prognose des Klinikpersonals über Lowell lautete: »Vorsicht geboten. Rückfall ins Trinken wahrscheinlich.«

Es kamen die Angehörigen von vier Familien. Sie absolvierten einen dreitägigen Schnellkursus samt Filmen, Vorträgen und kleinen Diskussionsgruppen über Alkoholismus und lernten, wie auch ihr eigenes Leben und Verhalten am Alkohol gekrankt hatte und wie sich selbst dazu verhelfen konnten, wieder gesund zu werden. »Wenn Sie mit einem Alkoholiker zusammenleben, haben Sie keine Chance, selber nicht auch krank zu werden«, erläuterte eine der Familientherapeutinnen. »Sie haben sämtliche

Symptome, nur ohne das Glas in der Hand.« Die versammelten Mütter, Frauen, Schwestern und Söhne horchten erstaunt auf.
Am letzten Nachmittag, dem Tag vor ihrer Entlassung, trafen in der Bibliothek vier Patienten mit ihren Familien zusammen. Jede Familie spielte eine improvisierte Szene, die zeigen sollte, wie es bisher bei ihnen zu Hause zugegangen war. In jedem Fall gab es das Grundmuster von Streit und Geschrei und einem abwesenden oder unansprechbaren Vater. Alle sagten: »In unserer Familie spricht keiner mit dem anderen über das, was wichtig wäre.« Diese Stunden in der Bibliothek waren oft sehr bewegend und erfüllten die »fortgeschrittenen« Patienten mit Stolz und Hoffnung. Es gab auch erschütternde Momente. Am Ende des Tages wurde Marian, die Mutter eines 28jährigen Patienten namens Paul, von ihrem Sohn und zwei Töchtern in die Enge getrieben und mußte gestehen, daß sie ebenfalls Alkoholikerin war. Einmal sagte eine hübsche Patientin namens Carol zu dem Mann, der seit dreizehn Jahren ihr Geliebter war und der neben ihr auf dem Sofa saß: »Ich bin hier erwachsen geworden. Du hast mich seit Jahren kontrolliert und dominiert. Bitte laß uns gleichberechtigte Partner sein!« Dabei sah Carol mit dem Ausdruck tiefer Liebe ihrem Freund in die Augen, die sich mit Tränen füllten. Am nächsten Morgen verließen die Patienten die Klinik, um ein neues Leben ohne Alkohol zu beginnen.
Als die Smithers-Klinik 1973 gegründet wurde, war sie eines von nur wenigen Dutzend über die USA verstreuten Rehabilitationszentren für Alkoholiker. Heute gibt es davon nahezu 10000, und fast jeden Tag wird ein neues eröffnet. Sie bieten ambulante und stationäre Behandlung, sind an ein Krankenhaus angeschlossen oder selbständig, und sie haben der Pflege und Rettung von Alkoholikern enormen Auftrieb gegeben. Noch vor wenigen Jahren wären Trinker, die von ihren Familien abgeschrieben worden waren, statt in einer solchen Klinik im Gefängnis oder in einer Irrenanstalt gelandet.
Daniel J. Anderson erinnert sich noch an diese Zeiten:
»Als ich 1950 im Willmar State Hospital in Minnesota anfing,

waren die Zeiten der ›Schlangengruben‹ für Alkoholiker fast vorbei. Damals haben wir übrigens noch nicht vom ›Alkoholiker‹ geredet. Das freundlichste Wort war noch ›Trunkenbold‹. Man brachte die Leute in einer geschlossenen Anstalt unter, zusammen mit Schizophrenen, Psychopathen, Syphilitikern im Endstadium und Altersschwachsinnigen. Bei uns bekamen sie für 38 Cents pro Tag irgendeinen Fraß vorgesetzt. In normalen Krankenhäusern wurden Trinker gar nicht erst aufgenommen. Sie waren der letzte Dreck. Die Einstellung der Öffentlichkeit war entweder ›Die gehören alle erschossen‹ oder ›Überlaßt sie Gott‹. Von den Anonymen Alkoholikern wußte kaum jemand etwas. Die waren damals noch neu; die größten und stärksten Gruppen, deren Erfahrungen bis auf 1935 zurückgingen, gab es in Ohio und New York. Für viele Leute schmeckte das nach einer Art Religion, so ähnlich wie die Heilsarmee. Niemand wußte, ob es etwas nützte.«
Anderson hing seinen Erinnerungen im Renewal Center nach, einem ruhigen Zufluchtsort für genesene, seit vielen Jahren trockene Alkoholiker auf dem grasgrünen Gelände der Hazelden-Klinik in der Nähe von Center City (Minnesota). Es war umgeben von modernen, flachen, um einen Teich gruppierten hellroten Ziegelsteinbauten, in denen andere Alkoholiker behandelt wurden. Anderson, von Beruf Psychologe, ein fröhlicher Falstaff-Typ, war der Leiter mit der längsten Dienstzeit in der Hazelden-Klinik, des großen Prototyps eines Alkoholismus-Reha-Zentrums. Sowohl die Smithers-Klinik als auch das neuere Betty Ford Center haben, wie viele andere Anstalten, ihr Behandlungssystem an dem der Hazelden-Klinik ausgerichtet.
Anderson erinnerte sich an das düstere Aussehen des Willmar State Hospital; es war aus dunkelroten Ziegeln und Stein erbaut und ähnelte Hunderten von anderen Irrenanstalten und Waisenhäusern aus der Zeit der Jahrhundertwende; über dem Eingang fehlte eigentlich nur die Inschrift »Laßt, die ihr eingeht, jede Hoffnung fahren«. Und er erzählte von seinem ersten Mentor, Dr. Nelson J. Bradley, der erst 1950 als neuer Leiter an das Kran-

kenhaus gekommen war. »Ich war damals jung, frisch von der Uni, und meine Erfahrungen beschränkten sich auf etwas Teilzeitarbeit an einer anderen Irrenanstalt«, erzählte er. »Bradley war ein kanadischer Arzt, ein sehr menschlicher Mann mit aufgeklärten Ideen. Er hat die ›Trunkenbolde‹ von den Geisteskranken getrennt und erlaubt, daß sich alle mit Ausnahme der gewalttätig Verrückten frei bewegen durften — mit dem Erfolg, daß die Ausbruchsrate bei den Patienten insgesamt von fünfundzwanzig Prozent auf sechs Prozent zurückging. In einer benachbarten Stadt gab es schon einige AA-Mitglieder, die sich vorgenommen hatten, ein paar Trinkern zu helfen, und die sind dann zu uns gekommen und haben Bradley davon überzeugt, daß es sinnvoll sei, mit unseren Alkoholikern zu arbeiten. Wir haben pausenlos Kaffee getrunken, und sie haben uns dabei klargemacht, daß die Anonymen Alkoholiker eine vernünftige Sache sind. 1953 waren wir allmählich so weit, daß wir glaubten, daß Alkoholismus vielleicht doch eine komplexe Krankheit ist.«

Bradley und Anderson taten dann etwas, was vor ihnen noch niemand getan hatte: Sie stellten Teams von Ärzten, Psychologen, Familienberatern, Geistlichen und AA-Zugehörigen zusammen, die koordiniert mit Alkoholikern arbeiteten. »Damals hielten uns die Leute für verrückt, weil wir jemanden einstellten, dessen einzige Qualifikation darin bestand, daß er einmal getrunken hatte«, berichtete Anderson.

1949 — ein Jahr, bevor Bradley und Anderson mit der Umstrukturierung des Willmar State Hospital begannen — hatte eine Gruppe wohlhabender Bürger Minnesotas, genesene Alkoholiker bei AA, ein kleines weißes Bauernhaus nordöstlich von Minneapolis gekauft, das als Refugium und Behandlungszentrum für andere Alkoholiker dienen sollte. Es erhielt den Namen »Hazelden Farm«. Einer der ersten Patienten war Patrick B., ein reicher Bauunternehmer. In den fünfziger Jahren waren Pat und seine Freunde fasziniert von dem, was in der Willmar-Klinik versucht wurde, und es kam zu einem eifrigen Informationsaustausch zwischen der Klinik und der Hazelden Farm. Pat war es auch, der Dan Andersons Ausbildung zum Klinischen Psychologen finanzierte und ihn dann auf die Yale School of Alcohol Studies schickte, damit er dort von Giganten des Fachs wie E. M. Jellinek, Selden Bacon und Marty Mann lernen konnte. 1961 kam Anderson als Anstaltsleiter an die Hazelden-Klinik, wo er ein Vierteljahrhundert tätig war. Als Emeritus ist er dort noch immer aktiv.

Von den Anfängen der Willmar- und Hazelden-Klinik bis heute haben die AA enormen Einfluß auf derartige Reha-Zentren gehabt. Keinem Behandlungszentrum, das seinen Namen verdient, würde es einfallen, seine Patienten nicht mit den Grundprinzipien von AA vertraut zu machen und ihnen nicht ans Herz zu legen, als Nachbehandlung noch mehrere Jahre regelmäßig ein AA-Meeting zu besuchen. Das typische Reha-Zentrum gibt seinen Trinkern 28 Tage, um sich umzustellen; in der Zeit danach muß der Wunsch der Patienten, gesund zu bleiben, sie dazu bringen, weiter zu den Meetings zu gehen.

So wichtig der Einfluß von AA auf die Reha-Zentren ist, so ist doch das Umgekehrte genauso richtig: Die Zentren schleusen die genesenden Trinker zu Zehntausenden in die Meetings der AA; das verändert die Natur von AA. Und sie sind zum Big Business, ja zum »Very Big Business« geworden. Diese beiden Booms — in der Zahl der AA-Zugehörigen und in der der Behandlungszentren — verlaufen parallel zueinander und »verstärken einander wechselseitig«, wie eine 1985 durchgeführte Großuntersuchung des National Institute on Alcohol Abuse and Alcoholism es ausdrückt. Eine 1983 von AA selbst durchgeführte Stichprobe ergab, daß für fast ein Drittel der Zugehörigen Alkoholismusberatung und Reha-Zentren die wichtigsten Einzelfaktoren waren, die sie bewogen hatte, zu den Anonymen Alkoholikern zu gehen — gegenüber einer drei Jahre zuvor vorgenommenen Umfrage ein enormer Zuwachs des Prozentsatzes derjenigen, die von einer anderweitigen Alkoholismusbehandlung zu den AA kamen. Dieser Trend hält unvermindert an.

Dieser enorme Zustrom aus den Reha-Zentren stellt AA vor Probleme. Es hat bisher immer den Anschein gehabt, als sei AA unendlich erweiterungs- und anpassungsfähig. Zunächst nur zaghaft und gegen den Unwillen mancher hartgesottener Veteranen haben sie sich für Frauen, Homosexuelle, für junge Tennager und die von Alkohol und zugleich anderen stimmungsverändernden Drogen Abhängigen geöffnet. Die Konventionellen werden ebenso willkommen geheißen wie die Außenseiter und jene, die Trost für ihr Leiden suchen. Doch jetzt ist die AA-Zentrale beunruhigt. Man fürchtet, am eigenen Erfolg zu ersticken.

»Das ist ein ganz großes Problem«, sagt Cathy B., eine Mitarbeiterin in der Zentrale. »Nehmen Sie Jaffrey (New Hampshire), wo ein großes Reha-Zentrum steht. Alle kleinen Städte und Dörfer rund um Jaffrey haben mindestens eine gut eingeführte AA-Gruppe mit mehreren Meetings pro Woche. Jetzt wird plötzlich ein Meeting von acht Leuten mit vierzig neuen Patienten überschwemmt, die mit AA noch nicht viel im Sinn haben. Der Kaffee kostet Geld. Die Saalmiete kostet Geld. Die acht Leute wollen mit ihrer Nüchternheit, mit ihrem AA-Leben weiterkommen. Die Antwort müßte wohl sein, daß man ein neues Anfängermeeting für die Reha-Leute gründet. Manche Veteranen stört es wirklich, wenn die Patienten daherkommen und nur über Drogen reden. Aber die Reha-Zentren brauchen uns, und zwar dringend. Daran besteht überhaupt kein Zweifel.«

Mitarbeiter im Hauptquartier meinten, daß viele Leute, bevor sie zu den AA kommen, zuerst in ein Alkoholismus-Behandlungszentrum gehen, weil das ein »hübsches Plätzchen« zum Gesundwerden ist — jedenfalls hübscher, als man sich das typische AA-Meeting vorstellt. (In der Öffentlichkeit sieht man AA noch immer entweder als einen Haufen von Vorstadtpennern oder bestenfalls als Leute, die man nicht zum Essen einladen würde, und diese Vorurteile sind zählebig. Und das andere stimmt ja auch: die Kellerräume einer Kirche wirken kahl — jedenfalls so lange, bis ein Neuer durch das getröstet und gestärkt wird, was in ihnen vorgeht.) Alkoholiker, die sich in Behandlung begeben, haben auch eine Krankenversicherung; AA ist natürlich kostenlos. Und schließlich gibt es Tausende von Arbeitgebern, die ihre alkoholkranken Arbeiter und Angestellten lieber zur Behandlung schicken, als sie zu bestrafen. James S. Kemper jr., ein genesener Alkoholiker und Gründer der Kemper Group von Versicherungsgesellschaften in Illinois, hat das Mitleid bewiesen, das typisch ist für Firmenchefs, die das durch Alkoholismus verursachte Leid kennen, aber auch die Kosten für einen Betrieb. »Die kostspieligste Art, mit Alkoholikern fertig zu werden, ist, sie zu entlassen oder zu ignorieren«, sagt er. »Am profitabelsten und effektivsten ist es, ihnen zu helfen, gesund zu werden.« Kemper, der schon 1962 ein Unterstützungsprojekt für alkoholkranke Mitarbeiter eingerichtet hat, ist auch Pionier, was die Versicherung genesener Alkoholiker betrifft. Bis vor kurzem lehnten es die Lebensversicherungsgesellschaften ab, sie vor Ablauf von fünf Jahren völliger Nüchternheit zu versichern. Und selbst nach diesem Beweis ihrer zuverlässigen Genesung mußten Alkoholiker höhere Prämien zahlen.

Im letzten Jahrzehnt sind »Arbeitnehmer-Unterstützungs-Pläne« (Employee Assistance Programs, EAP) zu Tausenden entstanden. Die meisten der von *Fortune* ermittelten 500 größten amerikanischen Unternehmen bieten ein solches Programm an. Sie wandten sich zunächst nur an alkoholkranke Arbeitnehmer, doch bieten sie heute auch Beratung in familiären und emotionalen Dingen sowie bei Drogenmißbrauch. Die Stanford-Research-Gruppe hat errechnet, daß die Industrie durch die Behandlung von Arbeitskräften mit Trinkproblemen schätzungsweise 6000 Dollar pro Jahr und alkoholkrankem Arbeitnehmer spart. Die Gewerkschaften, die früher befürchtet hatten, die Unternehmen könnten ihre Mitglieder »bespitzeln«, bieten heute EAPs an, die zu den effektivsten im Land gehören. Robert O'Brien und Dr. Sidney Cohen schreiben in *The Encyclopedia of Drug Abuse:* »Vielleicht haben EAPs einen wirksameren Ansatzpunkt, weil Problemtrinker sich in der Regel zwar nicht von der Aussicht beeindrucken lassen, Familie, Besitz, Reputation und Selbstachtung zu verlieren, wohl aber gewöhnlich sehr um ihren Arbeitsplatz besorgt sind.«

Die Kosten für eine gut durchstrukturierte Behandlung können immens sein. Der Mindestaufwand für eine exzellente stationäre Reha-Behandlung von vier Wochen Dauer betrug 1987 rund 6000 Dollar (umgerechnet gut 10 000 DM). Eine ambulante Behandlung kostet sehr viel weniger als selbst die billigste stationäre Rehabilitation. Manche Reha-Zentren, zumal solche, die einem Krankenhaus angeschlossen sind, berechnen 24 000 Dollar (über 40 000 DM) und mehr für eine vierwöchige Behandlung. Das gemeinnützige Betty Ford Center und die Smithers-Klinik lagen 1987 im 6000-Dollar-Bereich; die Hazelden-Klinik kostete weniger als 4000 Dollar. Die Hazelden-Klinik kann es sich leisten, billiger zu sein, weil sie aus dem gigantischen Hazelden-Verlagsimperium subventioniert wird: Es ist der weltweit größte Verlag und Vertreiber für Literatur über Alkoholismus und Drogenmißbrauch. Er produziert und verkauft nicht nur die eigenen Bücher und Broschüren; er ordert auch von anderen Verlagen und gehört zu den wichtigsten Großabnehmern der »offiziellen« AA-Literatur außerhalb AA. Unter den siebzehn Millionen Büchern und Broschüren, die Hazelden 1986 verschickte, befanden sich auch 168 000 Exemplare des »Big Book« der AA und 120 000 Exemplare von *Twelve Steps and Twelve Traditions.* Alle Behandlungszentren setzen Hazelden- und AA-Literatur auf die »Pflichtlektüre«-Liste für ihre Patienten.

Vier Wochen scheinen die Mindestdauer einer stationären Behandlung zu sein. Manche Patienten, die physisch und emotional stärker geschädigt sind, werden für einige Monate zur weiteren Genesung in eine Art Erholungsheim geschickt. Die Zahl der Patienten in einem typischen selbständigen Reha-Zentrum — also einem, das keinem Krankenhaus angeschlossen ist — beläuft sich auf 40 bis 125 pro Tag. In den besten Reha-Zentren ist das Verhältnis von medizinischem Personal zu Patienten hoch; so beträgt es in der Hazelden-Klinik vier zu eins.

Manche Alkoholiker können durch sogenannte »Intervention« veranlaßt werden, sich in Behandlung zu begeben. Diese Methode wurde von Vernon Johnson entwickelt, der 1962 das Johnson Institute zur Ausbildung von Fachkräften für die Alkoholikerbehandlung gegründet hat. Sein 1973 erschienenes Buch *I'll Quit Tomorrow*, in dem seine Methode beschrieben wird, hat eine Auflage von über 300 000 erlebt, und auch sein Büchlein *Intervention: How to Help Someone Who Doesn't Want Help* ist ungeheuer populär. Die Methode besteht in einer »liebevollen Einmischung« durch Familienangehörige, Freunde oder Arbeitgeber, die zuvor mit Hilfe eines Alkoholismus-Experten sorgfältig geprobt wird.
Es gibt eine andere, noch jüngere Entwicklung: Das Retten von Trinkern ist zum Big Business geworden. Waren es früher private Philanthropen, allen voran Leonard Firestone, Joan Kroc und J. Brinkley Smithers, die Millionen von Dollars in Reha-Zentren und andere Formen der Alkoholismusbehandlung und -bekämpfung gesteckt haben, so sind es heute die Industriegiganten, die in dieses Geschäft einsteigen, angefangen beim Krankenversicherungskonzern CompCare bis hin zur Kosmetikfirma Avon. Daneben ist ein hektischer Zuwachs an kleineren, nicht-gemeinnützigen Reha-Zentren zu beobachten. Manche sind so elitär und überteuert wie Golfclubs, andere so schäbig und vollgestopft wie Stundenhotels. In den schlechtesten dieser Etablissements ist die Hausordnung erschreckend lax, der Zustand der Gebäude gefährlich, das Personal schlecht geschult und die Arznei knapp. Sie mögen Gutes tun, aber sie können genauso als Drehtür zurück zur Flasche wirken. Sie schießen völlig ungehindert und unkontrolliert ins Kraut. Von AA wissen sie nichts oder legen nur ein Lippenbekenntnis dazu ab. Sie erhalten die Betriebsgenehmigung von den einzelnen Bundesstaaten, brauchen aber nicht um Zulassung durch die Joint Commission on Accreditation of Hospitals nachzusuchen, die nationale Behörde, die über die Güte der Krankenversorgung wacht.

Amerika denkt mehr über seine Alkoholiker nach und tut mehr für sie als irgendein anderes Land der Erde. Trotzdem erhält nur eines von fünfzehn erwachsenen Opfern des Alkoholismus irgendeine Form von Hilfe, bei AA oder anderswo. Noch tragischer ist die Lage der schulpflichtigen Kinder von Alkoholikern: Millionen von ihnen leben und leiden unter einem Dach mit trinkenden Eltern. »Um diese Bevölkerungsgruppe kümmert sich niemand auch nur im geringsten«, schreibt Charles Deutsch, der Autor von *Broken Bottles, Broken Dreams*, der als Pädagoge bei CASPAR tätig war, einem erfolgreichen Projekt zur Bekämpfung des Alkoholismus auf Schulebene in Cambridge (Massachusetts). »Brauchen wir weitere Daten, um uns wirklich davon zu überzeugen, daß viele Kinder von Alkoholikern durch die Krankheit ihrer Eltern ernsthafte Schäden davontragen — oder brauchen wir sie, um uns davon zu überzeugen, daß es einen Unterschied ums Ganze ausmacht, ob man ihnen helfen kann, schon in ihrer Jugend die Krankheit zu verstehen und die durch sie hervorgerufenen Scham-, Schuld- und Haßgefühle abzubauen?«

Manche sagen, der Alkoholismus sei nicht mehr mit einem Stigma behaftet; fast jedermann wisse, daß es eine Krankheit sei, die behandelt werden kann. Wenn das stimmte, wäre Alkoholismus nicht »das offenbare Geheimnis« — ein Geheimnis, das aktive Alkoholiker und ihre Familien unfehlbar vor Dritten zu verbergen suchen. Die meisten genesenen Alkoholiker schirmen auch ihre Verbindung zu AA gegen die Blicke der Öffentlichkeit ab, wenn sie in der Regel auch ihre besten Freunde einweihen. Und sosehr sich die USA heute auch von der Welt der fünfziger Jahre unterscheiden, die Dan Anderson von der Hazelden-Klinik beschrieben hat, so kann die Strafe für Alkoholismus doch immer noch hart sein.

Man denke nur an den Fall Kathleen Neal. Im Oktober 1986 ist sie — eine 34jährige Weiße aus Rockland (Massachusetts), Mutter von drei Kindern, die bisher kein Verbrechen begangen, kein

Kind mißbraucht und niemanden in betrunkenem Zustand überfahren hatte — »durch die Maschen des Gesetzes gefallen«, wie es ein Richter in Massachusetts ausdrückte. Weil sie eines Nachts angetrunken öffentliches Ärgernis erregt hatte, wurde sie festgenommen und kam vor das Bezirksgericht in Taunton. Das Gericht versuchte, sie in verschiedenen Behandlungszentren unterzubringen, doch wurde sie überall abgewiesen — entweder, weil die Anstalten belegt waren oder weil Medicaid (Krankenversicherung für Einkommenschwache) nicht für die Behandlung aufgekommen wäre. Der Richter schickte sie daraufhin für dreißig Tage in das — wie er meinte — bundesstaatliche Krankenhaus in Framingham, wo man ihr, wie er sagte, helfen werde, von ihrer seit acht Jahren sich verschlimmernden Alkoholsucht loszukommen. Weder der Richter noch Mrs. Neals Pflichtverteidiger wußten, daß es in Framingham, der einzigen Frauenvollzugsanstalt in Massachusetts, kein Behandlungszentrum für Alkoholkranke gab und niemals gegeben hatte. Als Mrs. Neal dort eingeliefert wurde — mit Handschellen und einer Kette um den Leib gefesselt —, durchsuchte man sie »an den unglaublichsten Stellen«, wie sie später sagte, und sperrte sie in eine Zelle zu vier anderen Frauen, von denen eine wegen versuchten Mordes einsaß. Wie sie sagte, wurde sie dort von anderen Gefangenen beraubt, geschlagen und sexuell berührt.

Als ihr Anwalt sowie Maureen Rose, eine Sekretärin des Bezirksgerichts, sechs Tage später entdeckten, daß es in Framingham weder ein Krankenhaus noch ein Behandlungszentrum für Alkoholikerinnen gab, alarmierten sie Richter, die Presse und einige Abgeordnete von Massachusetts. Der Bürgerbeauftragte von Massachusetts meinte: »Es ist empörend. Eine Frau, die kein Verbrechen begangen hat, gehört nicht hinter Schloß und Riegel.« Mrs. Neal, nicht vorbestraft, war nicht die einzige Alkoholikerin, die in den letzten Jahren dieses Schicksal erdulden mußte. Seit 1973, als Massachusetts Trunkenheit in der Öffentlichkeit nicht mehr als Delikt einstufte und Alkoholismus als Krankheit anerkannte, sind mindestens sechzig Frauen

wie sie zusammen mit Kriminellen eingesperrt worden. Als Mrs. Neal — unrehabilitiert — freigelassen wurde, trank sie nach ihren eigenen Worten »noch mehr als zuvor«.
Das ist eine wahre Geschichte, die 1986 in den USA einer Alkoholikerin zugestoßen ist.

KAPITEL 10

Nans Geschichte

Dies ist nicht die Geschichte meines Lebens. Diese Geschichte erzählt nur, wie ich zur Trinkerin geworden bin und wie ich wieder trocken wurde. Ich habe sie schon früher häufiger erzählt: bei AA-Meetings, meiner AA-Sponsorin und anderen AA-Freunden beim »Meeting nach dem Meeting« in einem Coffeeshop. Aber ich habe sie noch nie so ausführlich erzählt. Traditionsgemäß spricht kein Redner bei einem AA-Meeting länger als dreißig Minuten. Ich werde die Geschichte so erzählen, wie ich sie bei einem Meeting erzählen würde — im selben Geist.

Ich heiße Nan, ich bin Alkoholikerin.

Ich habe keine einzige Entschuldigung dafür. Ich komme aus einer stabilen, liebevollen bürgerlichen Familie des Mittleren Westens, in der man bei geselligen Anlässen trank — gesittet und maßvoll. Es gibt keine Alkoholiker in meiner Familie. Ich bin nicht menschenscheu. Ich hatte eine berufliche Karriere, die mich erfüllte, viele Freunde und, in meiner zweiten Ehe, eine große Liebe.

Trotzdem wurde ich zur Alkoholikerin.

Ich war eine langweilige Trinkerin. Ich habe nicht geheult, ich habe niemanden vollgekotzt, ich habe nicht mit Gegenständen um mich geworfen. Ich wurde selten gemein oder sentimental. Ich machte keine wirklich dramatischen Persönlichkeitsveränderungen durch. Ich wurde ein mattes Abbild meiner selbst. Ich schlief viel. Es konnte vorkommen, daß ich mich bei einer Party zurückzog und für ein Stündchen im Gästezimmer aufs Ohr legte; dann kam ich wieder und wunderte mich, warum die anderen Gäste mich so peinlich berührt ansahen. Mein Mann pflegte zu

sagen: »Wenn Nan blau ist, zieht sie sich in ein kleines Zimmer in ihrer Seele zurück und läßt die Jalousien runter.«
Als ich jung war, konnte ich jeden unter den Tisch trinken. Immer war ich es, die die anderen nach Hause fuhr, ihnen den Kopf hielt, wenn sie sich übergeben mußten, und sie ins Bett brachte. Ernsthaft zu trinken begann ich, als ich zweiundzwanzig war, gerade vom College kam und meine Karriere bei der Zeitung anfing. Meine Generation von Zeitungsleuten besteht aus Zweihändig-Trinkern. In den Kreisen, in denen ich mich bewegte, war das Trinken nicht nur gesellschaftlich akzeptabel; es galt als Zeichen der Reife. Wenn man viel und lange und gut trank, hatte man sich das Etikett verdient, das die Männer von den Knaben und die Frauen von den Mädchen unterschied. Wenn man viel und lange und nicht gut trank, ging man mit seinen »Heldentaten« in die Zeitungsmythologie ein und wurde zum Mittelpunkt zahlloser spöttischer Erzählungen.
Wenn ich auf die Geschichte meines Trinkens zurückblicke, so glaube ich, daß ich die unsichtbare Grenze zum Alkoholismus überschritt, als ich etwa dreiunddreißig Jahre alt war. Bald danach heiratete ich meinen zweiten Mann, Stanley Levey, einen Mann des Maßes in fast allen Dingen. Da ich ihn liebte, konnte ich es nicht ertragen, daß er vielleicht schlecht über mich dachte. Ich versuchte, mein Trinken zu kontrollieren oder es durch Heimlichkeit zu kaschieren. Zu der Zeit, als wir heirateten, war mir jeder Vorwand recht, um ein Glas zu trinken: wenn ich glücklich war, wenn ich traurig oder enttäuscht war, wenn ich unterwegs und allein war, wenn ich in vertrauter Umgebung und unter Freunden war. Und immer brauchte ich jenen Extra-Scotch, um einschlafen zu können. Als Stan nach zehnjähriger Ehe starb, war ein Stück von mir selbst tödlich verwundet. Mit ihm verlor ich die letzte Kontrolle über mein Trinken. Sein traumatischer Herzanfall und die nachfolgende Verschlechterung seines Zustandes hatten mein Trinken bereits beschleunigt. Nach seinem Tod pflegte ich einige Monate lang selbstmörderisch Auto zu fahren, wenn ich getrunken hatte. Irgendwann wurde mir be-

wußt, daß ich bei dieser Fahrweise möglicherweise einmal einen Menschen töten oder zum Krüppel machen würde. Ich hörte auf, in betrunkenem Zustand zu fahren. Aber ich hörte nicht auf zu trinken. Ich nahm mir eben ein Taxi oder ließ mich von Freunden heimfahren, oder ich übernachtete bei ihnen.

Eines Morgens im August 1971, fünf Monate nach Stans Tod, war ich im Washingtoner Büro meiner Zeitung gerade bei der Arbeit, als ich die schlimmsten Bauchschmerzen meines Lebens bekam. Ich krümmte mich vor Schmerzen. Laura, die überaus kultivierte Sekretärin eines unserer berühmten Kolumnisten, erbot sich, mich zum Arzt zu fahren. Mein Hausarzt war in Urlaub. Ein Mediziner, den ich nie gesehen hatte, Dr. Charles Thompson, vertrat ihn. Das Wartezimmer war gerammelt voll. Dr. Thompson, ein Mann mit beginnender Glatze und einer direkten, forschen Art, hinter der sich, wie ich instinktiv spürte, großes Mitleid verbarg, setzte mich auf den Tisch in seinem Untersuchungszimmer. Die Tür stand weit offen. Er nahm meine Hände und musterte sorgfältig die Innenseiten. In beiden Handflächen hatte ich einen etwa groschengroßen, tiefroten Ausschlag. Er sah mich forschend an, fragte mich aus und musterte dann wieder die Handflächen, wobei er mit einem Daumen gedankenvoll über den Ausschlag strich. Er fragte mich, ob die Schmerzen in meinem Bauch begonnen hätten, auf die rechte Seite auszustrahlen. Ja, das hatten sie.

Dann mußte ich mich auf dem Tisch auf den Rücken legen, und Dr. Thompson drückte und stieß die Gegend rund um meinen Magen, um dann wieder auf meine geröteten Hände zu starren. Er beugte sich über mich, bis seine Nase fast die meine berührte, und fragte mich mit grimmigem Flüstern: »Wissen Sie, was mit Ihnen los ist, meine Liebe?«

Ich sah ihn gottergeben an, Nase an Nase, und sagte: »Nein, Herr Doktor, ich weiß es nicht.«

»FUSEL!« dröhnte er. »FUUUSEL!!!«

Das Wort donnerte durch die offene Tür und hallte im überfüllten Wartezimmer wider, wo alle Leute einschließlich Laura, mei-

ner sehr kultivierten Kollegin, die grausame Wahrheit über mich erfuhren. Ich war steif vor Schrecken.
»SCHLUSS DAMIT!« brüllte Dr. Thompson.
Nachdem er meiner ungeteilten Aufmerksamkeit sicher war, erklärte er mir weiter, daß ich an akuter Pankreatitis litte — einer Entzündung der Bauchspeicheldrüse — und daß die geröteten Handflächen ein ernstes Frühwarnzeichen einer alkoholbedingten Schädigung seien. Ich müsse sofort und ganz mit dem Trinken aufhören. Ich versprach es.
Dr. Thompson hatte mir angst gemacht. Ich hielt mein Versprechen einen Monat lang, während ich Urlaub machte und mich erholte. Der Ausschlag ging zurück. Ich fühlte mich voller Schwung und Tatkraft. Und dann kam ich zurück in den Streß des Washingtoner Büros. Ich dachte: »Ich bin wieder in Form. Was können ein oder zwei Drinks schon schaden?« Bald genehmigte ich mir zum Essen wieder einen doppelten Martini und zwei Glas Bier. Hinterher trank ich Unmengen von Kaffee, in der Annahme, dadurch für den spätnachmittäglichen Endspurt vor Redaktionsschluß wieder nüchtern zu werden. Die Nächte dienten mir dazu, mich ins Vergessen zu trinken.
Im Januar 1973 schickte mich meine Zeitung nach Paris — ein prachtvoller Sprung nach vorn in meiner Karriere. Beruflich gesehen, war es aufregend. Privat fühlte ich mich entsetzlich einsam, so weit weg von meinen Freunden und von zu Hause. Doch bald fand ich mich in einer famosen Clique von Zechkumpanen. Meine Artikel und Reportagen waren gut, fand ich, aber die Arbeit fing an, mir schwerzufallen. Ich saß vor der Schreibmaschine und quälte mich stundenlang mit Geschichten ab, für die ich sonst eine Dreiviertelstunde gebraucht hatte. Zum Essen ging ich oft allein in das kleine Restaurant »Le Sportsman« in der Nähe des Büros, damit ich in Ruhe alle Pariser Zeitungen lesen und dabei trinken konnte.
Eines Tages, in meine Zeitungen vertieft und angenehm durchwärmt von den üblichen zwei doppelten Scotch und einer Karaffe Wein, hörte ich die aufgedonnerte Blondine, der das Re-

staurant gehörte, auf französisch mit einem anderen Gast sprechen.

»Sie sitzt jeden Tag ganz lieb da und besäuft sich«, sagte die Frau. »Und dann geht sie ganz lieb wieder weg.«

In den »Sportsman« ging ich von da an nicht mehr. Ich besoff mich anderswo.

Trinkerin zu sein war in guter Stellung und einer schönen Stadt nicht weniger erbärmlich und beschämend als in einem dreckigen Provinznest. Ich begann, schon am Morgen ein oder zwei Whisky zu trinken, um, wie ich mir einredete, den Anforderungen des Tages gewachsen zu sein. Ich kaufte die Flaschen in verschiedenen Läden, so daß niemand meinen wahren Verbrauch kennen konnte. Ich fühlte mich ungeheuer einsam mit meinem schlechten Gewissen und dem Geheimnis. Der Ausschlag auf den Handflächen kam wieder. Ich erinnerte mich an Dr. Thompsons Warnung. Schließlich ging ich, angeekelt von meinem Trinkzwang und in der Angst, daß er mich meinen Job kosten könne, Ende 1974 zu meinem Arzt am American Hospital in Paris. »Ich glaube, ich bin dabei, Alkoholikerin zu werden«, erklärte ich ihm, »und es beeinträchtigt allmählich mein Leben und meine Arbeit.«

Er bot mir an, mich für eine Woche »zum Ausnüchtern« im Krankenhaus aufzunehmen, und setzte hinzu: »Ich möchte auch gerne ein paar Leute von AA zu Ihnen schicken.« Ich willigte dankbar ein, weil ich im Laufe der Jahre gehört hatte, daß diese AA-Leute Wunder wirken konnten.

Am nächsten Morgen kam ein junges amerikanisches Paar, freundlich und attraktiv, zu mir in mein Krankenhauszimmer. Sie waren von den Anonymen Alkoholikern. Ich erinnere mich an kein Wort mehr von dem, was sie sagten, außer daß es zweimal die Woche abends um acht ein Meeting in der American Church von Paris, am Quai d'Orsai, gab. Ich besuchte mehrere AA-Meetings, saß mit einem Dutzend anderer um einen runden Tisch und erzählte meine Geschichte. Ich fand es nicht befremdlich, in dieser einfühlsamen Gesellschaft zum ersten Mal die

Worte zu sagen: »Ich heiße Nan, und ich bin Alkoholikerin.« Aber ich war noch nicht bereit. Bald fing ich an, Entschuldigungen vorzubringen; die zugkräftigste war, daß acht Uhr abends für mich der letzte Termin war, um Artikel nach New York durchzugeben. Ich wollte mir nicht eingestehen, daß die meisten meiner Sachen schon am frühen Abend hätten fertig sein können.

Die Monate, die nun folgten, waren voller Gewissensbisse und Verwirrung. Zu den AA ging ich nicht mehr. »Ich habe die Willenskraft, allein aufzuhören«, dachte ich. Immer wieder schwor ich dem Trinken ab. Länger als eine Woche konnte ich meinen Entschluß nicht durchhalten. Das morgendliche Trinken wurde schlimmer. Ich brauchte Fusel, um meine zitternden Hände zu beruhigen und genügend Kraft zu sammeln, um aufstehen und ins Büro gehen zu können. Mein Arzt am American Hospital empfahl einen französischen Psychiater, der Eindruck auf ihn gemacht hatte. Ich suchte den Psychiater auf und breitete die Geschichte meines Trinkens und meiner Depression vor ihm aus. Nach fünfzig Minuten beendete er die Konsultation mit den Worten: »Wenn Sie so weitermachen, werden Sie sich selbst zerstören.« Ich ging schnurstracks ins nächste Café und stürzte zwei doppelte Scotch hinunter. Der konnte mich mal kreuzweise, der selbstgerechte Idiot!

Im April 1975 schickte mich meine Zeitung nach Lissabon, wo ich über die ersten freien Wahlen in Portugal seit vierzig Jahren berichten sollte. Ich engagierte einen Dolmetscher und zog zwei Tage lang durch die Stadt und die ländlichen Randgebiete, interviewte jeden, der mir zu Gesicht kam, und machte Notizen. Abends becherte ich in der Bar des Hotels »Tivoli« mit befreundeten Auslandskorrespondenten. Am dritten Morgen kabelte ich an mein Büro in New York, stellte noch für denselben Tag einen langen Stimmungsbericht in Aussicht und setzte mich an die Maschine. Immer wieder sah ich meine Notizen durch und unterstrich die wichtigen Stellen. Ein ums andere Mal las ich die Zeilen. Sie waren das reine Chaos. Besser gesagt: In meinem

Kopf war das reine Chaos. Ich brachte keinen einzigen Satz zustande. Zum erstenmal gebot ich nicht mehr auf Kommando über fast dreißig Jahre Disziplin und Erfahrung als Berufsjournalistin.

Ich lief in meinem Hotelzimmer auf und ab, schweißgebadet, acht Stunden lang. Ich setzte mich hin, zitterte und starrte die Schreibmaschine an. Die Wörter in meinen Notizblöcken sprangen umher und tanzten durcheinander. Ich dachte daran, mich in den Tejo zu stürzen. Noch nie — niemals — hatte ich in meiner Laufbahn einen Termin nicht eingehalten.

Am späten Nachmittag rief ich meine Bürochefin in Paris an. »Flora«, sagte ich, »ich bin völlig fertig. Ich kann meine Notizen nicht lesen. Ich kann kein Wort schreiben.«

»Reg dich nicht auf, Liebes«, sagte sie. »Ich rufe New York an und erkläre es ihnen. Setz dich ins nächste Flugzeug nach Paris und fahr vom Flughafen direkt in meine Wohnung.«

In Floras Wohnung traf ich auf meine Freundin, die ganz Mitgefühl war. Es seien die Nerven, meinte sie. Es sei Erschöpfung. Ich hätte mich zuschanden geschuftet.

»Das ist es alles nicht, Flora«, sagte ich. »Es ist der Suff.«

Sie wollte mir nicht glauben. »Morgen mußt du mit Dr. Fred Plum sprechen«, sagte sie. Flora erklärte, daß er ein Freund ihrer Familie sei, ein brillanter Diagnostiker und Chefneurologe am New York Hospital; zufällig war er gerade in Paris eingetroffen, um an einem Ärztekongreß teilzunehmen. »Er wird wissen, was dir fehlt«, sagte Flora.

Am nächsten Morgen war ich mit Fred Plum in den Tuilerien verabredet. Er war ein gepflegter Mann mit klangvoller Stimme und selbstsicherem, zuvorkommendem Auftreten. Er hing an Flora und ihren Kindern. Er nahm mir meine Befangenheit. Wir saßen auf spinnenbeinigen kleinen Stühlen vor dem Jeu-de-Paume-Museum und schauten den grauen Wolken nach, die über die Place de la Concorde jagten. Ich redete fast eine Stunde lang — über Stan, meinen Kummer, das Einsetzen der Menopause, welches mit Stans Krankheit und Tod zusammengefallen war, mein Trinken, die Krise in Lissabon. Ich erzählte ihm, daß ich an nichts mehr Freude hatte, daß ich ständig schlief, wenn ich nicht arbeitete oder trank, und daß die Welt für mich trostlos grau in grau aussah. Von Natur aus war ich ein heiterer und optimistischer Mensch gewesen; jetzt war mir schon das morgendliche Aufstehen zuwider. Ich fühlte mich benommen, wie betäubt.

Dr. Plum sagte sehr ruhig: »Sie haben eine klinische Depression.« Er erklärte mir, daß die chemischen Folgen des Klimakteriums gravierend sein und sich noch jahrelang bemerkbar machen konnten: »Und das Trinken verstärkt Ihren Kummer . . . und Ihre Einsamkeit . . . und Ihre Depression.« Er vertraute mir an, daß er der Sohn eines an sich prachtvollen Mannes war, der aber als aktiver Alkoholiker gestorben war und seiner Familie nicht wiedergutzumachenden Schaden zugefügt hatte. Dr. Plum war überzeugt, daß ich in Paris nicht gesund werden könne. »Ich weiß, daß Sie fließend Französisch sprechen, aber Sie müssen bei einem Psychiater in Behandlung gehen, der denselben kulturellen Hintergrund hat wie Sie«, sagte er. »Sie müssen irgendwohin, wo Sie schon Freunde und Familie haben.«

Dann sagte er: »Sie müssen jetzt dreierlei tun. Sie müssen zurück nach New York. Sie müssen aufhören zu trinken. Und Sie müssen eine Psychotherapie machen.«

Zum erstenmal glaubte ich alles. Aber erleichtert war ich nicht. Verzweifelt dachte ich: »Jetzt ist es aus mit mir und meiner Karriere als Auslandskorrespondentin.« Ich hatte das Gefühl, Flora, meine Chefin, verraten zu haben. Sie war in der langen Geschichte meiner Zeitung der erste weibliche Bürochef; ich war ihre Nummer Zwei. Es hatte unter den Männern in den obersten Etagen der Zeitung erbitterte Kämpfe um die Frage gegeben, ob eine Frau ein Auslandsbüro leiten könne, und später darum, ob man ihr eine weitere Frau als Korrespondentin beigeben solle. Wir hatten ihnen bewiesen, daß zwei weibliche Reporter gemeinsam sehr gute Arbeit leisten konnten, und waren darüber gute Freundinnen geworden. Jetzt würde ich — davon war ich überzeugt — in Schimpf und Schande heimkehren.

Das Gespräch mit Dr. Plum in den Tuilerien war für mich nicht das Ende des Weges. Es war der Anfang des Wegs zurück. Ich glaubte ihm wirklich, ich war überzeugt, daß er recht hatte, aber ich brachte es einfach nicht über mich, zu tun, was er verlangte. Ohne Stan war mein Lebensinhalt die Arbeit geworden. Trotzdem konnte ich nicht aufhören zu trinken. Ich trank, um meine Gewissensbisse zu betäuben, meine Entschlußlosigkeit, das Gefühl, versagt zu haben. Ich ergab mich dem, was die Franzosen *la nostalgie de la boue*, die Sehnsucht nach der Gosse, nennen. Die Flasche war mir zum besten Freund geworden. Sie war mir zum einzigen Freund geworden.

Flora kam nach einem langen berufsbedingten Auslandsaufenthalt nach Paris zurück und stellte fest, daß ich Aufträge versäumt und mich ins Bett verkrochen hatte. »Du bist sehr, sehr krank«, sagte sie; ihre Geduld war endgültig erschöpft. »Du bist ja viel kränker, als ich dachte.« Heute weiß ich, wie sehnlich ich mir wünschte, daß sie das wirklich glauben möge. Ich hatte das Lügen satt; das Versteckspielen machte mich todkrank. Sie konnte über mein sprunghaftes Verhalten nicht länger hinwegsehen. Viel später wurde mir klar, daß die Art, wie ich meinen Pariser Auftrag brutal vermasselte und die Katastrophe geradezu herausforderte, in Wirklichkeit der letzte Hilferuf war.

Im August 1975 kehrte ich nach New York zurück. Dr. Plum holte mich mit seiner Tochter Carol am Flughafen ab. Er empfahl mir einen Psychiater. Ich mietete ein Zimmer in der Wohnung von Bekannten, während ich mich nach einer eigenen Bleibe umsah. Ich blieb unter Qualen wochenlang hintereinander nüchtern; dann gab ich mich heimlichen, zwei bis drei Tage dauernden Saufexzessen hin, schmuggelte Flaschen in mein Zimmer und schloß die Tür hinter mir ab. Meine Redakteure, namentlich der Chefredakteur Abe Rosenthal, waren zartfühlend und verständnisvoll. Sie sahen mich am Rande des Nervenzusammenbruchs dahinwanken. Sie konnten spüren, daß ich nahe daran war, zusammenzuklappen, aber sie wußten nicht, daß Alkohol im Spiel war.

Anfang November 1975 brachte mir Dr. Howard R. Brown, der Leiter der Klinik für Betriebsangehörige unserer Zeitung, so nachdrücklich und so schonungsvoll wie einst Dr. Plum bei, daß ich Alkoholikerin sei. Mittlerweile war ich mir selbst dessen fast sicher, aber meine Scham war so groß, daß ich es abstritt. Dr. Brown schlug vor, mich in die Smithers-Klinik einzuweisen, ein Intensiv-Rehabilitationszentrum in Manhattan, das für seine bemerkenswerte Erfolgsrate bei Alkoholikern bekannt war. Er gab mir einen Prospekt mit einigen Photos von der Klinik — ein wunderschönes Gebäude ganz in der Nähe der Park Avenue an der 93. Straße. Die stationäre Behandlung würde einen Monat dauern. Meine Trauerstimmung und meine Verzweiflung lichteten sich. Der Ort sah einladend aus. Ich sagte, ich würde in die Klinik gehen.

Am nächsten Montag, dem 10. November 1975, saß ich auf meinem ungemachten Bett, umgeben von Kartons aus Paris, in einer leeren Wohnung, die ich erst wenige Tage zuvor gemietet hatte. Um drei Uhr nachmittags sollte ich in der Klinik erscheinen. Ich prostete mir selbst aus einem randvoll mit Scotch gefüllten Pappbecher zu und suhlte mich in Selbstmitleid. Ich war auf dem Weg in eine vornehme Ausnüchterungsanstalt. »So, Nan«, sagte ich zu mir. »So weit ist es mit dir gekommen.«

Ich muß sagen, daß ich mein letztes Glas stilvoll zu mir nahm. Mit Joan Whitman, meiner Ressortleiterin, und Ruth Adler, meiner besten Freundin, ging ich zu »Sardi's«. Konsequent lügend bis zum Schluß, erzählte ich ihnen, Dr. Brown habe mir empfohlen, ein paar Wodka-Martinis zu trinken, bevor ich in die Klinik ging, um mich in meinem Entschluß zu bestärken. Dann nahm ich mir ein Taxi und landete, ziemlich angeschlagen, in der eleganten Empfangshalle in der 93. Straße.

»Sind Sie Alkoholikerin?« fragte die nette Schwester von der Aufnahme.

»Wahrscheinlich«, erwiderte ich lässig.

»Hatten Sie jemals Erinnerungslücken?« fuhr sie fort und lächelte aufmunternd. »Haben Sie jemals heimlich getrunken?« Es klang nichts Vorwurfsvolles in ihrem Ton. »Fällt es Ihnen schwer, über Ihr Trinken zu sprechen? Trinken Sie morgens, um das Zittern abzustellen? Denken Sie viel ans Trinken? Lassen Sie manchmal eine Mahlzeit aus?«
Sämtliche Fragen bejahte ich. Mir dämmerte die Wahrheit, daß ich wirklich Alkoholikerin war. Es erschütterte mich nicht. Ich grinste die Schwester an. »Ja«, sagte ich. »Ich bin bestimmt Alkoholikerin.« Ich hatte es gesagt! Es erleichterte mich ungeheuer.
Wenig später saß ich in der Klinik beim Abendessen und schwang gleichsam auf einem Trapez wilden Jubels gen Himmel. Ich war wirklich berauscht, nicht nur von den Martinis bei »Sardi's«, sondern auch von dem Wissen, daß ich letzten Endes nicht allein war. Ich stellte mich in der Kantine an, holte mir mein Essen und setzte mich in dem prächtigen Speisesaal an einen runden Tisch zu drei Frauen und einem mageren jungen Mann namens Tom. Ich registrierte kaum, wie sie aussahen; ich war zu sehr damit beschäftigt, mir selbst zu meinem Entschluß, hierher zu kommen, zu gratulieren. Hier saßen Alkoholiker genau wie ich, stocherten im Fleisch und den Kartoffeln, und wir alle zusammen waren gerettet. Ich liebte diese fremden Menschen. Ich wußte, daß ich auch das Personal lieben würde, alle die Ärzte, Schwestern, Psychologen und Sozialarbeiter, von denen die meisten genesene Alkoholiker waren. Sie hatten es mitgemacht. Sie wußten Bescheid. Ich war unerträglich glücklich.
Tom sagte mir, er sei Arzt. Ich war erstaunt, aber diese Kunde stimmte mich noch überschwenglicher. Ich dachte: »Selbst Ärzte können Alkoholiker sein.« Tage später, nachdem wir uns angefreundet hatten, sagte Tom zu mir: »An dem Abend, als du gekommen bist, hast du totalen Unsinn geschwätzt. Du konntest gar nicht mehr aufhören zu grinsen. Mit deinem Kartoffelbrei hast du eine kleine Burg gebaut, mit einem Burggraben aus

Soße, aber gegessen hast du fast nichts. Du mußt sternhagelvoll gewesen sein.«

Man wies mir ein Schlafzimmer an, einen Raum von großzügigen Abmessungen mit einem riesigen verzierten Kamin und Fenstertüren, die auf einen Balkon mit Blick über einen Garten hinausgingen. Die Mitbewohnerinnen waren zwei »Wohlfahrtsmütter« (Sozialhilfeempfängerinnen mit abhängigen Kindern), eine durch Drogen und Schnaps ausgebrannte achtzehnjährige Ballettänzerin und eine fidele Society-Matrone, die zuvor jahrelang im Hotel »Delmonico« in der Park Avenue gewohnt hatte.

In dieser Nacht lag ich in einem Zustand nüchterner Euphorie wach. Ich dachte: »Ich habe eine Gabe mitbekommen, die Gabe des Schreibens. Ich habe diese Gabe mißbraucht.« Und ich dachte: »Ich habe die Chance bekommen, mein Leben zu ändern.«

Um sieben standen wir auf, um unser Bett zu machen und die großartige Wendeltreppe hinunter in den Frühstücksraum zu gehen. Der Rest des Tages war verplant mit Vorträgen, Filmen und Meetings mit unseren Beratern. Ich wurde aufgefordert, ein Anmeldeformular des »Blue Cross« (Krankenversicherung) für meinen Arbeitgeber auszufüllen, damit die hohen Kosten für den vierwöchigen Klinikaufenthalt gedeckt waren. Als ich zu der Zeile kam, wo es hieß »Grund der Einweisung«, brachte ich es nicht über mich, »Alkoholismus« zu schreiben. »Jetzt wissen es alle im Büro«, dachte ich. Ich ließ die Zeile leer. Schamerfüllt sagte ich zu mir selbst: »Soll es ein anderer reinschreiben.«

Bald war ich wieder in manischer Stimmung. Ich rief alle meine Freunde an und erzählte ihnen, wo ich war und warum. Ich vertraute ihnen eine (wie ich glaubte) große Offenbarung an. »Ich bin Alkoholikerin!« rief ich gutgelaunt. Es überraschte keinen von ihnen. Aber alle ohne Ausnahme reagierten mit Hoffnung, Freude und Rückenstärkung. Mein Stiefsohn Rob nahm die Nachricht in seiner üblichen ruhigen und liebevollen Art auf. Dennoch hörte ich Skepsis aus seiner Stimme heraus. Er kannte mich sehr gut und hatte erlebt, wie ich mich durch so manche große Krise in meinem Leben hindurchgetrunken hatte.

Den schwersten Entschluß in der Klinik schob ich lange vor mir her: es meiner 83jährigen Mutter beizubringen. Mein Berater und die Patienten in meiner Therapiegruppe bestanden darauf, daß ich meiner Mutter reinen Wein einschenke und ihr den wahren Grund sagen sollte, warum ich am Wochenende nach dem Thanksgiving Day (der 4. Donnerstag im November) nicht bei ihr in Illinois sein konnte. Schließlich rief ich sie an und plauderte mit erkünstelter Begeisterung von dem wundervollen Haus, in dem ich war. Meine Mutter wischte meine Redeblumen fort und sagte mir, wie froh sie sei, daß ich endlich etwas gegen mein Trinkproblem unternähme. Am Thanksgiving Day rief ich sie noch mal aus der Klinik an und entschuldigte mich, daß ich nicht bei ihr war. »Nan, Liebstes«, sagte sie, »du hast mir doch das größte Thanksgiving-Geschenk meines Lebens gemacht!«

An jenem Thanksgiving-Wochenende 1975 verließ ein Viertel der 44 stationären Patienten die Klinik; sie zogen, vor Ende ihrer Zeit, wieder hinaus ins feindliche Leben. Wir übrigen waren schrecklich aufgeregt. Wir wußten, was sie — und uns — dort draußen erwartete: die Versuchung. Das Personal der Klinik versuchte, uns zu trösten; sie sagten, daß es am Thanksgiving- und am Weihnachtswochenende, in Zeiten der Erinnerung und der Gefühlsseligkeit, stets einen solchen Exodus gäbe.

Ich hielt mich selbst für eine Musterpatientin. Ich nahm jede Herausforderung ernst. Ich drückte mich nicht vor den »Hausaufgaben«, ich stürzte mich in meine erste Begegnung mit der Gruppentherapie, ich freundete mich mit fast allen anderen Patienten an. Wie bei meinen späteren Erfahrungen mit anderen Alkoholikern bei AA erwiesen sich die Patienten als meine wirksamste Therapie und Rückenstärkung.

Ich machte mir einen Plan für mein Leben draußen, der mich,

so hoffte ich, vor jenen Fallen bewahren sollte, die, wie ich richtig erwartete, auf mich lauern würden. Ich war stolz auf mich selbst und sehr zuversichtlich. Ich hatte gehört, daß ehemalige Smithers-Patienten eine bessere Chance hatten, mit ihrer Nüchternheit Erfolg zu haben, als jene, die sich aus eigener Kraft direkt zu den AA durchrangen — einfach aufgrund ihres vierwöchigen Intensivtrainings in der Kunst, trocken zu bleiben.

Am Tag vor meiner Entlassung verlangte ich Einblick in meine Patientenakte, die auch die Prognose des Personals über meine Aussichten enthielt. Ich las ohne Zeugen ihre Ausführungen.

Sie glaubten, daß ich wieder trinken würde.

Ein Berater schrieb, es sei anzunehmen, daß ich meine Klinikerfahrungen nur »wie einen x-beliebigen Auftrag« behandeln und hinter mir zurücklassen würde, so wie ich viele andere Abenteuer als Reporterin hinter mir zurückgelassen hätte, um etwas Neues, Spannendes zu erleben.

Mich packte die Wut. Ich tobte im stillen: Was ich für die mutigste Tat meines Lebens gehalten hatte, war auf Unglauben und Mißachtung gestoßen! Als ich mich wieder in der Gewalt hatte, dachte ich: »Na wartet! Euch werde ich's zeigen, undankbares Pack! Ich werde *nicht* wieder trinken.«

Ich werde nie erfahren, ob das Klinikpersonal darauf spekuliert hatte, daß ich als Journalistin zu den wenigen Leuten gehören werde, die wußten, daß sie Anspruch auf Einsicht in die Patientenakte hatten. Sie mögen auch darauf spekuliert haben, daß mein ungeheurer Ärger über ihre Prognose in die richtige Richtung wirken und mich in meinem offenkundigen Siegeswillen bestärken würde. In der Klinik hatte ich gelernt, daß Ärger zu den schlimmsten Feinden des Alkoholikers gehört. Ohne diese Lehre hätte ich auch sagen können: »Denen werde ich's zeigen! Und *wie* ich wieder trinken werde!« Heute bin ich überzeugt, daß diese letzte Ohrfeige, die mir die Klinik verpaßte, das heilsamste Abschiedsgeschenk war, das ich mir wünschen konnte.

Am Morgen des 8. Dezember 1975 sagte ich der Smithers-Klinik Lebewohl. Wie gewöhnlich gab es Umarmungen und Küsse von den anderen Patienten, den Beratern und Schwestern. »Ich *weiß*, daß du es schaffst, Nan«, sagte Donna, eine Patientin. Ich dachte: »Bloß gut, daß du meine Akte nicht kennst.« Ich stieß die schwere Glas- und Eisentür auf und trat hinaus in die lärmenden Straßen Manhattans. Ich kam am »Nodeldini« vorbei, einem Restaurant mit Bar gleich um die Ecke, wohin so viele aus der Klinik ausgerissene Patienten geflüchtet waren, um einen draufzumachen. Ich winkte ein Taxi heran und ließ mich nach Hause fahren. Ich war nervös und desorientiert, aber voller Hoffnung.

An diesem Abend ging ich, bewaffnet mit dem Meeting-Buch, das Wochentag, Uhrzeit und Treffpunkt von wöchentlich Hunderten von AA-Meetings in Manhattan verzeichnet, zu der Gruppe, die sich jeden Montag im Gemeindehaus einer imposanten neugotischen Kirche an der Upper Fifth Avenue traf. Trotz meines Klinikaufenthaltes war ich auf das, was ich dort sah, nicht gefaßt. Irgendwie hatte ich ein Treffen von vergammelten Depressiven erwartet; was ich vorfand, war jedoch die typische Episkopal-Gemeinde der Upper East Side: einige Männer trugen einen Nadelstreifenanzug, viele Frauen niedrige, perfekte Ferragamo-Pumps und dezente Stücke des Familienschmucks an Hals und Handgelenken.

Das Begrüßungskomitee meiner Mit-Alkoholiker hieß mich mit Lächeln und Händedruck willkommen. Ihre Herzlichkeit vertrieb meine Befangenheit. Das Meeting war tadellos organisiert, wie nur je ein Gottesdienst in meiner eigenen Kirche, St. James an der Madison Avenue.

In den folgenden Wochen besuchte ich jeden Abend ein anderes Meeting, und jedes spiegelte eine andere Facette des New Yorker Lebens. Ich fand mich unter schreibgehemmten, ihre Angst artikulierenden Schriftstellern der Upper West Side und unter Arbeitern in Brooklyn, die von ihrer alten Lieblingsbar träumten. Die Anfängermeetings waren überall emotionsgeladen bis zum Bersten. Manche Menschen, die ihr letztes Glas erst einige Tage oder Wochen hinter sich hatten, fühlten sich wie auf Wolken gebettet, andere hingen abgespannt, nervös und finster vor sich hinbrütend herum. In deutlichem Gegensatz zu der Gruppe, die ich an meinem ersten Abend nach dem Klinikaufenthalt besucht hatte, war die Kleiderordnung überall völlig zwanglos.

Ich verstand bald, warum AA-Zugehörige regelmäßig zum Meeting gingen. Es tröstete mich und gab meinem Leben einen Mittelpunkt. Die Menschen dort bestärkten mich und stützten mich durch kleine, aber wichtige Gesten, indem sie mir etwa den Arm um die Schulter legten. Manchmal war meine Aufmerksamkeit zeitweise abgelenkt, wenn ich meinen eigenen Gedanken nachhing. Manchmal langweilte ich mich. Aber dann kam wieder ein Redner, oder ein Satz aus dem Publikum, der mir durch und durch ging. Bei einem Meeting sagte ein Mann: »Ich fing an, hierher zu kommen, und entdeckte, daß ich recht hatte mit meinem Urteil über mich selbst — ich bin ein anständiger Mensch.« — »Ich auch«, dachte ich mit Erstaunen. Ich half beim Kaffeekochen, stellte Klappstühle auf, reinigte Aschenbecher, wenn das Meeting zu Ende war. Veteranen luden mich ein, hinterher noch in einen nahegelegenen Coffee-shop mitzukommen, und in diesen kleinen Grüppchen ergötzte ich mich an ihren Geschichten, erzählte meine eigene, schloß Freundschaften, tauschte Telefonnummern aus.

Aber mir bangte davor, in Meetings zu sprechen. Eine mir fremde Scheu hielt mich jedes Mal zurück, wenn ich den Mund aufmachen wollte. Schließlich hob ich, nach vier Monaten bei AA, die Hand; es war in einer Gruppe, die sich unweit meiner Wohnung, in einem im sechsten Stockwerk gelegenen Versammlungssaal einer Presbyterianerkirche, traf. Die Gruppe war klein, und nachdem ich einige Meetings besucht hatte, fühlte ich mich dort zu Hause. Von Nervosität übermannt, sagte ich: »Ich heiße Nan, ich bin Alkoholikerin. Ich bin seit vier Monaten trocken, und ich bin so dankbar, daß ich hier sein darf.« Mehr brachte ich nicht heraus. Meine Stimme zitterte, und ich wußte: wenn ich noch ein Wort sagte, würde ich in Tränen ausbrechen. Alle in der kleinen Gruppe drehten sich zu mir um, lächelten mich an und applaudierten. Sie wußten, daß die Anfänger am meisten durchmachen und am tapfersten sein müssen. Sie wußten, daß es leichter wird, je weiter man ist.

In diesen ersten Monaten setzte ich ganz einfach einen Fuß vor den anderen. Ich nahm alles gläubig an, was mir die Veteranen sagten. Sie sagten mir, ich solle das erste Glas stehenlassen und jeden Abend in ein Meeting gehen. Solche Ratschläge kamen mir schlicht vor, aber ich hatte nichts anderes, woran ich mich halten konnte. Vieles in der offiziellen AA-Literatur gefiel mir nicht. Ich war überzeugt, nie wieder das Leben in meinem alten Schwung genießen, nie wieder auf einer Party fröhlich sein zu können. Meine Arbeit interessierte mich nicht. Ich kämpfte mich in einem Nebel aus Langeweile und abgestumpften Gefühlen voran.

Im Winter 1975/76, gerade zwei Monate nach der Klinik, erlebte ich den ersten starken Zwang, ein Glas zu trinken. Ich hatte alles Alkoholische aus meiner Wohnung verbannt, und als drei Freunde mich einluden, mit ihnen zu einer Theater-Matinee zu gehen, schlug ich ihnen vor, sie sollten zu mir kommen, ich würde etwas zu essen machen, aber sie sollten ihren eigenen Wein mitbringen. Sie kamen mit zwei Flaschen Weißwein, tranken aber nur eine. Die andere legte ich in den Kühlschrank; dann gingen wir ins Theater. Während der Vorstellung verdüsterte sich meine Stimmung immer mehr. Ich konnte mich nicht konzentrieren. Ich ging nach Hause und öffnete die Kühlschranktür. Da lag die Flasche, beschlagen und einladend. Mir wurde der Mund wässerig. Ich streckte die Hand nach ihr aus. Dann knallte ich die Kühlschranktür zu und lief zum Telefon, um eine AA-Freundin anzurufen. Sie sagte zu mir: »Du nimmst jetzt die Flasche und schüttest sie in den Ausguß. Aber *sofort!* Ich warte solange.« Ich tat, was sie gesagt hatte. Dann redeten wir eine halbe Stunde, und danach war die Zwangsvorstellung verflogen.

Im Vorfrühling des Jahres 1976 begann mich eine manische Hochstimmung zu erfassen, wie an meinem ersten Abend in der Klinik. Eines Tages wachte ich im Morgengrauen auf — in einem Zustand, den ich nur als »entrückt« beschreiben kann. Ich hatte ein unheimliches Bedürfnis, meinen Psychiater anzurufen, der mich auf Depression behandelt hatte, oder in meine Kirche zu laufen und zu beten. Für beides war es viel zu früh. Und dann dachte ich: »Meine Seele ist meine Kirche.« Und dann las ich den 23. Psalm, immer und immer wieder.

Mein Psychiater hatte schon seit Wochen gespürt, daß der Eisklumpen in meinem Inneren zu zerbröckeln begann. Am Anfang der Behandlung hatte er bemerkt, daß ich ihm die Geschichte meines Lebens »in perfekt redigierten Absätzen« lieferte. Er wollte andeuten, daß ich das einzige ausließ, was wirklich zählte — meine Gefühle. Als es an jenem außerordentlichen Morgen spät genug war, um ihn zu erreichen, rief ich ihn an und platzte mit dem heraus, was mit mir vorging. »Jetzt«, sagte der Doktor, »können wir anfangen.« Es tat mir wohl, was er sagte, doch in meinem Hirn machte ein winziges Alarmglöckchen »Bimm!« Monate später fiel es mir ein. Er hatte die letzten Worte des Psychiaters in (Philip Roths Roman) *Portnoys Beschwerden* zitiert.

Bald danach machte ich auf einer Reise nach Washington für ein Wochenende bei zwei Freunden Station. Jahrelang hatten sie mir in den besten wie den schlimmsten Zeiten ihre Liebe geschenkt und mir den Rücken gestärkt. Eines Nachmittags ließen sie mich in dem Haus allein, um ein paar Besorgungen zu machen. Auf einmal stand der Sohn eines Nachbarn an der Tür: Seine Eltern hatten unerwartet Besuch bekommen und ließen fragen, ob sie eine Flasche Weißwein aus dem ungewöhnlich gut sortierten Bestand meiner Freunde ausleihen könnten. Ich erinnerte mich, eine Flasche im Kühlschrank gesehen zu haben. Ich gab sie dem Jungen und ersetzte sie durch eine Flasche

einer anderen Sorte aus dem Weinkeller, damit zum Abendessen gekühlter Wein bereitstand.
Am Abend vergaß ich, meinen Freunden vom Besuch des Nachbarjungen zu erzählen. Am nächsten Morgen kam meine Gastgeberin mit dem Frühstückskaffee in mein Schlafzimmer. Irgend etwas hatte sie offensichtlich auf dem Herzen, und sie rang mit sich, es auszusprechen. Schließlich begriff ich, daß sie mir nahelegte, mit einem früheren Zug nach Washington weiterzufahren. »Es hätte mir nichts ausgemacht, aber das mit dem Wein . . . Ich glaube, es ist besser, wenn du fährst.«
Ich starrte sie an. »Der Wein!« dachte ich. »Sie denken, ich hätte ihren Wein gestohlen und getrunken!« Ich erklärte ihr, was geschehen war, und wir lachten über das Mißverständnis. Aber Schmerz und Wut übermannten mich so sehr, daß ich mich körperlich krank fühlte. Noch in derselben Stunde packte ich und entfloh.
In Washington begrüßte mich etwas später am selben Tag eine andere Freundin, Patricia Herman. Sie sah schon an der Tür mein bekümmertes Gesicht und fragte: »Mein Gott, was ist denn passiert?« Ich erzählte es ihr. »Kein Wunder, daß du erschüttert bist«, sagte Patty. »Sie haben dir nicht getraut. Du hast seit acht Monaten kein Glas mehr getrunken, aber die Leute trauen dir immer noch nicht.« Wenn Patty nicht gewesen wäre, hätte ich vielleicht wieder getrunken.
Allmählich dämmerte mir, daß ich den Argwohn selbst meiner wohlwollendsten Freunde nicht übelnehmen oder einfach mit der schlichten Erklärung zerstreuen konnte, ich hätte aufgehört zu trinken. Jahrelang hatten sie zugesehen, wie ich trank und betrunken wurde und trotzdem nicht wahrhaben wollte, was der Alkohol aus mir machte. Erst ein oder zwei Jahre nach meinem Klinikaufenthalt waren alle mir nahestehenden Menschen außerhalb AA davon überzeugt, daß es mir ernst war und daß das sprudelnde Zeug in meinem Glas, das ich da mit wachsendem Wohlbehagen in ihrer Gesellschaft trank, wirklich nur Tonic Water oder Mineralwasser war.

Der letzte und furchtbarste Trinkzwang befiel mich im September 1976. Meine Zeitung schickte mich an einen entlegenen Ort im nördlichsten Zipfel von Maine, wo ich eine schriftstellernde Familie interviewen sollte. Helen und Jose Yglesias, ihr Sohn Raphael sowie Lewis Cole, ein Sohn Helens aus einer früheren Ehe, wohnten in der Nähe von Brooklin in einem alten Bauernhaus und schrieben, jeder in einem anderen Winkel, ihre Bücher. Das Interview mit diesen sprühenden, wortgewandten und amüsanten Menschen ging glatt über die Bühne. Ich blieb zum Mittagessen, und Helen kredenzte dazu Weißwein. Ohne Vorwarnung verlor ich meinen Halt: Ich wollte unbedingt diesen Wein trinken, mit jener krankmachenden Gier, die nur der Süchtige kennt. Meine Konzentration schwand; ich konnte dem Gespräch nicht mehr folgen. Abrupt brachte ich das Interview zu Ende.

Ich fuhr wie eine Verrückte zum anderthalb Stunden entfernten Flughafen Bangor, wo ich im Flughafenhotel für die Nacht ein Zimmer bestellt hatte. Mittlerweile hatte der Trinkzwang mich wie ein riesiger Hund gepackt und schüttelte mich hin und her. Ich konnte kaum noch die Straße erkennen. Jede Bar am Straßenrand schien mir verlockend zuzuwinken. Ich wollte trinken, aber ich konnte nicht trinken. Ich hatte seit mehreren Monaten jeden Morgen eine kleine weiße Pille Antabus genommen, die mir eine mit Alkoholikern arbeitende Ärztin verschrieben hatte. Mit Antabus im Körper wäre ich schon bei wenigen Gramm Alkohol gefährlich krank geworden.

Schweißgebadet bog ich in den Flughafenparkplatz ein. Ich rief Anna L. an, meine AA-Sponsorin in New York. Sie war nicht da. Ich wählte die Nummer eines anderen AA-Freundes in New York. Jerry sagte sofort: »Bleib nicht über Nacht dort. Komm mit dem nächsten Flugzeug hierher.« Er sagte, ich solle vom Flughafen La Guardia direkt in seine Wohnung kommen, bei ihm bleiben und mit ihm reden, bis es mir besser ging. »Wenn es sein muß, schläfst du heute nacht bei uns«, sagte Jerry. »Wir freuen uns, dich bei uns zu haben.«

Jerrys ruhiges Zureden und die spontane Hilfsbereitschaft, die für AA typisch ist, katapultierte mich in das nächste Flugzeug nach New York und half mir durch die folgenden Stunden. Nach einer Stunde bei Jerry fuhr ich gelassen nach Hause und ging ins Bett. Ich bin überzeugt, daß ich ohne das Antabus im Leib in einer der Bars an der Straße nach Bangor Halt gemacht hätte. In jenen ersten Monaten und Jahren der Nüchternheit war ich über das Medikament heilfroh, weil es mich auch gegen den übermächtigen Wunsch, zu trinken, schützte.

Mit meiner täglichen Dosis Antabus hatte ich einige Monate vor der Episode in Bangor begonnen, und zwar unter der Aufsicht von Dr. Ruth Fox, einer schon alten Psychiaterin, die das Mittel 1950 in Dänemark kennengelernt und in den USA eingeführt hatte und seit den dreißiger Jahren Forschungen und Behandlungen auf dem Gebiet des Alkoholismus vornahm. Mein Psychiater, mit Dr. Ruth Fox befreundet, hatte mir nahegelegt, mich ihrer kleinen Therapiegruppe von Alkoholikern anzuschließen, die sich jeden Mittwochabend in ihrer Wohnung (zugleich ihrer Praxis) in Manhattan traf. Ich liebte diese Gruppe, deren Kern aus acht regelmäßigen Teilnehmern bestand, die alle auch bei AA waren. Ich fand Dr. Fox mit ihrer verständnisvollen Art auf Anhieb sympathisch. Sie war ganz anders als mein eigener Psychiater, ein großer, hagerer und selbstgerechter Typ, der mich bevormundete. Er hatte mir Vorträge über meinen Umgang mit Geld gehalten. Er hatte mir geraten, mir bei Konzerten Männer zu angeln, um über Stans Tod hinwegzukommen. Ich spürte, daß er vor Frauen keine Achtung hatte. Er machte mich wütend, doch schüchterten mich seine Intelligenz und seine herrische Art dermaßen ein, daß ich ihm das nicht sagte. Immerhin schickte er mich zu Dr. Fox. Sie war damals Anfang achtzig und von Arthritis gebeugt, klagte aber niemals über ihre Schmerzen. Meist saß sie zusammengekrümmt in einem tiefen Sessel in ihrem Wohnzimmer und nickte huldvoll, während sich der Kreis ihrer gemarterten Patienten mühsam auf dem Weg zur Genesung vorankämpfte. Den meisten von uns verschrieb sie Antabus.

Antabus bedeutete, daß ich pro Tag nur einmal den Entschluß fassen mußte, nicht zu trinken, und nicht Dutzende Male. Manche Leuten nennen es eine Krücke; ich nenne es eine segensreiche Versicherung, die mich in meinem Entschluß bestärkte, die nächsten vierundzwanzig Stunden nüchtern zu bleiben. Ist Insulin eine Krücke für den Diabetiker?

Dr. Fox, die Weltautorität in bezug auf dieses Medikament, erklärte mir, daß man mit Antabus im Leib genau weiß, daß man mindestens die nächsten vier oder fünf Tage nach der letzten Einnahme nicht ungefährdet trinken kann. Wenn man auf Antabus doch trinkt, befällt einen heftige Übelkeit. Dr. Fox nannte es »eine Zeitbombe, die niemals losgeht, solange man sie nicht mit Alkohol zündet«. Es wurde auf Rezept als aspiringroße weiße Tablette mit 250 mg des Wirkstoffs verabreicht. »Das Medikament macht einen krank, wenn man darauf trinkt«, sagte Dr. Fox, »weil es ein lebenswichtiges Enzym blockiert, das dem Körper hilft, den Alkohol abzubauen.« Seit 1950 behandelte sie Tausende von Alkoholikern mit einer Kombination aus Psychotherapie und dem Rat, sich an die AA zu halten. Ich besuchte ihre Therapiegruppe als Ergänzung zu meinen AA-Meetings und der Einzelbehandlung bei meinem Psychiater.

Sie warnte mich vor Hustenarzneien, Obstsalaten mit Schuß und Süßspeisen wie etwa Rumtorte, die ungekochten Alkohol enthielten. Keine Angst brauchte ich ihrer Ansicht nach vor Gerichten zu haben, in denen sich Wein oder sonstiger Alkohol beim Kochen, Backen oder Dünsten verflüchtigt hatte. Sie erklärte mir, daß ich keine Nebenwirkungen zu befürchten hätte, solange ich mich vom Alkohol fernhielt. Dann sagte sie mir, was geschehen würde, falls ich doch nach der Einnahme von Antabus trank: Symptome eines Schocks, wie Blutdruckabfall, Herzjagen, Rötungen im Gesicht, Übelkeit, Erbrechen und

Ohnmacht; man würde mich mit dem Notarztwagen ins Krankenhaus schaffen müssen. Sie gab mir eine Karte, die ich in die Handtasche stecken sollte und auf der stand, daß ich Antabus nahm und wie ich im Notfall zu behandeln sei. Ich war gebührend erschrocken. Sie sagte, daß das Mittel für mich wirklich eine Beruhigung und eine Bestärkung in meinem Entschluß sein werde. »Sie wissen, daß ab jetzt der Alkohol Ihr Befinden nicht verbessern kann; er kann es im Gegenteil nur verschlimmern«, sagte sie. »Sie werden irgend etwas finden, das Sie ablenkt, der Drang wird vorübergehen, und Sie werden erleichtert sein.« Sie sagte, wenn ich weiter zur Therapie und zu AA ginge, würde ich im Laufe der Wochen und Monate feststellen, daß der Drang zum Trinken weniger häufig kommen und nicht mehr so unerbittlich sein werde. »Zuletzt — aber das kann einige Jahre dauern — werden Sie sich in nüchternem Zustand stark genug fühlen, um ganz ohne Antabus auszukommen«, meinte sie.

Einmal kam ich der toxischen Wirkung von Antabus unangenehm nahe. Ich war eines Abends mit einem Bekannten essen gegangen, der wußte, daß ich das Medikament nahm, und der auch dessen Nebenwirkungen kannte. Er bestellte eine Bloody Mary, und so bestellte ich eine Virgin Mary. Ich hatte die ewigen Wässer und Tonics satt, die ich in der letzten Zeit getrunken hatte, und dachte: »Warum nicht zur Abwechslung mal einen schönen scharfen Tomatensaft?« Ich kippte den Drink hinunter (wie die meisten Alkoholiker war ich ein Kipper, kein Nipper). Binnen zehn Minuten begann mein Gesicht sich zu röten, das Herz schlug wie verrückt, und ich fühlte mich benommen. Bob sagte: »Mein Gott, die werden aus Versehen Wodka in deinen Drink getan haben!« Er brachte mich sofort zur Toilette und ließ sich noch Dr. Fox' Telefonnummer von mir geben, während ich taumelnd hinter der Tür verschwand.

»Ja, sie hat eine leichte toxische Reaktion«, sagte Dr. Fox zu Bob. »Wahrscheinlich war nicht viel Wodka in dem Drink. Ins Krankenhaus wird sie nicht müssen.« Sie wies ihn an, mich sofort nach Hause und ins Bett zu bringen und an meiner Seite zu bleiben, bis ich einschlief. »Sie wird etwa acht Stunden friedlich schlafen und dann erfrischt aufwachen und sich ganz normal fühlen«, sagte sie. Und genau so kam es auch.

Bei Dr. Fox begegnete ich Anna L. Anna war klinische Psychologin und neben Dr. Fox Leiterin der Therapiegruppe am Mittwochabend. Sie wurde meine Sponsorin. Ein Sponsor ist bei AA nicht jemand, der einen zur Aufnahme empfiehlt; es ist eine große Schwester beziehungsweise ein großer Bruder, der eine längere Erfahrung mit der Nüchternheit hat und unter besonders günstigen Umständen zum engsten Freund und Berater werden kann. Manche rufen ihren Sponsor jeden Tag an, und sei es nur, um Guten Tag zu sagen. Ich habe meine Sponsorin oft angerufen und gesehen. Wir hatten einander sehr gern. Der letzte Liebesdienst, den ich ihr und ihrem Mann sieben Jahre später erweisen konnte, war der Nachruf, den ich auf sie schrieb, nachdem sie an Krebs gestorben war.

Anna war eine hochgewachsene, knochige, aristokratische Südstaatenfrau, die gerne schicke, teure Kleider trug. Sie war geistreich und hatte eine gute Erziehung genossen. Es schien keine menschliche Schwäche zu geben, die sie befremden oder abstoßen konnte. Sie war ein Original und eine Einzelgängerin — das absolute Gegenteil von jenen AA-Mitgliedern, die ich bei mir »bräsige AA-Fundis« nannte. Sie war Atheistin und dennoch der spirituellste Mensch, den ich kannte. Sie stand schweigend daneben, wenn die anderen am Ende eines AA-Meetings das Vaterunser sprachen. Entschied man sich für den Gelassenheitsspruch, das andere Lieblings-»Gebet« der AA, so sagte sie nicht »Gott gebe mir . . .«, sondern »Gib mir«. Regeln oder Formeln waren ihr verhaßt. Sie sagte mir einmal, die Zwölf Schritte liefen im Grunde auf drei Ratschläge hinaus: »Sei ehrlich. Ändere dich. Hilf anderen.« Bei jeder Freude, in jeder Krise war sie für mich da. »Das Leben ist schwer«, pflegte sie mit ihrem kichernden Lachen zu sagen. »Es kommt nur ein verdammter Mist nach dem anderen.« Von ihr lernte ich, daß die Zugehörigkeit zu AA weit mehr bedeutete als trocken zu bleiben: Wenn man dabei blieb, konnte man dort lernen, wie man das Leben bestand, ohne sein Gleichgewicht, seinen gesunden Menschenverstand oder seinen Humor zu verlieren. Anna hielt mir keine Vorträge. Sie zeigte mir den Weg durch das, was sie war und tat. Mit ihrem eigenen Leben und ihren Taten stellte sie die Quintessenz dessen dar, was AA funktionieren läßt.

Einige Monate, nachdem ich zu Dr. Fox' Gruppe gestoßen war, kam ein Neuer, der offensichtlich in schrecklicher Verfassung war. Wohlhabend aussehend, im Nadelstreifenanzug, stellte er sich als Frank vor. Er war Anwalt und hatte an Eliteuniversitäten studiert. Während er seine Geschichte erzählte, rann ihm der Schweiß über das tief gerötete Gesicht. Er rang die Hände, er zitterte. Er berichtete uns, daß seine Kollegen von seinem Trinken wüßten und ihm gesagt hätten, er werde seine Stellung verlieren, wenn er nicht damit aufhörte. Als er mit der Geschichte seiner unerbittlich fortschreitenden Erniedrigung fertig war, begann er, sich auf die Knie zu schlagen, langsam und rhythmisch. Und dann schrie er, mit einer vor Verzweiflung brechenden Stimme: »*Ich . . . will was trinken! Ich . . . will was trinken! Ich . . . will was trinken!*«

Kaltes Entsetzen durchlief mich. Die anderen Teilnehmer der Gruppe schienen ebenso vom Donner gerührt zu sein wie ich. Anna war an dem Abend nicht dabei, und Dr. Fox sah unverwandt geradeaus und wartete darauf, daß einer von uns etwas täte. Ich platzte heraus: »Frank, kann ich dich heute abend zu einem Meeting mitnehmen?« Er blickte zornig um sich und strahlte Aggressivität und heftiges Verlangen aus. Schließlich sagte er ja.

Draußen an der Straßenecke, wo wir auf ein Taxi warteten, sagte Frank gepreßt: »Ich bin nicht Anwalt, ich bin Richter. Ich bin erledigt, wenn ich nicht mit dem Trinken aufhöre.« Er nannte mir seinen wahren Namen, der mir sofort ein Begriff war. Jetzt hatte ich wirklich Angst. Aber ich schleifte ihn mit zu einem

Meeting in der Park Avenue und saß neben ihm, während er die meiste Zeit bloß schwitzte und nervös zappelte. Ich fand den Redner des Abends ungewöhnlich ehrlich und beredt. Aber ich wußte, daß Frank nur ein einziger Gedanke beschäftigte: wie er zu seinem nächsten Glas kam. Und so bat ich ihn, nachdem wir hinterher auf der Straße standen, mich das kurze Stück nach Hause zu begleiten.

Frank, der in einem Vorort wohnte, wollte die Nacht in seinem Club verbringen. Der Club hat eine Bar. Sobald ich Frank in meiner Wohnung hatte, servierte ich ihm jede Menge Tonic Water und redete Fraktur mit ihm. Unter anderem sagte ich ihm auf den Kopf zu, daß er lüge, wenn er behaupte, das von Dr. Fox verordnete Antabus zu nehmen: Ich konnte den Alkohol in seinem Atem riechen. Ich erzählte ihm Teile meiner eigenen Geschichte. Ich muß gestehen, daß ich versuchte, ihm mit meinem eigenen Hintergrund zu imponieren und alle möglichen intellektuellen und gesellschaftlichen Parallelen zu ihm zu ziehen, damit er nicht glauben sollte, daß Alkoholismus bei einem Mann seines Standes ein moralischer Makel sei. Ich erzählte ihm von der Smithers-Klinik. Aber mittlerweile war er unfähig, sich zu konzentrieren, und mir ging allmählich die Luft aus. Er stürzte aus der Wohnung, schnurstracks zu seinem nächsten Glas.

Ich rief Dr. Fox an, weil ich wußte, daß ich gegen eine sehr entschiedene Empfehlung von AA verstoßen hatte: »Zwölfschrittler« — AA-Zugehörige, die einen aktiven Trinker in der Krise zu retten suchen — sollten demselben Geschlecht angehören wie der Trinker. Dr. Fox versicherte mir, daß ich alles getan hätte, was ich hätte tun sollen. Eine Woche später ging Frank in die Smithers-Klinik. Ich besuchte ihn nach drei Tagen und konnte meinen Augen kaum trauen, so sehr hatten sich sein Aussehen und sein Wesen zum Guten verändert. Das ist jetzt elf Jahre her. Von Zeit zu Zeit gehen Frank und ich — zwei Freunde, die ein besonderes Band verbindet — in seinem Club essen.

Nach zwei Jahren in der Gruppe von Dr. Fox hatte ich, trotz der

dort herrschenden besonderen Intimität und Intensität, allmählich das Gefühl, daß mir die AA-Meetings allein genügen würden. Und so sagte ich der Ärztin und den Patienten Lebewohl, die mir so ans Herz gewachsen waren.
Die Mannigfaltigkeit bei den AA-Meetings verblüffte mich. Ich fand sogar heraus, daß die Anonymen Alkoholiker nicht nur Nationalitäten widerspiegelten, sondern auch Regionen, Städte, ja einzelne Stadtviertel. Aus diesem Grund — wegen der unendlichen Vielfalt — bin ich immer viel bei AA herumgezogen: in New York, in den übrigen USA und im Ausland. Zu Hause oder unterwegs werde ich in keinem Raum eine Fremde sein, in dem es Alkoholiker gibt, die mich willkommen heißen. Bei zwei außergewöhnlichen Gelegenheiten mußte ich daran denken, wie einzigartig passend das Gebet des hl. Chrysostomus ist. Es ist eine Art Willkommensgruß oder verbale Umarmung, in der Episkopalkirche vom Geistlichen bald nach Beginn des Gottesdienstes gesprochen; der Gruß besagt unter anderem: »Wo zwei oder drei versammelt sind« in Jesu Namen, dort werde Gott »mitten unter ihnen sein«.
Einmal, als ich in London war, machte ich eine schwere emotionale Krise durch und hatte das Bedürfnis, jeden Tag in ein Meeting zu gehen. Ich ließ mir von der AA-Zentrale den Meeting-Plan für London schicken und klapperte die ganze Stadt ab, vom West End bis zum Notting Hill Gate und zum Tower. In einer katholischen Kirche beim Covent Garden gab es an einem Wochentag ein mittägliches Meeting. Als ich ankam, war gerade noch Messe. Das düstere, alte Bauwerk war mit Gläubigen dicht gefüllt. Ich spähte vergebens nach irgendeinem Hinweis, daß hier auch die AA waren. Ich trat leise an einen angejahrten Kirchendiener heran, der im Hintergrund stand. »Wo ist das AA-Meeting?« flüsterte ich.
Mit rauher krächzender Stimme — die in der halben Kirche vernehmbar sein mußte — sagte der Kirchendiener, während er sich umdrehte und nach hinten deutete: »Das AA-Meeting? Durch die Tür da!«

Ich stahl mich durch eine alte Eichenholztür und fand mich auf einer schmalen, steinernen Wendeltreppe, die sich immer weiter in die Dunkelheit emporschraubte. Einen Augenblick später hörte ich den Hall von Schritten hinter mir. Mir begann das Herz zu klopfen.

Ich ging stetig weiter; ich beschleunigte mein Tempo; die Schritte folgten mir. Schließlich hielt ich es nicht mehr aus. Ich blieb stehen und drehte mich um. Ein dünner, dunkelhaariger Mann bog um die Ecke, und ich dachte: »O Gott, jetzt sitze ich in der Falle.«

Er sagte: »Gehen Sie auch zum Meeting?«

Beschämt und erleichtert zugleich nickte ich und ging weiter. Ich stieß eine Tür auf: Dahinter war ein kleiner, weiß gekalkter Raum; ein dickes Seil hing durch ein Loch von der Holzdecke herab. Wir waren in der Glöcknerstube. Außer uns war niemand da. Es gab ein paar Klappstühle, eine elektrische Kochplatte mit einem Wasserkessel darauf, dicke, weiße Porzellantassen, eine Dose mit Tee, eine Spüle und einige gerahmte AA-Sprüche an den Wänden. Wir setzten uns hin, der Mann und ich, sahen einander an und warteten. Schließlich sagte ich: »Ich denke, wenn zwei von uns Alkoholikern versammelt sind, ist es ein Meeting. Willst du anfangen?«

Der Mann lächelte und begann: »Ich heiße John, und ich bin Alkoholiker.« So erzählten wir einander unsere Geschichte, allein in einer Glöcknerstube hoch über London. Wir redeten eine Stunde lang, und unten auf der Straße trennten wir uns wieder.

Ich habe nur ein einziges anderes Meeting erlebt, bei dem wir nur zu zweit waren, und zwar im Palmenhof des Plaza-Hotels in New York. Der Mann, den ich dort traf, war ein Freund aus Europa, den ich schon Jahre nicht mehr gesehen hatte. Erst am Nachmittag hatte ich erfahren, daß er zum Alkoholiker geworden war, in Deutschland zu AA gefunden hatte, und daß ich ihn zu seinem ersten Meeting in New York begleiten sollte. Als wir einander in der Empfangshalle des »Plaza«

zum erstenmal seit Jahren wieder umarmten, regnete es draußen in Strömen. Ich sagte zu Horst, wie damals zu John, dem Fremden im Londoner Glöcknerstübchen: »Wenn wir zu zweit sind, haben wir Meeting.« Wir nahmen ein spätes Abendessen in der edwardianischen Eleganz des Palmenhofes zu uns, und Horst erzählte mir die Geschichte seiner Leidenszeit und seiner Rettung, ich ihm die meine. Ein Stehgeiger spielte Wiener Walzer.

In Nairobi, der Hauptstadt von Kenia, sah ich einmal einen Hinweis auf AA in der örtlichen Tageszeitung; es gebe, so hieß es, jede Woche drei englischsprachige Meetings und zwei in Suaheli. An jenem Abend lud mich ein Taxi in einer staubigen Gasse hinter einem Vorstadttheater ab. Ich betrat ein Allerweltsgebäude. Nirgends war ein Hinweis zu finden, was für ein Gebäude es war oder ob sich hier die AA trafen. Dann sah ich eine junge Frau, die eine große Kaffeemaschine — das weltweite Indiz für das Vorhandensein einer Alkoholikergruppe — die Treppe hinaufschleppte. »Geht es hier zum AA-Meeting?« fragte ich. Sie grinste mich an und begrüßte mich, und ich schloß mich ihr an.

Natürlich waren die Schauplätze der Meetings nur in den seltensten Fällen so exotisch. Die Knochenarbeit meiner Genesung leistete ich in Hunderten von Kellerräumen einer Kirche, von denen viele trist und einige grauenhaft waren und die meisten in meiner Heimatstadt New York lagen. Wo immer ich im Lande unterwegs war — beruflich oder zum Vergnügen —, ich versäumte nie, die »Anonymen Alkoholiker« im örtlichen Telefonbuch nachzuschlagen und anzurufen: »Ich heiße Nan, ich komme aus New York. Ist heute irgendwo ein Meeting?« Und immer war die Stimme am anderen Ende der Leitung hilfsbereit und vergaß nie zu fragen: »Brauchst du eine Mitfahrgelegenheit?«

In Helena (Montana) entdeckte ich beim Studium der Veranstaltungshinweise in der Zeitung, daß es am Abend vier AA-Meetings gab, neben einer Probe des städtischen Symphonieorchesters, einem Treffen des Seniorenvereins und einem Meeting der Lehrgangsabsolventinnen »Hauswirtschaft für Fortgeschrittene«. Die AA-Meetings standen dort gleichberechtigt neben den anderen Veranstaltungen. In Peterborough (New Hampshire) mit seinen 10000 Einwohnern entdeckte ich vier große Meetings pro Woche. Ich ging regelmäßig in einen Coffee-shop an der Hauptstraße, wo jeden Tag ab vier Uhr früh duftig leichte Krapfen gebacken wurden. Hier war der inoffizielle Treffpunkt für alle AA-Zugehörigen aus nah und fern; sooft ich den Coffee-shop betrat, sah ich Gesichter, die ich von den Meetings kannte. Wir konnten dort stundenlang sitzen, Kaffee trinken, Krapfen essen und über Gott und die Welt reden. Kein Wiener Kaffeehaus hätte gemütlicher sein können. Allerdings kamen mir die Neuengländer bei den Meetings etwas reserviert vor.

Die zwanglosesten AA-Gruppen, die mir begegnet sind, fand ich dagegen in New York und in Marin County (Kalifornien). In einem Sommer besuchte ich einmal eine Bekannte in Marin und plauderte mit goldkettchenbehängten genesenden Alkoholikern, deren Brusthaare sich aus locker geöffneten Hemden kräuselten. Was ich in Gesprächen hörte, war oft gehobener Psycho-Jargon. Bei Schickimicki-Meetings der siebziger Jahre diskutierten die AA über Kreative Scheidung, Müsli, Makramee, vaginalen Orgasmus oder die Weinreisen, die sie früher gemacht hatten. »Du, ich bin gerade ganz übel im space«, sagte dort jemand zu mir. »Du, ich kann deinen Kopf nicht erreichen, aber wow, irgendwie kann ich mich echt bei dir einbringen, du.« Ich hätte mich nicht zu wundern brauchen. Ob Marin County oder New Hampshire, die Menschen in den AA-Meetings sehen nicht anders aus und reden nicht anders als die Menschen draußen.

In dem Maße, wie es mir besser ging, kamen viele Probleme wieder zum Vorschein, die ich durch Trinken niedergehalten oder weggeschoben hatte. Die Therapie, die ich bei dem New Yorker Psychiater begonnen hatte, kurz bevor ich zu AA ging, zwang mich zum erstenmal dazu, meine negativsten Erinnerungen zu überprüfen, die ich so gut verdrängt hatte. In nüchternem Zustand konnte ich vor dem Kummer nicht mehr davonlaufen, den ich seit Stans Tod immer empfunden hatte. In nüchternem Zustand mußte ich meiner Wut, Ratlosigkeit und Verzweiflung ins Auge sehen.

»Natürlich sind Sie wütend«, sagte mein Psychiater. »Sie sind wütend, weil Ihr Mann Ihnen weggestorben ist und Sie mit 44 Jahren als Witwe zurückgelassen hat.«

»Wie können Sie so etwas sagen!« protestierte ich. »Das war doch nicht Stans Schuld.«

»Das hat nichts mit Vernunftgründen zu tun«, erwiderte der Psychiater. »Wir sind alle wie Wasserkessel, die vor sich hinsimmern und -blubbern und bei denen nur das Klappern des Deckels verrät, daß darunter irgend etwas los ist.« Der Gedanke war mir noch nie gekommen. In unserer Familie waren spektakuläre Wutausbrüche nicht nur selten, sie galten auch als unziemlich. Wut selbst war unziemlich. Darauf sagte mir der Psychiater die klassische psychoanalytische Maxime: »Depression ist nach innen gewendete Wut.« Eine bessere Definition habe ich nie gehört.

Trotz des Psychiaters, der wöchentlichen AA-Meetings und Dr. Fox' Mittwochsgruppe für Alkoholiker hielt meine schwarze Stimmung auch 1977 an. Ich kämpfte um meine Gesundung; es gab gute Tage, aber dann kam wieder eine Art Hoffnungslosigkeit, eine bodenlose Traurigkeit über mich. Meine Mutter fragte mich bei unseren vielen Telefongesprächen immer wieder: »Nan, *warum* bist du deprimiert? Du bist doch erfolgreich, du hast Freunde, du trinkst nicht mehr.«

Ich versuchte dann, die Sache herunterzuspielen. »Ach, Mutter«, sagte ich dann, »es gibt keine Gründe dafür, daß Menschen deprimiert sind. Ich bin es eben. Irgendwie kann ich es nicht loswerden.«

Manchmal dachte ich an Selbstmord. Ich wußte schon, wie ich es machen würde. Manchmal stand ich morgens in aller Frühe auf und setzte mich im Schlafzimmer auf das Fensterbrett. Lange und gebannt, unfähig, mich loszureißen, blickte ich in den Hof hinunter, zehn Stockwerke tiefer. Ich öffnete auch wohl das Fenster, lehnte mich hinaus und sagte zu mir: »Es sind zehn Etagen, es geht schnell, und es ist todsicher. Ein kurzer Schmerz, und dann ist alles dunkel.« Aber dann schrak ich zurück, ging weg vom Fenster und verabscheute mich selbst. Ich konnte denen, die ich liebte, nicht diese Schuldgefühle hinterlassen, diese nagenden Fragen, die sie niemals würden beantworten können.

Im Frühjahr 1977 merkte ich, wie ich zunehmend verwirrter und verängstigter wurde. Es war eine furchtbare Qual, ins Büro zu gehen, und noch quälender, schreiben zu sollen. Mir war, als ob ich in Stücke zerbräche. An meinen freien Tagen lag ich im Bett, hatte die Vorhänge zugezogen und ließ das Telefon läuten. Zuletzt war ich zu nichts mehr imstande. Ich rief meinen Psychiater an.

»Ich möchte ins Krankenhaus gehen«, sagte ich.

»Glauben Sie, daß Sie sich oder anderen etwas zuleide tun könnten?« fragte er.

Ich sagte ja.

Noch am selben Abend ging ich in die psychiatrische Klinik des New York Hospital. Als die Schwester mich im 7. Stock aus dem Lift führte und die Tür hinter mir zuschloß und als ich die desorientierten Patienten in der Halle sah, war ich zu Tode erschrocken. Ich hatte einen furchtbaren Fehler begangen. Ich saß in der Falle. Ich hatte meine Freiheit weggeworfen. Ich eilte zum Patientenfernsprecher.

»Holen Sie mich hier raus«, beschwor ich meinen Psychiater. »Ich gehöre nicht hier rein!«

Der Doktor lachte verächtlich. »O Baby«, sagte er, »und ob Sie da reingehören.«

In panischer Angst wählte ich die Nummer von Dr. Ira Cohen; seit über zwanzig Jahren war sie meine Internistin und Freundin. »Ira, hol mich um Gottes willen hier raus«, sagte ich schluchzend. »Ich gehöre nicht hierher.«

»Nan, Liebes«, sagte Ira, »das war das Vernünftigste, was du je getan hast. Du hättest dich noch aus dem Fenster gestürzt oder wieder angefangen zu trinken. Statt dessen hast du dich an einen sicheren Ort bringen lassen. Ich bin stolz auf dich.«

Nach ein oder zwei Tagen hatte ich mich beruhigt und begann einzusehen, daß ich wirklich in eine Nervenheilanstalt gehörte. Die Diagnose lautete auf akute Depression. Ich blieb fünf Wochen lang, bis ich mit Einwilligung der Ärzte entlassen wurde.

Nach etwa vier Wochen hatte das Anstaltspersonal in Gesprächen immer wieder diskret durchblicken lassen, daß mir mein eigener Psychiater nicht guttat. Sie empfahlen mir, es mit Margaret Gilmore zu versuchen, einer jungen Psychiaterin der Klinik, die offenbar allgemein bewundert wurde. Mit ihrer Hilfe begann ich in den folgenden Jahren, gesünder zu werden. Mit meiner Arbeit ging es besser. Zum erstenmal seit Stans Tod verliebte ich mich.

Und dann streckte mich eine um ein Haar tödliche Erkrankung nieder: das Syndrom des toxischen Schocks.

Es überfiel mich am Abend des Thanksgiving Day 1981, als ich auf Besuch bei meiner Familie in Rockford (Illinois) war. Diese grauenvolle und noch immer rätselhafte Krankheit wird durch eine tödliche Kette des verbreiteten Bakteriums *Staphylococcus aureus* verursacht und trifft am häufigsten menstruierende Frauen, die Tampons tragen. Ein blutgetränkter Tampon ist ein idealer Nährboden für das Bakterium.

Fast alle großen Organe meines Körpers, insbesondere Herz, Lunge und Leber, waren schwer vergiftet. Die Ärzte im St. Anthony Hospital in Rockford erklärten mir, es sei auch eine »fast unvorstellbare Muskelschädigung« eingetreten. Durch Auszählen eines Enzyms, das die Krankheit in meinem Blutkreislauf freigesetzt hatte, konnten sie den Umfang der Zerstörung ermitteln. Alles, was über 100 Einheiten liegt, gilt als abnorm hoch. Bei mir waren es 21 000 Einheiten. Anfangs glaubten die Ärzte, mein rechtes Bein und die Zehen des linken Fußes amputieren zu müssen. Dank der raschen und richtigen Behandlung konnten Bein und Zehen gerettet werden. Aber die trockene Gangrän an den Fingern dauerte an; Ursache war der Kreislaufkollaps am Abend des Thanksgiving Day. Bevor ich am Morgen des nächsten Tages in ein Koma fiel, war ich noch wach und geistesgegenwärtig genug, den Notärzten zu sagen, daß ich genesene Alkoholikerin und seit Jahren bei AA sei. Das warnte sie davor, mir suchterzeugende Medikamente oder alkoholhaltige Arzneien zu geben. In der Smithers-Klinik hatte man mir eingeschärft, das jedem neuen Arzt zu sagen. Die Information wanderte in meine Patientenakte.

Als die kritische Phase überstanden war, hatte ich acht teilweise abgestorbene und gangränöse Finger, eine Art Lähmung in beiden Beinen, die zu einem bleibenden Hinken hätte führen können, und im ganzen Körper schwer giftgeschädigte Muskeln. Meine Freundin Shirley Katzander kam aus New York, um mich zu besuchen. »Du hattest Hände wie eine Mumie«, erzählte sie mir lange Zeit später. »Die Finger waren schwarz und eingeschrumpft und die Fingernägel waren ganz klein und völlig schwarz. Ich wäre fast in Ohnmacht gefallen, als ich das sah.«

Zu diesem Zeitpunkt stand fest, daß an allen acht Fingern das letzte Glied bis zum Gelenk amputiert werden mußte. An dem Tag, als mir der Chirurg eröffnete, daß er operieren mußte, war ich voller Entsetzen. Ich war mir sicher, nie wieder schreiben zu können. Ich war mir sicher, nie wieder geliebt zu werden. Nach zehn dunklen, notvollen Jahren hatte ich im vergangenen Sommer endlich die Sonnenseite des Lebens gesehen. Jetzt hatte mich das Schicksal erneut niedergestreckt.

Sobald ich nicht mehr künstlich beatmet wurde und wieder sprechen konnte, begann ich, meine Wut an meiner Familie, den Ärzten und den Schwestern auszulassen. Ich beschimpfte jeden, der ins Zimmer kam. Ich wurde anspruchsvoll, herrisch, streitsüchtig, mit einem Wort unmöglich. Eines Tages stand

meine Schwester am Fußende des Bettes. Ich starrte sie haßerfüllt an. »Geh weg«, sagte ich eisig.
Mindestens zehn Tage lang war ich von einer wilden Wut gegen alle und jeden besessen. Dann standen eines Tages zwei fremde Frauen in der Tür zu meinem Zimmer. Ich drehte mich zur Schwester um und fuhr sie an: »Was sind das für Leute?«
Einen Moment lang war Schweigen; dann sagte eine der Frauen ganz sanft: »Wir sind Freunde von Bill Wilson.«
Ich begrüßte sie und bat sie herein.

NACHWORT

Wer ist ein Alkoholiker?

Frage: Was ist der Unterschied zwischen einem Problemtrinker und einem Alkoholiker?
Antwort: Ein Problemtrinker ist ein Alkoholiker, um den du dich sorgst.

Redensart bei AA

Als man Anfang der achtziger Jahre die *Encyclopedia of Alcoholism* in Angriff nahm, schlug ein Beamter einer großen Behörde in Washington, die mit Alkoholismusforschung befaßt ist, halb scherzhaft, halb im Ernst vor, sie auf hundert Bände anzulegen; der erste Band sollte die elementaren Informationen über Alkoholismus enthalten, die neunundneunzig übrigen die Vorbehalte, Dementis, Einschränkungen, Sonderfälle und Widersprüche rund um diese Krankheit.
Alkoholismus ist kompliziert, besonders weil diese Krankheit aus Leugnen besteht — eine Krankheit, die Ihnen sagt: »Du hast keine Krankheit.« Oder die Ihnen sagt, daß Sie krank oder verrückt sind, aber aus anderen Gründen. Alkoholismus ist heimtückisch, rätselhaft, mächtig und fortschreitend. Es wird immer schlimmer, niemals besser. Und Sie können nicht darauf zählen, daß Ihr Arzt Ihnen sagt, was mit Ihnen los ist: Oft entdeckt Ihr Arzt die wahre Ursache nicht, weil Sie ihn über Ihr Trinken im Unklaren lassen, oder weil er über Alkoholismus kaum mehr weiß als Sie selbst. Bis auf den heutigen Tag erhalten Medizinstudenten an den meisten medizinischen Fakultäten Amerikas nicht mehr als ein paar Stunden Unterricht in dieser Krankheit.

Es gibt jedoch starke Anhaltspunkte, die Ihnen helfen können — Wegweiser, errichtet von genesenen Alkoholikern, die im Land des Alkoholismus gewesen sind und die jede Lüge und Entschuldigung und Rationalisierung kennen, weil sie sie selbst benutzt haben, und andere Anzeichen, die den kundigen Ärzten und Experten für diese Krankheit vertraut sind.

Und dann sind da Ihre eigenen geheimen Ängste. Fragen Sie sich: »Belastet mich mein Trinken?« Wenn das der Fall ist, besteht die Wahrscheinlichkeit, daß in der Tat ein Trinkproblem vorliegt. Aber Sie haben darum keinen schwachen Willen; Sie sind nicht seelisch unausgeglichen; Sie sind kein schlechter Mensch. Sie leiden möglicherweise an der Krankheit Alkoholismus.

Wie können Sie wissen, ob Sie Alkoholiker sind? Nur Sie selbst können die Antwort darauf geben.

Setzen Sie sich in eine ruhige Ecke, wo Sie ungestört sind, und beantworten Sie die folgenden sechsundzwanzig Fragen mit ja oder nein. Ihre Antworten gehen nur Sie selbst etwas an. Sie wissen nicht, in wie vielen Fragen Sie »durchfallen« müssen, bevor Sie als Alkoholiker gelten. Beantworten Sie deshalb die Fragen der Reihe nach; lesen Sie nicht weiter, bevor Sie nicht alle beantwortet haben. Seien Sie ehrlich mit sich selbst, mit dem anständigen Menschen, als den Sie sich einschätzen. Die Fragen basieren auf einer mehr als vierzigjährigen Erfahrung und wurden vom National Council on Alcoholism zusammengestellt, der ersten landesweiten freiwilligen Organisation auf dem Gebiet dieser Krankheit. Sie sollen Ihnen helfen, festzustellen, ob Sie Hilfe brauchen. Wie gesagt: Antworten Sie auf jede Frage mit ja oder nein.

1. Trinken Sie manchmal viel, wenn es Enttäuschung, Streit oder Ärger mit dem Chef gegeben hat?
2. Trinken Sie regelmäßig mehr als sonst, wenn Sie Probleme haben oder in Druck sind?
3. Haben Sie festgestellt, daß Sie heute mehr Alkohol vertragen als früher, als Sie zum erstenmal tranken?

4. Sind Sie jemals am Morgen nach einer Party aufgewacht und konnten sich nur noch lückenhaft an den vergangenen Abend erinnern, obwohl Ihre Freunde Ihnen bestätigten, daß Sie nicht umgekippt sind?
5. Versuchen Sie, heimlich ein paar Extragläser zu ergattern, wenn Sie in Gesellschaft trinken?
6. Gibt es Situationen, in denen Sie sich unbehaglich fühlen, wenn kein Alkohol verfügbar ist?
7. Haben Sie in letzter Zeit bemerkt, daß Sie es beim Trinken mit dem ersten Glas eiliger haben als früher?
8. Haben Sie manchmal Gewissensbisse wegen Ihres Trinkens?
9. Sind Sie insgeheim verärgert, wenn Ihre Familie oder Ihre Freunde über Ihr Trinken diskutieren?
10. Haben Sie in letzter Zeit häufiger »Filmrisse« (Erinnerungslücken) an sich bemerkt?
11. Kommt es oft vor, daß Sie weitertrinken möchten, nachdem Ihre Freunde gesagt haben, sie hätten genug?
12. Haben Sie normalerweise einen Grund, wenn Sie einmal viel trinken?
13. Kommt es oft vor, daß Sie in nüchternem Zustand Dinge bereuen, die Sie während des Trinkens gesagt oder getan haben?
14. Haben Sie jemals versucht, auf eine andere Marke umzusteigen oder ein bestimmtes System zu befolgen, um Ihr Trinken unter Kontrolle zu bringen?
15. Haben Sie schon oft die Versprechen gebrochen, die Sie sich selbst über die Kontrolle oder Einschränkung Ihres Trinkens gegeben haben?
16. Haben Sie jemals versucht, Ihr Trinken zu kontrollieren, indem Sie eine andere Arbeit angenommen haben oder in eine andere Gegend gezogen sind?
17. Versuchen Sie, Ihrer Familie oder Ihren Freunden aus dem Weg zu gehen, während Sie trinken?
18. Wächst die Zahl Ihrer finanziellen und Arbeitsprobleme?

19. Scheinen mehr Leute als früher Sie ohne Grund ungerecht zu behandeln?
20. Essen Sie sehr wenig oder unregelmäßig, wenn Sie trinken?
21. Haben Sie manchmal morgens das Zittern und finden, daß ein kleines Glas dagegen hilft?
22. Haben Sie in letzter Zeit bemerkt, daß Sie nicht mehr soviel vertragen wie früher?
23. Sind Sie manchmal mehrere Tage hintereinander betrunken?
24. Fühlen Sie sich manchmal sehr deprimiert und fragen sich, ob das Leben lebenswert ist?
25. Sehen oder hören Sie manchmal nach Perioden des Trinkens Dinge, die nicht da sind?
26. Bekommen Sie Angstzustände, nachdem Sie viel getrunken haben?

Der National Council on Alcoholism (NCA) sagt: Wenn Sie auch nur eine dieser Fragen mit ja beantwortet haben, zeigen Sie Symptome, die auf Alkoholismus deuten können. Bejahende Antworten auf mehrere Fragen weisen auf folgende Stadien des Alkoholismus:
Fragen 1 bis 8 — Frühstadium. Der NCA hat die durchschnittliche Dauer dieser Periode auf zehn bis fünfzehn Jahre veranschlagt. Eine Ausnahme wären Menschen, die praktisch schon in den ersten Tagen, Wochen oder Monaten in das Problemtrinken geraten.
Fragen 9 bis 21 — Mittleres Stadium. Die durchschnittliche Dauer dieses Zeitraums beträgt zwei bis fünf Jahre.
Fragen 22 bis 26 — Beginn des Endstadiums des Alkoholismus.

Eine generelle Frage, die sich jeder Leser und jede Leserin vorlegen kann, lautet: »Verursacht mein Trinken in *irgendeinem* Bereich meines Lebens ein *dauerndes* Problem — in meinem inneren Leben, im häuslichen Leben, im sozialen Leben, im phy-

sischen Leben, im finanziellen, beruflichen oder finanziellen Leben?«
Oder Sie können sich folgende Frage stellen, die erste von zwölf Fragen des National Alcoholism Tests, der von Forschern der Johns Hopkins University in Baltimore entwickelt wurde: Sagen Sie sich, Sie könnten, wenn Sie wollten, jederzeit mit dem Trinken aufhören, auch wenn Sie sich dauernd betrinken? Eine Frage, die man den in immer größerer Zahl zu AA strömenden Jugendlichen häufig vorlegt, lautet, ob sie es positiv sehen, eine Menge vertragen zu können, ohne umzukippen.
Frauen sind oft gezwungen, heimlich zu trinken, weil die Gesellschaft nach wie vor über Trinkerinnen härter urteilt als über Trinker. Ann Landers, die wie nur wenige in Amerika dazu beigetragen hat, Menschen mit Alkoholproblemen zu helfen, hat eine Liste von Fragen geschrieben, die sich an Frauen wendet, jedoch auch auf Männer anwendbar ist:

1. Kaufen Sie Alkohol in verschiedenen Geschäften, so daß niemand merkt, wieviel Sie sich holen?
2. Verstecken Sie die leeren Flaschen und schaffen sie heimlich beiseite?
3. Planen Sie im voraus, sich mit einem kleinen Besäufnis zu »belohnen«, nachdem Sie viel im Haushalt geschuftet haben?
4. Sind Sie oft nachsichtig mit Ihren Kindern, weil Sie wegen Ihres Verhaltens beim Trinken ein schlechtes Gewissen haben?
5. Haben Sie »Filmrisse«, können sich also an Zeitabschnitte nicht erinnern?
6. Rufen Sie manchmal die Gastgeberin einer Party am nächsten Tag an und fragen, ob Sie irgend jemandes Gefühle verletzt oder sich lächerlich gemacht haben?
7. Genehmigen Sie sich ein oder zwei Extragläser, bevor Sie zu einer Party gehen, von der Sie wissen, daß es dort Alkohol geben wird?

8. Geraten Sie in Panik, wenn Sie einige Tage ohne Alkohol vor sich haben, beispielsweise den Besuch bei Verwandten?
9. Schaffen Sie gesellige Anlässe zum Trinken, indem Sie etwa Freundinnen zum Essen oder zum Cocktail einladen?
10. Vermeiden Sie es, Bücher, Filme oder TV-Shows über Alkoholikerinnen zu lesen beziehungsweise anzusehen, wenn andere zugegen sind? Lesen und sehen Sie sie jedoch, wenn Sie allein sind?
11. Tragen Sie jemals Alkohol in der Handtasche bei sich?
12. Gehen Sie in Abwehrstellung, wenn jemand Ihr Trinken erwähnt?
13. Trinken Sie, wenn Sie in Druck sind oder Streit gehabt haben?
14. Fahren Sie Auto, wenn Sie getrunken haben, aber sicher sind, sich völlig in der Gewalt zu haben?

Wenn Sie eine dieser Fragen mit ja beantwortet haben, haben Sie ein Trinkproblem.

Schließlich — und wiederum mit Überschneidungen mit den genannten Tests — gibt es die Richtlinien von Ärzten für Ärzte. Hier folgen Auszüge aus dem *Manual on Alcoholism* der American Medical Association; es erschien erstmals 1968 und wird seitdem regelmäßig auf den neuesten Stand gebracht. Die Erfahrungen genesener Alkoholiker werden ebenso verwertet wie das empirische medizinische Wissen. Die folgenden Absätze beschreiben das erbarmungslose Fortschreiten der Krankheit:

»Der Eintritt der Krankheit Alkoholismus erfolgt in der Regel so unbemerkt und allmählich, daß es schwer ist, den Alkoholiker vom starken Trinker zu unterscheiden, doch kann der Unterschied auch von Anfang an evident sein. Der Alkoholiker zeigt im Vergleich zum Nichtalkoholiker eine stärkere emotionale Reaktion auf Alkohol. Alkohol hat für ihn häufig eine übermäßige Signifikanz, und zwar oft schon zum Zeitpunkt

des ersten Trinkens und dann mit fortschreitender Krankheit immer stärker.
Zu den frühesten Anzeichen von Alkoholismus gehört wohl, daß Alkohol genossen wird, um in Stimmung zu kommen, nicht, weil man in Stimmung ist, und daß gesellschaftliche Anlässe als Gelegenheit zum Trinken, häufig zum exzessiven Trinken benutzt werden. Alkohol wird für diese Menschen immer notwendiger, um wirkliche Freude und Vergnügen empfinden zu können, und der Alkoholiker sorgt dafür, daß er sich mit dem notwendigen Quantum ›stärken‹ kann, bevor er eine Party besucht ... Bald findet er andere Gründe für den Alkoholgenuß, etwa, um mit Streß und Angst fertig zu werden. Häufigkeit und Grad seiner Intoxikation nehmen zu und stehen mitunter in krassem Mißverhältnis zu den Umständen. Eine schwere Intoxikation kann ganz unabsichtlich, aber mit immer größerer Häufigkeit eintreten. Der Betreffende reagiert oft gereizt und verärgert, wenn er auf seinen Alkoholkonsum und sein damit einhergehendes Verhalten angesprochen wird, besonders wenn dabei Sorge anklingt.
Im zweiten Hauptstadium des Fortschreitens der Krankheit beginnt der Alkoholiker, heimlich, schneller und früher zu trinken; es kommt regelmäßig zur Intoxikation. Der Alkohol wird hinuntergestürzt; der Alkoholiker führt zahlreichere (aber weniger stichhaltige) Gründe für den Genuß einiger Gläser an. Seine Gedanken kreisen zunehmend um den Alkohol, und er entwickelt unverkennbare Schuldgefühle, was ihn veranlaßt, Entschuldigungen vorzubringen und sein Trinken zu ›rechtfertigen‹. In bezug auf das Muster seines Trinkverhaltens geht er in der Regel noch mehr in Abwehrstellung und reagiert häufig schon auf Anspielungen darauf mit unverhohlener Feindseligkeit und Wut. Nicht selten hat seine eigene Besorgnis den Punkt erreicht, wo er versucht, sich wieder in die Gewalt zu bekommen, indem er die Getränkesorten oder -arten wechselt, andere Gesellschaft aufsucht, seinen Alkoholkonsum begrenzt oder sein Trinken auf bestimmte Tageszeiten beschränkt. Er

kann sogar dem Alkohol ›abschwören‹, um sich zu beweisen, daß er es ›jederzeit lassen kann‹. Leider kommt es auch vor, daß er in dieser Zeit die Abstinenz dadurch zu erreichen versucht, daß er den Alkohol durch andere Drogen wie Barbiturate oder Amphetamine ersetzt. Diese nimmt er dann entweder allein, abwechselnd oder in Verbindung mit dem Alkohol.
Als nächstes verliert der Alkoholiker die Gewalt über sein Trinken und trinkt häufig bis zur schweren Intoxikation und zum Stupor. Das Trinken dient nun nicht mehr seinen ursprünglichen Zwecken, sondern wird zum Werkzeug der Zerstörung. Der Alkoholiker beginnt, sein Leben um den Alkohol herum zu planen, trägt Sorge, daß er stets einen Vorrat greifbar hat, und verläßt unter Vorwänden den Arbeitsplatz oder die Gesellschaft anderer, um seinen Konsum aufrechterhalten zu können. Die ergänzende Einnahme anderer Drogen nimmt zu.
Nicht selten trennt er sich von alten Freunden oder von seinem Arbeitgeber, vielleicht, weil er deren bevorstehende Trennung von ihm spürt. Er mildert den Schlag, indem er ihnen zuvorkommt und sie durch minderwertige Substitute ersetzt. Eheliche und Familienprobleme verschlimmern sich; es kann zu Verhaftungen, zum Beispiel wegen Trunkenheit am Steuer kommen; und gewöhnlich kommt es zur sozialen, beruflichen, mentalen und moralischen Desintegration, da der Alkoholiker mehr und mehr die Isolierung sucht. Die Alkoholtoleranz geht im allgemeinen progressiv verloren, und die schwereren physischen Komplikationen der Krankheit beginnen, über die psychiatrischen und sozialen zu dominieren. Am Ende ist er ›auf den Hund gekommen‹.«

Die American Medical Association bietet dann eine Checkliste für Ärzte, in der zusammengefaßt wird, wann ein Patient als alkoholismusverdächtig anzusehen ist. Die dreizehn Punkte auf der Liste spiegeln das Fortschreiten der Krankheit und die zunehmende Zerstörung des Lebens eines Alkoholikers.

1. Steigender Alkoholkonsum auf regulärer oder sporadischer Basis, mit häufigen und vielleicht ungewollten Perioden der Intoxikation.
2. Trinken zum Zwecke der Bewältigung von Problemen oder der Linderung von Symptomen.
3. Offensichtliche Fixierung auf Alkohol und ausdrückliches Bedürfnis nach einem Glas, vor allem wenn gewohnheitsmäßig wiederholt.
4. Verstohlenes Trinken oder Herunterstürzen der Alkoholmengen.
5. Neigung zum Erfinden von Vorwänden und schwachen Entschuldigungen für das Trinken.
6. Weigerung, offensichtlich exzessiven Alkoholkonsum zuzugeben, und Ausdruck von Ärger, wenn dieses Thema angesprochen wird.
7. Häufiges Fernbleiben von der Arbeit, dabei einem bestimmten Muster folgend, etwa nach Wochenenden und Feiertagen (Montagmorgen-»Grippe«).
8. Häufiges Wechseln des Arbeitsplatzes, vor allem, wenn immer schlechter bezahlt, oder Tätigkeit unter dem eigenen Qualifikations- und Ausbildungsniveau.
9. Vernachlässigung des Äußeren, mangelnde Hygiene; Verhalten und soziale Anpassung entspricht nicht früheren Niveaus oder Erwartungen.
10. Anhaltende vage somatische Beschwerden ohne erkennbare Ursache, namentlich Schlaflosigkeit, Schwierigkeiten mit Magen und Darm, Kopfschmerzen, Appetitlosigkeit.
11. Wiederholte Kontakte mit Ärzten oder Gesundheitsbehörden aufgrund alkoholbedingter oder alkoholbezogener Störungen.
12. Anhaltende eheliche und familiäre Probleme.
13. Konflikte mit Polizei und Gericht, zum Beispiel wegen Trunkenheit am Steuer.

Jeder, der sich Gedanken über sein Trinken macht, hat versucht, es zu kontrollieren — hat versucht, wie andere Leute zu trinken. Dies sind einige der beliebtesten Methoden, wie sie auch das »Big Book« der AA aufzählt:[1] nur Wein oder nur Bier trinken, eine begrenzte Menge trinken, nie allein trinken, nie frühmorgens trinken, nur zu Hause trinken, keinen Alkohol im Haus haben, nie während der Arbeitszeit trinken, nur auf Parties trinken, bei Trunkenheit am Arbeitsplatz mit der Kündigung einverstanden sein, eine Reise unternehmen, keine Reise unternehmen, für immer abschwören, mehr Sport treiben, spannende Bücher lesen, in ein Entziehungsheim oder Sanatorium gehen, freiwillig in eine geschlossene Anstalt gehen — die Liste ließe sich beliebig fortsetzen.
1958 stellte Marty Mann in ihrem *New Primer on Alcoholism* einen klassischen Test zum kontrollierten Trinken vor. Er ist heute noch genauso aussagekräftig wie vor einer Generation. Es folgt ein Zitat aus der Stelle über das, was bei Alkoholismusexperten allgemein »der Test« heißt:

»Ich habe bei meiner Arbeit auf dem Gebiet des Alkoholismus die Erfahrung gemacht, daß viele starke Trinker und sogar Geselligkeitstrinker mitunter besorgt über ihr Trinken sind. Diesen Menschen, sowie den Alkoholikern, die es möglicherweise unter ihnen gibt, möchte ich nur folgendes sagen: Probieren Sie Ihre Kontrolle über das Trinken aus. Wenn Sie kein Alkoholiker sind, können Sie nur gewinnen. Viele Menschen tun das, weil es ihnen die Sicherheit gibt, daß sie auch weiterhin unbesorgt ein Glas genießen können, wenn ihnen danach zumute ist. Begehen Sie nicht den Fehler, sich durch zeitweilige totale Abstinenz zu testen. Das ist kein Test, weil auch der Alkoholiker im fortgeschrittenen Stadium das für eine beträchtliche Zeit durchhält.«
Die Autorin meint weiter, daß selbst ein »extrem starker Trinker« keine Probleme mit diesem Test haben sollte, »während er

[1] *Anonyme Alkoholiker*, S. 36f.

den Alkoholiker, falls er ihn überhaupt durchhält, so enorme Anstrengung kostet, daß er eher ganz mit dem Trinken aufhört, als diese Schinderei weiterzumachen. Die Chancen stehen jedoch hundert zu eins, daß ein echter Alkoholiker nicht bereit oder fähig ist, diesen Test zu machen.« Trotzdem haben Tausende von besorgten Trinkern diesen Test ausprobiert.

Er geht so: Bestimmen Sie einen beliebigen Zeitpunkt als Beginn des Tests. Der beste Zeitpunkt ist jetzt. Beschließen Sie, sich ab sofort für *mindestens* sechs Monate auf eine bestimmte Anzahl von Gläsern pro Tag zu beschränken, und zwar auf nicht weniger als eins und nicht mehr als drei.

Wenn Sie nicht täglich trinken, gilt der Test für die festgelegte Anzahl von Gläser an den Tagen, an denen Sie trinken. Manche starken Trinker beschränken den Alkoholgenuß auf das Wochenende, sind aber trotzdem besorgt über die Mengen, die sie dann konsumieren.

Die Anzahl der Gläser, für die Sie sich entschieden haben — wie gesagt: zwischen eins und drei —, darf unter keinen Umständen überschritten werden; das gilt für Hochzeiten, Geburten, Begräbnisse, plötzliche Todes- und sonstige Unglücksfälle ebenso wie für unerwartete oder lang erwartete Erbschaften, Beförderungen oder sonstige frohe Ereignisse, Wiedersehen oder Zusammentreffen mit alten Freunden oder Kunden oder auch einfach Langeweile.

Es darf auch keinerlei besondere Anlässe geben, bei denen Sie sich zur Überschreitung des selbstgesetzten Quantums berechtigt fühlen, als da wären ein schwerer emotionaler Aufruhr, die Aufforderung, das größte Geschäft Ihres Lebens abzuschließen, das Vorsingen, auf das Sie Ihr Leben lang gewartet haben, die Unterredung mit jemandem, der für Ihr ganzes künftiges Leben entscheidend ist und vor dem Sie schreckliche Angst haben.

Absolut keine Ausnahmen, oder der Test gilt als nicht bestanden!

Dieser Test ist nicht leicht, aber viele, viele Trinker haben ihn bequem geschafft, die sich selbst, ihrer Familie und ihren Freunden beweisen wollten, daß sie keine Zwangstrinker sind. Marty Mann schreibt dazu:

»Wenn sie aus irgendeinem Grund den Test nicht bestanden und sich zeigte, daß sie Alkoholiker waren, so bewiesen sie doch zugleich sich selbst, *daß* sie es waren — ob sie nun bereit waren, es offen zuzugeben, oder nicht. Zumindest bereitete sie das Testergebnis auf ein solches Eingeständnis vor und damit auf die konstruktiven Schritte, die diesem Eingeständnis normalerweise zu folgen pflegen.
Es sei ausdrücklich hinzugesetzt, daß der Beobachter eines solchen Tests ihn nicht dazu benutzen sollte, denjenigen, der ›durchgefallen‹ ist, zu verfrühten Handlungen zu zwingen. Das könnte sich als Bumerang erweisen und auf seiten desjenigen, der den Test nicht bestanden hat, die sture Entschlossenheit bewirken, zu beweisen, daß nicht Alkoholismus die Ursache seines Scheiterns war. Er kann und wird das auf verschiedene Weise tun: indem er für einen selbstgewählten Zeitraum ganz aufhört zu trinken (wenn diese Zeit herum ist, pflegt er gewöhnlich noch mehr über die Stränge zu schlagen als vorher und steckt zusätzlich voller Groll gegen den, der ihn dazu ›getrieben‹ hat); indem er sein eigenes Trinken einer rigiden Kontrolle unterwirft, was zu einer ständigen Reizbarkeit führt, die ihn als Mitmenschen unmöglich macht . . . oder indem er sich ein sehr großes Quantum bewilligt und darauf beharrt, es nicht überschritten zu haben, auch wenn er offensichtlich zu betrunken war, um sich an die Zahl seiner Gläser noch erinnern zu können . . .
Die Abwehrreaktion gegen zu starken Druck von außen kann auch zum völligen Zusammenbruch führen: Da er weiß und zugibt, daß er den Test nicht durchstehen kann und also Alkoholiker ist, wird er Bemühungen, ihn zu irgendwelchen Schritten zu veranlassen, praktisch mit den Worten abblocken: ›Also gut, ich bin Alkoholiker, also gut, ich kann mein Trinken nicht kon-

trollieren; jetzt trinke ich so, wie ich muß, und saufe eben, bis ich krepiere.‹ Letzteres geschieht übrigens sehr selten, entgegen der Befürchtung mancher Leute (die glauben, daß man den Alkoholikern nur eine gute Ausrede zum Weitersaufen liefert, wenn man zugibt, daß Alkoholismus eine Krankheit ist und daß das Trinken des Alkoholikers typischerweise unkontrollierbares Trinken ist). Gleichwohl muß diese Möglichkeit von jenen bedacht werden, die einem Alkoholiker helfen wollen, sein Problem zu sehen und etwas Konstruktives dagegen zu unternehmen. Wenn man ihn (den Alkoholiker) sich selbst überläßt, nachdem er einen solchen freiwilligen Test nicht bestanden hat, wird sein Scheitern in ihm weiterarbeiten — es hat einen Keim des Wissens in ihm gepflanzt, der sich durchaus zur Tat entfalten kann.«

Doch bevor überhaupt irgend etwa geschieht, muß der Alkoholiker zugeben, daß das Trinken dabei ist, sein Leben zu ruinieren — nicht nur seine Gesundheit, wie das Zigarettenrauchen, sondern sein Leben und die Qualität seines Lebens. Er wird das bis zuletzt leugnen — bis er so verzweifelt ist, daß er von sich aus Hilfe sucht. Aus diesem Grund nennt man den Alkoholismus so häufig auch die Krankheit des Leugnens. Leugnen heißt lügen — sich selbst und andere belügen.
Dr. LeClair Bissell, eine Ärztin und führende Autorität in der Behandlung von Alkoholikern, hat den mentalen, physischen und sozialen Prozeß des Leugnens zergliedert, der den Alkoholiker daran hindert, einzusehen, daß er krank ist. Ihre Liste umfaßt neun Arten des Leugnens, und zwar:

1. Die einfache Lüge über das Trinken — man will sich die Leute vom Hals halten. Man gibt niemals zu, wieviel man am Abend zuvor getrunken hat, da man befürchtet, dafür beschimpft zu werden.
2. Unbewußtes Leugnen — ein psychologischer Abwehrmechanismus. Angenommen, Sie haben in betrunkenem Zu-

stand irgend etwas Schreckliches getan — sich Ihrem eigenen Kind sexuell genähert oder der Frau Ihres Chefs einen eindeutigen Antrag gemacht. Das verdrängen Sie einfach völlig; es ist nie passiert.

3. Rationalisierung und Wunschdenken: Sie haben am Abend zuvor durcheinander getrunken, oder Antihistamine genommen und dazu Alkohol getrunken. Deshalb haben Sie auf den Rasen Ihres Nachbarn gepinkelt.
4. »Filmrisse« — Sie haben ganz oder teilweise vergessen, was Sie am Abend zuvor während des Trinkens gesagt oder getan haben. Dabei müssen Sie nicht wie ein Betrunkener gewirkt oder gehandelt haben.
5. Euphorisches Erinnern — die genaue Erinnerung des Nüchternen an eine ungenaue Wahrnehmung des Betrunkenen. Zum Beispiel: Sie haben auf einer Party eine Geschichte zum besten gegeben. Sie waren der Mittelpunkt der Party. In Wirklichkeit haben Sie sich bloß lächerlich gemacht. Sie sahen sich selbst als charmanten Plauderer, und niemand wird Ihnen etwas anderes sagen. Was Sie erinnern, ist absolut zutreffend — daß Sie eine Geschichte zum besten gegeben haben. Aber die Wahrnehmung ist falsch.
6. Ungenaues Feedback: Kein Mensch auf der Welt wird Ihnen sagen, daß Sie betrunken waren und daß Sie sich lächerlich gemacht haben. Wenn man einem Trinker das sagt, wird er vermutlich antworten: »Du bist der einzige, der mich kritisiert.«
7. Interferenz mit dem Kurzzeitgedächtnis: Alkohol verursacht Hirnschäden, gewöhnlich vorübergehende, manchmal aber auch bleibende. Er beeinträchtigt die Konzentrationsfähigkeit und das analytische Vermögen.
8. Beeinträchtigung des Lernens: Man kann nicht gut lernen, wenn man Tranquilizer im Blut hat. Das Umgekehrte ist bei emotional stark befrachteten Ereignissen der Fall. Wo waren Sie, als Sie von der Ermordung Kennedys erfuhren? Daran kann sich jeder erinnern, weil ihn der Vorfall trau-

matisiert hat. Wenn man aber voller Schnaps oder Valium ist, gibt es keine emotionale Verbindung zu den Ereignissen des wirklichen Lebens, Ihre Gefühle sind wie umwickelt.

9. Schlichte Unkenntnis über die Krankheit Alkoholismus: Man glaubt Ammenmärchen wie »Eine Nonne kann keine Alkoholikerin sein«, »Ein Jude kann kein Alkoholiker sein«.

Dr. Bissell ergänzt dazu: »Man muß alle diese Arten des Leugnens durchbrechen, um jemanden zu dem Eingeständnis zu bewegen, daß er Alkoholiker ist. Dazu kommt das Leugnen der Familie. Und das Leugnen der Gesellschaft. Die Gesellschaft leistet dasselbe ›Ermöglichen‹ wie die Kernfamilie. Raucher werden von der Gesellschaft heute schon so gut wie geächtet. Aber an einem Alkoholiker mag sich die Gesellschaft nicht vergreifen, es sei denn, er sitzt betrunken am Steuer oder ist unter achtzehn.«

Was können Menschen für sich tun, die fürchten, Alkoholiker zu sein?

Sie können mit jemandem reden — aus dem Käfig der Einsamkeit und Angst und Scham ausbrechen. Sie haben Glück, daß ihre Krankheit der Alkoholismus ist, weil es so viel Hilfe für sie gibt. Sie haben auch Glück, weil man der Krankheit Einhalt gebieten kann — und zwar sofort —, indem man aufhört zu trinken.

Nehmen Sie den Telefonhörer ab und rufen Sie die Anonymen Alkoholiker an. Sie stehen in jeder größeren Stadt im Telefonbuch. Der Mann oder die Frau am anderen Ende der Leitung, vom Alkohol genesen, wird Ihnen sehr aufmerksam zuhören und einen anderen genesenen Alkoholiker verständigen, der Sie binnen Minuten oder Stunden anrufen oder noch am selben Tag persönlich mit Ihnen reden kann.

Wenn Ihnen der Gedanke nicht behagt, sich gleich an AA zu wenden, so reden Sie mit einem Pfarrer Ihres Vertrauens; mit Ihrem Arzt oder Psychotherapeuten; mit einem Sozialarbeiter;

mit einem Freund, von dem Sie den Eindruck haben, daß er Sie nicht verurteilt, sondern wahrscheinlich ehrlich mit Ihnen ist; mit Ihrem Mann, Ihrer Frau oder dem/der Geliebten. Der springende Punkt ist, daß Sie darüber reden *müssen;* Ihre Bürde ist zu schwer, als daß Sie sie alleine tragen könnten.

Reden Sie mit jemandem, wenn Sie nicht getrunken haben. Wenn Sie betrunken sind, redet die Flasche aus Ihnen, nicht sie selbst, und Sie werden nicht klar aufnehmen können, was der andere zu Ihnen sagt.

Wenn Sie in Therapie sind, sollte Ihr Ziel nicht sein, herauszufinden, *warum* Sie trinken. Sie trinken, und Sie haben den Alkohol benutzt, um Ihre Probleme zu entschärfen und zuzudecken, um vor ihnen davonzulaufen, um sich selbst zu betäuben. Als erstes müssen Sie nüchtern werden. Dann können Sie sich mit klarem Verstand Ihren Problemen stellen.

Hören Sie auf das, was die Ärzte der American Medical Association im *Manual on Alcoholism* sagen:

»Zum Erreichen der Abstinenz bedarf es eines direkten, zielorientierten, sachlichen Ansatzes. Um seinen Trinkstil zu verteidigen, versucht der Patient vielleicht, die Psychotherapie auf den Weg einer endlosen Suche nach neurotischen Wurzeln zu lenken, die ihm den Vorwand für fortgesetztes Trinken liefern. Der Psychotherapeut wird anerkennen, daß es neurotische Wurzeln geben mag, die die Suche lohnen, wird diese aber auf einen späteren Zeitpunkt verschieben — auf die Zeit nach Erreichen der Abstinenz.«

Freunde und Familie können helfen, besonders, wenn sie informiert sind. Aber letzten Endes liegt der Entschluß, mit dem Trinken aufzuhören, beim Alkoholiker selbst.

Natürlich fürchten Sie, ein Leben ohne Alkohol nicht aushalten zu können. Sie fürchten, daß Sie nie mehr vergnügt sein werden, daß Sie auf keiner Party mehr werden mitfeiern können, daß Ihnen in Ihrer eigenen Gesellschaft nicht wohl sein wird und in der von Geselligkeitstrinkern erst recht nicht. Sie fürchten, daß man Sie für »anders« halten wird, weil Sie Sachen trinken, die keinen Alkohol enthalten. Nichts von alledem stimmt auf lange Sicht. Erstens interessiert sich *niemand* auf einer Party dafür, was Sie in Ihrem Glas haben. Andere Leute interessieren sich nur dafür, was sie selber in ihrem Glas haben. Dies in deutlichem Gegensatz zum Interesse daran, was andere Leute essen, wie jeder bestätigen kann, der auf Diät lebt. Wenn man bei einer Einladung einen Teil des von der Gastgeberin zubereiteten Mahls dankend ablehnt, werden viele Gastgeber das als Kritik an ihrer Kochkunst empfinden.

Fürchten Sie, daß Ihre Freunde Sie bemitleiden oder auslachen oder bedrängen werden, wenigstens ein einziges Glas mitzutrinken? Dann sind es nicht Ihre Freunde — denn das sind grausame und feindselige Reaktionen auf einen genesenden Alkoholiker. Außerdem ist anzunehmen, daß solche sogenannten Freunde selber ein Trinkproblem haben.

Fürchten Sie, daß Sie schwach sind? Schämen Sie sich, weil Ihre Willenskraft nicht ausreicht, von sich aus mit dem Trinken aufzuhören? Versuchen Sie, es andersherum zu empfinden. Versuchen Sie, sich zu schämen, weil Sie bei Ihrer Krankheit *keine* Hilfe in Anspruch nehmen wollen. Fürchten Sie, geisteskrank zu sein? Viele Alkoholiker haben heimlich Angst gehabt, sie könnten geistig gestört sein. Das kann jahrelang so gehen, wobei die wachsende Angst durch das Trinken nur noch schlimmer wird. Bedenken Sie, daß Alkohol das Zentralnervensystem angreift — er beeinträchtigt die Persönlichkeit, die Wahrnehmung, die Intelligenz, den gesunden Menschenverstand. Kein Wunder, daß Sie glauben, Sie seien verrückt; Ihr Gehirn hat auf jeden Fall durch den Alkohol Schaden gelitten — und das gilt für jeden Menschen, gleichgültig, wie gut Sie Alkohol zu vertragen glauben.

Haben Sie sich gesagt: »Also gut, es ist eine Krankheit, ich kann mir selbst nicht helfen, jetzt saufe ich weiter«? Oder fragen Sie sich: »Bin ich krank und erledigt, möchte aber nicht krank und erledigt sein«?

Wenn Sie Alkoholiker sind oder den Verdacht haben, es zu

sein, wenden Sie sich an einen anderen Menschen. Sie können nicht hoffen, Ihr Problem allein zu lösen. Je eher Sie Hilfe suchen, desto besser für Sie und für alle, die Sie lieben. Es sind Menschen da, die Ihnen helfen möchten. Sie finden Sie im Anhang unter »Kontaktadressen«.
Es braucht nur einen Schritt, einen Anruf, ein Gespräch, um den Prozeß der Gesundung einzuleiten. Sie brauchen nie mehr allein zu sein. Sie werden frei sein.

ANHANG

[illegible]

[illegible]

[illegible]

[illegible]

[illegible]

[illegible]

Kontaktadressen

(Stand 1988)

Bundesrepublik Deutschland:

Von den weltweit 76 184 Gruppen der Anonymen Alkoholiker gibt es in der BRD 1904, in Österreich 88, in der deutschsprachigen Schweiz 111 und in Südtirol sechs. In mehr als 80 Ländern der Erde gibt es Al-Anon Familiengruppen; insgesamt sind es rund 28 500 Familiengruppen, davon 800 in der BRD.
In vielen deutschen Städten findet man die Kontaktadresse und Telefonnummer von AA im öffentlichen Telefonbuch unter »AA« oder »Anonyme Alkoholiker«. Notfalls frage man bei der Telefonseelsorge nach. Am anderen Ende der Leitung meldet sich ein genesener Alkoholiker/eine genesene Alkoholikerin. Dort erfährt man Zeit und Ort des nächstgelegenen AA-Meetings.
In Notfällen wird der Gesprächspartner von AA alles daran setzen, einen AA-Zugehörigen ausfindig zu machen, der zurückruft, persönlich kommt oder den Anrufer zu einem Meeting mitnimmt. Dieser Dienst gilt nur für Alkoholiker, die entweder noch trinken oder die bereits trocken und bei AA sind.
Informationen und Literatur sind erhältlich bei folgenden Kontaktadressen:

Anonyme Alkoholiker
Gemeinsames Dienstbüro
Postfach 10 04 22
D-8000 München 1

Al-Anon Familiengruppen (auch für Alateen) erreicht man über folgende Adresse:

AL-ANON Familiengruppen
Zentrales Dienstbüro
Emilienstraße 4
D-4300 Essen 1
Tel. (02 01) 77 30 07

Österreich:

Anonyme Alkoholiker
Postfach 91
A-5400 Hallein

AL-ANON Familiengruppen
Zentrale Kontaktstelle
Postfach 85
A-1171 Wien

Schweiz:

Kontaktstelle der AA
Cramerstrasse 7
CH-8004 Zürich

AL-ANON Kontaktstelle
der deutschsprachigen Schweiz
Postfach 88
CH-4802 Strengelbach

Südtirol/Italien:

Kontaktstelle der AA
Pfarrhaus-Dorf 1
I-39040 Lüsen/Luson

Literatur

Die »offizielle« AA-Literatur ist im allgemeinen nicht im Buchhandel erhältlich. Man bezieht sie über das Zentrale Dienstbüro (s. o.).

Die wichtigsten Texte, die auf deutsch vorliegen, sind folgende:

Anonyme Alkoholiker. Ein Bericht über die Genesung alkoholkranker Männer und Frauen. Herausgeber und © Anonyme Alkoholiker deutscher Sprache. Die Übersetzung und Bearbeitung besorgten deutschsprachige Anonyme Alkoholiker. 5. Auflage 1986.

Zwölf Schritte und Zwölf Traditionen. Herausgeber und © Anonyme Alkoholiker deutscher Sprache. Übersetzung und Bearbeitung besorgten deutschsprachige Anonyme Alkoholiker. 4. Auflage 1987.

Wie Bill es sieht. AA — ein Lebensweg. Herausgeber und © Anonyme Alkoholiker deutscher Sprache. Die Übersetzung besorgten deutschsprachige Anonyme Alkoholiker. 2. Auflage 1986.

Sechs Artikel von Bill. Glaube — Furcht — Ehrlichkeit — Demut — Liebe — Anonymität. Herausgeber und © Anonyme Alkoholiker deutscher Sprache. Die Übersetzung besorgten deutschsprachige Anonyme Alkoholiker. 4. Auflage 1983.

Bill und Bob. Lebensdaten und letzte Reden. Herausgeber und © Anonyme Alkoholiker deutscher Sprache. 5. Auflage 1987.

Wir kamen zu dem Glauben. Das geistige Erlebnis von AA, wie es von einzelnen erfahren wurde. Herausgeber und © Anonyme Alkoholiker deutscher Sprache. Die Übersetzung besorgten deutschsprachige Anonyme Alkoholiker. 1. Auflage 1985.

Die Zwölf Konzepte. Zwölf Konzepte für den Weltdienst von Bill W. Herausgeber und © Anonyme Alkoholiker deutscher Sprache. Die Übersetzung besorgten deutschsprachige Anonyme Alkoholiker. 1986.

An AA-Literatur aus Deutschland ist zu nennen:

Unser Weg. Gedanken zum Programm der Anonymen Alkoholiker. Herausgeber und © Anonyme Alkoholiker deutscher Sprache. 4. Auflage (o. J.).
Trocken bleiben — nüchtern leben. Herausgeber und © Anonyme Alkoholiker deutscher Sprache. Die Übersetzung besorgten deutschsprachige Anonyme Alkoholiker. 4. Auflage 1987.

Aus der Al-Anon-Literatur liegen u. a. auf deutsch vor:

Al-Anon-Familiengruppen (früher »Leben mit einem Alkoholiker«) und *Einen Tag nach dem anderen in Al-Anon* (ODAT). Zu beziehen über das Zentrale Dienstbüro der Al-Anon Familiengruppen in Essen.

Vgl. ferner folgende, nicht von AA autorisierte Literatur:

Flaschenpost. Berichte Anonymer Alkoholiker. Hrsg. Fred B. Tossehof. Klartext-Verlag Essen 1986.

Register

A

B

C

D

E

F

G

H

I

J

P

R